重行傳

褚民誼
生平紀實

褚幼義——

主編

重行傳編寫組

執筆人：褚幼義
成員（以姓氏筆畫為序）：

　　大　彪

　　王　蘭（Valentina de Monte）

　　褚幼義

　　褚叔炎

　　褚季燊

　　褚孟嫄

　　澤爾丹

　　韓曉明（Jonathan Henshaw）

目次

導讀

　　褚民誼是民國時期一位令人矚目的歷史人物，他的一生是那個波瀾壯闊時期不可分割的一個組成部分。以人民利益為核心，以真實史料為基礎，是當今歷史研究應該遵循的準則。本書的編寫，就是在「以人為本」思想的啟示下，褚氏後人於2005年到浙江湖州南潯老家和曾經的民國首都南京「尋根之旅」的調查訪問醞釀起步的。歷經十餘年來編寫組們對原始資料廣泛深入的探尋、收集、整理，而終成名為「重行傳–褚民誼生平紀實」的傳記。

　　本書著者除詳細查閱國內外圖書館和檔案館的有關材料外，還親至有關處所，深入調查研究，尋覓遺存至今的珍貴文物資料，再現褚民誼當年活動的場景。例如：先後多次探訪南潯老家；遍訪他在南京主持修建的各大古寺和諸多有關的文化單位；三度訪問他曾以校為家、長期擔任校長的原上海中法國立工學院；參觀他曾參與籌備的杭州西湖博覽會紀念館；踏訪貴州盤縣他曾率京滇週覽團往返路經的要隘之地；以及國民革命策源地廣州，他學成歸國效力之始執掌國立廣東大學和抗戰勝利前夕最終任職廣東省長之地，如此等等。此外還先後專程赴境外調查研究，如：2009年訪問法國里昂中法大學遺址和里昂市立圖書館；2013年到華盛頓國會圖書館特許調閱了褚民誼之特藏相冊十五部；2016年到臺北之中國國民黨黨史館、中華民國國史館和國家圖書館[1]，獲准查閱許多珍貴的原始資料，包括曾經的保密檔案、書信和被毀古跡之原始拓片等等。

　　本書作為紀實性的傳記，力求內容真實可靠，能經得起檢驗。編入書中的材料均經執筆人親閱。引用材料時盡量摘錄其原文，並用楷體示出褚民誼的言論。對於歷史上的單位和人物，一律使用當年實際使用的稱謂，除原文中已有者外，均不冠以「匪」、「偽」等附加詞。

　　本書由「重行傳編寫組」通力合作而成，成員中包括褚孟嬡、褚叔炎、褚季燊和褚幼義姐弟四人，以及民國史研究者澤爾丹先生和大彪先生，法國里昂市立圖書館原中文部主任王蘭女士和加拿大英屬哥倫比亞大學歷史學系中國近

---

[1]　書中分別簡稱為「臺黨史館」「臺國史館」和「臺國圖」。

代史研究者韓曉明先生。在本書收集資料和調查研究過程中得到了眾多有關人士的大力支持、協助和鼓勵，這裡一併致以衷心感謝！

褚民誼字重行，這是他加入同盟會，樹立以民為本的社會革命思想以後，取「平等自由民之正誼，大同博愛重在實行」之意而更名的。他誓此躬行終生，這就是本書以「重行傳」命名之緣由。本書力圖從造福民眾的視角，撥開迷霧，將一部真實的褚民誼生平事蹟呈現於世人前。

褚民誼的一生多姿多彩，涉及民國時期的人物和事件紛繁迭起，承載更豐富史實的長篇全傳已然成稿，擬嗣後擇機推出，特此附告。

重行傳編寫組執筆人，2019年秋於北京

褚民誼肖像

圖中左下角：漢文簽署「褚民誼贈」；右下角：法文簽署「贈里昂中法大學，褚重行，1928，7，17於巴黎」。該原件現存法國里昂市立圖書館。

第一章　早年立志（1884-1904）

褚民誼（Chu Minyi，曾稱Tsu Min-Yee，1884-1946），字「重行」（Zhongxing，曾稱Zong-Yung），曾用名「慶生」「明遺」，號「頌雲」，別號「樂天居士」，祖籍浙江省吳興縣（今湖州市）南潯鎮。褚氏故居，如右圖所示，位於南潯鎮南柵南東街楚芳橋北口，西臨由鎮內通往烏鎮的河塘，南部和東部為楚芳河環繞，屢經修繕成為坐東朝西三進兩層樓房的一處宅院。1937年12月11日日軍佔領南潯前夕，遭莠民搶劫焚毀。

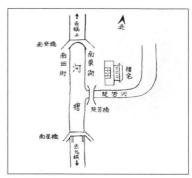

褚氏故居在浙江省吳興縣（今湖州市）南潯鎮的位置示意圖。

褚家世業儒醫，而以耕稼蠶桑為之副。傳到他的這一代，其父兄弟二人僅此一子，兩房均由民誼一人承繼。褚民誼的父親褚杏田（1854-1931），字潤通，祖傳儒醫至四代，主外科兼製藥，行醫濟世五十餘年，深受鄉里歡迎，直至年逾七旬輟業之時，仍於去世前三年，到南潯育嬰堂義務診視。他思想通達，主張維新變革，對獨子愛而不溺，誨而不蔽，廣被讚譽。[1.18]

褚民誼時刻聆聽和銘記家嚴的教誨，在他遠渡重洋的遊學生涯中，仍與其父保持密切通信往來。1939年他將僅存的25封來鴻彙集裝幀成兩冊，親加注疏並系小詩，予以珍藏。後由高齊賢加以編輯和補充考證，並經達天重纂，以「重纂褚氏家訓彙疏考」[1.46]為題（簡稱「家訓彙疏考」），在「中日文化」月刊[2.33]上，連載了他赴法國後，於1906年7月10日的第一封，到回國後1925年3月6日的第20封家書，時間跨度近二十年，他的親身經歷以及有關的家事國事詳述其中，是一部難得的自傳式紀實性史料。本書中他的早年身世大多來源於此。

得先天之厚，懷胎十二個月，褚民誼於公元1884年1月17日午夜（光緒九年癸未羊年臘月二十日子時）降生。他的祖母吳氏（1824-1907）高壽，盼孫嗣心切。民誼降誕之日恰逢祖母六十歲花甲大慶之辰，即以「適祖慶而孫生」之義，取名「慶生」，號「頌雲」。

他七歲入私塾，在其父遵朱熹訓，以讀書必須「心到、口到、眼到」的嚴格要求下，讀畢四子書。如何實現子承父業，無疑是褚杏田這位世襲儒醫對獨子的殷切期盼。清末海通以來，西方的先進醫學伴隨傳教活動傳入中國。1883年美國南方基督教教會－監理會，在蘇州天賜莊創立博習醫院（現蘇州大學附屬第一醫院的前身），據稱這是除通商口岸以外，在中國內地最早的一所西醫醫院。長期由醫術和醫德俱佳的傳教士柏樂文（W. H. Park，1858-1927）擔任院長，帶來了許多當時西方最新發明的醫療技術，如：消毒法、麻醉術，以及國內率先引進的X光診斷術等。此外，他還提倡公共衛生，反對裹腳，主張禁吸鴉片。柏樂文常來南潯行醫傳教。由於服務態度好、醫療效果顯著，獲得了「柏好人」的美譽（詳見「蘇州雜誌」2004年第2期，陳珍棣之著文）。西方先進的醫療技術，令國人大開眼界。作為外科醫生的褚杏田看在眼裡，感歎「西醫妙手勝於華佗，中醫不講研究，大有江河日下之勢，可慨也矣！」為此，他讓兒子自幼就從南潯電報局蔡局長習英語，為研學西醫打下基礎。

柏樂文自1888年起，在博習醫院辦起了醫學班。褚杏田認為這是很好的學習機會，對他的接班人說：「中醫至今，已成弩末，習之無益，西醫理精法到，後必恢宏，吾甚願汝從事也。」這樣，時年15歲的褚民誼便承願，由鄉長李聯仙介紹，於1899年入蘇州天賜莊博習醫院，師從美國名醫柏樂文，開啟了他鍥而不捨探求西方先進醫學的漫漫人生歷程。

1900年義和團運動興起，波及江南，蘇州的教堂和醫院均被戒嚴。時值他的繼母蔣氏患乳癰（乳腺癌），便離蘇返鄉。經鄉間中醫醫治無效後，轉請柏醫生診治。因病情已至晚期，不久蔣氏於是年10月故去。民誼1889年幼年喪母，全仗在繼母悉心呵護下長大，在國亂家愁交迫下，終止了離家的博習之業，回南潯家中守孝，並繼續攻讀中、英文和數理化各科。

1901年國事稍定後，他入學李聯仙創辦的「明理學塾」。由於繼母病逝，二姐又出嫁，家中無人主持，便於是年服孝周年後，遵父命娶妻張氏（1885年生），三年後得一子，小字阿龍，不幸於1906年得天花早夭，時褚民誼已赴法國，不久張氏亦積鬱而亡。

1903年他轉入江浙地區聞名的「潯溪公學」學習。正如在他親疏的「家訓彙疏考」[1.46]中所述，「時滿清失政，列國交侵，四海騷然，革命蜂起，民誼賦性不羈，好讀書而薄章句，喜接客而尚任俠。」那時他血氣方剛，憎惡封建鄙俗和迷信，曾與周柏年發起天足會，反對纏足；與明理學友周仲鴻、周

健初深夜潛入本鄉城隍廟，搗毀泥塑無常像，並獨力推翻廟外石獅子。他深受明末清初思想家王船山、黃宗羲的影響。特別是黃宗羲的「明夷待訪錄」，揭露了封建君主專制的罪狀，疾呼「天下治亂不在一姓之興亡，而在萬民之憂樂。」令十七、八歲青少年時期的他，讀後熱血沸騰，萌發了強烈的推翻滿清黑暗統治，實行民族革命的思想，立志效法先人，以明之遺民自許，自行將「慶生」之名，改為「明遺」。

南潯鎮自古是一個魚米之鄉，交通便捷，有運河直通上海和杭州。明清以來，由於蠶絲業的發展，成為「耕桑之富，甲於浙右」的商貿重鎮。特別是十九世紀上海開闢為通商口岸後，大量優質蠶絲通過上海出口，在南潯造就了中國最大的絲商群體。他們從絲業起家，迅速向其他各業擴展，出現了一大批鉅商富賈。坊間按擁有家產多寡依次稱為「四象」「八牛」「七十二黃金狗」。此外，南潯還素有尚文重教的傳統，加上門戶開放，早期接觸西方世界，從這裡走出不少國民革命的仁人志士。最著名的要算被孫中山譽為「丹心俠骨」「民國奇人」的張靜江，在經濟上對孫中山的革命支持最力，並曾一度代理國民黨中央常務委員會主席，北伐後擔任浙江省省長和國民政府建設委員會委員長等職。

張靜江（Zhang Jingjiang，曾稱Tsang Jen-Tchie，1877-1950），譜名增澄，又名人傑。他是南潯「四象」第二位張頌賢的孫子，1896年與姚蕙結婚。1900年結識了當時清朝太子太傅李鴻藻的兒子李煜瀛（Li Yuying，1881-1973，字石曾），從此結為摯友。1902年兩人以隨員身分，跟從清廷任命的駐法國公使孫寶琦赴法國巴黎。李石曾到法後一心向學，先後入蒙達尼市農業學校和巴黎的巴斯德學院完成學業。張靜江是商人世家出身，1903年於巴黎創辦了運通公司，1907年又在市中心設立開元茶店。[3.73]正如褚民誼在「歐遊追憶錄」[1.20]中的記述，通運公司「自開辦以至辛亥年間，獲利無算。所得贏餘，儘量以之供給宣傳主義及黨人起義之用。起義如鎮南關諸役，宣傳如新世紀之發行，以及革命青年求學之費，同志回國川資，均賴該公司資助。故所得贏餘，猶時有不足。靜江先生不惜毀家紓難，前後凡數百萬金。革命之得有今日，靜江先生之功獨多。」此外，他還吸取了英法等國「治國莫先於儲才」的經驗；返國後，即隱然以拔植真才自任，著意從家鄉發現和培植英才。

張靜江的母親龐氏，出自南潯「四象」之一的龐家。褚民誼1903年入學的潯溪公學就是張靜江的舅舅龐青臣設立的。該校聲名遠揚，不少外省外縣的青

年來此就學，例如葉楚傖、周乃文等。褚民誼在校學習期間，每試輒冠曹偶，且文采出眾，洋溢革命排滿激情，被張靜江看中，多次約請他到家中暢談，縱橫國內外。這位閱歷西方意欲振興中華大展宏圖的賢人，被他面前這位年輕人憂國憂民以挽救民族危亡為己任的革命志向和橫溢的才華所動，心領這是難得的可植良才，決意要送他出國深造，遂即出面與其父褚杏田相商。老人思想通達，對獨子早有望其突破傳統、學習先進、早日成才的意願，欣然允諾。這樣褚民誼便於1904年在張靜江的資助下開始到日本去留學。此後，按褚本人的意願，於1906年隨張靜江全家，同舟赴法。從此，通過長期的比肩奮鬥和革命風雨的錘鍊，兩人從親密的師生發展成為無間的同志。

第二章　留學投身革命和旅歐教育 （1904-1924）

第一節　自由之邦，建立堡壘

　　滿清統治下的中國，自1840年鴉片戰爭起，被帝國主義西方列強用堅船利炮轟開了閉關鎖國的大門，開始面向世界。近鄰日本效法西方，經明治維新，躋身世界強國之列。打造有年的清軍，在甲午中日之戰中的慘敗，暴露出清廷腐朽落後的癥結。1900年八國聯軍入侵中華，辛丑和約的簽訂，使中國的命運岌岌可危，朝野內外掀起了向西方學習的熱潮。

　　褚民誼早年即在家鄉習英語。1903年他入讀潯溪公學。該校聘任日人教授日語，他是少數幾個學習日語的學生之一。他在「家訓彙疏考」[1.46]中記述道：由於學潮學校停辦，於「甲辰（1904年）來滬，是年二月，日俄戰事發生，民誼即以是冬，赴日留學，偕行者，為明理學友鄉人周仲鴻、汪汝琦二君。抵日以後，初寓東京神田區，繼遷小石川區，即開始研究日本文語。翌年（1905年）春赴西京（京都），同入第三高等學校之預備班……予等學費，均由張靜江先生擔任。「當時留日學生，共達二萬餘人，遂發生取締情事，被取締返國者，為數甚多，民誼於取締規則施行前離日。到滬後，即留居，以待靜江先生之歸自法國。」

　　今收錄在日本京都大學校史館內「明治38年（1905年）第三高等學校與各廳來往文書檔案」（三高-1-3505）中的兩封來往信函，記載了褚明遺（民誼）、汪汝琦和周延禧（仲鴻）三人於1905年春赴京都入學第三高等學校的情況。該校校長折田彥市的函中稱：該三人均為浙江省湖州府人，「均於1905年2月1日入學，印象品行端正，學習普通科至8月下旬，擬於

1905年在日本學習時期的褚民誼。

1905年9月參加大阪高等工業學校的入學考試。」前頁右下圖是褚民誼在京都第三高等學校求學時的肖像，係褚氏贈吳稚暉所藏（「臺黨史館」稚12660）。

褚民誼從京都第三高等學校普通科結業後即行回國，在上海等待張靜江轉赴法國留學。期間，浙江人在上海組織反滿祕密組織樾社。社長是葉浩吾之胞弟葉青伊。褚民誼參與其中，是為投身黨會之開始。[1.46]

據「家訓彙疏考」[1.46]中記載，他於公元1906年5月4日自上海起程，乘法郵輪Armand Behic號（六千餘噸）赴法，同行者有張靜江夫婦及三女公子以及同鄉學友等共十餘人。是行費用，褚民誼和汪汝琦由張靜江先生供給，其他留學者亦均為自費。途經南洋、印度洋、紅海、地中海，於公元7月5日抵馬賽，次晨乘車至巴黎。

褚民誼隨張靜江赴法前不久，中國革命「同盟會」於1905年8月在日本東京宣告成立，推舉孫中山為總理，提出了「驅除韃虜，恢復中華，創立民國，平均地權」的革命綱領和由軍政、訓政而達憲政的建國方略，在其機關報「民報」的發刊詞上明確提出了「民族、民權、民生」的三民主義思想。[3.51]南洋華僑眾多，財力雄厚，是支持孫中山革命的重要支柱。同盟會成立不久，1906年2月孫中山即來新加坡組織成立同盟會新加坡分會，陳楚楠任會長。

同盟會倡導的革命思想，深得張靜江和褚民誼的贊同。據「家訓彙疏考」[1.46]中考證，1906年5月，張、褚兩人「赴法舟過新加坡，訪晤當地革命黨諸名流，遂由陳楚楠和尤烈兩君之介紹，正式加入同盟會，時國父（孫中山）在日本，未得見。「舟離新加坡後，即議到法致力宣傳之策，當即擬定發行報紙雜誌之法。惟印刷一事，至感困難。蓋法國國家印字局雖有中國鉛字，但手民（當時排字工人之稱）無一識者。排印之法，系刻號碼於每一鉛字之側，文稿成後，亦須逐字照號碼譯注之，始能排印，手續既繁，為價又貴，以之印報，尤為不宜。因更進一步，有創中國印字局之議。當時中國鉛字，日鑄為多，先生（褚民誼）即於舟中作書致柏年（當時留學日本的周柏年），托代購鉛字。舟至可倫坡，遂付郵焉，時丙午四月[2]也；同年九月[3]，鉛字陸續寄至法。」到法國不久，褚民誼在「歐遊追憶錄」[1.20]中回憶，「當余在蒙萊尼（Montlhery）學校讀書時，李石曾先生方畢業於蒙達齊（Montargis）農學校。時余以事來巴黎，石曾先生亦不期前來，是為第一次相見。時吳稚暉先

---

[2]　公元1906年5月。

[3]　公元1906年11月。

生留學於英，蔡子民先生則留學於德，彼此已互相過從，志趣既同，交誼日密，咸擬在歐洲出一刊物，以宣揚祖國之文化，而從事革命之鼓吹。惟以中國文字，在法印刷，殊非易易。「靜江、稚暉、石曾諸先生擬在歐洲發行刊物之志願，蓄之久已，卒挫於此種困難，未能實行。」自褚民誼和張靜江在新加坡加入同盟會後，即積極著手解決這個難題，除定購鉛字外，還在新加坡托陳楚楠代覓了一位中國手民。1906年11月購得的二、四、六號三種鉛字運至巴黎後，褚民誼寫道：「余乃與石曾先生租定房屋，創立中國印書局事務所，於巴黎城南達樂街二十五號，印刷所於三十一號。是年底吳稚暉先生偕孫揆伯先生來法。遂開始共同組織，購買各項必需器具。於是新世紀週刊遂出世。惟排字祇有一人，濡滯特甚。余乃與稚暉先生分承其乏。時余不啻以一身兼撰述、編輯、排印、校對、發行諸職。有時吳先生一面排字，一面屬文，乃無需起稿。余則排印文字之外，兼排各項表格。雖事極煩瑣，而興趣極佳。此為華人發行刊物之第一聲。該刊內容，不獨主張民族革命；並主張社會革命。真可謂之開中國文字提倡無政府主義之新紀元，不可謂非空前之舉。」吳、褚在印字局內工作的情況見後頁上圖。

巴黎中國印書局（亦有「中華印字局」等稱謂）建立後，除定期出版「新世紀」週刊外，還印刷出版「世界」畫報、「近世界六十名人」畫報以及「夜未央」「鳴不平」「新世紀」叢書等諸多中文刊物。[3.2]

那時的印書局不但是出版機構；而且是進行聯絡、接待來訪、從事革命活動的一個重要據點。「猶憶1907年夏，張溥泉先生由日本來法，與吾等盤桓數月後，往瑞士留學。中山先生則於1909年來巴黎，寓於吾等所設之印書局內，至於數月之久。時先生勞心焦慮，計畫革命方略，每至夜分不寐，與吾等抵掌討論世界大事，則精神煥發，樂而忘倦……此為先生第三次遊歐洲。」擔負印書局主要日常工作的褚民誼在「歐遊追憶錄」[1.20]中如是寫道。後二頁左上圖是李石曾、褚民誼和汪士琦三人在中國印書局事務所門前的留影。圖中褚民誼手中同時拿著「新世紀」周刊和「民報」，以示兩者互為海外主要革命刊物之密切關係。

關於「新世紀」周刊的創辦，據「家訓彙疏考」[1.46]中記述，1906年「冬至節後，吳稚暉先生偕孫揆伯先生來自倫敦，馬君武先生來自上海。於是昕夕討論發行刊物辦法，回應東京民報之主張，稚暉先生提議出一週刊，即以法文無政府主義之機關報『新世紀』為名，並自任主筆職責……於翌年出版。

中國印書局排字房內褚民誼（右）與吳稚暉（左）在拾字[3.53]。

始為一小張，三期後改為一大張，未幾，又改裝成冊，至百十餘期後，始行擱淺。民誼以『民』或『重』或『千夜』等署名，撰文發表，為數至多，蓋生平文思最為泉湧，寫述最為勤奮之時也。」

吳稚暉（Wu Zhihui，曾稱Wood Ching-Hing，1865-1953），又名敬恒，江蘇武進人，光緒十八年中舉，1901年留學日本，為爭取留學生權益拼死抗爭，被逐回國而聞名。他曾與蔡元培等人發起成立愛國社，1903年因在「蘇報」上抨擊清朝腐政而遭通緝，輾轉遷居英國。1905年加入同盟會。作為長者的他，對留法初期褚民誼的思想有重要影響，後頁右上圖是褚民誼在那個時期，簽名贈送給吳稚暉的肖像，原件現存「臺黨史館」（稚12659）。

褚民誼在「家訓彙疏考」[1.46]中簡述了自己的思想變化過程：「民誼小字慶生，號頌雲，夢坡先生所錫之字也。自主張排滿革命後，即改名為明遺。「旅法以後，又深契合於彼邦社會思想無政府主義之學說。以為排滿革命，止於民族，使推翻滿清專制以後，再來一漢人專制，是不過以暴易暴而已，其革命猶不澈底；必一面提倡民族，一面提倡民權，俾滿族推翻之後，民權即可伸張，斯方足副政治革命之名實。又徒改革政治，而不改革社會，雖名義上有民主之稱，而真正人民，實無所享受，故必從事於社會革命，然後始能實現革命之真義。稚暉先生韙其意，乃以民誼二字易明遺；以重行二字代頌雲。民誼受而用之，且自為聯句嵌以名號曰：『平等自由，民之正誼；大同博愛，重在實行』既留紀念，兼自勉也。」這副對聯也就成為他奮鬥終身的座右銘，曾由吳稚暉題寫，懸掛在其1934年建成的南京新屋書房內。[1.33]

中國印書局事務所門前，左起：李石曾、褚民誼和汪士琦[1.20]。

旅歐早期褚民誼書贈吳稚暉之肖像（「臺黨史館」稚12659）。

　　新世紀週刊是一份鼓吹革命的祕密刊物，她的出版發行，不但要解決經費問題；還要克服當時清朝政府的種種阻撓和破壞。在「家訓彙疏考」[1.46]中詳細記載了，褚民誼以中國印字局經理資格，應法國內政部之傳訊，唔其部長，大義陳詞，粉碎了1908年末，清駐法公使館妄圖通過法政府勒令新世紀週刊中止發行的企圖；並以接受法方建議，將象徵打倒一切的封面圖案改換為創造新世界的圖案（見後頁上圖），有理有節地化解了這一危機。

　　值得指出的是，幾乎與此事件同時，同盟會在日本出版的「民報」，由於清政府的要求，遭日本政府干涉，而被迫停刊。其文章則祕密轉至法國新世紀報，從1909年9月25日的第115期上合併發表（見新世紀周刊114期上刊登的廣告啟示）。

　　新世紀週刊從1907年6月22日創刊，至1910年5月21日因經費等原因停刊，共出版121期，歷時近三年。後頁上圖示出了新世紀週刊出版發行的變更情況。「新世紀」中以吳稚暉、李石曾和褚民誼三人發表的文章最多，論文均用化名，每期共占篇幅一半以上。褚民誼在負責日常繁重的出版和發行工作的同時，常針對當時的熱點問題，發表大量文章，盡情闡發其提倡「新世紀革命」的正義，有的連載數期，甚至十數期。舉其要者有：「金錢」（No.3-4），「就社會主義以正革命之義」（No.5-6），「伸論民族民權社會三主義之異同」（No.6），「普及革命」（No.15, 17, 18, 20, 23），「問革命」（No.20），「千夜雜說」（No.21,

「新世紀」週刊出版發行之變更（左起）：以報紙形式發行的創刊號（1907, 6, 22）之首頁；第53期（1908, 6, 27）起裝訂為小冊子封面；第81期（1909, 1, 23）起修改後的封面[2.2]。

24），「殘殺世界」（No.22），「好古（好古之成見）」（No.24, 26, 28, 30, 31），「無政府說」（No.31-36, 38, 40, 41, 43, 46, 47, 60），「駁時報『論中國今日不能提倡共產主義』」（No.72），「土耳其鐵道之罷工」（No.72），「法工會之動運新法」（No.77），「工人」（No.79），「此之謂共和政府」（No.81），「世界唯一之無政府大日報『革命』之出現」（No.82），「死刑」（No.82），「不要讓富貴人獨有世界」（No.83），「兩英荳」（No.88），「辮子」（No.89, 91, 94, 95, 100），「罷工」（No.92），「革命之流血」（No.103）等等。

　　褚民誼在新世紀上發表的「普及革命」和「無政府說」兩篇論文，可以作為他當時激進社會革命思想的代表作。二十年後的褚民誼業已成為三民主義的堅定信仰者和積極踐行者，1929年上海革命週報社，作為革命文獻，將上述兩篇長文合編為單行本，以「普及革命」為書名再度面世[1.9]。如後頁上圖所示，李石曾題寫封面；吳稚暉書「努力」二字於文前，以誌當年的艱辛奮鬥。該書與褚民誼在完成北伐、開始進入訓政時期所發表的言論彙編－「褚民誼最近言論集」[1.10]相伴出版（詳見第三章第三節），袒露出他的思想適應時代潮流而演變的過程。他早年在法國倡導社會革命時期確立的，以博愛為懷、立足於民、喚醒民眾、明辨公理、不斷推動社會進步的思想，與民族、民權、民生「三大主義皆基於民」，以及由軍政、訓政而達憲政，實現還政於民的主旨（詳見[3.51]）是息息相通的。

1929年出版的褚民誼著「普及革命」：（右）李石曾題寫的封面；
（左）吳稚暉的題詞[1.9]。

　　「新世紀」是當時與「民報」相呼應的祕密革命機關，同時出版的「世界」畫報[2.3] 則是以「世界社」為名，公開向國人傳播西方先進思想的文化社會建設刊物。在書「旅歐教育運動」[3.2]中記述了「世界」畫報的始末梗概，略謂「民國紀元前六年（1906年），吳稚暉、李石曾、張靜江、褚民誼諸君，組織中華印字局於巴黎為刊行書報之機關。民國紀元前五年（1907年），刊行『世界』畫報，以介紹文明為目的；以裝印宏麗為普及之方術。「擔任籌款者，為張靜江君；擔任經理刊行者，為褚民誼君；擔任撰著譯述者，為吳稚暉、李石曾、夏堅仲、莊文亞諸君；並請姚蕙女士為總編輯，南逴[4]君為鑒定者。」

　　「世界」第一期，出一萬冊，遍寄歐美南洋日本各處華僑，並於內地設「世界社」於上海總司發行。1908年春，第二期出版，同時增刊「近世界六十名人」。但由於出版費用昂貴，加之難以在國內公開推銷等原因，前後僅出版二期及一增刊而止。

　　如後頁上圖所示，「世界」是一份大8開（A3）版的攝影畫報，採用當時最先進的銅版彩色印刷技術，力圖把一個精彩紛呈、蓬勃發展的大千世界，展現在國人眼前。封面、封底皆以「世界」為主題，前者說明的是世界文明發展的淵源；後者說明的是地球世界的真實來歷。「世界」畫報的內容豐富，涉及

---

[4]　A. Naquet，巴黎大學醫學教授。

1907出版的「世界」畫報第一期：（右）封面；（左）封底[2.3]。

人文、社會、地理歷史、科技發展等各方面；不僅著眼於摧毀舊世界，更注重的是建設一個新世界。著力於普及新的學術思想，是該刊的一個顯著特點。在第一期和第二期中均設專題，分別以較多篇幅，圖文並茂、深入淺出地介紹了達爾文的進化論和巴斯德創立的細菌學。這些學術思想，對於科學的世界觀和人生觀的建立，以及造福人類健康，均有重要意義。

「近世界六十名人」[3.1]（見後頁圖），作為「世界」畫報的增刊，刊印五萬冊，於1908年問世，欲為人們樹立效法的榜樣。在精美的徑尺大畫像下，均附以極精賅之小傳。書中名人按出生日期循序刊登，由1412年的法國民族英雄聖女貞德起，直至1867年的波蘭科學家居里夫人止，時間跨度近五個世紀。其中，既有建功立業、威名顯赫的政治家、軍事家，又有拋頭顱、灑熱血的革命志士；既有造福人類健康的名醫，又有無私奉獻愛心的護士；既有偉大的思想家、哲學家、社會科學家和大文豪，又有傑出的數、理、化、天、地、生等各領域的自然科學家和發明家。值得指出的是，這裡除了無政府主義的思想家巴庫寧和克魯泡特金外，共產主義的創始人馬克思也列入其中。

褚民誼在「新世紀」[2.2]上，就曾發表過「駁『論中國今日不能提倡共產主義』」的文章，贊同實行「各盡所能，各取所需」的原則。1907年出版的「新世紀叢書」第一集第六冊，就以「無政府共產主義」為題，把無政府主義和共產主義，都作為當時的新思潮向國人推介。[3.2]

1908年出版的「近世界
六十名人」畫報[3.1]。

張靜江到巴黎後相繼開辦了「通運公司」和「開元茶店」，為革命捐輸
款項做出重要貢獻。褚民誼和李石曾在從事出版工作的同時，為籌措經費和生
計，也先後辦起了「風箏公司」和「豆腐公司」。對於前者，褚民誼在「家訓
彙疏考」[1.46]的註疏中記述道：1907年在法國「組織風箏公司，所有風箏式
樣，均由石曾先生自天津帶來，計有蜈蚣、蝴蝶、蟬、蟹、蜻蜓、雙燕、單鷹
等若干種。始則販售，藉以試銷。翌年自造……，所制風箏，曾於1909年在巴
黎大宮飛機賽會場，舉行公開展覽；同年更赴比京參加比利時王家飛機賽事，
均獲非常之榮譽……王太子亞爾培曾代表來會參觀，對於中國風箏製造之精、
工技之巧，備承贊許。「該公司組織之初，承靜江、石曾兩先生合資贊助，遂
得成立。始則販售，後乃雇匠自製。但竹與棉紙，本國產者，購致殊難，遂以
藤及西洋棉紙代之，因而製作時，不能稱手，耗時費料，自在意中。西人對於
此種手藝，本不甚工，再加仿製爭利，不乏其人，故沾利至微，難期發達。」
故一年半後，於1910年，即宣告結束。

在風箏的製作過程中，褚民誼按照法國的國情，對風箏的形式、材料和
製造工藝進行了改良，發明了一種可拆卸便攜式的風箏，申請獲得了法國工業
產權局授予的名為「改良型風箏」的專利[1.1]，專利號No.403.860，其上註明
於1909年6月申請，10月5日送達，11月16日發佈。（歐盟專利局電子數據庫）
褚民誼就是以這種新型風箏，參加了前述於1909年9月25日至10月17日在巴黎

大皇宮舉行的「巴黎大宮飛機賽會」（正名為「首屆巴黎國際航空運動博覽會」），並被列為專利產品發表在其1910年出版的官方報告書中。專利制度是保護和促進社會不斷創新發展的重要手段，褚民誼赴法短短二、三年，便深入法國社會，拿起了這一有效武器，成為華人在先進的國度裡，擁有自屬專利的一位先行者。

值得補充的是，褚民誼在致力學習西方先進科學和思想的同時，不忘祖國優良傳統，努力在國際上推介。踢毽子和放風箏一樣，也是一項中國民眾喜愛的娛樂健身活動，他自幼即善於此道。為此，褚民誼與法國路易斯·拉鹿阿（Louis LALOY）教授合作，用法文撰寫了題為「中國毽子」的論文[1.2]，1910年10月發表在法文「中法友好協會簡報」第二卷第四期上。論文以27頁的篇幅，圖文並茂地對毽子的來歷、製作、踢法以及集體活動的組織等等，進行了全面介紹，其中所插入的漢字由中國印字局提供。嗣後褚民誼回國，為提倡該運動項目，於1933年出版的「毽子運動」[1.22]一書，就是在本文基礎上編寫而成的（詳見第三章第八節）。

關於李石曾創辦的豆腐公司，褚民誼在「歐遊追憶錄」[1.20]中有如下記述，李石曾「先生自蒙達齊農學校卒業後，對於大豆出品，研究不遺餘力。曾本其心得，著有大豆一書，貢之於世。謂豆類……不惟可以代替肉類；且較食肉經濟，而又有其利，無其害。「故極願將此種東方特殊之食品，介紹與西方人士。且鑒於靜江先生辦理通運公司，著有成效，足為革命經費之助。故不惜分其一部分之餘暑，為是經營，於1908年回國招股。1909年攜華工十餘人來法，設事務所於巴黎，設廠於巴黎近郊之哥倫布[5]……於是中國大豆出品乃在巴黎銷售……惟該公司名為豆腐公司，實則不僅豆腐一種。其出品如：豆油、豆腐、豆餅、豆菜、豆漿、醬油等，種類至為繁夥。「初法人以豆腐為新鮮食品，為好奇心之衝動，購買者頗不乏人。奈終無食豆腐之習慣，購者逐漸減少，該公司營業漸至不振……虧損不貲，不得不出於停辦之一途。」

豆腐公司雖然停業，但它卻是赴法勤工儉學運動的先聲。事情是這樣的，李石曾回國招股時，邀齊竺山來法主持業務。李、齊兩家是世交，均出自河北高陽。齊家有三子，竺山、如山和壽山。齊如山的外孫女賀寶善所著「思齊閣紀事」[3.67]中，有專文記述兩家的深厚交誼。其中關於豆腐公司有這樣的回

---

[5]　全稱：加爾那·哥倫比村，La Garenne-Colombes。

憶,石老「1908年在巴黎創豆腐公司,回國募股,南開大學創辦人嚴范孫是股東之一,請齊竺山為經理,覓廠址及購置機器。我外公齊如山負責前後兩次,帶三十餘工人去巴黎工作。曾聽外公說過,這批年輕工人是由高陽鄉下招來……到了巴黎,石老規定他們工餘要讀書認字,學中文及法文,兼及普通常識……,這是『勤工儉學』的初步試驗。」

褚民誼在「家訓彙疏考」[1.46]中寫道,「巴黎豆腐公司創始於1909年,股本三十萬元,民誼即於是年,參加工作。」下圖是當年李石曾與褚民誼和股東嚴范孫在豆腐公司內親切交談以及他們三人帶領新從國內招來的十餘名工人步出車間時錄像的截屏。(該豆腐工廠之電影原件,現保存在巴黎戈蒙帕提-GAUMONT PATHE資料舘內)

豆腐公司為了推銷產品,積極參加各種展會。1909年11月至12月在巴黎大皇宮舉行「萬國食品博覽會」,如後頁右上圖所示,豆腐公司展出了種類繁多的大豆製品,在其背景處還可以看到開元茶店(THE KAIYUN)和風箏公司的製品。圖中人物為齊竺山、齊如山和褚民誼。

上圖右起褚民誼、李石曾和嚴范孫在豆腐公司內交談;下圖是三人率新招國內十餘名工人步出車間錄像之截屏。

接著，1910年4月至11月在比利時首都布魯塞爾舉行國際博覽會，清廷應邀參加，撥款一萬兩，在比國免費提供的場地上建造木屋，作為中國展館。展品來自國內及在歐華商。[3.74]褚民誼在「歐遊追憶錄第二集」[1.21]中回憶，「豆腐公司，推余為代表，攜帶各種大豆出品赴比與賽，此行留比六月之久，直至賽會竣事」。其時巴黎通運公司和風箏公司亦偕同參展。褚民誼還作為中方正評獎員之一參與評獎。評獎結果，豆腐公司獲三項超等獎和一項銀獎，風箏公司獲一項頭等金獎。此外，他還是中國三名獲得為展會工作者設立的「公贈獎」中之一人。右中圖是中國館同人在館門前的合影，褚民誼（前排右側）的身後是賽會委員時任比使館通譯官的劉錫昌，嗣後他成為褚氏回國後涉比工作的得力助手。

比國博覽會結束後，1911年初，豆腐公司又躋身在法國巴黎農業展覽會中。如右下圖所示，褚民誼還將

1909年11月至12月巴黎大皇宮「萬國食品博覽會」豆腐公司之展臺，齊竺山和齊如山居中，右側是褚民誼[3.2]。

1910年4月至11月比利時國際博覽會，中國館工作同人在館門前的合影，褚民誼於右側，劉錫昌在其身後[1.21]。

1911年初法國巴黎農業展覽會豆腐公司展臺之明信片，右側褚民誼、左側李石曾。

其與李石曾等人在展臺前的合影明信片，寄給當時旅居英國倫敦的吳稚暉，以茲留念。（「臺黨史館」稚12665）通過上述多次參展，為褚民誼嗣後籌辦國際、國內大型展覽會積累了豐富經驗。

第二節　革命輔成，勤工儉學

1911年10月10日爆發武昌起義，遠在法國的褚民誼，立即「偕張溥泉同志等回國」，力促早日建立共和。[1.20]張溥泉（Zhang Puquan，1882-1947），名繼，河北滄縣人。早年留學日本，曾任「蘇報」通議，1905年在日本參加同盟會，是「民報」主編人之一。1907年曾寓居巴黎中國印書局數月後去瑞士留學。

1912年元旦，孫中山就職臨時大總統，在南京組成中華民國臨時政府，褚民誼前往積極支持。為解決經費困難，在1912年3月10日出版的「南京臨時政府公報」第26號上發佈了「商人張人傑褚民誼等願輸集款項十萬兩以充軍餉」之舉（見右圖著者標示的方框內）。

「南京臨時政府公報」第26號（1912, 3, 1）上刊登的有關張人傑、褚民誼等捐款十萬兩之公文。

南京臨時政府成立後，先前從東京遷至上海的同盟會本部，相應地轉到南京。為了實行政黨政治，3月3日同盟會本部在南京召開大會，正式改組為政黨，推舉孫中山為總理，公開進行活動。孫中山對上海地區同盟會的活動十分重視。褚民誼在「褚民誼自述」[1.47]中回憶，1912年3月，總理孫中山派他同黃郛和姚勇忱，在上海大馬路成立中國同盟會本部駐滬機關部。5月經選舉，公推褚民誼擔任總務長。（「申報」1912，5，7）不久，同盟會於是年8月改組為國民黨。

回國後的褚民誼奔走於寧滬間，與國內革命同志廣泛接觸。1911年底，他在上海，由黃興介紹，與剛從獄中出來的汪精衛相識。[1.47]汪精衛（Wang Jingwei，曾稱Wang Ching-Wei，1883-1944），又名兆銘，字季新，廣東番禺人。1904年官費留學日本。1905年入同盟會，任評議部部長和同盟會機關報「民報」主要撰稿人。1910年3月刺殺攝政王載灃未遂，被捕入獄。其絕命詩

句（見[3.79]），廣為傳頌。11月16日出獄。年底，黃興召他南下，與各方代表共商組織政府大事，而得與褚民誼相識。

就在1912年褚民誼在上海活動期間，吳稚暉、李石曾、張靜江、蔡元培、汪精衛等人也經常在滬上活動。為了在革命勝利後，仍保持革命者的氣節，吳稚暉等在上海發起成立拒腐倡廉的自律性組織「進德會」，會員名單公佈在1912年4月22日上海「民立報」上。其中，褚民誼是首批六不（不賭博、不狎妓、不置妾、不官吏，不議員、不吸煙）會員。[3.53]

1912年2月12日袁世凱逼迫宣統帝溥儀退位，滿清統治宣告結束。次日，孫中山辭職，推舉袁氏為大總統，試圖通過國會和制憲實行權力制衡，自己則躬身而退，致力於實業建設。

以原來留法「世界社」為代表的一批革命黨人，正如他們在「新世紀」發刊詞「新世紀之革命」中所宣稱的，他們打江山的目的，不是為了自己坐江山；他們推行革命的目的全然是為了推動社會進步。現在清廷既倒，障礙已清，為了實現中國的富強、自由和平等，必須加強教育，向西方先進學習是一條必由之路。從民國元年開始，發起了一場意義深遠的勤工儉學運動；其組織之肇始，就是於1912年發起的留法儉學會。早年發表的「旅歐教育運動」（1916）[3.2]和「近代中國留學史」（1926）[3.4]，對此均有較系統的介紹和總結。

在「旅歐教育運動」[3.2]的「留學之組織」一章中記述道，「吳稚暉君於民國紀元前九年，由滬赴英，與同學一二人，實行苦學之生活。「民國紀元前五年來巴黎，組織印刷事業，與李石曾、褚民誼二君同居宿，試驗節儉之生活，減於普通之生活一倍……且三君所鼓吹者為平民主義；所接近者，為勞動社會，此皆留法儉學會之張本。是年，蔡子民君與自費同學數人留學於柏林，亦實行儉學。「民國紀元前三年，李石曾、齊竺山等諸君組織豆腐工廠，製造大豆各種食品；並設為以工兼學之意。

「民國元年，吳稚暉、汪精衛、李石曾、張溥泉、張靜江、褚民誼、齊竺山諸君，發起『留法儉學會』，設預備學校於北京方家胡同。不久，朱芾煌、吳玉章等發起四川儉學會，設預備學校於少城濟川公學，其辦法與北京者略同。」據「近代中國留學史」[3.4]中稱，「自民國元年至二年之間入會入校而赴法者不下八十餘人。其他抱儉學宗旨或留學或家居自由匯集者亦四十餘人。」

褚民誼在「家訓彙疏考」[1.46]中回憶道，1912年民國成立後，認為「國

事既已大定，求學之念復生，乃於是年九月，隨同靜江先生乘西伯利亞火車重行赴法。」不久，「汪精衛先生亦來法，相見甚歡，當由精衛函致稽勳局，證述一切，因得每月四百法郎之官費，至是始為正式國家派遣之留學生，即赴比利時入比京布魯塞爾之自由大學，專心攻讀。」比利時位於歐洲西部，交通四通八達，工農業均很發達，其學費與生活費低廉是吸引中國學生，特別是貧苦學生來此留學的一個主要原因。自由大學成立已有兩個世紀，褚民誼於1913-1914年度在該校學習醫科自然科學預科（見該校學生註冊登記簿第33期）。

孫中山辭去臨時大總統後，汪精衛得到同意，赴法國留學，同行的有陳璧君、曾醒和方君瑛，均為同盟會會員及刺殺清攝政王的合謀者。陳璧君是馬來西亞富商陳耕全與愛國華僑衛月朗之女，1912年與汪精衛結為夫妻。曾醒和方君瑛是姑嫂倆。四人皆獲官費赴法留學，以儉學原則，偕陳昌祖、方賢俶、曾仲鳴和方君璧四個孩子，於1912年11月，從馬來西亞登船赴法，實行居家留學。嗣後陳、曾、方諸家親友中，亦先後有來法者。[3.79]

正當褚民誼在比利時專心攻讀之際，國內局勢劇變。國民黨代理事長宋教仁，於1913年3月21日遭暗殺。孫中山從日本回國，力主武力討伐袁世凱。7月中旬，曾任江西省都督的李烈鈞回江西成立討袁軍總司令部，宣佈江西獨立通電討袁；黃興也抵達南京，宣佈江蘇獨立，從而爆發了「二次革命」。是年9月革命失敗，袁世凱下令解散國民黨，大肆通緝革命黨人。國民黨主要人員分別躲避到日本和南洋等地。李烈鈞於1914年1月離開日本，赴歐洲考察。汪精衛於1914年夏重返法國。同年7月孫中山將國民黨重組為祕密的「中華革命黨」，以圖推倒袁世凱政府。與此同時，從歐洲開始，於1914年7、8月間，爆發了「第一次世界大戰」。此時，正在法國度假的褚民誼，無法返回比利時繼續學業，遂決定回國參加倒袁活動。

「民國三年甲寅，即西元一九一四年，歐戰開始一個月後」，褚民誼在「家訓彙疏考」[1.46]中回溯道，「民誼乃偕李協和（烈鈞）先生等返國，先至南洋，留住於檳榔嶼、星加坡等處，並主蘇門答臘黨報筆政。未幾，赴上海，偕靜江先生走日本，居熱海；旋赴東京訪中山先生，並遇胡展堂（漢民）、居覺生（正）、戴季陶（傳賢）、廖仲凱（仲凱）、蔣介石（中正）諸同志。」他還在「歐遊追憶錄」[1.20]中記述了當時乘法國郵輪回國，在大洋上正逢德國與英法交戰，險遭炮擊；在南洋集黨中優秀，共圖救國之策；以及主蘇門答臘黨報主筆，從事革命宣傳等情節。

褚民誼從南洋回到上海不久，由於袁世凱要抓張靜江，兩人一同避居到日本。他在「家訓彙疏考」[1.46]中回憶，「當時靜江先生之意，以為國內情況，萬緒千頭，一時之間，難得歸結；而民誼兩次渡法，學業無成，亦至可惜；莫如乘國事屯蒙之際，完學業未盡之功。於是民誼乃於民國四年（1915年）九月，三次到法。」

他在「歐遊追憶錄」[1.20]中寫道，回到法國後入巴黎醫科大學預科，修業一學期。嗣後，為了躲避德軍的猛烈轟炸，「乃遷居都爾（Tours，現稱圖爾），一方繼續余之學業；一方兼理中華印字局事。「余羈旅此間凡七閱月。修業醫學預科竣事後，即從事於印刷事業，共事者有李曉生、陳子寬兩君。當時刊物如『旅歐雜誌』『華工雜誌』『華工週刊』『旅歐教育運動』，均於斯時出版，而吾人為之辦畫經營者也。」

關於上述褚民誼在巴黎等地亦工亦讀的安排，是經過當時旅法同志汪兆銘、蔡子民、李石曾以及褚民誼本人在一起商定而作出的。汪氏還將商議結果函告時居倫敦的吳稚暉（「臺黨史館」稚09577）。信中稱，為印刷局出版小冊子事，認為非褚執事無法進行，乃商議決定「民誼兄仍寓印刷局，以不妨民誼之學業為限，料理印刷局事」等云。

時值歐戰正酣，法國勞動力突顯不足，李石曾等人抓住這個機遇，大力推動赴法「勤工儉學運動」。留學生分為儉學生和勤工儉學生（簡稱勤工生）兩類。前者在留學經費上基本有著，節儉從學；後者缺乏經費來源，採用先工後學，或者邊工邊讀等方式，維持學業。在組織上，為獲得法國各界的支持，由中法雙方共同發起成立「華法教育會」，於1916年6月22日召開成立大會，擬定會章，確定組織機構，推選蔡子民、歐樂（A. Aulard）為會長，汪精衛、穆岱（M. Moutet）為副會長，李石曾、李聖章、蜚納、法露為書記，吳玉章、宜士為會計。[3.2]

褚民誼是「華法教育會」的發起人之一，常對新來學子，竭盡老馬識途之責。「勤工儉學生之赴法求學者，每次恒數十人，余亦必親往迎接，躬任指導之責。」他在「歐遊追憶錄」[1.20]中寫道。

此外，蒙達尼城是當時留法儉學生比較集中的一個地區。褚民誼初到法國時，因不諳法語，曾在蒙達尼小學暫讀。後來，為了接納更多的留學生，在蒙達尼中學首先試驗開設了專班。嗣後，留學先輩們常到那裡演講，褚民誼也時有出席演說（見後頁上圖）。

1916年蒙達尼中學演説會紀念，講演人吳稚暉和褚民誼分別位於前排左2和左3（[3.2]；[2.10] Vol.3, No.8, 1929）。

　　發行刊物是華法教育會的一項重要任務。褚民誼等人原在巴黎創辦的中華印字局，於1912年重建，1916年遷入都爾。經褚氏赴英國邀請李曉生前來主持印務，並設寫真版製造所。六月間汪精衛、李石曾、李曉生、褚民誼、蔡子民諸君，決定發行「旅歐雜誌」及「百科圖說」等刊物。[3.2]如後頁上圖所示，「旅歐雜誌」[2.5]，為半月刊，從1916年8月15日創刊（No.1）至1918年3月（No.27）終止。該刊以交換智識、傳佈西方文化為宗旨，分為圖畫、論說、紀事、通訊、叢錄和雜俎六個部分。汪精衛、李石曾、蔡子民諸君是主要撰稿人，汪精衛任編輯。不久，他們先後回國，從1917年2月1日第12期開始，由褚民誼代行編輯之責（見該期紀事欄上刊登的消息）。

　　褚民誼在其上經常發表論文。當時的歐洲，正進行慘烈的戰爭，先進的科學被用於製造強力殺傷的新式武器，令一些人產生了科學愈昌明、危害愈大的厭世悲觀思想。對此，他先後撰文，「善惡俱進論」（No.10-11）和「再答重公君論善惡俱進之相等差」（No.23）進行批駁。他指出，「適者生存」的天律和「教育」是影響人類社會進步的兩個主要因素。前者屬「天然淘汰」，是為天命；後者屬「人力淘汰」，可以「助進吾人之不適合於生存」，而得以發展。中國社會落後，即善較少而惡較多，在於「教育不普及，人民謬於進化，善惡不能辨別的結果。」通過教育可以抑惡揚善，使社會日趨進步。

　　褚民誼為了幫助人們樹立科學的生死觀、人生觀和世界觀，連續發表了「吾人對於國家的觀念」（No.4）、「吾人之生存」（No.12）、「吾人生存

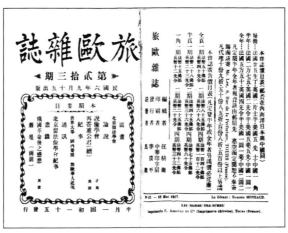

「旅歐雜誌」之封面（左）和封底（右）示例[2.5]。

之原理」（No.16）、「吾人生存之要素」（No.17）等一系列論文。他從「人類不過為宇宙之一物，而吾又為人類之一分子，與其言人之生存，不若言吾人類全體之生存」的命題出發，把人的眼光從一己的私我束縛中解放出來，把渺小的個體和焂乎的人生放進博大無垠的宇宙和人類進化的歷史長河中來加以考察。基於唯物主義的觀點，他指出，「雖然對於吾身，有生有滅；然而，對於人類之全體，以至對於宇宙，仍無所謂生滅。」從而得出「生不足幸，死不足惜」的結論。

　　1918年11月第一次世界大戰結束，戰亂方止，加之出國費用較去其它國家低廉等原因，從1919年起赴法勤工儉學生人數猛增，赴法放洋消息幾乎月月都有，每批人數幾十人，甚至百人以上。然而時隔不久，法國戰後經濟衰退，物價飛漲，工人失業，使剛到法國的大批勤工儉學生陷入困境，而被緊急叫停。據統計，到1921年初，「在法勤工儉學生之待維持者達千七百餘人。」[3.4]這樣，一場藉歐戰迅速興起的勤工儉學運動，於停戰後不久便走到了盡頭。1921年10月10日里昂中法大學開學，是從勤工儉學轉向正規留學生制度的轉捩點。

　　褚民誼在圖爾學完一年的醫學預科後，由於圖爾醫校不收外籍學生，就於1916年10月轉到波爾鐸（Bordeaux，現稱波爾多）大學醫學院正科一年級學習。關於這一段時期內的學習情況，他在「歐遊追憶錄」[1.20]中有詳述，略謂「法國學制，醫大預科僅有一年，正科則有五年。」余「當時對於解剖、生理、組織各科之實習，均極認真。尤以組織學一門，雖在暑假時期，實習

未嘗中輟，蓋已由領悟得到趣味矣。「當時吾人學醫課程，蓋有三種。其一課堂，其一試驗室，又其一則屬於醫院。法國醫學制度，與別國不同。第一年便須往醫院實習。「故余於四年內，獲實習之益特多。余素喜解剖，為之不厭……覺解剖學在醫學上，實佔有極重要之地位。獨惜中國以前不知

褚民誼在波爾多醫大試驗室內解剖女屍1.20]。

採用，甚且禁止剖屍……不知不事解剖，則病源永難明瞭。「余曾有一種主張……擬集合同志，組織一死後解剖會。在生前先將其身體經過極詳細之檢查，發給健康證，詳載於上；迨死後犧牲其臭皮囊，貢之於醫界，一任其解剖，俾知疾病之發生，與夫致死之原因，以求醫學之昌明。此義蓄意已久，會當促其實現[6]。」右上圖是褚民誼在試驗室內解剖女屍時的情況[1.20]。

正待他行將完成學業之時，「不意是時里昂有中法大學之設立，余被石曾先生等推往督工，祇得棄其所學，往里昂旅居兩年。」他在「歐遊追憶錄」[1.20]中如是說。

第三節　海外大學，創立里昂

里昂當年是僅次於首都巴黎的法國第二大都市，昔日作為中國絲綢之路的西端，是中法商貿的重要場所。該市文化教育事業發達，除著名的里昂大學外，還設有多所高等專門學校。從1900年起，即在法國率先舉辦了中文講學活動，並於1913年在里昂大學文學院設立了中文教授職位。嗣後，於1921年在這裡成立了中國的第一所海外大學－里昂中法大學。作為駐法籌辦負責人的褚民誼，在「歐遊追憶錄」[1.20]中詳述了該校的創辦過程，略謂「里昂中法大學者，吳稚暉先生所首創，李石曾、蔡孑民先生所摯畫，張靜江、汪精衛先生所贊助，而余經營組織以促其成也。」吳稚暉於1919年提出，在海外設立大學，

---

[6]　如第五章第三節中所述，他在1946年臨終前仍不忘實踐這一宿願。

可藉外人固有之經營、良好之設備，以發展中國之文化的主張（詳見「吳稚暉先生全集」[3.53]），深得李、褚、汪等人的贊同。考慮到「中國舊有文化與法國文化相同之點獨多，若從而溝通之，必能發生異彩。「遂有中法大學之組織。適值里昂大學校長儒朋（P. Joubin）君，新自遠東調查教育歸來，對吾人之計劃欣然贊同。於是在里昂設置中法大學之議遂定。嗣由里昂大學醫科學長雷賓（J. Lepine）提議，利用里昂生底愛逦山上之廢炮台作校址。惟此炮台屬陸軍部管轄，須轉撥教育部劃歸里昂大學，交涉往返，費時尤長。「而石曾先生以計畫雖定，經費尚無從出，非回國籌款不可。故斯時石曾先生乃摒擋回國一行。瀕行語余曰：茲事體大，吾當東歸，與諸同志奔走於內，所持以周旋法國謀實地之建設者，惟先生耳。余慨然諾曰：吾人之志決矣。吾人當更為一度之犧牲，以助其成，不知有他。[7]石曾先生遂行。余以交涉校址，建築校舍，非短時間內所能竣事。當時余猶在波爾鐸之醫科大學肄業，以辦學與求學分處兩地，勢難兼顧。於是特轉學於里昂。」

「猶憶余初次往里昂，視察校址時，乃與張溥泉同志偕行。」褚民誼在「歐遊追憶錄」[1.20]中繼續寫道，「惟所謂炮台者，僅有陳舊之屋五幢，猶有兵士駐守於內。屋內已多傾圮，僅牆壁完好。以其為炮台，故窗牖均極微小，即一切形式亦不類於學校，非大事修葺不可，經費需十餘萬金，舍此別無其他適宜之地點，則亦不得不勉力為之。余於是乃鳩工庀材，大興土木，接洽法人，改造校舍，組織校董，釐訂校章。既而校舍落成矣，學生來矣，中國首創之海外大學，自此開幕矣。中法人士群目余為校長（余時為副校長），實則非關於余之努力，乃吳稚暉、李石曾、蔡子民、汪精衛諸先生之功；而法國教育部長奧諾亞於交涉校址時，予吾人之助力尤多，余特贊襄其成而已。」1920年3月23日張溥泉與褚民誼一起赴聖‧伊雷內堡（Fort Siant-Irenee）視察後，特致函國內報告詳情，全文披露在「申報」（1920，5，9）上。

自1919年底李石曾回國後，褚民誼便在法國挑起了籌辦中國海外大學的重任。在督工建校的同時，著手制定辦校規劃。於1920年1月，以北京大學駐歐通信員的名義，擬定出「創辦法國里昂中國大學啟（緣起、理由、簡章）」的中文本方案。和題為「PROGRAMM De l'Université Chinoise, A LYON」（里昂中國大學規劃）[1.3]的法文本方案（均見後頁上圖）。

---

[7] 時任華法教育會秘書的蕭子昇，參與了李、褚之間的這場對話，在他為褚氏的博士論文[1.4]所作的跋中，亦有相同記述。

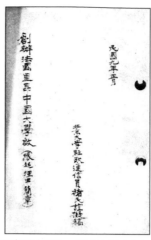

1920年1月褚民誼擬定的「創辦里昂中國大學啟」的中文本（右）
和法文本（左）（法國里昂市立圖書館）[1.3]。

　　該中文本共24頁，分為三個部分。第一部分「創辦法國里昂中國大學緣
起」，其中明確指出，「今竭吾人之全力以創辦中國大學於海外，冀造就多數
高深學問之人才」，以補向來勤工儉學和官費留學水平不高之憾。

　　第二部分「在法國創辦中國大學之理由」中，除列舉利用國外已有的學科
發展、高水準教員隊伍、各種輔助機關相配合，以及法國各界襄助等有利條件
外，還提出可以針對中國國情採取諸如：特設高深中國學課；以共同生活的方
式儉省一切費用；完備分科並設研究科以滿足各種需求；專設女生宿舍予以照
顧等一系列措施。

　　第三部分「法國里昂中國大學簡章」是本案的重點，對學校的組織、分
科、招生、學生管理等各方面均做出詳細安排和規定。該校分設預科、正科和
研究科。新生要求年滿16周歲，具有中等以上學歷，經中文、外文、數學和普
通科四門筆試及體格檢查合格後，按分數次序錄取。報名在中國北京、上海、
廣州和法國巴黎、里昂五地進行。新生先入預科一至兩年，正科在里昂大學
的文、法、理、醫、藥諸科或入其它高等專門學校工、農、商各種專科學習。
學制大學3-6年，專科2-4年不等。研究科是為正科畢業生考博士學位作預備，
並可為深入研究提供條件，年限不定。各科生每天均安排一小時體操課，並鼓
勵各種課外體育活動。對於優秀新生發放獎學金和減免膳宿費。還建議「照北
京大學之組織，設進德會，使青年學生得智、體、德三育兼修。」方案中對於

膳宿費、旅費及各科的學費都有明確規定。還要求學校對外要注意「招待自費生、儉學會生、勤工儉學會生等之來法，並介紹學校及工廠等，使彼輩來法少困難而多獲益」。

關於褚民誼被聘任為「北京大學通信員」以及他將上述方案提交蔡元培和李石曾審定的經過，披露在「北京大學日刊」[2.6]1920年第577期（1920，4，9）刊登的，題為「褚重行君致蔡校長函」一文中。褚民誼擬定的這份建校藍圖，為里昂中法大學的創立搭建了基本框架。

李石曾回國後，提出了在國內創辦中法大學的計畫，得到孫中山和蔡元培的贊同，於1920年在北京相應成立了中法大學，李石曾為董事長，蔡元培兼任校長。1921年前後，蔡元培赴歐考察，與1919年被教育部派任駐歐留學生監督的高魯（1909年比利時布魯塞爾大學天文學博士）和褚民誼三人一起，與法方進行聯絡，並由北京大學校長蔡元培與里昂大學締結了在里昂設一學院的初步協議。（「申報」1921，5，30）蔡氏回國期間，高魯以駐歐留學生監督的官方身分，褚民誼作為北京大學通信員代表北京大學，繼續活動。由於法國法律的限制，經反復磋商，決定成立一個以法國人為法人代表的合法機構「里昂中法大學協會」，由中法雙方共同管理，以「里昂中法大學」作為其下屬，進行運作，從而繞過了這個障礙。

1921年7月8日在里昂大學召開「里昂中法大學協會」成立大會，由里昂大學校長儒朋主席。會上推舉里昂大學醫學院院長雷賓和蔡元培分任協會法方和中方理事長，法方和中方副理事長分別為里昂商會副會長夏慕耐（C. Chamonard）和高魯，法方和中方秘書長分別由古恒（M. Courant）和褚重行（Tsu Zong-Yung）擔任，同時確定葛杏（L. Guerin）為會計。協會的會議紀要即由協會主席會同兩位秘書長共同簽署。里昂中法大學協會全部會議記錄及中法雙方簽訂的協議，現保存在法國里昂市立圖書館內。

接著，於當日由儒朋與蔡元培的代表高魯共同簽署了「里昂大學與中國大學聯合會間之協議」（見後頁上圖），共八條。其中包括：「維修和佈置聖‧伊雷內堡的費用，總計一百萬法郎，由中國大學聯合會事先募集支付，其工程由中國方面負責監督」「中法大學的日常經費，開始時每年由法國政府資助75，000法郎，中國政府資助100，000法郎」「法國政府承認里昂大學使用聖‧伊雷內堡，租金1法郎」等內容。並確定由中法大學的發起人組成中法雙方董事會成員：法方為M. Courant（古恒），E. Herriot（赫里歐），P. Joubin

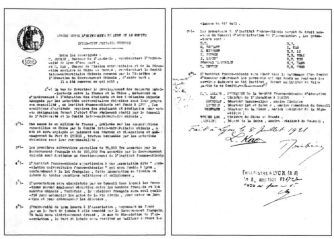

1921年7月8日簽訂的「里昂大學與中國大學聯合會間之協議」（法國里昂市立圖書館）。

（儒朋），J. Lepine（雷賓），General Marjoulet（馬局來將軍），M. Moutet（穆岱）；中方為高魯，李煜瀛，蔡元培，褚重行，汪兆銘，吳稚暉。其中的法方理事長為協會的唯一法人。

在聖・伊雷內堡的建校工程，由褚民誼負責督導，自1920年7月起動工，直至1921年夏基本竣事。與此同時，招生入學的工作，亦提上了日程，由在國內的吳稚暉負責進行。褚民誼參加完上述成立大會後，即於次日晚致函吳稚暉（「臺黨史館」稚07292），稟告成立大會和簽約之情況，並商及校舍建設、室內佈置、招生名額、減價船位、經費來源以及預算學生應交學膳費額等諸多問題。

「猶憶校舍落成於民國十年（1921）八月」褚民誼在「歐遊追憶錄」[1.20]中回憶道，「吳先生於九月底攜學生百餘人來法，於十月十日開學。迄今回思，當時盛況，猶在目前。」「申報」（1921，8，5）上報導，里昂中法大學的首屆學生，從中國的北京、上海和廣州三地招考錄取，由該校發起人之一的吳稚暉帶隊，在香港同登法國郵輪博多斯號前往法國馬賽港轉道里昂。

當時在法國滯留有上千名勤工儉學生。對此吳稚暉曾提出按國內新生的同樣條件錄取入學的方案。但由於未能滿足他們提出的全盤予以解決的要求，而釀成風波。甚至發生了部分勤工儉學生強佔新建里大校舍的過激行動，被法國警方扣留強行遣返回國的不愉快事件。

「中法友誼」－祝里昂中法大學建成開幕（「里昂生活」雜誌,No. 67,1921,12,10）。圖中剛入學的新生們與吳稚暉（1）、褚民誼（2）和曾仲鳴（3）等一起在新建的里昂中法大學院內合影。

　　里昂中法大學的建成和首批新生入學，受到法國各界的歡迎和重視。「里昂生活」雜誌（La Vie Lyonnaise）於1921年12月10日第67期上，如上圖所示，以「中法友誼」的醒目標題，載文祝賀里昂中法大學開幕，並詳細介紹該校的情況。

　　法國里昂市立圖書館編制了一份「里昂中法大學學生名錄」，給出了從1921年建校到1946年結束的25年間，該校全部註冊學生的名單。首批新生從1921年10月3日開始登記，到10月6日為止，共計127人，包括女生14人。他們來自全國各地的14個省，其中廣東達70人。此外，年底前還報到了11位男生。刊登在1921年12月25日「申報」上，來自法國的「里昂通信」，詳細介紹了里大開學來的近況。學生們學習和生活井然有序、食宿條件良好。「除吳老先生外，尚有褚重行、曾仲鳴二先生」，辦事甚勤。「與諸生時時接談，親如兄弟朋友。」法國「里昂生活」雜誌（La Vie Lyonnaise）第67期（1921，12，10）上，對該校亦有圖文並茂的長篇報導，右圖是其中的一幅照片，介紹了正在工作的三位學校管理人。

　　里昂中法大學是中法兩國共同努力的結晶，除了里昂大

里昂中法大學的管理者們在校長辦公室內：校長吳稚暉（中）、副校長褚民誼（右），秘書長曾仲鳴（左）。

學醫學院院長雷賓教授，擔任里昂中法大學協會理事長，作為法人代表起重要作用以外；法國中文教授古恒（Maurice Courant，1865-1935），長期為里昂中法大學盡力，功不可沒。他是一位中國通，1913年被里昂大學聘請為全法國第一位中文教授。嗣後與褚民誼密切合作，為籌建里昂中法大學積極奔忙。他以秘書長身分，代表法方參加學校的管理工作外，還肩負教學任務。1928年褚民誼再度赴歐重訪里昂中法大學時，將個人肖像贈送給這所他曾參與創辦的里昂中法大學（見書前），同時還特意將個人肖像，簽名贈送給古恒教授。與此同時，蔡元培和李煜瀛也分別題銘向他贈送了肖像（上述諸肖像原件現均藏於里昂市立圖書館）。

這裡要補充的是，為了籌措里昂中法大學的經費，曾寄希望於法國退還的庚子賠款，褚民誼等人以及法國諸友人曾為此作出努力。但由於歐戰後不久，法國與中國政府合資在華經營多年的中法實業銀行瀕於倒閉，法國政府決定首先將庚款用於該銀行的復業，而未能如願。褚民誼在法國政府作出該決議的前後，分別於1922年1月14日和28日從里昂致吳稚暉的信中著重談論了這個問題。（「臺黨史館」稚07310；稚07307）

褚民誼對西方先進醫學孜孜以求，在駐里昂期間，還抽空在里昂大學醫學院肄業。學校開學步入正軌後，他便於1922年底辭職，轉到斯特拉斯堡醫科大學完成未竟學業。吳稚暉和曾仲鳴也先後離開。相當長一段時間以來，校務實際上由繼任秘書長劉大悲（劉厚）駐校維持，那時原從巴黎遷到都爾的中華印字局也搬進了里大，繼續發揮作用。

目前法國里昂市立圖書館內設有中文部，收藏和整理了大量有關里昂中法大學的珍貴原始資料及大量藏書。據統計，自1921年開學到1946年停辦的25年間，該校在冊學生共473名，其中四分之一獲法國博士學位，其他人也都取得了學士、工程師或藝術方面的文憑。畢業後他們大都回國效力，其中不乏一批著名的科學家、文學家、美術家、音樂家、建築家……等等，許多人為祖國科學文化的發展做出了開創性的傑出奉獻。

里昂市政府將該校舊址聖・伊雷內堡列為「里昂古跡」。2009年5月，作者為收集當年的歷史資

里昂中法大學舊址大門前的合影。右起：褚幼義、吉納德和王蘭（2009，5，20）。

料前往歐洲，專訪法國里昂市立圖書館，受到熱情接待。並於5月20日在該館副館長兼中文和古籍部主任吉納德（Pierre Guinard）先生和中文部主任王蘭（Valentina de Monte）女士的陪同下參觀了里昂中法大學舊址及其內新陳列的展覽會。前頁右下圖是三人在舊址大門前的合影。

第四節　中國美術，首展歐洲

　　民國初期中國美術家大多留學歐洲，特別是在勤工儉學期間赴法國留學。在他們的發起和組織下，於1924年5月至7月，在法國萊茵河畔斯特拉斯堡的萊茵宮內，首次在歐洲舉辦了「中國美術展覽會」。褚民誼於1922年底到斯特拉斯堡大學醫學院深造。由於他在籌建里昂中法大學中的突出表現，在留學生中頗孚聲望，常以歐洲留學生代表的身分，積極組織和支持各項活動。在此期間，北大校長蔡元培亦於1924年初到訪此地，兩人對籌辦這次美展十分熱心。

　　「東方雜誌」[2.1]第21卷第16期（1924，8，16）上，發表了題為「旅歐華人第一次舉行中國美術展覽大會之盛況」的文章，對展會的籌備經過、開幕實況、展覽佈置以及國外反映等介紹甚詳。文中報導，「中國美術展覽會，發起於留法美術界同學，並聯絡留學德、比、英、意諸國美術界所協力組成。留法美術界有兩大團體，一名霍普斯會，專重美術學理之研究者；一名美術工學社，注重美術工藝之製造者。此次展覽會即由兩團體並聯合外界同志中推舉林風眠、劉既漂、林文錚、王代之、曾以魯等十人為籌備會員，主持其事。外間學界則多被邀請為名譽會員。正在旅居斯特拉斯堡之蔡子民校長及前里昂中法大學副校長褚民誼君，被請為正、副名譽會長，一致贊襄。其搜集作品與會務之籌備，實始於去年年底……至今年二月初才正式成立中國美術展覽會籌備委員會，向外發佈公啟，加徵作品。」會場在萊茵宮，其「外觀極為壯麗。宮內正殿，作為會場。分三大室：中廳陳列古代美術品，多圖畫；兩旁大廳，懸置近代作品，圖畫、雕刻、刺繡等均備。殿內外各處，均懸以極精美而新制之中國式燈彩，褚君民誼等自製。」應徵展品上千種，展會事前佈置一月有餘。

　　五月二十一日開幕（開幕攝影見後頁上圖），先於下午四時，由蔡子民、褚民誼兩君邀請中法各界約八百人茶會。是晚九時正式開幕，請中國陳公使和法國斯埠總督主席，各作開幕詞。繼之，籌委會等宣讀謝詞。接著進行中國音樂和合唱表演，「最後由褚民誼、王代之君等演戲法以助餘興，直至十二時始

1924年5月21日「中國美術展覽會」開幕合影。前排右起：斯堡市長、駐法公使陳籙、斯堡總督、蔡元培、斯堡大學校長和劉既漂；二排右起：褚民誼和吳大羽；三排右起：曾仲鳴、鄭毓秀、林風眠和徐悲鴻；四排中為林文錚[2.1]Vol.21, No.16（1924, 8, 16）。

散。觀眾約三千人，全宮擁塞，不得其門而入者，尚不計其數。二十二日下午四時在會場內舉行中國美術演講會。」是晚八時由籌備委員會宴請中法政學界，蔡校長尤欣然發表學理之演說，以這次美展由中國在歐洲研究美術與研究科學的同學聯合經營為例，發揮其美術與科學可以調和，以及民族之間可以調和的精闢見解。二十三日午，由法國駐斯埠總督宴請中國政學界代表。展會展出迄七月止。「此次開會。巴黎各大報幾無不刊登其事。至斯特拉斯堡內之德法各報，則尤連日滿紙，極口稱揚。」該報導中稱。

展覽會出版了展品目錄專輯[3.3]（見後頁上圖），其上標明中國美術展覽會（EXPOSITION CHINOISE D'ART ANCIEN ET MODERNE），於1924年5-7月在斯特拉斯堡，由霍普斯會與美術工學社聯合舉辦，得到法國斯特拉斯堡政軍學首長和中國駐法全權大使的贊助。書中首先登載了蔡元培用中文為展覽會親書的前言，以及褚民誼的法語譯文。譯文中註明，蔡氏以前國民政府教育總長和美術院院長、國立北京大學校長、法國榮譽軍團指揮官勳位獲得者和紐約大學榮譽博士的名義，褚氏以國立北京大學通訊員和中國大學代表團駐法國和比利時代表的名義發表。目錄上登載了458件展品的明細，並給出某些展品的照片。在最後一頁上說明：「部分展品到達較晚未及登入；展會上的中國燈籠系由褚民誼製作和裝飾。」

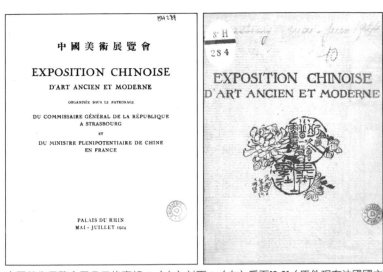

中國美術展覽會展品目錄專輯：（右）封面；（左）扉頁[3.3]（原件現存法國國立
美術史研究所圖書館）。

蔡元培對這次在歐洲舉辦的首屆中國美術展覽會寄予厚望，他在前言中從
歷史和現實的發展上，充分闡述了「中西美術自有互換所長之必要」。他還在
籌委會舉行的宴會上，對於「美是各種相對性的調和劑」發表了精闢的講演。
科學家講嚴謹求真，美術家求自由愛美，他說道，「愛真愛美的性質是人人都
有的」，這次展會「就是學術上的調和與民族間的調和。」也鑒於此，通過這
次展會的交流和協力合作，褚民誼在美術界播下了友誼的種子，從此建立起廣
泛的聯繫（詳情見第三章第十節）。

第五節　鍥而不捨，終達宿願

褚民誼儒醫世家出身，自幼在父親褚杏田的啟示和期盼下，將學習西方先
進醫學造福百姓，作為他孜孜以求的奮鬥目標，如前所述，雖屢經中輟，而始
終不渝。斯特拉斯堡是法國重要的文化和教育中心，其中的斯特拉斯堡大學，
歷史悠久，被認為是在巴黎以外最好的大學。褚民誼圓滿完成創辦里昂中法大
學的使命後，於1922年11月初離開里昂，到斯特拉斯堡大學醫學院攻讀醫學博
士學位，他在法國學習的全套檔案現存於該學院內。

按照他的志趣以及北京大學校長蔡元培的先期授意（見「北京大學日刊」

[2.6]1920，4，9），他選擇組織學和解剖學作為主攻方向。1923年6月底，他修畢了博士學位所需課程，進入斯特拉斯堡醫學院組織學研究所保羅·布安實驗室，潛心從事研究。保羅·布安（Paul Bouin，曾稱保羅·博杏）是法國著名的組織學教授，曾從事卵巢黃體問題等開創性的研究，作出傑出貢獻，被授予法國榮譽軍團軍官勳位勳章。在他的指導下，通過近一年的悉心研究，褚民誼完成了題為「兔陰期變論」的博士論文工作，於1924年6月5日以優等成績通過了博士論文答辯。（其博士照見右圖）

褚民誼醫學博士，1924年畢業於法國斯特拉斯堡醫學院[3.7]。

褚民誼的博士論文「兔陰期變論」[1.4]，由斯特拉斯堡醫學院出版社出版。如後頁上圖所示，該書別開生面地在其正反兩面，分別以法文和中文發表了兩部分內容。前者是論文的研究工作報告；後者是對作者的介紹以及對論文的簡介和評論，是專為國人寫的。該書可以看作是他二十年來在法國求學生涯的一個圓滿總結。

論文的中文部分包括，蔡元培序、謝詞、兔陰期變論題解、蕭子昇跋等內容。蕭子昇在法國與褚民誼相識甚篤，同具教育救國的理想。他為論文題寫書名，並撰寫了長達十四頁的跋。蕭子昇（1894-1976），名旭東，又稱蕭瑜，湖南湘鄉人。1915畢業於長沙省立第一師範。1918年與毛澤東等人成立新民學會，任總幹事。1919年赴法勤工儉學，其間曾短暫回國。

蕭子昇1924年2月1日書寫的跋文，在簡述褚氏的身世後，對其留學之志趣寫道：褚民誼於「一九零六年，偕張靜江先生即來法，法國華僑諸公益事業，若書報之傳達、印局之創設、工商之協進，宣導組織，靡不殫精而竭力，尤以教育運動，介紹留學，為其致力之中堅。時褚子以為己學未必過於人學；少數人學不如使多數人學。」故曾棄其獨學之機，而樂為學界奔馳。褚子「又曰，西洋文明未必盡出於學校，吾人所欲取吸之者，亦未必盡在於學校。廣大之社會，繁跡之宇宙，慧眼人處之，無往而非天造地設之學校也。故褚子遇事考究，觀察入微。不惟注意學界之組織，而又比較社會民俗政情教儀之得失。」

蕭子昇赴法勤工儉學期間，曾任華法教育會秘書，見證了李石曾回國前委託褚民誼在法國負責籌建里昂中法大學的那一席談話。他還曾隨褚氏到比利時

褚民誼博士論文法文（右）和中文（左）前後兩部分的封面[1.4]。

考察，文中披露「當中法大學建立之議既定，比國政學界人聞而慕之。褚子之友人比京大學教授聚爾（Paul Gille）君等，屢馳書褚子，商中比教育之協進，乃與比國曉露槐（Charleroi，現稱沙勒羅瓦）工藝大學議組中比大學。今工藝大學中之中國學生寄宿舍，已落成矣，中國學生居其間者百人。故中國海外大學學務之組織，在法在比，褚子之用心多焉。

「當余之第二次來歐也，為一九二二年十月。時褚子方欲出里昂謀潛修，而國內函電再四，又促之歸北京，教授於大學；旋而江浙友人之信又至；旋而閩粵友人之信又至，皆敦促就道，爭相聘約。褚子從容告余曰：吾不欲遽棄獨學以問世也，必成己而後有以成物，必深造大成而後有以利人。即與余促膝作竟夜談。」除論及「為社會人群而學」的志向外；還就「強健之體魄」「堅決之意志」「精密之思考」「適當之環境」「適當之年齡」五個方面，深入分析了他進行科學研究所具備的條件，從中也反應出他在當時的生活和學習狀況。

「越日」，蕭子昇繼續道，「褚子東行，往史太斯埠（斯特拉斯堡），寢饋於醫學，兼學藥。深以李君聖章所贈中醫書籍之注語為然。其言曰，中醫不可廢，中藥尤不可廢。故褚子思以西藥製練之法，改良中藥，提精擷秀，期有新藥料之發現以供世。」

那時中國「自科舉廢而學校興」以來，在出國留學中，曾出現「托虛名以自顯」「以學問為敲門磚，以博士為欺世淩人之工具」的惡劣風氣。「褚子

民誼向抱教育均等主義……未嘗欲襮其所學博一博士之名也。且醫學博士之論文，識者視為形式文章。以病論病，一二月間即終卷矣，焉有求乎新發明以立論為？今褚子以歲餘之時日，埋首試驗室中，實力研究兔陰之期變，其以學為重，而不斤斤於博士之名者甚顯矣。「褚子之志，其為學不過發軔之初，於學位無與焉。」蕭序最後寫道。

為了說明該論文的目的和內容，褚民誼深入淺出地撰寫了「兔陰期變論題解」進行介紹。略謂，「萬物並育，而賴生殖，所以傳其種，保其族也。生殖以時，故有生息。生而息，息而生者，是謂生殖循環。而，其所以為生殖者，為卵巢之發育。「研究萬物生殖之理者，必察其卵巢之發育循環之如何為期與變，以得其恒。「卵者，生物之源也。卵衣以包，曰，卵包。卵包成熟之時，即情感起發之秋，發育之正期也。「是故卵包之成熟，為卵巢發育之動機。卵包熟而自裂者，謂之『自放卵』。人猴犬等之卵，是也。熟而必遇陽而後裂者，謂之『被放卵』。貓兔等之卵，是也。「卵巢為生殖之中樞。而卵包之成熟，又為發育循環之動機。故凡與生育有關聯之機體，如乳房、乳管、子宮或子廓、陰道等，皆隨卵巢之發育循環，而各呈其特殊之變象。「各種期變之中，以陰道之期變，外應內感，最為繁複。研究大鼠、小鼠、天竺鼠等之陰道期變者，固不乏人；而研究兔類陰道之期變者，甚少。有之，亦不過觀察其一部分一時期而已，未有能為完全而確切之論者也。且兔類之卵為被放，故所呈陰道之變象，逐期更易，新奇層出，與眾不同。不但為前人所未見，亦為時人所未言，誠組織學中一有趣味之問題也。愚醉心於斯，研究剖驗，閱時歲餘，略有所獲。爰述大要，就正高明，贅此數言，以當題解。著者自識。中華民國十三年二月書於法國史太師埠」

生殖是涉及動物得以繁衍不息的根本問題，褚民誼對此進行了創新研究，深得蔡元培的賞識。作為一位富有開明思想的教育家，蔡氏以敏銳的眼光，在論文發表之初，便預判到來自傳統舊思想的誤解和責難。他在親筆題寫的序言中，充分肯定了「兔陰期變論」研究成果的積極意義。開宗明義地指出，褚君民誼之研究，「在中國普通人眼光，或將以『無益費工夫』視之。蓋自孔子之徒，以小道為致遠恐泥；而宋之儒者，又喜用玩物喪志之廣義；是以學者遇一問題，儻非與彼輩所謂世道人心，有直接關係者，皆將視為無探討之價值；而又經古代崇拜生殖機關之反動，對於此種機關，尤以為猥褻而不敢道，此即中國科學不發達之一因也。宇宙之間，事無大小，未有不互相關聯者。「冀與世

界同志……研求不已。初不計所求得者，是否可以應用於實際之生活；而發明以後，利益之溥，或非本人初料所能及。「動物與人類尤為切近；而兔類可為家畜，較之鼠類，尤與經濟問題有關；褚君之所發見，又包舉各期變態，為前人所未及。然則本此理論，而求出繁殖兔類之方法；或推諸其他家畜，在畜牧上，必極有利益；而推之於人類之生育於淑種之學，亦未必全無影響……褚君此篇，又豈得視為無益而忽之哉？中華民國十三年二月十日蔡元培識，時寓比利時都城佈魯塞爾。」為了感謝蔡元培的慧眼知育，褚民誼特親題謝詞於其序言後。

作為留學之總結，他在論文法語部分之前，鄭重鳴謝其論文導師布安教授和論文評審委員們，里昂中法大學的法方諸推動者，比利時沙勒羅瓦「中國科技工作者之家」的諸創辦人，張靜江、李煜瀛、吳稚暉、蔡元培、汪精衛和蕭子昇，父親、姑姨、姐妹和朋友，並紀念已故的母親、叔父和妻子。褚民誼在斯特拉斯堡醫學院先後獲得醫學博士學位和藥劑師學位後，立即摒擋回國。據斯堡市戶籍冊之登錄，他於1924年11月10日離開該市回國。嗣後，他於1928年春夏為考察衛生再度訪歐。歸國不久，應「旅行雜誌」[2.10]之邀，從1929年1月份的第3卷第1期開始，至同年第10期止，連續十期，發表了二十餘年來遊歷歐洲（法國部分）的遊記「西歐漫遊錄」。文章發表後，深受讀者歡迎，遂經作者整理，由中國旅行社於1932年10月以專著出版，書名「歐遊追憶錄」[1.20]，由汪兆銘建議並題寫（見右圖）。

吳稚暉是與褚民誼在留法期間的同志和摯友，特為該書親筆題寫了一千五百餘字的序言，著重將這本現代遊記，與中國古代史學家司馬遷（太史公），在遊記中以寫景舒豪情相比擬，對該書進行了評述。文中最後寫道，「我的朋友褚民誼先生方印成一冊歐遊追憶錄，他先給我快讀。他比司馬遷當時行動在地球上的區域，當然要推廣得遠多。凡先生所行動，在我雖不及六七，但令我回想到如何在某處聽長老稱說，如何至某處弄到垂涕，多半與他追憶的，也無不相同，但先生能一一追憶了。寫到如令我讀太史公曰如何如何還加倍有

1932年10月出版的褚民誼著「歐遊追憶錄」[1.20]。

勁，還加倍叫人低徊不能止，那也就不能不令我叫絕，說他是大文章。但在先生乃無意中止把自己所流連過的，寫出來供人流連，決不像司馬遷曾有藏諸傳諸的蛇足思想。文章的大小先生沒有工夫管到，即我也不願管到那些腐儒的批評。終之這又是人在地球上行動的一冊奇書，能供人流連慨慕，引起無限情感的一種刊物，決不讓太史公曰如何如何，能專美於前，則一無可疑者。我敢寫這幾句在本書前面，以告後來無窮之讀者。中華民國二十有一年七月。」

褚民誼喜愛攝影，與「西歐漫遊錄」相配合，在該雜誌[2.10]第三卷上還發表了一系列自攝的風景照，題為「碧綠海岸」（No.1-2）、「過爾斯島」（No.3）、「羅納河流域」（No.5）、「潑羅文化」（No.6）、「亞爾伯山風景」（No.8）等。

此外，他還應邀在其上發表「歐洲讀書一得」（Vol.3, No.8）、「環球飛行記」（Vol.3, No.11）、「上海較巴黎如何」（Vol.4, No.1）等文章，以及國內旅行之「西山遊記」（Vol.3, No.12; Vol.4, No.1-2）、「西北遊記」（Vol.4, No.5）、「新疆人民的生活」（Vol.6, No.1）等。

褚民誼的足跡幾乎遍及歐洲各國，但是已出版的「歐遊追憶錄」僅僅是法國一部分。為了滿足讀者的厚望，應編者的再三請求，褚民誼在百忙中從1933年「旅行雜誌」第7卷第3期起，並接著在第4，6，7和10期上，以「歐遊追憶錄第二集」「1.21」為題，發表了歷年訪問比利時的情況，但最終由於國事繁忙，在第10期上向讀者致歉而終止了全部寫作。上述文章的內容將先後在本書相關部分引用。

第三章 救國之道身體力行
（1924-1937）

第一節 歸國伊始，執掌廣大

學成回國效力的褚民誼，從法國乘船於1924年12月23日抵達香港，李曉生和黃垣夫婦及陳舜貞到港迎接。他本準備直赴上海轉道回鄉探親，因遵衛月朗之囑，就近先到廣州與衛氏相見，「即商量與舜貞妹結婚事項，當擇定甲子年十二月初六，即民國十三年（1924年）十二月三十一日完婚。」褚民誼在「家訓彙疏考」[1.46]中回憶道。

陳舜貞（1902-1963），曾用名順貞，系愛國華僑衛月朗（1869-1945）的養女。衛月朗是陳璧君的生母，隨丈夫陳畊全從廣東到馬來西亞創業，發家致富，定居檳市（Penang，舊稱檳榔嶼）。她早年加入同盟會，曾主動變賣首飾，傾囊資助革命。陳家兒女眾多，據汪文惺和何文傑回憶，陳家包括庶出和領養，共計八子八女。衛月朗生三兒一女。前兩子早夭，三子名繼祖。女兒璧君，嫁汪精衛。衛月朗後來的養女取名順貞（與褚民誼婚後改名「舜貞」），按女兒排第八。眾兒女中以八子陳昌祖（1904-1994）年齡最小，晚年寫有回憶錄[3.55]。

陳璧君與汪精衛留法時，屢應孫中山之召，頻繁往返於中法之間。1914年衛月朗曾隨行來法留居近一年。1916年初，陳璧君又帶緯君和順貞來法留學。當時陳、曾和方家聚居波爾多，褚民誼也在波爾多醫學院學習，開始與陳順貞相識。陳順貞在法國留學近兩年後，隨陳璧君舉家回國居上海，入大同學院繼續學業。1922年由汪精衛和陳璧君介紹與褚民誼訂婚。此時褚氏正在法國準備博士論文，乘林森遊歷法國歸途之便，帶致一枚戒指和一隻手錶，以為約婚之卷。[1.46]其時，陳畊全家業破產後於1921年去世，衛月朗歸國與其女陳璧君相伴。

褚民誼回國到達廣州時，孫中山已應邀北上議事，偕汪精衛等人同往。胡漢民作為留守代行大元帥府職務，廖仲愷作為黨代表會同許崇智和蔣介石掌

管黨軍。褚民誼與陳舜貞結婚之喜，「承伍梯雲朝樞先生為主婚人，胡展堂漢民先生為證婚人，廖仲愷及古湘芹應芬兩先生為介紹人。」[1.46]婚禮次日為1925年元旦，為了慶祝開國和紀念中華民國第一任孫大總統就職，胡留守、黨代表、各總司令、各部部長暨蘇俄同志等合影紀念（見下圖）。照片中前日婚慶上的新郎、新娘、主婚人、證婚人、介紹人，以及親朋好友等再現其中。

　　孫中山畢生致力於革命宣傳，把教育和人才培養視為改造和建設中華的基礎。1923年粵局初定，孫中山在廣州設立元帥府，出任大元帥，即於翌年，在廣州親手創辦一文一武兩所學校。繼1月24日決定籌辦陸軍軍官學校（黃埔軍校）之後；又於2月4日頒佈「著將國立高等師範、廣東法科大學、廣東農業專門學校合併改為國立廣東大學」和「派鄒魯為國立廣東大學籌備主任」兩道大元帥令[3.68]，著手籌建「國立廣東大學」。

　　孫中山對這所在廣東革命發源地的第一所國立大學十分重視，於1924年8月以大元帥令頒佈了「大學條例」，並親自十多次到該校大禮堂，給黨、政、軍人員及各校教職員工和學生系統講演三民主義。同年9月15日廣東大學開

1925年元旦慶祝開國和紀念中華民國第一任孫大總統就職合影紀念。前排左起：陳舜貞（5）、朱始（7）、楊道儀（13）、曾醒（15）、衛月朗（19）、何香凝（22）等；第一排右起：胡漢民（14）、廖仲愷（13）及其身前的兒子廖承志、許崇智（15）、俄軍事總顧問加倫（16）、林森（11）、鄒魯（10）、張繼（8）、伍朝樞（20）、古應芬（21）等；第二排右起：褚民誼（4）、陳公博（7）、李宗仁（8）等。

學，11月11日舉行成立典禮。孫中山手書「博學、審問、慎思、明辨、篤行」作為校訓詞，予以勉勵。[3.68]

褚民誼回國後，即被聘任為國立廣東大學教授。時值孫中山抱病北上後病情惡化，於1925年1月26日入院手術。鄒魯聞訊立即啟程赴京。2月4日大元帥令由褚民誼代行廣東大學校長之責[3.68]。接著又於2月6日下令，將里昂中法大學定為國立廣東大學海外部之一。[3.69] 里昂中法大學時有華人就學者143人，以來自廣東的最多達67人。（「申報」1924，2，11）

1925年3月12日孫中山逝世，7月1日在廣州成立國民政府，國民黨中央執行委員會主席汪精衛擔任國民政府委員會主席和軍事委員會主席。同日委任鄒魯為國立廣東大學校長。[3.54]如前所述，國立廣東大學原由三校合併而成，嗣後設立的醫科學院，系由原公醫醫科大學合併而來。該校始創於1909年，民國以來得到政府的大力支持不斷擴大。但自1923年以來，由於新任校長擅權妄為而瀕臨破產，並有被美國企業吞併之虞。國民政府遂於7月7日派代表前往接收，並於8月17日批准聘請褚民誼任廣東大學醫科學院院長兼學長[3.54]。當時褚民誼擔任東征軍總指揮部軍醫處處長，9月14日到校就職，醫科學院遂於10月1日正式開學，順利地完成了併校工作。（[2.8]第28期，1925，10，26）

褚民誼在接任代理廣東大學校長期間，創辦了「國立廣東大學週刊」[2.8]（以下簡稱「廣大週刊」），由國立廣東大學秘書處出版，自1925年4月至1926年8月30日，該校更名為中山大學止，共計出版62期，是一份研究廣東大學和中山大學歷史的紀實性史料。

孫中山逝世後國民黨內部紛爭迭起。1925年8月20日廖仲愷被刺殺，胡漢民也因涉嫌廖案出國暫避，從而出現汪精衛和蔣介石聯合執政的局面。當時的國民黨仍繼續執行「聯俄容共」政策，但是黨內反對之音日趨強烈。11月23日鄒魯與林森、謝持、張繼、居正等部分國民黨中央委員，在北京召開「西山會議」，公開反對國共合作，並在上海另立國民黨中央黨部。鄒魯作為主要成員，被廣州國民黨中央撤銷一切職務。國民政府遂於12月1日「任命顧孟餘為國立廣東大學校長」；同時「著陳公博暫行兼代國立廣東大學校長。」[3.54]顧孟餘當時是北京大學教授，為了不想捲入政治漩渦，堅決請辭。[3.69] 從「廣大週刊」的記載上可知，他也確實一直未曾涉足廣東大學校務，直至他被正式免職。

1926年1月4日至19日在廣州舉行中國國民黨第二次全國代表大會，會議

議決繼續執行「聯俄、聯共、扶助工農」三大政策，對「西山會議」骨幹分子鄒魯、謝持以及居正等人分別給以開除和取消黨籍等處分，對林森、戴季陶等人也發出了警告。時褚民誼在北大任教未出席會議，但在會上當選為候補中央執行委員。嗣後，據廣州「民國日報」（1926，5，16）報導，他出席了5月15-22日在廣州召開的國民黨二屆二中執行委員會全體會議。

那時的廣東大學是一個學潮正興的多事之地，國民黨曾於1925年10月11日派遣甘乃光等調查委員以及於11月24日特派汪精衛等管理委員會委員到校視事，均未明顯平息。相繼於11月底發生全校教授聯席會議成員集體辭職；38位知名教授於12月11日在上海「民國日報」上刊登「廣大離校教授來滬之宣言」等事件。[3.69；3.70]為了儘快結束紛亂局面，2月19日國民政府在照準陳公博辭去代理廣東大學校長職務的同時，下令「任命褚民誼署理廣東大學校長兼籌備中山大學事宜」和「特派褚民誼為教育行政委員會委員」。[3.54]

3月1日下午，在廣東大學舉行廣州國民政府教育行政委員暨廣東大學校長就職宣誓典禮，國民政府委員會主席汪精衛和常務委員譚延闓蒞場作證。教育行政委員陳公博、褚民誼、許崇清、金曾澄和甘乃光到會（委員鐘榮光未到）。褚民誼主席司儀，委員們受印後進行宣誓。繼後褚民誼在大操場舉行校長宣誓典禮，「先由前陳代校長介紹現任校長企立平臺上，向國旗、黨旗行禮及宣誓」後禮成。（「廣州民國日報」1926，3，2）下圖是「圖畫時報」[2.7]No.319（1926，9，19）上刊登的教育行政委員暨廣東大學校長就職宣誓典禮的合影。

褚民誼接任後，即於2月20日下午到校接事，並於22日主持召開了第67次校務會議，會上議決仍請他兼任醫科學院院長。按「廣大週刊」[2.8]記載，從

1926年3月1日在廣東大學舉行教育行政委員暨廣東大學校長就職宣誓典禮之攝影。二排右起：金曾澄（4）、許崇清（5）、汪精衛（6）、譚延闓（7）、褚民誼（8）、甘乃光（9）、陳公博（10）等[2.7]No.319（1926, 9, 19）。

此他作為主席親自主持了歷次校務會議。上任伊始，他在答記者之詢，論及學校的整頓及進行方針時略謂，「現在之廣東大學，為中國極大之大學，即北大只僅有文、理兩科，而廣大橫的方面包含文、理、法、醫、農、工各科；從縱的方面包含小學、中學、師範、預科、本科各級，其量不為不大。故進行之法，首先在謀充實其內容，即在量之方面，不求其更大，但求其質之充實，在本範圍內，使其日臻完善而已。至於學生，則首重紀律，本人固不採壓抑態度，亦不過為放縱，但採持平態度執行紀律。至於往時教授鐘點之分配，或失其平者，則使之平均。各職員則使守定規則，勤於所事云云。」（「廣州民國日報」1926，2，22）

孫中山去世後，黨內就有將廣東大學改名為中山大學的動議，此次委任他負責籌備，對此他發表談話稱，「中山大學之籌備，當逐步做去，蓋欲速則不達也。計現在第一步為改革本校問題，此項改革，擬先徵求學生及教員之意見，以為標準。次為黨化問題，應先將各學生完全黨化，然後改為中山大學，庶名副其實。大約此種工作，須四五個月乃能辦到。故中山大學開學之期，當在暑假後云。」又謂「現在本校學生中黨派極多，故做事不能一致。本人極希望各生能破除一切黨見，共向國民革命之目標進行云。」（「廣州民國日報」1926，2，25）

廣東大學以校務會議為決策機構，在校長的主持下由各科學長、預科主任及全校教授互選的若干人組成。為了廣泛聽取全校師生員工的意見，以革新校務工作，在2月27日第68次校務會議上議決成立「國立廣東大學評議會」。「廣州民國日報」（1926，3，2）上稱，「廣東大學自褚民誼接任校長以來，雖為時甚短，而對校中改革事宜，則進行頗佳。」如：成立評議會，以整頓校務；改良醫科附屬醫院，組織院務會議、實行分科管理並增設贈診時間；妥善收容大夏大學離校生及香港罷課生等百餘人；撥款資助學生會出版刊物等等。

此外，第68次校務會議上還議決，對海外部里昂中法大學的公費生「由本校增加每月每人津費五十法郎，自三月起每人匯寄一百五十法郎。」（[2.8]第42期，1926，3，8）。

廣東大學校園內的這場改革，其進展並非一帆風順，不可避免的要受到保守勢力的阻撓，文科改革的「擇師運動」風波，就是一個突出的事例。當時郭沫若從日本留學回國後，於1926年3月23日應聘到廣東大學文科任學長。為提高教學品質，經與褚校長商議，提出了學生可以自由擇課的舉措，得到學生擁

護。然而，卻受到黃希聲等26位文科教員的反對，並舉行罷課，激起了風波。（「廣州民國日報」1926，4，24）褚校長明確表態支持這一新舉措，對郭學長主挽留；同時召集未罷課教員55人，分擔罷課教員所任科目，使學生學業不受中斷。[3.69；3.70]他對參與罷課的教員予以區別對待，上呈國民政府批准，免職其中之主謀者，以正學風。（「廣州民國日報」1926，5，14；[3.54]）至此，守舊勢力的阻撓宣告失敗，改革的春風吹遍廣大校園。

當時的廣東是國民革命的策源地，廣東大學師生員工的革命熱情高漲。1926年3月18日在北京發生段祺瑞政府槍殺學生慘案後，全校於30日舉行聲討大會。接著又於4月2日由統一廣東各界代表大會，召集農工、軍政、學商各界共二十餘萬人，在廣東大學大操場舉行示威運動大會。（「南洋商報」1926，4，17）廣東大學週刊特專題出版了「討段增刊」[3.5]。褚民誼親筆題寫鮮紅色的刊頭，並首篇發表「論段祺瑞之慘殺請願民眾」的檄文。隨後，在廣州相繼舉行了「五四運動」「五七國恥日」「五卅慘案」和「六廿三沙基慘案」等大規模的群眾性反帝愛國紀念活動。活動中國立廣東大學的師生們一直起著排頭兵的作用。褚校長始終站在他們中間，把廣大群眾的革命熱情一浪高似一浪地有序向推前進。

在這些活動中，以1925年在廣東沙基發生的「六廿三慘案」最令廣東大學師生和廣州市民深感切膚之痛。當年廣州全市約10萬民眾舉行的反帝示威大遊行中，廣東大學的學生走在了學生隊伍的最前列，慘案中亦有多名學生受傷。[3.69]一年之後，廣州舉行盛大的「六廿三紀念」活動。學校師生員工們先期聯合組成籌備組，印製宣言數萬張，紀念特刊數千，標語數千，並制演講巡行等旗幟數千具，於22日編成十餘隊，到市區分頭演講。23日上午在本校大禮堂開會後，冒雨列隊前赴東較場參加全市大會並巡行，直至下午4時始散隊返校。次日還列隊川街分頭演講。（「廣大週刊」第58期，1926，7，5）

當時廣州國民黨內部，「容共」和「分共」的分歧日益顯現。3月20日發生的「中山艦事件」是一個重要的轉捩點。汪精衛與蔣介石對此處理意見相左，汪氏於5月前往法國治病，從此開始了蔣、汪之間政治上的分道揚鑣。褚民誼並未參與其中，而是全身心地投入廣東大學的整頓和革新工作，一直秉持其「破除一切黨見，共向國民革命之目標」的立場。

1926年5月7日在廣州舉行的「五七國恥日」紀念活動中就曾一度受到嚴重干擾。由廣州各界、中央黨部、全省學聯會、廣州學聯會、中華全國總工會、

廣東各界統一會等團體發起組織的廣州各界紀念五七大會，於是日在廣東大學大操場召開，國民黨中央特派中央委員繆斌、陳其瑗、褚民誼、毛澤東四人赴會，通過公推與工、農、兵、學、商等各界代表共十餘人組成主席團，主持會議。但是，開會當天上午竟有人以市黨部、廣東總工會等團體的名義，揚言要在東較場召集各界大會，派人四出兜截群眾隊伍。呼喊諸如「擁護上海第二次代表大會」「打倒左派」等口號，並竄到廣東大學會場搗亂。其破壞的圖謀被挫敗後，大會得以順利召開。會後陳其瑗、毛澤東和褚民誼，與廣東各界紀念五七大會主席團全體成員聯合具名，向國民黨中常會第二十七次會議（1926，6，11）提交報告，說明真相以正視聽。褚民誼和段錫朋在大會上發表演講的演辭，嗣後收錄在「國立廣東大學演講錄第一集」[3.11]中。

　　1926年3月12日迎來了孫中山逝世一週年，廣東大學的紀念典禮於3月6日在大禮堂隆重舉行，褚校長主席並宣佈孫總理史略，許崇清等相繼演說。總理逝世週年紀念日當天，廣東各界人民在東較場舉行紀念大會。廣東大學全體職員學生約二千餘人，由褚校長率領列隊前往大會場行禮。此外尚有宣傳隊員數十人分途散發本校出版部所印之總理遺像遺囑、告各界傳單七種、及總理逝世週年紀念專號等出版物，凡十餘種。（[2.8]第42和43期）

　　為了把學員高漲的政治熱情引導落實在造就有用之材的實際行動中，褚民誼在3月22日舉行的總理紀念週上，發表了題為「三民主義與三育訓練」的演講，提前佈令各生一律出席。該講演詞全文發表在「廣大週刊」[2.8]第45期上，並彙編在「國立廣東大學演講錄第一集」[3.11]中。

　　文中說道：「今天講的是三民主義與三育訓練。三民乃民族、民權、民生，三育就是德育、智育、體育。「民族主義，分狹義的和廣義的。狹義的如當初之民族主義，是推倒滿清為目的的。此種毛病很大，因為認定中國是中國人的中國。但是中國從前是不是完全屬於中國的，這樣問起來，就難回答了。但廣義的就不同了，第一自己立於被壓地位，先要得平等；第二自己解放了，亦不好壓迫他民族；第三我們自己能夠達到獨立自由，即扶助他弱小民族，得獨立自由，這是民族主義的真義。民權是五權憲法……吾人之目的，應謀到主權在民，凡事皆以人民利益為依歸！五權憲法才有好果，才可以達到真正民權。民生，即謀人民的生活，即所謂衣食住行四條件。現在社會資本家，勢力大張，國家不能維持，致人民飢餓。民生主義，以平均地權、節制資本為主要，孫先生因恐社會流為資本化，故創此主義，以掃除現在歐美日本經濟制度

種種不平等之弊。至於遺囑上所舉的建國方略，建國大綱等，皆為知的方面。要我們實行此種主義，就是行的方面。所以中山先生創知難行易學說，因為凡事須要研究清楚，乃有信仰，有信仰才有力量去實行。

「我們應該怎樣去做呢？所以就要有三育。我們想實行孫先生主義有幾個條件：（一）健強的體格，（二）充分的知識，（三）如果有體育智育，而沒有德育，以範圍行動，則有時能因不善用而有害，故德育甚為緊要。體育訓練有兩種方法（一）衛生，（二）操練。衛生祇能防病，而不能使身體強壯，故必有操練，操練無論何種，均可發展身體的。」由於時間所限講此為止。

繼後，褚民誼在「廣大週刊」[2.8]上連續發表了「吾人之生存」（第51期）、「吾人生存的原理」（第54期）和「吾人生存之要素」（第55和57期）等專論，引導學員樹立科學的世界觀和人生觀，其主要內容與1917年間在「旅歐雜誌」[2.5]上發表的同名論文一致（見第二章第三節）。此外，廣東大學在歷次總理紀念週等活動中，還邀請社會各方名流，如：陳公博、許崇清、沈雁冰（茅盾）、伍朝樞、周恩來、吳稚暉等來校講演，有助於學員認清形勢、拓寬視野。

褚民誼以「勇於革命，勤於求學」之旨意，積極支持在校內開展多種多樣的學術活動。在他的扶植下先後成立了「國立廣東大學醫學會」「國立廣東大學化學會」（[2.8]第44和56期）、「東方學報社」（[2.8]第46和47期）和「廣大世界語學會」（[2.8]第49和55期）等社團組織。此外，還對面向貧困孩童的「國立廣東大學學生會立平民學校」予以資金，以及由校方代行出版「國立廣大平校校刊」（月刊）[3.10]等各方面的支持。

在他的大力提倡下，廣東大學的文體活動開展得有聲有色。為了推廣中國傳統的武術，褚校長1926年初從北京特聘太極拳泰斗吳鑒泉之子吳公儀為本校體育部導師，專授太極術，於5月2日開始講授、演習。（[2.8]第51期）吳先生熱心教授，學生專心學習，成績大有可觀，即暑假期中，仍照常進行，並擬印行刊物，以期普及。（[2.8]第58期）此外，為了加強領導、統一管理，全校體育辦事處、學生會和體育特項委員會聯合，於5月18日召開了全校體育會議，決定成立全校員生的聯合組織「國立廣東大學體育協會」，推舉褚民誼為正委員長，鄒秉綱（教員）和陳煜年（學生）為副委員長，吳欽堯為秘書。（[2.8]第54和55期）其後在「廣大週刊」[2.8]第57期上刊登一則消息稱，該新成立的協會「擬於暑期開辦游泳訓練班，並挑選足球、排球、籃球、女子排球選手，積極訓練，以備秋間前赴滬杭與各學校及各體育團體比賽云。」

廣東大學的音樂美術活動搞得也很活躍，褚校長亦積極參與其中。校內原有銅樂隊，服務社會及參加種種革命運動，成績頗優。據「廣大週刊」[2.8]第58期中報導，在該隊舉行第四屆畢業之際，舉辦了盛大的音樂跳舞大會。還計劃以後每季舉行一次，並擬組織全校歌詩班等活動。

　　在整頓廣東大學初見成效的同時，褚民誼將籌備中山大學事宜提上了議事日程，於1926年3月13日第70次校務會議上議決，組織「籌備中山大學委員會」（以下簡稱「籌委會」）及其組成人員方案。報經國民政府批准（[3.54]）後，由褚校長具函聘請。籌委會由國民黨和廣東國民政府中央、省和廣州市的代表，財政部及各級教育部門的代表，本校各科主任和職員代表，本校和廣州市學生代表，以及教育界名流等七十餘人組成（名單見[3.69]）。褚民誼任籌委會主席，先後於4月6日和13日在廣東大學召開第一和第二次籌委會，討論通過了籌備中山大學委員會章程，並從4月20日第三次籌委會開始，對褚民誼提出的國立中山大學規程草案逐條進行討論。經過不斷的補充修改，最終形成的規程全案，共計十章六十二條，在6月22日第十一次籌委會上三讀通過，報國民政府批准。此外，還編寫了以孫中山的三民主義和對廣東大學的訓詞為主題的「國立中山大學校歌」，頒發學生傳唱。（[2.8]第55期）

　　在制定中山大學規程的同時，作為承前啟後，在褚民誼的主持下先後於4月和5月由國立廣東大學秘書處出版部編輯出版了「國立廣東大學規程集」[3.6]和「國立廣東大學概覽」[3.7]。為了廣徵眾議，還由該出版部於1926年6月印行了論文集「中山大學討論號」[3.9]。書中彙編了褚民誼和溫泰華聯合署名的「國立中山大學醫科學院之革新計畫意見」[1.5]，籌委會特聘委員孫科「對於廣東大學改為中山大學之我見」等18篇有關成立中山大學的論文。

　　那時的廣東，革命情勢迅猛發展，國民政府自蔣介石統兵平定陳炯明等地方軍閥勢力，實現廣東統一之後，便集中精力準備北伐，6月3日任命蔣中正為國民革命軍總司令[3.54]，正式搭建北伐革命軍總部組織。褚民誼曾作為軍醫處處長參加過東征之役；此時又面臨同樣任務，便要求辭去原有大學任職，意欲投身北伐革命大業。1926年6月1日國民政府批准了廣東大學校長顧孟餘的辭呈，任命戴傳賢為廣東大學校長。與此同時批復了褚民誼的辭呈，要求他在戴校長未到任以前，仍應照常任職，積極籌備改辦中山大學事宜。[3.54]

　　當國民政府做出廣東大學校長的新任命時，戴傳賢正在故鄉潛居養病。雖經原褚校長和學生以及廣東國民政府的多次催促，均未接受赴任。褚民誼不得

1926年8月27日在國立廣東大學召開的「中國科學社第十一次年會」開幕典禮攝影。右起前排：經亨頤（1）、何香凝（2）、楊杏佛（4）、譚延闓（5）、孫科（6）、褚民誼（7）、許崇清（8）、鄭毓秀（9）、吳稚暉（10）、鄧植儀（11）、過探先（13）；後排：金湘帆（1）、鐘榮光（3）（[2.4]Vol.11, No.8, 1926；[2.9] No.11, 1926, 12, 15）。

不繼續努力支撐，向國民黨政治委員會提出了將於下學期正式改為中山大學的十件議決事項。（[2.8]第58期）8月17日國民政府批復，作出了「國立廣東大學著改為國立中山大學」「特派經亨頤為教育行政委員會委員」「任命戴傳賢為國立中山大學校長，未到任以前著經亨頤兼代」等命令。[3.54]8月26日褚民誼主持了廣東大學最後的第90次校務會議，會上報告了「在暑期內本校經過狀況及中國科學社來粵舉行年會情形，並辦理本校結束事宜」。（[2.8]第62期，1926，8，30）

　　「中國科學社」創建於1915年，匯集了國內眾多著名的專家學者。1926年8月27至31日在廣東大學舉行第11次年會，從京滬到會的會員三十餘人，褚民誼盡地主之誼熱情接待。上圖示出了開幕式上來賓和代表合影之中段部分。褚民誼在31日的大會上發表了題為「科學與生命」的演講。這次科學家和教育家濟濟一堂的盛會，為廣東大學劃上了一個圓滿的句號。國民政府於9月4日批准了褚民誼辭去署理國立廣東大學校長兼籌備中山大學事宜的請求。[3.54]

　　1926年9月30日戴季陶到校任職。中山大學由校長制改為委員會制後，於10月17日在中山大學大禮堂舉行宣誓就職典禮，來賓有中央黨部代表何香凝、

國民政府代表譚延闓、高等顧問鮑羅廷及褚民誼等人，並有全校職員和學生代表到場。中山大學從此揭開了帷幕。

褚民誼在留法期間就與北京大學校長蔡元培過從甚密。當年蔡校長就曾聘任他為北京大學駐歐通信員，代表學校開展工作；並對他的醫科學業十分關心，給予具體指導。褚民誼對此予以積極回應。「承賜聘書，囑預備解剖、組織學，當竭力研究，庶不負先生盛意」，他在致蔡校長回函的開頭如是說，該函發表在「北京大學日刊」[2.6]1920年4月9日第577期上。信中還詳細稟告了為開設解剖組織學課程，在收集組織學切片、配置顯微鏡等方面所作的準備，並為學校購備儀器、圖書提出了具

國民政府教育行政委員褚民誼於1923年代表北大赴巴斯德百年紀念大會所攝。

體建議。1923年在巴黎召開紀念法國細菌學創始人巴斯德誕辰百年紀念大會，褚民誼代表北京大學前往出席。右上圖是他出席該會議時的攝影，刊登在「圖畫時報」（1927，6，26）上。

與褚民誼同期在法國留學的譚仲逵（熙鴻），於1919年在法國取得博物學碩士學位後歸國到北京大學任教，於1925年創建生物系，任系主任。褚民誼回國在廣東大學任職的同時也應譚氏之邀到該系擔任教授。據「北京大學日刊」[2.6]（1925，10，12）上記載，生物系建系後第一學年（1925-1926年度），有教師7人，其中教授4人為譚熙鴻、李煜瀛、鐘觀光和褚民誼。教學上褚民誼為預科一年級教授博物學。其任教至次年止（[2.6]1927，3，29）。

褚民誼在北京期間，還經譚熙鴻引薦，步入了太極拳大師吳鑒泉之門，領悟到太極拳的真諦及其在修心健體方面的獨特作用，並極力在國內外推廣，這是後話了（詳見本書第三章第八節）。

此外，在廣州有一所孫中山創議，為紀念革命烈士朱執信，於1921年建立的「執信學校」，校董內名人雲集，褚民誼回國後亦增補為校董。[3. 70]該校曾遭陳炯明叛軍搗毀。褚民誼於1925年秋為肅清地方軍閥勢力而披上戎裝，後頁上圖是他與執信學校創始人們高興地在修復後的校園內的合影。

1925年秋在廣州執信學校應元書院內的合影。右起：沈嵩、褚民誼、曾醒、方君璧、汪精衛、陳璧君、陳舜貞、梁宇皋夫人、梁宇皋、楊道儀。

第二節　投身軍政，斡旋統一

　　孫中山制定的建國方略，將革命進程分為「軍政」「訓政」和「憲政」三個時期，褚民誼是孫文主義的積極支持者和踐行者，回國初期，身在學校，卻心系革命大局。

　　孫中山逝世後，1925年7月廣州國民政府成立，為掃平陳炯明殘部等地方軍閥的騷擾破壞，舉行第二次東征。褚民誼回國代理國立廣東大學校長五閱月後，如右圖所示，毅然出任東征軍總指揮部軍醫處處長，參與討伐。[3.7]1925年雙十國慶日，廣州國民政府召集各軍政機關人員舉行慶典。（「廣州民國日報」1925，10，12）褚民誼戎裝出席，其會後留影現展示於廣州「黃埔軍校舊址紀念館」。

　　東征勝利結束，他又回校擔任廣東大學剛接收成立的醫科學院院長。他在該院學生會10月18日舉行的歡迎會上講演道，「兄弟何以要犧牲一半的精力，去辦東征軍的軍醫事務，這

褚民誼，1925年東征軍軍醫處處長，1926年北伐國民革命軍總司令部後方軍醫處處長[3.62]。

就是因為東江殘逆阻礙了廣東的統一、中國的和平。若不早為肅清，廣東自不能統一，中國亦無從到光明的自由平等之路，即吾等的經費，亦將無著落。」他還為今後的北伐謀劃，提出「再擬辦一軍醫學校，造就軍醫專門人才。其入學資格，則以在本校畢業者為限，畢業期一年……尚望諸君踴躍加入」等云。（[2.8]第28期）

　　廣東和廣西統一後不久，國民政府任命蔣介石為國民革命軍總司令，統兵北伐。此時汪精衛在國外養病，由張靜江代理國民黨中央主席，於7月4日召開國民黨臨時全體中央委員會議，包括褚民誼在內的在粵36位委員出席，議決發表國民革命軍出師宣言等事項。7月9日在廣州舉行國民革命軍誓師典禮。（「申報」1926，7，11）此時的褚民誼本擬辭去署理廣東大學校長，繼續東征時的職務，北上討伐。在7月1日披露的國民革命軍總司令部組織系統中，其軍醫處亦標明由褚民誼或郭琦元擔任。（「申報」1926，7，7）但由於新任校長戴傳賢未到校，直至9月4日他的辭呈才獲批准。蔣總司令於10月18日密電廣州，正式「委任褚民誼為本部軍醫處後方留守處長」。（「臺國史館」002-080200-00006-058-001）

　　隨著戰爭迅速向北推進，褚民誼奉派於12月初隨中央第二批出發，經湖南到南昌，向武漢進發。（「申報」1926，12，12）據他回憶[1.47]，當時同行的有「孫夫人宋慶齡、宋子文、蔣作賓、陳群諸先生及蘇俄最高顧問鮑爾庭（鮑羅廷）等。」還發生了「途經江西過一大木橋時，橋塌，人馬俱墮河中」的險情。繼南昌、九江和武漢被攻克，北伐軍又於1927年初佔領杭州、南京和上海，完全控制了長江中下游地區，北伐取得決定性勝利。

　　值得提出的是，與此同時，共產黨在湘鄂贛地區伺機發起的暴動愈演愈烈。在南京國民黨實行清黨以前，褚民誼曾被蔣介石祕密派往北京執行任務。嗣後，他在北伐勝利，因公務重登故地，於1929年9月30日在河北省黨部總理紀念週上致詞時披露稱：「前在軍閥盤踞北平時，兄弟曾祕密到過此地。「記得國軍到南昌後，正是共黨猖獗時代，蔣介石同志命兄弟由贛來平。於十六年（1927年）二月初由贛動身，先到上海。當時因津浦路之不便，遂搭日本輪船到津，祕密來平。先到法國醫院晤李石曾先生，時為二月十七日，並帶來蔣主席致李先生的信件。信中主要事件，就是鮑羅廷之撤回的問題。因為鮑羅廷到漢口以後，更為跋扈異常，非設法請俄政府將其撤回不可。過滬晤吳稚暉先生，吳先生亦頗謂然，惟主慎重將事。到平後，告知李先生。彼亦以為辦理此

1927年4月18日在南京舉行國民政府成立典禮上的合影。前排就坐自右至左為：胡漢民、伍朝樞、吳稚暉、鄧澤如、蕭佛成、蔣介石、褚民誼、王寵惠、陳紹寬和蔡元培。

事，頗為困難，必須籌一極完善辦法方免他慮。同時上海罷工風潮一日數起，解決鮑氏誠感困難。惟因事機急迫，遂與李先生改裝乘汽車祕密到津，二月底乘日本船到大連轉赴上海，三月二十日到南京，總計在平共住十餘日。」（「華北日報」1929，10，2）

1927年4月18日國民政府奠都南京，推舉胡漢民為國民政府主席，蔣介石為國民革命軍總司令。上圖是4月18日在南京江蘇省議會舊址舉行國民政府成立典禮上的合影，褚民誼位於蔣介石左側，照片刊登在「偉大的蔣主席」（鄧文儀主編，南京國防部新聞局，1946年）一書中。接著國民黨寧、漢、滬三方於9月15日在南京召開聯席會議，議決成立國民黨中央特別委員會，改組國民政府和國民黨中央軍事委員會，並在南京紫金山側小營大操場閱兵台前舉行就職典禮，褚民誼亦位列其間，其合影見「良友」[2.9] No.19（1927，9，30）。

在戰爭勝利進軍過程中，國民革命軍迅速發展壯大，由出發時的六個軍發展為四十餘軍。自寧、漢、滬三方組成國民黨中央特別委員會以來，軍隊和地方政府相繼做出新的任命。在此期間，褚民誼頻繁奉命代表中央黨部出席授職典禮，進行監誓和訓話。

褚民誼先後參加完劉峙和顧祝同兩軍長的就職典禮後，於1927年10月4日呈中央特委會常委會的報告稱，「國民革命軍第一軍劉軍長峙於本月一日上午十時在上海特別市政府前行受職宣誓典禮，國民革命軍第九軍顧軍長祝同於本月三日上午十一時在常州公共體育場行受職宣誓典禮，民誼謹代表中央黨部出席監視劉、顧二軍長之宣誓，並致訓詞，其大意：國民革命軍是黨的武力，要

遵照總理建國大綱，奉行三民主義，服從黨紀與軍紀，本親愛精誠，使黨的武力與人民結合，為人民除暴，使黨的武力為人民的武力。」（「臺黨史館」漢15647）這兩個軍皆為蔣介石嫡系主力部隊，「申報」和「圖畫週刊」[2.7]等媒體對此事均有詳細報導。

接著，褚民誼又於是月在監誓26軍軍長和浙江省府委員就職後，復命稱：「本月八日上午十一時，國民革命軍第二十六軍副軍長兼代理軍長陳焯同志在上海閘北止固路軍部受職並宣誓。雙十節正午浙江省政府委員（除朱家驊、馬寅初、陳其采三委員未到外，其餘何應欽等七委員均到），在杭州省政府大禮堂受職並宣誓。本委員受中央特別委員會常務委員會托，均出席代表中央黨部監誓及訓詞。」（「臺黨史館」漢15664），

此外，時任第十三軍軍長和淞滬衛戍司令部參謀長的張定璠，受職兼任上海特別市市長，於11月1日補行宣誓，中央特別委員會致函時在上海的褚民誼，委派他代表中央出席其任職典禮，監視訓話。（「臺黨史館」漢4310.2）如此等等。

1928年12月29日張學良宣佈「東北易幟」，國民政府基本實現了全國統一。當時散佈各地的軍隊百餘萬，軍費開支龐大，為了整頓和裁減軍隊，國民政府於1929年1月10日宣告成立國軍編遣委員會，由分設在各地的六個編遣區辦事處予以實施。褚民誼在3月5日第六次編遣會常會上被指定為第四編遣區辦事處的黨代表。該區辦事處的主任和副主任分別是白崇禧和胡宗鐸。[3.54]嗣後，由於李宗仁、李濟深、白崇禧等人發動兵變，至使第四編遣區辦事處無法開展工作，於4月1日奉國民政府令撤銷。[3.54] 8月13日中央第31次常會上，亦照准褚民誼提出的辭呈。（「臺黨史館」會3.3/50.34）

作為1926年廣州北伐誓師以後，迄至1928年統一完成期間的有功人員，褚民誼於1936年12月25日獲得國民政府頒發的「國民革命軍誓師十周年紀念勳章」。[3.54]

在北伐勝利進軍聲中，國民革命陣營內部出現了分裂，不但共產黨與國民黨分道揚鑣；國民黨內部也分成若干派系。一度形成了以寧、漢、滬為代表的三足鼎立之勢。褚民誼曾為促進國民黨內部的團結統一，積極奔走，多方斡旋。

隨著革命形勢的迅猛發展，黨內呼籲汪精衛回國復職之聲日熾。1926年10月15-21日在廣州召開的國民黨中央執行委員會全體委員及各省黨部各特別區

黨部代表聯席會議上，曾做出請汪銷假的決議案，推定何香凝、彭澤民等四人為聯席會議迎汪代表，後又加派了諳熟法語的褚民誼為代表。1927年3月國民革命軍抵定上海後不久，時任國民黨中央代理主席的張靜江又懇切致函汪氏請他回國主政，並派褚民誼攜書代表他和蔣介石，專程赴法迎請。（參見[3.73]一書）褚民誼此行往返險遭不測，他在「褚民誼自述」[1.47]中回憶，「本人正奉派赴法，迎汪先生返國。船到西貢，接滬電謂汪先生已抵滬，即換船東返，一抵滬，疑本人為共產黨即送法捕房。幸本人諳法語而又於離滬時帶有法總領事之證明書為護照，故不及於難。」

3月底，汪精衛回到上海轉赴漢口。褚民誼寫道，「4月18日南京政府成立，於是寧漢破裂，我到漢口去拉攏，沒有擔負政府工作。」1927年4月成立中央政治會議上海臨時分會。褚民誼自漢返滬後，於4月23日第六次委員會上，被增補為委員。（「申報」1927，4，24）是年7月以後，國民黨內各派政見趨於一致，重新走向統一。如前所述，9月15日寧、漢、滬三方代表在南京舉行聯席會議，議決成立統一的國民黨中央特別委員會。下圖是會前9月10日寧漢滬部分要人會晤後的合影（褚民誼攝，「國聞週報」第3卷，第37期，1927，9，25）。後頁上圖是當時集合在南京的國民黨要員的合影，褚民誼坐於前排右端。（[2.9]No.19，1927，9，30）

1927年9月10日寧漢部分要員會晤後的合影。右起：褚民誼、曾仲鳴、蔡元培、朱培德、李宗仁和汪精衛。

1927年9月寧漢滬聯合後黨政軍要員的合影。右起前排：褚民誼、何應欽、伍朝樞、朱培德、許崇智、楊樹莊、張靜江、譚延闓、鄧澤如、居正、孫科、顧孟餘和葉楚傖；後排：朱霽青、李石曾、白崇禧、程潛、李宗仁、蔡元培、李烈鈞、鄒魯、經亨頤、張繼、汪精衛和于右任[2.9]No.19（1927, 9, 30）。

在嗣後9月19日舉行的特委會第三次大會上議決，推定特委會常務委員汪精衛、蔡元培和謝持，秘書長葉楚傖，並推定中央黨部各部委員。其中，褚民誼、吳鐵城、孫科、林煥庭和宋子文任商民部委員。（「申報」1927，9，20）爭取商民的支持，積極籌集款項，是當時國民革命之急需。褚民誼被推舉為商民部主任，在寧常川辦公。他在10月14日召開的第一次部務會議上，著重闡發了「農工商兵學大聯合革命」的主張。（「申報」1927，10，17）

為了準備北伐勝利結束後，及時從「軍政」時期轉入「訓政」時期，10月17日中央特委會第六次會議議決，推鄒魯、褚民誼、傅汝霖先行擬具訓政實施方案委員會組織大綱。經特委會批准後，褚民誼等五人即被指定為該委員會常務委員。（「申報」1927，10，19；27）

為了進一步實現黨內的團結統一，及時召開國民黨二屆四中全會便提上了議事日程。為此，黨內各方要員，包括汪精衛、李濟深、何香凝等粵方要人，於11月先後齊集上海，頻繁接觸，熱議即將提交四中全會討論的議題。在12月3日舉行的第一次四中全會預備會上，為了填補中央委員的缺額，當即通過由褚民誼、何應欽、繆斌等十名候補委員予以遞補，並公推褚民誼負責組織秘書處（褚民誼和邵力子分任正副祕書長）。（「申報」1927，12，4）嗣後，由於對許多重要的黨政問題分歧嚴重，12月17日汪精衛離滬赴歐，四中全會由蔣介石負責籌備召集。會議地點確定在南京後，秘書處即先行於31日由滬遷寧。1928年1月4日，蔣介石偕國民政府主席譚延闓由滬抵寧復總司令職，於次日通電全體中央執監委員赴寧開會。嗣後一度由於出現彈劾粵方委員案而激起波

瀾。（「申報」1928，1，8）蔣介石曾派邵力子赴滬催請何香凝等粵方代表來南京參加會議未果；遂又派宋子文、褚民誼攜蔣函再度赴滬促駕。褚民誼分別面晤在滬未決定赴寧出席會議的十餘名中央委員。經解釋後，何香凝等五位粵方委員於11日晚與褚民誼同車赴寧，使到寧的中央執監委員明顯地超過法定人數。（「申報」1928，1，11-13）經過一段時期的醞釀和提案準備，國民黨二屆四中全會終於1928年2月2日在南京順利開幕。下圖是開幕典禮時全體與會中央執行委員的合影。[3.62]

　　本次大會最重大的任務，是解決黨內糾紛，改組黨和政府的組織。褚民誼在2月3日的大會上提出改定中央黨部組織標準案，「申報」於1928年2月4日，對該案詳予披露。提案首先分析了過去中央黨部組織標準的弊端，他以掌商民部的經驗說明，除在理論上助長階級鬥爭觀念的傳播以外，在實行上亦極易引起糾紛。為了喚起民眾共同奮鬥，以實現黨的奮鬥目標，他提出，中央黨部的組織「除組織、宣傳、海外部仍維現狀外，其餘農、工、商、青年、婦女各部，即應悉予廢除，改設德育、智育、體育、群育、美育五部，訓練民眾，必使心身健全，國無莠民，而前此以階級、職業、性別分部之弊，亦即自然取消矣。」接著他分別就德、智、體、美、群五育對培養人之重要作用，闡述了設立五部之理由。這個提案可以說是他在黨內提出五育全面發展教育思想之首篇。（關於他的教育思想詳見第三章第九節）

1928年2月2日國民黨二屆四中全會開幕攝影。右起前排：張靜江、蔣介石、譚延闓、于右任、王法勤、柏文蔚、朱培德、朱霽青、何應欽；中排：褚民誼、李石曾、蔡元培、鄧澤如、白雲梯、李烈鈞、經亨頤、陳樹人、丁惟汾、陳果夫、邵力子、繆斌；後排：李宗仁、宋子文、潘雲超、丁超五、何香凝、王樂平、郭春濤、陳肇英、黃實[3.62]。

如前所述，自1927年9月起，褚民誼相繼被委以國民黨中央特別委員會商人部主任和訓政實施方案委員會常務委員等職。在「北伐西討均甚順利，黨既清而又合」，國民革命從「軍政」轉入「訓政」時期的情勢下，他出於自己的秉性，更希望以己學之長，造福社會。遂於11月提出了辭去本兼各職，赴法繼續致力於學術研究的請求。消息傳出後，中央商人部同人再三請他打消辭意。中央特委會回函稱，經「本會第九次會議討論，僉以執事效忠黨國，素具熱忱，此次本會成立，多方擘畫，尤著勤勳，際茲時局艱危，尚望勉抑謙懷，共圖匡濟」，予以挽留。（「申報」1927，11，17）與此同時，南京國民政府常務委員譚延闓、李烈鈞、蔡元培等人，更以他「夙持正義，風節皎然」，力邀他前來主持監察院重組。（「申報」1927，11，24）不久，褚民誼被推舉為中央黨部秘書長，籌備四中全會初具眉目後，1月3日國民政府議決，派他「赴法國切實調查衛生事宜，俾以後政府整理衛生積極參考施行。」[3.54]褚民誼接令，在全會順利結束後，即於2月11日從上海登船放洋。（「申報」1928，2，12）

　　褚民誼此次赴歐考察衛生半年有餘，歷訪瑞士國際聯盟會，以及法、比諸國，除考察國家衛生行政、人民衛生習慣外，還乘此機會宣傳發生在中國大地上的變革。7月中旬，他應邀到比利時各大學做系列演講。中比大學聯合會於1928年出版小冊子[1.7]，全文發表了褚民誼題為「新中國」的講演，並摘要記述了他在訪問講學期間受到熱烈歡迎的片段。該會得到中比庚款的支持，成立於1927年，其宗旨在於維護和加強比利時和中國知識份子之間的聯繫，總部設在比京佈魯塞爾。褚民誼早在留法期間，就與比利時學界建立了廣泛聯繫，與蔡元培一起被聘為該會的榮譽委員。他此行所到之處，均由各校校長親臨接待，受到包括中國留學生在內的師生們的熱情歡迎。他在演講中，以自己切身的經歷，詳細介紹了由孫中山領導和發動的這場中國革命的主張，及其長期曲折的發展進程，以釋國際上的疑慮。

　　1928年9月14日褚民誼回到上海，對記者談及此行收穫和今後打算，略云「此次返國，擬對中國之衛生事業，略為進行。蓋訓政開始，百端待理，吾人自願各盡各力，使各事均臻進步。中國衛生事業，以方泰西各國，誠不可同日而語。日內瓦國際聯盟會有衛生組……專門考察各國衛生狀況，進步方法。此次予攜有該組所贈各國衛生狀況（注：據報載材料有兩大箱之多），將來擬公佈於全國，使吾人不到歐美，亦可保知其衛生狀況。又將來尚擬在中央設立

中央病院，作大規模之設備。又擬設立巴斯德學院，專門研究各時病瘟疫及治療方法，此或由中法合辦，總之經濟不充裕，恐收效仍鮮。至今後衛生事業，一、應注重社會行政；二、人民的習慣，注重後而加以整理，再呈報中央實施之。」（「申報」1928，9，18）（關於他在中國衛生事業上的作為，詳見第三章第七節）

此外，在他訪歐期間，發生了日軍侵犯濟南的「五三慘案」。日本為掩蓋其罪惡，極力散佈謊言。他聞訊後十分憤慨，立即在國際上針鋒相對地揭露事實真相，以正視聽。回國後，於當年雙十國慶節之際，發文「此行赴歐之感想」（見文集[1.10]），有感於中國的國際地位和處境，總結經驗，向政府提出了若干立足於自強的建議和具體措施。

他的訪歐之行滿載而歸，至此圓滿結束。

第三節　正言讜論，同心協力

北伐戰爭打倒了共同敵人，內鬥突顯，同志反目屢見不鮮，甚至鬧到兵戎相見、另立中央、分庭抗禮的地步。褚民誼對此痛心疾首，不但拒絕參與派系鬥爭，而且大聲疾呼，申明大義，力圖化解糾葛。在籌備二屆四中全會的過程中，曾由於各派分歧嚴重，一度陷於僵局。擔任秘書長的褚民誼，於1928年1月17日在「申報」上發表了題為「分治合作即分工合作」的文章（文集[1.10]），汲取歷史上「治」和「亂」的經驗教訓，強調要以孫中山的「建國方略，既不偏重中央集權，又不偏重地方分治，而主張均權」的原則，正確處理中央與地方的關係。

1928年9月中旬，褚民誼赴歐考察衛生返國，復職黨中央秘書長，補任政治會議委員，並被委以負責組織首都首次國慶紀念活動。[3.64]當時國內政治紛爭的態勢令人擔憂，他於國慶前夕，撰文「北伐以來的回顧與希望」（文集[1.10]），呼籲以黨義為重，團結一致，發展大好形勢。略謂，「至此北伐已成功，全國已統一，吾黨以黨義治國之主張已實現。軍事之進展如是其迅速，而一觀黨務與政治，則有瞠乎其後之慨。」在此進入訓政時期之始，「百廢待舉，千緒萬端。「幸本黨有總理遺留之政策，尚得循序漸進。「此則有賴於同志之努力於實際工作者。且欲圖國家之強盛，須先立國民之根基……故愚於四次會議時，曾提議培植國民之五育（德育、智育、體育、美育、群育）。使一

人而具有五育，即為良好之國民。國民而皆能具有五育，即為良好之國家，至此而不強盛者，未之有焉。「不意北伐以後，糾紛迭起，團結因之渙散……彼此嫉視，筆戰不已，此殊非佳象。

「今日吾黨同志，既以總理之主義為主義，本建國大綱以組織國民政府統治全國。「政權既統一，政策自能一致，特政見彼此或稍有不同耳……故愚意以吾黨同志之政見，遵照總理所定之政綱而歸納之，確定為政策，並望以黨為重，以國為前提，而犧牲個人局部之私意之偏見，使廓然歸於大公，相見以誠，則無事不可商，尚有何糾紛之足言。「余有十六字曰：『政策統一、權限分明、分工合作、事實求是』。倘能依此進行，一一做到，黨國前途，寧有限量。「深冀中國此後永無內亂。武裝同志，本佳兵不祥之遺訓，而止戈為武，實行化兵為工政策，以助長國內之一切建設。尤望黨內新舊同志，破除意見，聯絡一氣，不再攻擊。以平日慣喜無謂之筆戰精神，移而為福國利民之實際工作，黨國前途，庶有豸乎！」

1929年3月國民黨召開第三次全國代表大會，汪精衛在國外，會議由蔣介石主持，正式宣佈軍政時期結束，訓政時期開始。會上褚民誼當選為候補中央監察委員[8]，改組同志會主要成員陳公博、甘乃光和顧孟餘，桂系李宗仁和白崇禧以及李濟深等被開除黨籍。馮玉祥等人對會議的人事安排和軍隊編遣方案極為不滿，與是年9月回國的汪精衛等聯手召開平津擴大會議，另立北平政府，於1930年釀成慘烈的中原大戰。相當長一段時間以來，國民黨內部主要是以蔣介石和汪精衛為代表的政見紛爭，以及中央集權和地方勢力之間的矛盾，相互交錯，鬥爭此起彼伏。褚民誼則一心從事「福國利民之實際工作」，始終不參與派系鬥爭。正如他在「褚民誼自述」[1.47]中所述，「汪（精衛）先生從前所有之政治主張本人從未參與，以政治至公，不能因私人戚誼為之左右。「汪先生以前之政治行動，如中山艦事件、寧漢分裂、平津擴大會議、廣州非常會議等，本人始終在中央服務，均未參與……往事彰彰，無庸自辯。」

褚民誼一貫堅持黨義治國的思想，雖不願在政府內任職，卻十分重視並積極參與黨的工作。這一行為不但出自他偏愛學術研究的秉性；更基於他所提倡的黨政分權、監督與執行分離的主張。隨著國民政府地位的鞏固，追求行政權力，黨政不分的問題日益顯露。對此他在國民黨三大上提出了「訓政時期黨政

---

[8]　1931年11月9日中央監察常委會上議決遞補為中央監察委員。

工作應分別規定案」（文集[1.10]），文中以孫中山的三民主義和建國大綱為依據，針對黨政混合、萃執行監察於一身、「從其極，必予取予求，而唯心所欲」的流弊，懷著無限之隱憂，苦口婆心，力圖革新。然而，忠言逆耳，這一提案不為當時的既得利益者，即文中所指的「負有黨之重要職責，同時握有政治上之實權者」以及「野心政治家」們所接受。

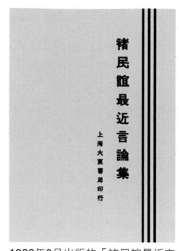

1929年8月出版的「褚民誼最近言論集」[1.10]。

國民革命進入訓政時期以來，褚民誼按照以己之所長強國健民的宗旨，在不同場合、以不同形式，頻頻闡發正言讜論。大東書局將他近二三年來的言論和提案，蒐其要者，彙編成冊（見右圖），取名「褚民誼最近言論集」[1.10]，於1929年8月面世。全書共集文56篇，按照言論發表的形式，分為論說（24篇）、序跋（7篇）、演講（10篇）、提案（9篇）、訓話（4篇）和贈詞（2篇）六類，依次刊登。其內容涉及黨政（15篇），醫藥衛生（18篇），體育武術（12篇）和教育（11篇）等諸方面。

該書的編輯出版，反響熱烈。吳敬恆（稚暉）為之題寫書銘，並在其親筆書寫的前言中評價道：「朋友中最善精晰名理，使一切事物都有科學的整理者，莫有過於民誼先生。大之對於重要的學理，小之對於飲食起居、行坐動作，經先生研究或處辦者，皆必有數理尺度可以推算、可以準繩。不似中國向來所謂，名流非以鹵莽威裂為高，彼即以糊塗專斷為負責。這不但於學問為衰落，而且道德亦隱受此敝壞。此所以年來愈鬧科學化，實則離開科學愈遠。惟有把先生的言論來對病發藥，可以撥正的為不少。先生每有述作，必窮源究委不厭求詳，文章亦不苟於條理，故積稿甚多，不易遍刻。今經大東局擇其最近言論之尤精者五十有六篇，先為發表，用以餉饋吾人。」

教育家蔡元培的題詞：「健全之精神宿於健全之身體，衛生為要」，指明了褚民誼重視體育、提倡衛生之精義。時任國民政府考試院院長兼中山大學校長的戴傳賢（季陶）的題詞，從道德的高度，將褚民誼的言論稱之為救人、救國、救世之要道。褚民誼的摯友、時任北平大學校長的李煜瀛（石曾），除題寫書銘外，還賦序暢抒二十餘年來兩人之間的志同道合，親切地歷數其在主

義、人群觀念、學術、興趣、事業等方面的略同之處。

褚民誼在巴黎「新世紀」週刊上發表的「普及革命」和「無政府說」兩篇長文，亦於同年6月彙編成「普及革命」[1.9]一書，由上海革命週報社作為革命叢書出版（見第二章第一節），與上述言論集相伴發行。作為該書編輯的張蕚蓀係褚民誼的同鄉，同時也為此書作序，扼要地介紹了褚民誼始於辛亥革命的思想變化歷程和出版該書的意義。略謂，同學褚君民誼嗣後留學於法國，認為中國非行社會革命不可，僅言政治革命，非根本辦法，竭力鼓吹無政府主義，能言人所不敢言，所謂取法乎上，僅得乎中也。自北伐成功，破壞告終，建設開始。君乃謂中國一切事業，非盡臻於科學化不足以言進步，不足以與列強相頡頏；故時時出其學術思想發為言論，以定建設上之新方針。而本編所載之說，雖在今日之中國為未盡切合於事情，而要使後學知文字之表現，皆由於時代之變遷，可使知惟有昔日之破壞，而後有今日之建設也。吾知喜讀君近日之言論集者亦必樂睹此編。

從廿世紀初葉起，張靜江、李石曾、吳稚暉、蔡元培、褚民誼等一批留法的先驅們，以社會革命為己任，以普及教育、發展科學為救國之道，在長期的攜手奮鬥中結下了深情厚誼。「世界社」是他們最早於1906年在巴黎結成的組織，最初為的是出版「世界」畫報，在國內外公開發行，對國人實行啟蒙教育。但是由於當時條件的限制未能持續出版。辛亥革命勝利後，於「民國元年，旅歐同志於滬上發起『世界社』。」據「旅歐教育運動」[3.2]中記載，「此『世界社』，非僅就世界畫報而言，實合旅歐教育事業與國內傳播事業為一團，而相與致力。「發起人為：吳敬恒、汪兆銘、李煜瀛、陳璧君、張人

1929年2月「世界社」在新落成的中法學堂新屋宴請中法各要人的合影。右起前排：褚民誼（1）、黃郛（3）、熊式輝（5）、王伯群（6）、蔡元培（7）、法公使瑪德爾（8）、李石曾（9）、王寵惠（10）、孫科（11）、魏道明（12）、鄭毓秀（13）、孔祥熙（14）、何應欽（15）；後排：張乃燕（6）、法領事霍克林（12）、張靜江（15）、吳稚暉（23）（[2.7]No.538, 1929, 2, 20）。

傑、褚民誼、譚熙鴻和蔡元培。」該社以「傳布正當之人道；紹介真理之科學」為宗旨，而以出版、研究、留學、傳佈為其主要方法。

嗣後，他們曾一度地處各方。北伐完成，國家統一，他們又會聚在一起，為共同事業竭盡努力。1929年2月14日「申報」報導稱，世界社為促進中法文化事業，中央委員蔡子民、吳稚暉、張靜江、李石曾、王寵惠、褚民誼，司法部長魏道明、立法委員鄭毓秀，特邀請中法各要人，歡宴於中法學堂新屋。蔡元培主席，李石曾介紹世界社於辛亥革命前創立後的發展過程，接著中法雙方要人針對當前新形勢相繼發言，最後由褚民誼攝影而散（見前頁下圖）。

褚民誼等人頻繁開展中法交流活動，其動態常披露於報端。「華北導報」[2.13]（1930，12，2）上稱，1930年11月27日在南京法國領事館召開「中法友誼協會」成立大會，名譽主席法國公使（委託領事與會）及李石曾、吳稚暉、張靜江、王寵惠等出席。褚民誼因參加比利時國際博覽會未出席，會上當選為協會主席。協會宗旨在於促進中國學生赴法國留學，並為在華法國學術和企事業單位提供所需幫助。1933年12月14日，該會為興建南京中法友誼協會會所行奠基禮，如下圖所示，褚民誼站立在他題寫的奠基石碑右側，高興地與中外來賓合影留念。1934年12月南京中法友誼屋建成，褚民誼與法國公使韋禮德出席落成典禮。（[2.1] Vol.31，No.24，1934，12）與此同時，1933年12月3日在上海成立中法聯誼會，該會係留法、比、瑞回國同學及國內法文學校畢業人士，暨旅華法國人士的共同組織，褚民誼、王景岐等人當選為董事。（「申報」1933，12，4）

1933年12月14日南京中法友誼協會會所奠基典禮合影。褚民誼站在他題寫的奠基石右側[1.48]。

1933年5月20日首次世界文化合作中國協會常務會議合影，前坐者張靜江，其後右起為李石曾、莊文亞、陳和銑、褚民誼、蔡元培和吳稚暉（「美哉中華」畫報月刊，1983年12月）。

　　法國政府為表彰蔡元培、李石曾和褚民誼為中法文化事業做出的傑出貢獻，先後於1921年授予北京大學校長蔡元培榮譽軍團指揮官勳位勳章（「申報」1921，5，30），1929年授予李石曾三等榮光勳章（「申報」1929，4，2）和1930年授予褚民誼榮譽軍團軍官勳位勳章。據法國「國家軍事獎章管理辦公室」經理何塞‧托馬斯（Jose Tomas）2014年12月5日致本書編者查詢之回函中確認，在法國榮譽軍團的檔案中記載，「在上海的中法國立工業專科學校校長及中法藥科學院院長褚民誼博士，於1930年7月24日被任命為榮譽軍團軍官勳位（Officier de la Légion d'honneur）。」是年褚民誼作為國民政府代表參加比利時國際博覽會，展會結束回國路經法國時接受該勳章，1930年10月「里昂中法大學季刊」[2.11]（No.16，1930年第四季度）上刊登了熱烈祝賀他被法國政府授於法國榮譽軍團軍官勳位勳章的消息。

　　二戰後建立的國際聯盟，早期即設有世界文化合作委員會，意欲增益國際學術交流，以促進世界和平。中國自1930年起積極參與，吳稚暉被委任為世界文化合作委員會中國委員。與此呼應，由世界社的主要成員發起在中國組織成立世界文化合作中國協會。教育部於1933年4月26日聘定了一個代表性廣泛的二十五人籌備委員大名單，指定吳稚暉為會長，並由吳稚暉、蔡元培、張靜江、李石曾、褚民誼、陳和銑和莊文亞七人任常務委員，主持工作。辦事處暫設上海世界社內，聘陳和銑任辦事處主任幹事，莊文亞任幹事，資費由教育部籌撥，於1933年5月20日召開了首次常務會議（見右上圖）。協會的主要工作

包括，編輯出版世界文化合作書刊、開展國際學術交流、舉辦展覽會、加強國內外文化機關間之聯繫和合作等項內容。此外，按1932年李石曾的倡議，將原世界社圖書館改建為上海中國國際圖書館。該館是國內最早建立的國際專業圖書館，收藏中外圖書5萬餘冊，中外雜誌500餘種。接著於1933年6月4日在籌備委員會辦事處舉行世界文化合作中國協會籌備委員會第一次全體會議，會後參觀了該圖書館。

　　1934年3月11日世界文化合作中國協會與上海中國國際圖書館，在世界社近鄰建設新建築，舉行奠基典禮，吳稚暉主持並與褚民誼共執基石，與各位常委及圖書館負責人馮陳祖怡等合影留念。1934年4月8日該兩機關在世界社內舉行聯席會議，議決前者加入為上海中國國際圖書館的創辦人。與會者褚民誼、李石曾、宋子文、蔡元培、拉西曼（國聯中國顧問）、陳和銑、胡天石和莊文亞等會後合影留念。（以上二圖現均可見於見上海圖書館數據庫）

　　1934年1月3日世界社舉行新年茶話會，下圖是褚民誼題贈張靜江惠存的照片。

　　1935年6月5日法國公益慈善會向上海東方圖書館贈書一千六百冊，舉行贈受典禮，褚民誼代表行政院長汪精衛到會致詞，來賓有蔡子民、李石曾等三百餘人。（[2.1]Vol.32，No.13）

1934年1月3日上海世界社聚會合影。張靜江攜兒女坐在前排，後排右起為蔡元培、褚民誼、李石曾、汪精衛。

嗣後，法國政府定於1937年5月1日，在巴黎舉行近代文藝技術國際博覽會。中國政府因故婉辭，世界文化合作法國協會迭次請求中國參加，並允給以優惠待遇。為此，「世界文化合作中國協會李石曾、吳稚暉、蔡孑民、張靜江、褚民誼等人發起，召集文化、教育、工商各界領袖在世界社經過數度會議議決，由世界文化合作中國協會、上海市商會、全國商會聯合會、銀行公會四團體，及文化、教育、工商各界領袖，共同組織『中國參加巴黎國際博覽會協會』，推選褚民誼、趙志游、劉符誠、謝東發、劉錫昌五人為代表，攜帶文化、教育、工商各種賽品，赴法國參加，並以褚民誼為首席代表，負責籌辦一切。」1936年12月15日代表團辦事處成立，聘請劉錫昌為辦事處處長，農汝惠、田守成為秘書。（「申報」1936，12，20）是月23日在滬成立「中國參加巴黎國際博覽會徵集出品委員會」，推選李石曾、褚民誼、王曉籟、林康侯、潘公展五人為主席團。（「申報」1936，12，24）

1937年1月4日褚民誼在其寓所召集徵品委員會主席團會議，決議推選並成立文化教育品和工商技術品兩個審查委員會。（「申報」1937，1，6）在徵品中以玉器最為宏富，其中之「翡翠三絕」更引人矚目。值此難得的機會，3月5-15日在滬舉辦「參加巴黎博覽會玉器藝術預展會」。（「申報」1937，3，5）褚民誼由京來滬主持開幕。（「申報」1937，3，7；12）正當參展籌備工作全面推進之際，時局劇烈動蕩，經費困難日顯。3月底展品業已齊集，雖經多方努力，終未能得到政府的經費贊助，而無法按期赴會。（「申報」1937，4，2；8）

除上述國際交流合作外，褚民誼與張靜江、吳稚暉、李石曾、蔡元培等人，在大力開拓國內科教文化事業上，也盡力相互支持和合作。1927年國民政府奠都南京，在5月9日召開的中央政務會議紀要中稱，「李石曾請在滬設教育行政委員會辦事處照準；又請開辦中央研究院照準，推張靜江、蔡孑民、李石曾、褚民誼、許崇清、金湘帆為籌備員；吳稚暉、李石曾請開辦勞働大學，內分勞工學院、勞農學院兩部照準。推張靜江、金湘帆、許崇清、蔡孑民、李石曾、褚民誼、張性白、吳宗信、嚴慎予、沈澤春、匡亙生等十一人為籌備員，院址在上海江灣。」（「申報」1927，5，12）鑒於江灣有現存的模範工廠，接收改造後，即可開辦勞工學院。不久，於6月10日召開的籌備會議上，一致通過了勞工學院組織大綱，聘沈重九為該院院長，學校順利成立。（「申報」1927，6，11）

創辦勞働大學是力圖克服勞心與勞力分離的一個嘗試。一年後褚民誼在「體育與勞働」（文集[1.10]；[3.23]）一文中，開篇批判了「勞心者役人，勞力者役於人」的錯誤觀念後指出，「古時耕餘而讀，讀後而耕，這種生活非常高雅。吳稚暉、蔡子民、李石曾諸先生本此意擴而充之，因有工讀之提倡，勤工儉學會之設立，我亦有同樣之主張。去年勞働大學的設立，內分勞工學院與勞農學院，是完全根據工讀與耕讀並重的主張去設立的，……將來卒業後，一方面得到充分的學識；一方面習成嫻熟的技能，學理與經驗皆有。對於學生自己不患不能謀生；對於社會，可以得著多少實用的人才。」

褚民誼在1929年紀念「國際五一勞働節」時，發表了題為「從勞働節的意義說到中國勞工應有的努力」的演講（文集[1.10]），從勞心與勞力分離的歷史因緣出發，闡述了他所提倡的普及教育的思想，認為勞心與勞力分離，賤視勞働，虐待勞工，釀成這種不平等的原因，「是由於教育不平等所致。因為中國的教育是貴族式的，貧窮人休說受大學教育，便是中學也進不起。工友們能受著小學教育，已是不可多得了。所以謀根本的解決，非使得中國教育機會均等不可。但是教育機會所以不能均等的原因，也是由於國家貧窮的原故。這事要想改革，不是短促時期一步所能做到。目前治本之法，惟有致力於普及平民教育。而治標之法，則希望工友們於工作之餘，先得著些淺近而有實用的知識，然後再求高深的學問。」

1927年7月27日浙江省政府成立，張靜江出任主席。1929年1月24日國民政府任命他為建設委員會委員長。[3.54] 時值國家統一，他意欲為國家建設大顯身手，其中一個大手筆是在省會杭州舉辦「西湖博覽會」。博覽會籌備委員會由省政府秘書長兼建設廳長程振鈞任主席，並設委員兼參議若干人，褚民誼富有舉辦大型展覽會的經驗，與江南鐵路公司總經理周延鼎一同擔任，后又增加著名報業家史量才。籌備會自1928年10月27日成立起，共開會14次。1929年5月14日最後一次會議時的合影見後頁上圖。[3.15][3.21]

博覽會於1929年6月6日下午開幕，中央黨部代表朱家驊，中央委員林森、褚民誼，國府代表孔祥熙，行政院代表蔣夢麟，檢察院院長蔡元培等要員出席。大會發言畢，殿以浙江國術館表演，眾多國術名家紛紛登臺亮相，褚民誼亦展現其間。晚上舉行水陸提燈大會，並燃放焰火。西湖博覽會規模宏大，八館二所及各種遊藝場所，分設在西湖的孤山和里西湖一帶，面積約5平方公里。由於參觀踴躍，會期從10月10日延至20日才行閉幕。展出物品14餘萬

1929年5月14日第十四次杭州「西湖博覽會」籌備委員會全體委員合影。前排中坐白長衫者為主席程振鈞，右邊為參議褚民誼，左邊為農業館館長譚熙鴻[3.15]；[3.21]。

件，觀眾2000萬人次，轟動國內外。1929年和1931年分別出版了「西湖博覽會籌備特刊」[3.15]和「西湖博覽會總報告書」[3.21]及「西湖博覽會紀念冊」[3.22]。各黨政要員包括蔣中正等均為之題詞。展會主席張靜江為籌備特刊題銘，褚民誼以展會宗旨題詞曰：「獎勵實業，振興文化」。總報告書的書銘由吳稚暉題寫，褚民誼的題詞為「發揚國光」，以讚譽博覽會取得的碩果。

張靜江重視體育，尤愛國術，自任浙江國術館館長，乘西湖博覽會開幕之際，補行成立典禮，邀請海內名家數十人各顯身手，並於次日晚在浙江國術館大宴群英致謝。接著於1929年11月在杭州舉行國術遊藝大會，16日開幕式上張靜江等黨政要人，國術名家以及比試人員、媒體等，總計六千餘人到會。褚民誼在上述活動會中均有演說和表演（詳見第三章第八節）。

此外，張靜江擬借西湖博覽會之東風，發起於10月1日在杭州舉行全國運動會。教育部並計劃屆時召開全國體育會議，指定褚民誼為籌備委員會委員長。褚氏曾於7月中旬，由滬赴杭，實地進行考察和指導。（「申報」1929，7，16；21）為了建設大規模的運動場和進行充分準備，第四屆全國運動會延期至1930年4月1至10日，在杭州新落成的運動場內舉行。二千男女健兒來自全國各省市36個團體進行角逐，並借此遴選運動員，出席於5月在日本召開的第九屆遠東運動會。（「申報」1930，4，1）首日大會開幕式上，名譽會長國府主席蔣介石偕夫人宋美齡蒞會並兩度訓話。褚民誼應邀在會上發表演說，強調指出：這次全國運動會，是國府統一以後的第一次大會，是靜江先生發起的。「惟體育應時時注意，一方面要競賽；一方面要多注意平時練習。單在競賽時注意，是不好的現象。「希望體育普及，人民的體格由弱而強。」（「申報」1930，4，2）後頁上圖是褚民誼發表演說時的情景。（[2.7]No.651，1930，

1930年4月1日第四屆全國運動會開幕式褚民誼發表演講，蔣介石夫婦在其身後主席臺上[2.7]No.651（1930,4,6）。

4,6）當時褚民誼赴比利時國際博覽會啟程在即，專程趕來發表演講後即行返滬摒擋一切，於4月5日登輪放洋。（「申報」1930，4，3；4，6）

褚民誼與張靜江為發展國術長期密切合作。浙江國術館創建後，張氏以健康原因，館長一職長期由副館長鄭炳垣擔任。繼後，褚民誼卸任行政院秘書長，於1936年3月15日赴杭出任館長。（「申報」1936，3，16）

科學是人類社會發展的推動力。科學落後是相當長時期以來，中國望塵於西方列強的一個根本原因。褚民誼多次撰文，從人類文明發展進程的高度出發，闡述了科學的重要性。他在「歐洲讀書一得」（[2.10]Vol.3，No.8，1929，8）中寫道；「蓋文化之產生與發展，不外三個時期，即文學時期、哲學時期、科學時期是。昔以文學哲學為最優美；今以科學為萬能。西方文化於文學哲學之外，尤以科學為最發達，故一切物資上之需要，與夫精神之文明，俱易解決。東方則尚未脫離文學哲學時期，科學甚形幼稚，故其文明偏於精神的，物資至為欠缺……立國於今之世界，不有文質並重之文明，將無以圖存。吾人可安得不努力進取乎！」

自從美國實施庚子賠款資助中國學生赴美留學後，負笈學子日益增多，由當時就讀於紐約州康奈爾大學的中華學子們發起，創辦了「科學」雜誌（月刊）[2.4]，於1915年元月起在上海出版發行，並進而於同年10月在美國成立了「中國科學社」。1918年其辦事機關由美國移歸國內，在上海和南京分設事務所。此後，在國內迅速發展，成為中國二十世紀前半葉，最具影響力的學術

團體。該社除積極開展多樣性的學術活動，出版「科學」[2.4]雜誌以及後來的科普性讀物「科學畫報」[2.20]等刊物以外；還致力於興辦實業，曾先後在南京成立生物研究所，在南京和上海等地設立圖書館，並在上海集股創辦中國科學圖書儀器公司等等。

先期在歐洲創立的「世界社」與繼而在美國成立的「中國科學社」，前者注重文化教育，后者側重學術研究，兩者科學救國的抱負是息息相通的。正如中國科學社第一屆董事長任鴻雋，在其「中國科學社二十年之回顧」（「科學」Vol.19，No.10，1935，10）中所述，「蔡子民、吳稚暉諸先生，自民國四年（1915年）旅居法國時，聞本社之發起，即來函加以鼓勵。」1921年在廣東省政府的支持下，成立了中國科學社廣州分社。已如第三章第一節中所述，1926年的第11次中國科學社年會選擇在當時革命策源地的國立廣東大學召開，得到了廣州國民政府，以及孫科、吳稚暉和校方東道主褚民誼等人的大力支持。

1927年中國科學社於9月3日至7日假上海總商會召開第12次年會，滬上各界均熱烈歡迎和支持。當時科學社的社員已由初始的十餘人增至七百餘人，南北教育和學術各界名家學者，濟濟一堂，交流學術，共商科學興國大業，其開幕式合影示於後頁上圖。此時，國民黨中央委員褚民誼被任命為中法國立工業專門學校校長，在為黨事、國事、校事的百忙中，為這次年會做出了積極貢獻。會前他與竺可楨、翁文灝、何尚平、何魯等人一起被推舉擔任演講委員會委員。9月3日下午開幕式上代表中央教育行政委員會致辭。9月6日下午上海商界茶話歡迎科學社社員，亦由褚民誼代表科學社致答謝。[2.4]Vol.12，No.11（1927，11）

1928年褚民誼赴歐考察衛生，回國後原準備出席中國科學社1929年8月21至25日在北平召開的第14次年會，「擬在該會講演太極拳與生理的關係及太極拳推手器之功用兩標題。」（「申報」1929，8，13）但因事羈絆而未能屆時北上赴會。（「申報」1929，8，15）

1930年科學社上海社友會舉行十九年度新年同樂會，到會百餘人。會上蔡子民講的是科學與同樂的關係，褚民誼著重提倡以科學方法健身，胡適以「從科學史上看東西文化」為題發表長篇講話，楊杏佛最後講述了科學新發明的若干趣事。（[2.4]Vol.14，No.7，1930，3，1）嗣後褚民誼將其專論「科學與體育」發表在「科學畫報」[2.20]Vol.1，No.6（1933，10，10）上。

1927年9月3日在上海召開中國科學社第12次年會開幕式合影。席地而坐者右起：褚民誼（3）、胡適（4）、楊銓（5）、秉志（6）、任鴻雋（7）、趙元任（8）等；其後前排右起：胡剛復（1）、宋梧生（2）、王季梁（3）、張乃燕（4）、金湘帆（5）、馬相伯（6）、蔡元培（7）、翁文灝（8）、竺可楨（9）、高曙青（10）、周仁（11）、何魯（13）等；最後排右端嚴濟慈及左邊第三人朱少屏[2.4]Vol.12, No.11（1927, 11）。

　　此外，要在上海建立一座為科學發展服務的圖書館期盼已久，在孫科等人的經費支持下，中國科學社明復圖書館於1929年9月開工興建。11月2日下午行奠基典禮。一年多後建成，於1931年元旦下午開幕並舉行書版展覽會。蔡元培、吳稚暉、褚民誼等人均出席上述活動，對該館的建設積極予以支持。（[2.4]Vol.14，No.4；Vol.15，No.3）

第四節　中比庚款，比國博覽

　　比利時位於歐洲西北部的北海之濱，與荷蘭、德國、盧森堡和法國相毗鄰，首都佈魯塞爾，1830年從荷蘭的附屬獨立出來，建成君主立憲制的王國。該國是世界上工業最發達的地區之一，但其生活水平明顯低於法、德等國，曾是中國赴歐留學生，特別是經濟拮据留學生的重要首選之地。褚民誼赴歐留學，最初就是打算到比利時學習的；但是加入同盟會後，投身革命宣傳，而留居法國。其後，曾留學並多次到訪該國。1933年在「旅行雜誌」上發表的「歐游追憶錄」第二集 [1.21]，詳細記述了他之前訪問比利時的情況。

1934年比利時國王利奧波德三世（H. M.
King Leopold III）繼位後不久，宣佈實行和平
中立的外交政策，在中國上海發行的英文報
刊「大陸報」（The China Press），以紀念他
登基為題，於1936年11月15日出版「比利時增
刊」。鑒於褚民誼長期以來對中比合作做出諸
多重要貢獻，特邀在其上發表題為「褚民誼
博士談屢次訪問比利時」的專文[1.34]（見右
圖），文中簡要介紹了他從1909年起到1930年
間訪問該國的概況和感想。最後他總結道，
「這樣，在我一生中七次到訪過比利時，總計
在該國停留近四年……我曾被比利時政府三次
授勳，面對微小的業績，著實令我慚愧。我將

1936年11月15日發表的「褚民誼博士
談屢次訪問比利時」的專文[1.34]。

繼續竭盡全力，促進中比文化和教育事業，這是我的雄心所在。」

　　文中在顯著位置上刊登了中比庚款委員會中方委員長褚民誼博士的油畫肖
像。該畫是中國著名畫家比利時院士吳作人1936年的作品。畫面上褚民誼著博
士服飾，手持論文，身佩比利時政府先後頒發的三枚勳章和法國政府頒發的一
枚勳章，展現出他作為學術文化界人士，為中國與比利時和法國之間的友誼和
合作做出的傑出貢獻。

　　褚民誼身上佩戴的這四枚勳章，其圖右胸部最上的那枚係1930年7月24日
法國政府授予的「法國榮譽軍團軍官勳位勳章」（詳見第三章第三節）。其
餘三枚勳章則是比利時政府頒發的。本書編者於2014年7月得到比利時外交部
的回函證實如下：第一枚是「利奧波德二世大臣勳位勳章」（Grand Officier
de l'Ordre de Léopold II），由國王於1929年9月4日簽署嘉獎（畫上法國勳章下
面那枚）；第二枚是「利奧波德司令勳位勳章」（Commanderie de l'Ordre de
Léopold），由國王於1930年11月22日再次命令嘉獎（畫上領項上那枚）；第
三枚是「皇冠大臣勳位勳章」（Grand Officier de l'Ordre de le Croisonne），為
慶賀利奧波德三世登基，於1935年2月22日頒發（畫上最下面那枚）。

　　按照1901年「辛丑條約」，比利時獲得佔總額1.89%的庚子賠款。北洋政
府時期，中比雙方已組成「中比庚款委員會」，就還款問題開過三次會。南京
政府成立後進行改組，於1929年4月18日雙方確定出人員名單。中方代表團由

有關六個部各派一名組成，委任教育部代表褚民誼為委員長，委員外交部胡世澤、鐵道部黎照寰、內政部杜曜箕、衛生部蔡鴻、財政部曾宗鑒；比國方面，委員長司塔特曼（史德曼），委員案杜伯爾、愛勒斯、郎伯爾、維拉緻甫[9]。（「申報」1929，4，6；19）

　　褚民誼時任中法國立工業專門學校校長，接任後，首先於4月21日在其校內寓所舉行中國代表團第一次談話會，議決中國代表團辦事細則，聘劉錫昌為大會中方秘書，農汝惠為法文佐理，田守成為中文佐理，並確定在召開大會前，中方先開預備會擬定方案。（「申報」1929，4，22）1929年5月10日中比庚款委員會在南京舉行成立典禮，由中方委員長主席，以後會議由雙方委員長輪流主席。會上兩位委員長先後演講，闡明本委員會的任務和議事原則。褚民誼在演詞中略謂，「此項中比庚款既以四分之三作為發展中國鐵路之用，所餘四分之一（二百五十萬元）為數無幾，以之用於中比間之一切教育慈善事業，自有不敷分配與難圖發展之困難……惟望彼此意見一致，本同舟共濟之懷，一德一心，以共同發展中比間之教育慈善等事業。」比國委員長的演詞略謂，「貴代表團之委員長褚民誼博士，乃國民政府之重要人物，留比多年，在比之交友頗眾，對於比國情形，極其諳熟……且中比邦交素篤，以博士之能力，必能溝通中比間之文化藝術，使之日益發展。」（「申報」1929，5，12）

　　中比庚款委員會從組成到8月5日，共召開九次全體大會，並在褚寓事先召集六次中方代表團提案預備會。其間由於歷史遺留，提案情況錯綜複雜，曾臨時組成雙方聯合提案審查委員會，由雙方委員長褚民誼、史德曼，委員曾宗鑒、愛勒斯四人組成，經七次會議充分醞釀和討論，將各提案歸納為教育、衛生、慈善三大類，提交大會逐項討論。最終一致通過資助提案三十五件，待定一件。為了在會後執行日常工作，議決設立常務委員會，由中方褚民誼、曾宗鑒、黎照寰；比方史德曼、愛勒斯、呂比斯共同組成。會議還決定組織衛生建設基金委員會，聘請蔡元培、李石曾、宋梧生、葛成之、劉永純、褚民誼、蔡鴻七人為委員。至此，圓滿地完成了中比庚款委員會建立初期的使命。（見「申報」等相應的跟蹤報導）

　　資助中國留學生赴比留學是中比庚款的一個重要項目。在第七次大會上，公推中方褚民誼、比方愛勒斯，會同教育部特派員楊芳共同考試。考試結果共

---

[9]　比方委員常有變動，當時的中譯名也不統一。

1929年8月12日寰球中國學生會歡送中比庚款首批資助赴比中國留學生的賓主合影，該會總幹事朱少屏（前排右端），中比庚款委員會委員長褚民誼（前排右7）（「申報」1929，8，14）。

取二十名，於 8月20和24日分兩批登輪赴比（「申報」1929，8，9）。如上圖所示，寰球中國學生會於8月12日舉行歡送會。接著，褚民誼又於8月14日在中法國立工業專門學校召開歡送赴比留學生大會（「申報」1929，8，14）據中比友誼會報告，自1929至1930年間，各地中國留比學生共計274人。其中受有教育部官費者16人；受中比庚款津貼者有64人。（「申報」1931，1，25）

此外，為了促進國內教育和學術水平的提高，中比庚款委員會於1931年12月議決舉辦大學論文獎金。屆時由各專家擬定論文題目，由中國代表團公佈徵文實施。（「申報」1931，12，29）

比國在華舉辦的教育和慈善事業，是比方要求資助的重點對象。這些項目主要集中在綏遠一帶。為了分配經費和檢查實際效果，中方委員長褚民誼親往該地區，實地考察了比國教會設立的歸綏公醫院和比人設立的學校。9月24日從上海出發，至10月10日返回。嗣後，他在 [2.10]Vol.4，No.5（1930，5）上發表的「西北遊記」一文中，對這次出訪有較詳細記述。

1931年3月25日中央政治會議第267次會議議決，撥用庚款保息原則，均照五釐認息作教育文化經費。為了落實中比庚款中鐵道部借用庚款的認息，褚民誼聯合蔡元培、李煜瀛、吳敬恒向中央政治會議提議，經第318次中政會議決，令行政院遵辦。[3.54]

中比庚款委員會在醫療衛生方面的一項重要業績，是出資成立「中比鐳錠治療院」（「中比鐳錠醫院」）。該院成立於1932年，是中國首家癌症專科醫院。首由上海聖心醫院辦理，至1936年初，醫院改組，由委員會直接管轄。（[2.24]Vol.4，No.6，1937，3）該院後來不斷發展，成為現今著名的復旦大學附屬腫瘤醫院。

　　自褚民誼1932年擔任行政院秘書長後，中比庚款委員會也遷移到南京。1935年3月19日在行政院會議廳舉行第十三次大會，改選中國董事會，由原六個部出正副委員各一名組成，褚民誼繼任委員長，曾仲鳴新增為副委員長。（「申報」1935，3，20）由於經費日趨緊張，在1937年2月26日舉行的第十五次大會上，著重討論了集中財力擴充中比鐳錠醫院及推廣癌病治療案，以及緊縮經費補助等提案。（「申報」1937，2，27）不久，全面抗戰爆發，委員會的活動嚴重受阻。

　　1930年5月3日至11月3日，比利時王國為紀念獨立一百周年，舉辦盛大的國際博覽會。國民政府行政院交工商部擬具方案後，於1929年10月16日議決，「任命褚民誼為參加比國博覽會代表，由財政部照撥五萬元派褚民誼前往。」[3.54] 此前，教育部亦有參加該國際博覽會的計劃，獲中比庚款二萬美元的資助，於7月17日聘請褚民誼擔任中國教育館籌備主任。[1.19]褚民誼接到行政院的委派後，即以國民政府代表的身分，統籌工商和教育兩部的要求從事籌備，

1930年比利時國際博覽會中國政府參展代表團全體職員合影。左起前排：田守成、韓有剛、褚民誼（總代表）、劉錫昌（副代表）、農汝惠；後排：金壽峰、周世達、許士騏及其夫人楊縵華。

成立了「國民政府參加比國博覽會代表處」，以褚民誼為總代表，劉錫昌為副代表，農汝惠、田守成、周世達為秘書，韓有剛為實業部代表，並有美術專家許士騏，電器專家鄒福松，體育專家金壽峰等人偕同前往。前頁下圖是全體人員的合影（[2.1]Vol.27，No.19，1930，10，1；[1.21]）。

　　為了廣泛徵集展品，褚民誼邀集工商等各界領袖組成徵集出品委員會，於11月13日在其寓所召開首次會議。推舉林康侯和王曉籟分任委員會的主席和副主席，並討論通過了徵集出品規則。嗣後，在此基礎上組成了包括有關各界29人的中國參展組委會。還邀請外交部長王正廷、實業部（原工商部）部長孔祥熙、教育部長蔣夢麟為贊助委員會委員。（「申報」1929，11，14；[1.19]）如右下圖所示，在「比國獨立百週紀念博覽會中國陳列館總目錄」[3.17]中，列出了中國參展各組織的名單。褚民誼撰寫了七頁篇幅的引言，對教育、農業和工商業三大類展品進行了綜合介紹和重點產品說明。

　　徵集出品委員會成立後，即向國內各地廠商徵集精品，並假前上海總商會會址為辦公處。由於當時中國進出口主要為外商控制，多數中國商人又鑒於以前歷屆賽會展品有去無歸，觀望不前。經褚民誼一再宣言，「此次赴比賽會，如係售品，凡物件售出，必繳原價，否則交還原物，誓以個人名譽為擔保」，而有所轉變。時適值西湖博覽會閉幕，從中選擇之精品不少，最終得到賽品一百八十餘箱，分三批從海上運往比利時參展。（申報」1931，1，28）

　　國內的籌備工作告一段落後，劉錫昌及農如惠、田守成等人即先行赴比籌設展館。褚民誼率其餘人等，於1930年4月5日啟程。送別場面十分熱烈，褚氏登船，在甲板上手揮國旗而去。（「申報」1930，4，6）展會任務完成後，褚民誼歸國進行了全面總結，分別向外交、教育、實業三部遞交報告，「申報」以「褚民誼赴比歸國報告」為題（以下簡稱「歸國報告」），於1月28、30、31日和2月2日連載其全文。嗣後，褚民誼又在「中華民國參加比利時國際博覽會特刊」[1.19]和「歐遊追憶錄第二集」[1.21]中詳盡記述了籌備和參展情況。

中國陳列館總目錄（法國里昂市立圖書館）。

此次在比利時舉辦的國際博覽會分兩地進行。一在比國通商巨埠安特衛普，注重航海事業及殖民地之出產；另一在比國工業區域之列日市，注重科學與實業。中國僅參加在列日之博覽會。對於前者，褚民誼在「歐遊追憶錄第二集」[1.21]中有如下記述，「吾國固無殖民地，不謂以我東三省之土地，乃因日人設置南滿鐵路……竟將東省滿鐵一帶土地，與其本國地圖繪成一色，並制蠟人華工工作狀，陳列東省出產大豆、高粱等，不啻明示各國人士，滿蒙乃日本之殖民地。「經余與駐比代辦羅懷向日使及其參加博覽會代表，幾經嚴重交涉，始將各種侵犯中國國權之陳列品撤換。於此可見日人處心積慮，久以滿蒙為其囊中物，故瀋案一發不可收拾。」

在列日的博覽會分為南北兩部分。南部為比國美術館及各省陳列館。北部會場始為國際展覽區，除各國所建的陳列館外，比國自建若干專題陳列館。褚氏在歸國報告中謂，「中國此次在比未建專館，僅於比國電氣館中，租地三百平方公尺，建築陳列室，此則限於財力。「當時民誼鑒於中國陳列室過於狹小，倘不於裝飾及佈置上特別注意，殊難引起外人注目。故不惜時間與金錢，慘澹經營，親自督工裝飾，即佈置陳列，亦且躬自為之。如斯工作數星期之久，全會場方始竣事。會場外部傍大門處，建有中國式之亭閣一

中國展館大門。

所。其內為客廳，四週繞以朱色柱廊，懸以各色宮燈，頗稱華麗美觀。內部陳列品均置於玻璃櫃中。玻璃櫃共分四排，大小高低各有行列，並塗以赭色油漆，自外觀之，亦頗整齊。客廳及會場中央，則高懸總理遺像及黨國旗。陳列之較精美者，有瓷器、茶葉、綢緞、繡花、陶器、雕漆、景泰藍、玉器、象牙、銀器、漆器、地毯、木雕、竹刻、宮燈等。其他農業品則有蠶繭、植物標本。教育品則有商務、中華兩家書局之書籍及打字機，與全國各地各級學校之成績品。此外猶有國內名人之繪畫，懸於會場之四週，尤生色不小。以故每日參觀者頗眾。謂中國館係屬美術化，而有巧小精緻之稱。」會場實況之部分照片示於本頁右上圖和後頁之兩圖，均為褚民誼所攝，原件現藏法國里昂市立圖書館，其部分照片曾在刊物「東方雜誌」[2.1]和「中華圖畫雜誌」[2.17]以及「歐遊追憶錄第二集」[1.21]上發表。

中國會場，於6月16日下午三時開幕，
「禮成後，由民誼導引外賓參觀各種陳列品，
來賓均稱美不已，且有即欲購取者⋯⋯於是民
誼乃從事黨義及商品之宣傳，將法譯三民主義
書籍，及上海茶葉會館之茶葉，分贈各國來
賓。「是日晚間，並舉行盛大之宴會，遍邀各
國外賓參加，凡百餘人⋯⋯宴會之餘，並舉行
中國遊藝以助興。由留比各地學生分任其事，
有京劇、崑曲、舞蹈、國術等表演，外賓來
參觀者達數千人，均嘖嘖稱美不置。以故翌日
比國各家報紙，均大書本國陳列館開幕事，連
篇累幅，為同聲一致之讚美。」歸國報告中如
是說。

中國展館內景。

　　開幕式後，國聞社列日通信對該展會進行了長篇報導（見[1.19]），文中對
褚民誼所作之操勞謂，「褚氏係五月十三日抵比，下車伊始即親自督工建築，
不一月而燦爛之中國陳列館落成。於是褚氏復親自加以佈置，舉凡一物一事均
使各得其宜，每晨七時前往，工作至傍晚始回寓休息。午餐則飲冰水而啖硬麵
包以果腹，如是辛勞一星期之久，至六月十五日上午，全會場始佈置就緒。」
　　「此次中國參加比國博覽會」，歸國報告中謂，「尚有國內名人繪畫多
幅，係由葉恭綽經手徵集，總計價值在國幣七萬元以上。此種畫件，均係近代
畫家精心傑構之作，洵足代表中國之美術，惜因會場佔地不廣，未能盡量同時
陳列。民誼為宣揚本國美術起見，爰假比國美術會址，舉行中國美術展覽會，
將徵得各家繪畫一百八十餘幅，盡量陳列，以供外人瀏覽，於十月五日正式
開幕。民誼偕同代表處全體職員親臨行開幕禮，並柬邀比國各界人士及各國人
士之參加比國博覽會者，蒞臨參觀。開幕時，由民誼演說中國美術之價值，及
其長處，與各國美術不同之點，外人頗能領略，參觀者甚形踴躍。」後頁上圖
是為博覽會印發的「中國美術」專輯[3.18]，列出了173件繪畫作品的名稱和作
者姓名，其中不乏黃賓虹、高奇峰、高劍父、陳樹人、徐悲鴻、王一亭、呂鳳
子、狄楚青、張大千、劉海粟等名家的大作。褚民誼撰寫序言，說明本刊所列
中國現代藝術家的作品，屬於中國館的教育部分，由於場地所限未能全部展
出，於此則可窺其全貌。

當時在法國的里昂中法大學，由劉大悲任秘書長兼代理校長，對褚民誼帶領中國代表團，參加鄰國比利時的國際博覽會十分關切和支持。值此機會，於當年雙十國慶節舉辦中國藝術展覽，展出國畫和名人聯對屏及學生作品240餘件，其中從比國博覽會中國館借得國畫八十幅，展出三天，又延長一天，參觀者不下三千餘人。（有關資料藏於法國里昂市立圖書館）

中國繪畫展品目錄專輯（法國里昂市立圖書館）[3.18]。

在展會後編輯出版的「中華民國參加比利時國際博覽會特刊」[1.19]中，全面介紹了中國代表團在黨義、商品、美術和文化四個方面，在展會上所進行的宣傳。在黨義宣傳一節中記述道，「本黨之歷史及政策與夫總理手創之三民主義，外人對之有真正認識者殊鮮，是固由於中國缺乏國際通訊機關，對外宣傳不力所致。此次比國博覽會，世界各國均往參加，遠近參觀人士紛至沓來，正吾人對外宣傳之絕好機會。因由民誼向中央提議趕印法譯三民主義建國大綱數千冊，隨同各項賽品運往比國從事宣傳……本黨黨義流傳歐洲，當以此為嚆始矣。」

上述「法譯三民主義建國大綱」一書，係法國神父德埃列亞（D'Elia，S. J.）翻譯編纂，由上海徐家匯漢學研究所出版的法文專著，「中山孫文三民主義，翻譯、註釋和評價」[3.19]。作者採用1927年出版的「三民主義」普及本（上海太平洋出版社）和「中山全書」第一卷（大一統出版社）這兩個中文版本，將其譯成法文，加以編排並附註釋，其後設有評價部分，引用諸多論文對三民主義進行

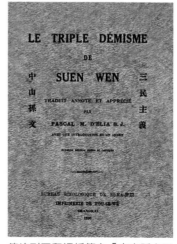

德埃列亞翻譯編纂之「中山孫文三民主義」[3.19]。

評述。全書近七百頁，初版於1929年面世，經修定勘正，其第二版，如前頁右下圖所示，應中國赴比參展代表團的要求，於1930年展會開幕前出版，帶到博覽會上進行宣傳。鑒於該書篇幅較長，其中的評價部分又帶有某些宗教色彩和殖民偏見。褚民誼特撰文「告讀三民主義者」，插附在書內一並發行。中國代表團還將此短文單獨刊印成冊[1.12]（見右圖），在會上廣為散發。褚民誼在闡述三民主義之要義，讚賞和肯定該作者為翻譯出版該書所作努力的同時，對其「評價」部分存在諸如否認帝國主義對中國進行經濟壓迫等問題，進行了批駁和澄清。最後他寫道，「我希望閱讀三民主義的

褚民誼著「告讀三民主義者」[1.12]。

目的不是簡單地救中國，而是整個世界。換言之，三民主義可以應用到中國和所有其他國家。事實上，三民主義是以博愛為中心，從拯救中國開始，並終擴大到全世界。孫中山提出的民族主義最終旨在實現世界各國的平等，不應該存在種族或國家的壓迫；人權主義承認不論種族人人平等，不承認多數對少數的壓迫；最後，民生主義以均富為目的，不允許富者壓迫窮者，這就是三民主義的崇高目的！」

評獎是博覽會的一項重要活動，各國對此都很重視。獎憑依次分為，最優等獎、優等獎、金牌獎、銀牌獎和銅牌獎五等。此外還設有紀念獎（特別獎），以獎勵辦會出力人員。褚民誼在歸國報告中寫道，「本國陳列室開幕後，除每日派定職員到會照料外，其第二步之工作，即為辦理評獎事宜。民誼為保護及獎勵本國出品廠商之利益與榮譽計，因聘請中國留歐專家，及外人明瞭中國國情者十餘人，為中國評獎委員，會同各國評獎委員，組織國際評獎委員會，從事共同評判。「初級評判，本國出品所得結果，至為不佳。幸中級高級兩次評判，民誼偕同副代表劉錫昌親自出席，據理力爭，並導引各國評獎委員，至本國會場仔細參觀，將各種出品，一一說明其價值，始博得各國評獎委員稱許，由失敗轉為成功。迫高級評判竣事，於十月十日比國博覽會舉行授獎典禮，由比王親臨頒佈，以示隆重。」據統計，24個參賽國各級別獎項的最終獲獎結果，中國獲獎總數310項，僅次於比國、法國，名列第三。[1.19][1.21]

褚民誼本人被授予特別獎外，他所發明的太極推手器械還獲得最優等獎。
（「申報」1930，10，2；1931，11，13）

　　「比利時博覽會於1930年11月3日閉幕，計共舉行六個月。」褚民誼繼續寫道，「在此期間，中國會場，每日參觀人數甚眾，雖無精確之統計，約略計之，各國人士前來參觀者，每日必有數千人。各種商品，其屬於售品性質者，三分之二皆已售去。各國會場則反是……且有不少廠商，探悉中國出品定價低廉，深悟直接貿易之利，紛來詢問出品廠商地址，預備直接交易者，吾人皆一一為之介紹。「所餘之展品由代表處通函出品各機關，徵取同意，是否願意贈與比國政府。其不願者，則已將其出品運回。「博覽會則於10月27日舉行餞別宴會招待各國代表團後，落下帷幕。中國代表團成員分批先後回國。」

　　「申報」1930年11月11日及26日上先後披露，褚民誼偕秘書周世達先行於10月22日離歐赴美，在美稍事訪問後，11月20日由舊金山啟程返國，12月5日至日本，約停留四日離日，將於12月12日到達上海。中國代表團獲得的空前成果，振奮人心。滬上各界人士準備予以熱烈慶賀和迎接。湖州同鄉會早在11月初就著手進行籌備，推定邵如馨為負責人，並在報上醒目地刊登歡迎啟示。（「申報」1930，11，11；11，26；12，2）1930年12月12日，褚民誼乘輪於下午六時抵達上海，有約三十餘團體二千餘人前往碼頭歡迎。碼頭上預先紮挂牌樓彩燈，萬國旗幟及繡有歡迎字樣的各色綢彩旗隨風招展，軍樂隊高奏軍樂，中央學校學生大唱歡迎歌曲，攝影公司帶同火炬前往攝影，場面極為熱烈。（「申報」1930，12，14）

　　褚民誼抵滬後，各界相繼舉行歡迎會。後頁上圖示出的是，上海各團體及個人暨湖州旅滬同鄉，於12月26日下午五時，公宴褚民誼及代表團諸人，並徵集物品委員會林康侯、王曉籟和趙晉卿等人的會後攝影。會場內佈滿鮮花和錦旗，「為國增光」四個大字的匾額高懸正中，九旬高齡的馬相伯親來歡宴，氣氛十分熱烈（該照片原件展出在今杭州西湖博覽會博物館內）。此外，據「申報」報導，中法大學藥科全體學生、醫藥評論社全體同仁、留比同學會、上海勞工醫院以及上海市的國術團體等均分別開會或設宴歡迎，這裡值得指出的是，上述歡迎活動完全出自民間的自發行動。展會剛一結束，比利時國王阿爾貝一世即於1930年11月22日通令嘉獎，授予褚民誼「利奧波德司令勳位勳章」。

　　1931年博覽會全部獎憑到達後，於11月28日在上海市商會舉行發給獎憑典禮。褚民誼在會上詳述了博覽會的籌備和展出過程，並提醒國人不應為此自

1930年12月26日上海各界暨湖州旅滬同鄉歡迎晚宴。前排右起：趙晉卿（1）、褚民誼（2）、王曉籟（4）、馬相伯（6）、王一亭（7）、韓有剛（8）、邵如馨（9）、林康侯（10）。

滿，指出「惟本國此次出品，大都屬於手工業方面，如繡花雕刻之類，機械品則廖落可數。此類手工品大都異常精巧，故外人見之稱道。其實立國於今日之世界，非科學發達，不足以圖存。中國今日所陳列者，屬於科學方面之出品甚少，……此同仁所自覺慚汗者，又安能滿意，而固步自封。」他還以此次展會為契機，建議中國積極參加國際博覽會，並要事先作好準備。（「申報」1931，11，29）

這次中國參加國際博覽會，可謂是有史以來規模最宏、影響最大，也是最成功的一次。為了將寶貴經驗流傳下來，供後繼者參考，在褚民誼的主持和親自擬稿下，國民政府參加比國博覽會代表處編輯出版了「中華民國參加比利時國際博覽會特刊」[1.19]，如右圖所示，於1932年9月由上海大東書局出版，在褚民誼撰寫的序言中，說明了編寫本書之上述旨意。全書合計228頁，內含照片31張，分為「中國陳列館」和「比國博覽會」兩大部分。中國陳列館部分，共計7章20節，詳細收錄了籌備和參加這次博覽會的有關

1932年9月由褚民誼主編出版的「中華民國參加比利時國際博覽會特刊」[1.19]。

來往公函、各種章程制度、重要的講話、活動和通訊等等，是一本難得的紀實資料。

在比利時國際博覽會期間，褚民誼還受國內委派應邀出席了下述在歐洲舉行的一系列國際會議：1930年6月27日至7月7日在佈魯塞爾召開的「第三次國際育養兒童會議」（[2.15] Vol.2，No.5；[1.19]）；1930年7月20-26日在巴黎召開的「國際微菌第一次大會」（[2.14] Vol.31，1930，4，1；[1.19]）；7月30日在比利時日列召開的「第九次萬國保赤會議」（[2.14] Vol.32，1930，4，15；[2.15]Vol.2，No.5）；在比京召開的「國際商業會議」[1.19]之後，又於9月21-29日舉行的「第十二屆國際美術歷史大會」（「申報」1930，9，10）

作為文化交流的使者，他在「中華民國參加比利時國際博覽會特刊」[1.19]中寫道，除上述一系列國際會議外，「又參加比京大學開幕典禮，亦致頌詞一篇。後又赴巴黎大學、里昂大學、國際聯盟會、瑞士雷桑（洛桑）大學及比國各大學巡迴演講衛生、醫學、體育各種學術，兼為黨義之宣揚，頗引起各國人士注意云。」其中，由佈魯塞爾自由大學會同中比大學聯合會，先後邀請他於1930年10月14日在比利時根特皇家醫學會，以及17日在比都比利時大學基金會，做題為「中國醫藥問題和衛生建設的過去和現狀」的演講[1.14]。其報告全文刊登在1931年6月出版的「中比大學聯合會」報告書第四期上。10月22日褚民誼從法國乘郵輪繞道美國回國。在巴黎停留期間，除接受法國政府的授勳外，還應邀在巴黎大學中國高等研究院，以「中國醫藥問題的過去和現狀」為題發表演講，其全文刊登在「里昂中法大學季刊」[2.11]（1930年第四季度No.16）上。

正當褚民誼在歐洲積極開展文化交流活動之際，國內政治風雲突變，爆發了蔣介石與閻錫山、馮玉祥的「平原大戰」，戰爭十分慘烈。同時以汪精衛為首的國民黨擴大會議派在北平另立政府，國家難得的統一局面再度陷入嚴重的戰火紛亂之中。1930年9月國際聯盟在瑞士日內瓦召開第11次會議，褚民誼作為代表團的高等顧問也列席其間。中國的內亂使他痛定思痛，深感中國的和平與國際和平息

1931年初褚民誼編寫出版的「中國國際合作協會概況」[1.13]。

息相關。為此，在日內瓦期間，由他發起，與從美國前來的李公樸、駐英國倫敦總領事楊光泩、國聯中國代表辦事處秘書長吳凱聲，以及國際友人康耘德世（美）、施牧人（英）、雷爾士（奧）、載裴士（歐）等人一起，醞釀建立一個非政治性的促進國際和平的文化合作組織，取名「中國國際合作協會」，於9月22日下午在吳凱聲寓所和26日在日內瓦家庭旅社兩度會議。如前頁右下圖所示，在會後於1931年初由褚民誼編寫出版的「中國國際合作協會概況」[1.13]專輯中，刊登了該協會的緣起、兩次籌備會議記錄、宣言和憲章等內容。

在其發佈的「宣言」中聲稱，「中國不幸頻年內戰，迄無寧歲。「欲求國家長治久安，必自培植民眾智能始。民眾智能高超，雖有野心武人與政治家，欲圖作惡，亦有所忌憚而不敢。「本會之目的，在以最新發明之圖書科學教育，為啟發民眾之工具，發行定期不定期之刊物，以倡導和平。對內則求提高民眾之智能，力謀免除武人政客循環禍國戰事；對外則謀求各個民族間之聯絡與結合，以期促進國際永久之和平。「抑中國處於次殖民地之地位……闢為列國經濟競爭之戰場。設猶不自振作，則愈啟人之覬覦。他日列國間因利害關係之衝突，而引起太平洋戰爭，非不可能之事。顧欲圖振作，必先求國內無戰機，方能日臻治理。是故中國之和平，亦即國際之和平。欲免除國際戰爭，應先免除中國之內亂始。此同人所為有中國國際合作協會之組織也。」

在協會的「憲章」中，列有宗旨、方針、組織與對外關係和會員四個部分。規定本會之總部設於上海，歐洲分會設日內瓦，美洲分會將設於老斯愛格納城之國際大學。推定褚民誼為會長，康耘德世為副會長，並對協會各項工作進行了分工。擬即日編成一冊合乎中國民眾思想程度之圖解十餘種。嗣後，由於1931年日軍入侵，爆發九一八事變，協會的作用未能充分施展便被迫中斷。然而，從發起成立該協會的緣由和宗旨上明顯地表達出，以褚民誼為首的這批發起者們，放眼世界、憂國憂民的博大情懷。他們對國內頻繁動亂，並進而引發太平洋戰爭的前瞻隱憂，隨著事態的發展而不幸言中，這是後話了。

第五節　探險西北，力主開發

新疆地處中國西北邊陲，地廣人稀，資源豐富。由於沙漠橫貫，交通阻隔，使中樞對新疆鞭長莫及。自清左宗棠平定叛亂以來，鮮有中央大員入新視察。法國雪鐵龍（Citroen）汽車公司開發的履帶式汽車（時稱爬行汽車），

成功地跨越了非洲撒哈拉大沙漠。從1929年開始，在法方的建議下，中法雙方便有聯合組團赴新疆旅行學術考察之議。中國方面派褚民誼為中方團長。1930年底他參加完比利時國際博覽會，繞道訪問美國歸國後，即著手進行準備。褚氏在對記者的專訪中略謂，中國方面擬利用此機會，能以爬行汽車試行西北各地，從事視察，必有所得。則將來西北富源之開闢，當以此次旅行為嚆矢。「故吾謂今日中國實業之前途，亦猶前次之美國，應自努力拓殖西方始。」這裡道出了，他意欲借鑑美國西部大開發興國的歷史經驗，不避艱險赴新疆實地考察的用意所在。（「申報」1931，2，14）

緊接著，吳敬恒和李煜瀛聯名於1931年2月16日向中央提出「委請褚民誼視察新疆黨務工作提案」，有戴傳賢、于右任、朱家驊和丁惟汾贊成附議（「臺黨史館」一般230/3058），在19日第132次國民黨中央常會上獲准（「臺黨史館」會33/156.3）。這樣，褚民誼就肩負了學術和黨務工作兩項考察任務，出師西北了。

中方考察團由團長褚民誼、秘書鄭梓南、軍政部姚錫九、參謀本部焦績華、北平研究院植物學家劉慎諤、北平地質調查所地質學家楊鐘健、北大生物學家郝景盛和中央通訊社北平分社周寶瑞等八人組成，總名為中國學術團體協會。（「申報」1931，4，1）法方籌備來華科學考察達三年之久，其外交、海、陸、空、郵電、教育及國家經濟部，均參加此行。經雙方商定，考察科目以地質學、人種學為限，考察期間約五六個月。法方考察分兩路，西路由法方團長哈特率領，從歐洲出發進入中國新疆；東隊則與中國團隊一起，乘法方提供的爬行車，從北平起程西行赴新考察。（[2.4]Vol.15，No.9，1931，9，15）

事先中法雙方訂立了在中國境內之合作辦法十六條。除確定聯合學術考察的組織、內容和日期外；為了防止法方可能的越軌行動，明確規定凡直接或間接對於中國國體國權上有關係之事務一概不得考察，外人不得測繪地圖，不得損壞歷史文物，不得以私人名義購買古物，考古學研究不做發掘工作，考古學、地質學或生物學收羅所得之物，須歸北平本協會保存，考察所得之照片、圖線、筆記、圖畫或日記等均須交本協會審查，並交存一份；至於攝取電影，須由中國團員隨時監視，並存副本二份於本會等。（「申報」1931，4，14）

褚民誼離滬前，教育家馬相伯於3月底，以九十二歲的高齡興致勃勃地為褚氏赴新疆的壯舉，設宴餞行（見後頁上圖）。（[2.7] No.747，1931, 3, 29）4月7日全體中國團員在北平匯合。原計劃中法團員共計27人，齊集後於10日左

1931年3月底馬相伯為褚民誼赴新疆考察宴餞。左起前排：褚民誼、馬相伯、王景歧；後排：陳樂素、朱炎之、葉藻廷、顧守熙、宋國賓、朱子堯[2.7] No.747。

右啟程。（「申報」1931，4，4-5；8）不意法方所提供的七輛爬行汽車及其它車輛從天津出發途中墜水受損，所佩零件需等待運自法國等原因而停滯。

褚民誼在北平停歇期間，應邀到各處演講。一向關注西北發展的西北公學，聯合相關小學，於4月19日歡迎褚民誼來校演講，來賓踴躍，多為回教名流。「月華」旬刊第3卷第14期（1931，5，15）至第17期（1931，6，15）上連續四期，詳細報導了這次會議。褚氏在演講中暢談了此次赴新疆的目的，略謂，中國幅員廣大，不過交通太不方便，「比如中國人到雲南去，不能取道於內地，反繞道於安南。到新疆去，不能直達西北，反繞道於西伯利亞。所以我這次到西北去，對於交通方面，是非常的注意。」現在所切要的「就是怎樣來解決民生問題？解決的唯一的方法，就是『通新疆』。」新疆出產豐富，如礦產、農業、森林等，「現在陝甘晉綏等省連年荒旱，若交通方便以後，以遣西北之出產，即可濟延西北之災荒，何致於死亡枕籍，人獸相食呢？」試觀俄國利用鐵路的功效，吸收中國原料；又利用機器的功效，造成成物，再運回我們中國來，「他們一轉手，得著的利益很大。而中國辛辛苦苦所產得的原料，得的利益絕少，以此點而論，也足見利權外溢之一斑了！若交通方便以後，西北許多人，可以到內地來，內地許多人，到新疆去，彼此不斷的發生交際，精神上無形中自歸於統一，換句話說，那才是中國的真正統一。」兄弟這次到西北去，「絕不注重過去的考古，而注重現在及將來的新建設。」

期間，褚民誼曾於4月30日晉京參加國民會議。不久爬行汽車修復，他便於5月15日回到北平。（「申報」，5，16）他在南京期間曾抽身攜夫人返鄉短暫探視父病，不意這竟成永別。6月19日上午尊人褚杏田在南潯逝世，享年77歲。「褚氏既不在滬，已由其夫人趕往，料理喪務；一面並電至北平法國使館，轉達中法學術考察團，促褚氏從速返里。」（「申報」，6，21）6月22日褚民誼正率考察團在沙漠中行進，深夜得電，中法團員力勸，在沙漠中無法獨歸，乃忍痛繼續前進，待回京復命後再行奔喪。（「申報」，7，17）嗣後「申報」（1932，1，14）上報導稱，1932年1月15日褚民誼回故里「為乃父安葬，16日在南潯原籍開弔」。褚民誼在葬禮當日鄭重發表「褚杏田先生訃告」[1.18]以鳴哀悼。

　　這次新疆考察的一個特點，是乘用法方提供的爬行汽車，作為穿越荒漠的主要交通工具。據「新疆概觀」一書[3.25]中介紹，考察團所用之爬行汽車（見右下圖），係法國雪鉄龍廠所特製，車身以鋁質製成。全車分三部：前部客室，可乘五人；後部為廂櫃，專置器械物品；至拖車則為裝載行李之用。七輛車分別為，指揮車、科學車、輕電影車、重電影車、無線電車、廚車、和醫藥及機械車。每車可載重四噸，速力每小時自八公里至三十三公里。車首前部置有長圓形滾輪一具，專以應付崎嶇之道路及跨越溝渠之用。拖車頂部，疊折幕帳，停駐時，可張懸成棚，床鋪、椅、桌，即可陳置其中，供人臥息。此外還有雪鐵龍普通汽車二輛，福特普通汽車一輛。團員組成，汽車夫十人，法方十人，中方八人。車位分配，除伙食車無華員外，中方八人與法人混搭於六車中。中法兩團長褚民誼與法方隊長卜安同乘一號指揮車。

　　此行新疆考察並不一帆風順，道途險隘、生活之艱辛自不待言。中法團員一起生活，語言不通、習慣迥異，誤會磨擦在所難免，特別是法方某些團員傲慢跋扈，從出發起便屢次發生違約事件。（「申報」，5，19）此後竟致釀成法國代表卜安毆辱中國團員的嚴重「打人事件」。褚民誼於6月18日自肅州致電法使魏爾登（韋禮德）提出嚴正抗議，謂「出發以來，事無大

爬行汽車圖

小，悉由卜安擅專，且時稱新疆來電，單獨歡迎法團員，絕對不准我方團員入新，並告尊意，擬棄我方團員於甘境。在此我國土，出此無理之舉，殊屬遺憾，尚且違犯中法合作條例。本月一日，卜安藉故毆辱我團員郝景盛，不准我團員周寶韓通訊，脅該兩團員即日在沙漠中退出，至今生死未卜。加以法團員斐文明等跋扈蠻橫，常令人難堪，惹起我方團員公憤，要求全體退出。民誼忍無可忍，只得暫止中法合作。」（「申報」，6，29）

「當時華方團員大為憤怒」，褚氏在向中央的報告[1.16]中稱，「乃於6月15日全體人員同至肅州齊集後，開始向法方交涉，並請地方政府，停止此次考察進行。當時郝君暨周寶韓君，業已退出。然吾方一面亦致電國府報告，詎以來電過遲，致內地人士，發生誤會。實則當時本人等亦已不願再與法方合作。後以甘省主席馬鴻賓之斡旋，始與法方訂立七條件（即將卜安撤換等七件），始行繼續進行，於6月21日離肅州西行……7月7日抵迪化後，始接國府第一次停止考察明令；旋復接禁止考察並保護法方團員之令。乃即遵令，停止考察……僅中央研究院所派的植物學家劉慎諤，以抵新疆不易，決稍留多加考察。」該「打人事件」發生在考察團進入荒漠的途中，由於通訊遲誤而使內地人士產生誤會。考察團出發後與內地的聯絡主要靠拍電報。「有時用有線電，有時用無線電。無線電必借助於法團；而有線電又必行抵有電局之處，始能拍發。無線電快，而有線電慢。中間相差，遂誤大事。」褚氏在北平古物保管委員會歡迎會上對此行做報告時解說道。（「申報」1931，9，10）

事情是這樣的，在北平一直關注此次新疆考察的古物保管委員會，從褚民誼6月18日發出的電報中，得知法方蠻橫違約，但未能及時獲知後續事態進展的具體情況，即於6月30日召集臨時會議，做出了取消中法考察團予以制裁的決議。（「申報」1931，7，1）

褚民誼此行同時肩負考察新疆黨務工作的責任，在排除萬難終於抵達新省首府迪化後，向南京發出的電文中謂，「民誼等七日來迪化，承金主席（金樹仁）盛意優待，各界歡迎，九日在省府大禮堂，舉行握刀禮，並陳列蔣主席送金主席禮物，典禮隆重，全疆大慶。」（「申報」1931，7，17）至此，中法聯合學術考察結束，法方團員在原地等待，與從歐洲前來的西路分隊匯合後，一起出境回國。褚民誼則在迪化從事黨務視察，停留三十五日後，經由俄境乘火車於於9月4日晨返抵北平。5日褚民誼在古物保管委員會舉行的歡迎會上，詳細報告了西北考察經過（「申報」1931，9，9-10）。他在報告西行往返路

線，並詳陳電報誤事的原委後說道，「現在所敢欣然奉告者，爬行汽車確為通行沙漠之利器，中國西北交通，必因有此利器而開一新紀元。故以此次中法合作言為失敗；而以華方之學術考察與黨務視察言，則不得不謂成功。故民誼一見西北交通之可以解決……於是個人體魄上所受之辛苦忘之矣，因函電遲誤，而致一時之誤會，亦忘之矣。」最後，他略述了西北交通的三大幹路：一、從歸綏經蒙古沙地到新疆的駱駝大道；二、由北平經西安、蘭州、肅州、哈密到迪化的通道；三、南通新疆和闐、於闐而至哈斯的古陽關大道。呼籲「政府亟應注意，於最短期內，完成此三大幹路。否則無論西北交通與新疆之開發無望，即蒙古新疆，勢亦難免不入外國版圖。」

褚民誼離北平，於9月8日晨抵達南京，即晚車返滬。他在向中央黨部轉各委員的致電中，著重分析了此行的交通謂，「由北京出發，經西安、蘭州、肅州、哈密而抵迪化，共計五程，每程十八站，每站約九十里許。普通每站滿行一日，計自張家口起抵迪化，應需時四個月。但因利用爬行車，在五月十七日，於張家口啟行，於七月七日，即抵迪化，為時僅五十日。除去途中耽擱十五日，實際共計三十五日，實開赴新疆交通之新紀元。」（「申報」1931，9，10）他認為現時的爬行車笨重，在沙漠中雖可以自由行駛，但在內地行進時駛速過緩。對此他在後來草擬的規劃[1.28]中提出以之作為「擺渡」通過沙漠的解決辦法。

褚民誼此行在迪化逗留月餘，努力溝通長期阻隔的中央與地方的聯繫。新疆省主席金樹仁特向中央政府主席蔣中正和褚民誼等饋贈禮品，並於褚氏臨行前贈送旅資四千金。返回上海後，褚民誼向金樹仁致函，對其熱情款待表示感謝，並決定將所贈之四千金，「以半數（二千元）捐給各省水災急賑；其餘半數，仍捐入平民醫院。」（注：該醫院建於新疆）（「申報」1931，9，18）

褚民誼完成新疆考察任務後，如後頁上圖所示，以書面向中央提交了「視察新疆報告」[1.16]，分為黨務、政治、軍事、財政、教育、實業、交通、習俗六部分，全面匯報了此行的收穫。並附帶報告途中發生糾紛之始末，俄國最近之狀況，以及開闢新省交通之辦法等。鑒於國人大都對新疆十分陌生，褚民誼於1932年1月在「旅行雜誌」[2.10]（Vol.6, No.1）上撰文「新疆人民的生活」，以親身經歷生動地描述了新疆人民的真實生活狀況，高度評價了那裡少數民族的純樸民風，充分體現了他深入體察民情，倡導開發大西北的滿腔熱誠。

褚民誼剛從新疆返回，便接連爆發了「九一八」日軍入侵東北和1932年

「一二八」日軍進犯上海的嚴重事件。緊急關頭，褚民誼於2月底出任行政院秘書長。3月在國民黨四屆二中全會上通過了，「以洛陽為行都、以長安為西京」的提案。被委任為「西京籌備委員會」委員長的張繼和委員褚民誼等人，於4月在洛陽召開的國難會議後，前往西安進行實地考察。（詳見第三章第六節）

從西安回京後，褚民誼於5月29日，在世界社上海總部與中國農工銀行聯合組成的工餘學會內，作題為「西北開發問題」的演講，全文刊登在「申報」（1932，6，6）上。講演中略謂，數年前鄙人即注意西北之拓展。最初曾

1931年褚民誼向中央提交的「視察新疆報告」[1.16]。

有綏遠之行，去年復至新疆，此次國難會議後往西安考察，則三至西北矣。他在述說交通問題的切身體驗後，著重談論了西北地區的自然災害問題，歷述了植樹造林、築堤蓄水、開渠疏流等抵禦自然災害的科學方法。為了鼓勵和引導民間資本參與西北開發，他舉了近來在陝西建設涇惠渠的事例稱，「據聞此溝未築以前，其田地每畝祇值一元；築溝後每畝值洋八元。因有水可以耕種，地價隨時激增七倍以上矣。」「最好人民與政府合作，輕而易舉，事半功倍，即開發西北任何地方，其結果亦有如此者。」文中提出了要在交通、水利、畜牧、森林等諸方面進行全面開發的意見。最後他說道，「西北地大物博，與俄國相距最近，難以保證無東北淪陷之危。「東北交通運兵甚便，西北則挽救較難。新疆外表似在中央節制之下，實則隔閡殊深。「總理之三民主義，以民生為中心，蓋亦求政治安定，人民得以安居樂業也。「中央近擬遣派一百人分十組，前往西北考察，以視究竟。「東南人民，豐衣足食；西北苦瘠特甚，並樹皮草根，亦不可得，蓋已陷於十室九空之境。吾人深思常念，耿耿於心。」其語重心長，催人奮起。

接著，褚民誼於6月12日應邀在南京「勵志社」發表演說，來賓多為黨政軍界人士，達千餘人。他著重從國家安全的角度，闡述開發西北之緊迫性。呼籲「吾人切莫單顧東北之危險，而忽略西北亦有同樣之嚴重性也。」演講畢，開映其去年旅行西北考察所得之影片，及太極拳和新發明之種種健身運動器具。（「中央日報」1932，6，13）

此後，他於8月2日特假教育部大禮堂，將自攝之視察新疆（二本）、參加西安涇惠渠典禮（一本），以及太極拳、劍和踢毽子等影片開映。並稱俟渠由平回京，即將在國民大戲院公映云云。（「中央日報」1932，8，3）此外，他還乘出差北平的機會，於8月6日晨訪比使後，於當晚在師範大學放映他所攝的西北考察影片（「申報」1932，8，7）。

1932年12月15-22日在南京召開國民黨四屆三中全會，褚民誼在會上提出了「開發西北案」，附以詳細的「開發西北之計劃大綱」，蔡元培、張繼、李煜瀛、吳敬恒、蔣作賓等人附議。（「臺黨史館」會4.2/16.4.8）。計劃綱要涉及的範圍，包括陝西、甘肅、寧夏、新疆各省全境及外蒙古西部。建議在中央成立「西北建設委員會」，下設國道、勸業、採礦、墾殖四局，並對各局之設置、計劃和經費預算以及西北之水利五個部分，提出了詳盡意見。其所設之開發項目不妨礙各地方政府行政之實施，而作為中央政府建設計劃之一部分。與此同時，劉守中等六委員也提出相似的「開發西北案」（「臺黨史館」會4.2/20.15）。加之，甘肅省府主席邵力子電請辦理陝甘工賑，陝西省府主席楊虎城呈請救濟陝西等共計四案，經中央全會併案決議，責成全國經濟委員會於最短期間內召集西北各省長官及各專家在京開會，擬定開發西北計劃。（[3.54]1933，2，11；14）時九世班禪被中央任命為西陲宣化使，應邀來京列席三中全會（「南京晚報」1932，12，15），同時行宣誓就職典禮（「蘇州時報」1932，12，25）。下圖是全會期間褚民誼等人與班禪大師的合影。（[2.17]1933，No.16）

四屆三中全會期間褚民誼（右2）與班禪喇嘛（中）、楊虎（右4）、陳策（右1）和薛冀紅（右5）的合影[2.17]No.16（1933）。

在中央的支持下，開發西北成為當時黨、政和社會各界關心的熱門話題。1932年11月，由戴傳賢等人提出的建設西北專門教育之初步計劃案，被中央原則通過後，又加推吳敬恒、李煜瀛、褚民誼、楊虎城、王應榆、辛樹幟等人為籌備委員。（[3.54]1932，11，7）

此後不久，發生了新疆叛亂事件，直至1933年4月省主席金樹仁被盛世才取代而平息。褚民誼再度向中央提出了「新疆事件與開發西北問題」的提案，強調今天講新疆事件，一定要和開發西北問題一同講，「開發西北，不但是鞏固新疆，並且是為全中國開一生路。」他對如何以正確的民族和宗教政策治理新疆，發表了中肯的意見；並重申了在四屆三中全會上提出的開發大西北的計劃綱要。（「臺黨史館」一般449/30，1933年）嗣後該提案的全文，刊登在徐正學編纂、國民印務局出版的「中國農村建設計劃」一書中。[1.28]

1933年10月13日全國經濟委員會改組。汪兆銘、孫科、宋子文任常委，委員32人，褚民誼也名列其中。[3.54] 此後不久又增加蔣介石和孔祥熙為常委。（「申報」1933，11，19）

國民黨四屆四中全會由於時局動盪，推遲到1934年1月20-25日在南京召開，監察委員褚民誼出席了會議，會上做出了應即速實行關於開發西北之各種決議案的決議。下圖是1月26日召開的四屆中央監察委員第一次全體會議的合影。[3.62]據此，國民政府於1934年2月7日向行政院和全國經濟委員會發佈了貫徹四中全會決議的訓令。[3.54]一度沉寂下來的西部大開發，又大張旗鼓地開展起來。

1934年1月26日國民黨第四屆中央監察委員第一次全體會議合影。前排右起：邵力子、張靜江（坐）、李石曾、褚民誼、吳稚暉、張繼、林森、薛冀紅、楊虎、蔡元培；張學良在二排右6 [3.62]。

首先是在行政院內籌建「新疆建設計劃委員會」（以下簡稱「新疆建委」），任命褚民誼為主任。（「申報」1934，2，28）3月13日在行政院召開新疆建委成立大會，聘定委員52人，褚民誼主席了歷次會議。會上推舉劉掄英、陳曾亮草擬計劃大綱。3月15日召開第二次大會，汪精衛院長出席致詞。會上討論了建設計劃大綱，決定分為四組，由主席指定召集人，分別為：政治組唐柯三、張西曼；經濟組陳曾亮、羅靖；文化組王曾善、劉掄英；交通組李景樅、馮有真。3月17日召開第三次會議，討論通過工作程序，定各組每週開

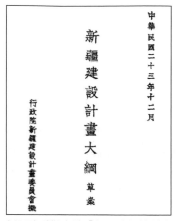

新疆建委擬定的「新疆建設計劃大綱草案」[3.29]。

會一次，並通過新疆建設計劃大綱對各組的規定。（「申報」均於次日進行了報導）4月18日開第四次會議後不久，由於馬仲英叛亂，新省建設工作嚴重受阻，新疆建委也因此多時未再開大會。（「申報」1934，8，19）叛亂平息後，於12月4日召開第五次全體會議，討論各組工作，決議將各組草擬之新疆建設大綱，指定由唐柯三等三委員整理，呈報行政院長，作為五中全會提案。新疆建委於1934年12月將擬定的「新疆建設計劃大綱草案」編印成冊[3.29]（見右上圖），提交即將舉行的中央全會議決。該草案內容翔實，全書連同地圖、表格共計343頁。開篇褚民誼向行政院院長的呈文，扼要地報告了整個草案的形成過程和內容提要，然後按政治、經濟、文化、交通四組，分述其工作和所通過的提案。這本廿餘萬言的建設大綱，為建設美好的新疆，詳盡地繪製出一幅雄心勃勃的藍圖。

在褚民誼等人的大力倡導下，到西北去進行開發建設，得到了東南地區官方和民間的積極響應。經班禪大師倡議並得到上海士紳們的大力支持，為訓練邊疆服務人才，特設蒙藏學院，並經教育部立案批准。（「申報」1934，8，1）該校校址設在上海南郊的龍華寺內，於11月16日成立蒙藏學院校董會，並召開第一次會議，由褚民誼主席。會上討論通過了校董會章程、學院組織大綱和工作程序，研究了籌措經費等議題，並推選出杜月笙、潘公展、褚民誼、性空、王伯元、吳鐵城、張公權、石青陽、俞佐庭為常務董事。這是中國首創的一所專門招收漢族學員的學校，目標在於培植諳熟蒙、藏等民族語言文字，

服務於邊疆的人才。校董會上擬定了分三期進行的工程計劃。第一期：開辦蒙藏文師資訓練班（二年畢業），編輯發行刊物，建築教室宿舍。第二期：開辦附中（四年畢業），建築蒙藏圖書博物館，派遣畢業生分赴蒙藏二地考察。第三期：開辦專修科，舉辦公益事業。三期工程連基金共需洋六十一萬五千元。（「申報」1934，11，17）12月12日「申報」上報導稱，該校於9月1日開學後，由董事會公推常務董事褚民誼兼任院長，師生們表示熱烈歡迎。兩年後，於1936年5月8日舉行第一屆畢業典禮，畢業生45人，由校長褚民誼主席，行禮如儀後，由主席暨各代表各來賓相繼致訓詞。（「申報」1936，5，19）

在建設蒙藏學院的同時，一種以建設西北為主旨的「天山」月刊，由南京天山月刊社於1934年10月15日問世，該刊同時使用漢族和維吾爾族兩種語言，除刊登有關文章外，每期後部設有「邊事日誌」專欄，褚民誼積極支持，為之親題刊頭。在該刊第一卷第五期（1935，2，15）上，發表了一篇褚民誼視察蒙藏學院時的講話記錄，題為「建設西北之要點」。講話中闡述了建設西北以及培養諳熟蒙藏語言漢族幹部的重要意義，細緻入微地關懷學員們，為到艱苦的西北去做好必要的精神、體格和知識方面的準備，包括希望他們具備一定的駕駛和修理汽車以及收發無線電報的技術等等。最後，他鼓勵學員們道：「我們的建設西北，是去創造飯碗，而非與人搶奪飯碗；同時為求中華民族的生存，我們須到西北去建立起我人的生命線。這種工作是為國家效勞，為邊民造福的；而且解決了個人時刻憧憬著的飯碗問題。中國的復興，就在諸位肩上，深望諸君勇敢地擔負起來，抱著堅決的志向，具有強健的體格，與建設的技能，回到我們祖先的策源地西北去，替中國重新另闢一個生存之大道。」

第六節　團結奮鬥，共赴國難

國民黨內部紛爭不斷，1930年的蔣閻馮平原大戰剛結束，1931年5月間又出現在廣州組成中央執監委員非常會議，成立廣州國民政府，寧粵對立呈劍拔弩張之勢。日本軍國主義分子乘張學良進駐平津，東北防務空虛之機，悍然於1931年9月18日，在瀋陽發動攻擊。張部未予抵抗，瀋陽迅速失手，東北危在旦夕。此時，褚民誼剛從西北考察歸來到滬，聞訊異常憤慨，立即於9月21日向在廣東的古應芬、汪精衛和孫科，在北平的李石曾、張溥泉、吳鐵城和南京的諸中央委員發出通電，申明大義，「盼京粵要人捐嫌為國，「棄置小怨，

共赴國難,即日命駕來滬,與此間諸同志,開一緊要救國會議,共謀挽救之策。」通電發出後,他即於9月24日晨趕赴南京進行斡旋。(「申報」1931,9,22;25)

　　1931年12月15日蔣介石宣佈下野。月底,寧粵滬三方在南京共同召開國民黨四屆一中全會,褚民誼繼任中央監察委員。國民政府改組,推選林森任國民政府主席,孫科任行政院院長。[3.54]1932年1月28日淞滬戰爭爆發,孫科辭職,汪精衛出任行政院院長。行政院秘書長一職始由曾仲鳴擔任。不久,他被調任鐵道部常務次長,改任褚民誼為行政院秘書長。([3.54]1932年2月29日洛字第一號)褚民誼在「褚民誼自述」[1.47]中記述道:「本人於中日事變以前,專致力於黨務、教育、醫藥諸端。至『一‧二八』國難臨頭,不得不應汪先生之邀,而出任行政院秘書長。若無國難,本人極願遵守吳稚暉先生之囑,不參加政治工作,以本人與各方面關係太多也。故『一‧二八』以前,蔣、汪二先生之幾次分合……本人均不與聞,且不參加。迨至國難嚴重,若不起來共赴,是直無人心耳。」

　　在日本入侵之初,蔣介石和張學良採取「不抵抗」政策,消極依賴國聯的「公理」調解。褚民誼對此一直持否定態度。他在「歐遊追憶錄第二集」[1.21]一文中就痛斥道:「以視廣土眾民具有悠久文化歷史之中國,自身不求長進,則亦已矣;而乃勇於內戰,怯於對外,橫逆之來,不加抗禦,一經敵人襲擊,不崇朝間,喪地千里,能無愧死!夫比國之小,不過當吾數府之大……當歐戰激烈時,以一枝孤軍,堵於要塞,挫敵鋒銳,使不得逞。「反顧中國以不抵抗為主義,誠屬空前之荒謬。立國精神已喪失無遺,又安能博得世人同情哉。」

　　淞滬開戰後,中央黨部和國民政府決定西遷內地洛陽。([3.54]洛字第一號)原擬在南京召開的國難會議也展期並轉至洛陽召開。1932年3月8日國民政府派褚民誼和彭學沛分任國難會議秘書處主任和副主任,負責籌備。同日任命蔣中正為軍事委員會委員長。[3.54]從而形成了蔣主軍事,汪主內政、外交的格局。對日本的入侵,轉而採取「一面抵抗、一面交涉」的方針。在國民黨四屆一中全會上確定這次國難會議以當時國家面臨的緊迫問題,「禦侮、救災、綏靖」作為議題。(「申報」1932,4,4)4月7日上午,國難會議在洛陽西宮開幕,到會員144人,中委汪精衛等14人,各機關代表、各團體來賓七百餘人。8日開第一次大會,由汪精衛作主題報告。會議設立禦侮、救災、綏靖三個提案審查組,分組進行審查。10日起連續召開五次大會,討論通過了一系

列改革提案和撤懲張學良案。在通過國難會議宣言，並通電嘉慰全國將士後，會議於12日上午10時閉幕，11時舉行隆重的閱兵典禮而告結束。（「申報」，4，7-14）

為了準備以西北為後方實行長期抗戰，在1932年3月國民黨四屆二中全會上通過了，「以洛陽為行都、以長安為西京」的提案。國民政府遂於3月7日做出了組織「西京籌備委員會」的決定，特派張繼為委員會委員長，居正、覃振、劉守中、楊虎城、陳璧君、褚民誼、恩克巴圖、陳果夫等廿人為委員。（「實報」1932，3，8）洛陽國難會議剛一結束，張繼、覃振、褚民誼等人，即於4月12日夜動身到西安實地考察，並與病恙中的陝西省府主席楊虎城面商。（「時事新報」1932，4，13）在此考察期間，他們不忍見到始建於明代的杜

1932年重修西安杜甫祠堂碑記。

甫祠堂（工部祠堂）摧頹特甚，遂倡導捐款重修。事畢立碑「重修工部祠堂記」，由張繼題額、蕭瑜撰文、褚民誼書石。碑文詳述了視察西安、發現並重修該祠的經過。此碑今已失，如右上圖所示，臺北之國家圖書館內藏有其墨拓影印帖，尺寸34×21.1釐米（24.2×16.7釐米），系統號MA000241073。

淞滬停戰南京威脅解除，在蔣中正、吳敬恒、褚民誼等人的建議下，1932年11月中央黨部、國民政府及各院部會遷回南京。[3.64；3.54]

在這次國難會議之後，國民政府還積極著手籌建「中央古物保管委員會」，於5月16日發佈組織條例，規定其直隸於行政院，負責計劃全國古物古蹟之保管、研究及發掘事宜。[3.54]從此，故宮文物的南下轉移就在行政院的督導下開動起來，秘書長褚民誼對此尤為關切。南遷的「故宮文物」，包括北平故宮博物院、古物陳列所、頤和園等處的古物，最後還增添了天壇管理處所存的樂器多種。經挑選和精心包裝後，共計萬餘箱，分五批運出。1933年2月9日下午第一批古物專車到達浦口，計二千一百餘箱。據「時事新報」10日報導稱，行政院接報告后，褚民誼即邀張繼及翁文灝渡江視察，調令軍警嚴密保護。經中央研究決定，將所有南遷之古物由寧轉滬，保存在上海法租界的庫

房內。（「時事新報」，2，19）最後的第五批古物五千八百餘箱，於5月16日由北平起運南下。（「華北日報」，5，17）至此，古物之南遷便暫告一段落。嗣後，褚民誼曾因中央黨部秘書長葉楚傖公務繁多，而兼任故宮博物院秘書長一職，並於1934年6月與晉京議事的新任北京故宮博物院院長馬衡面商。鑒於古物存儲上海開支不菲，故有在南京先建保存庫，然後再圖擴充之計劃。（「申報」1934，6，10）

　　1934年7月12日中央古物保管委員會在南京召開改組成立大會，到褚民誼及委員傅汝霖、葉恭綽等十人。繼開首次常委會，商討經費及會址等問題。（「申報」1934，7，13）1935年底褚民誼辭行政院秘書長，但仍十分關心文物保管事宜。1936年3月17日國立北平故宮博物院理事兩年屆滿改聘，褚民誼繼任理事（「申報」1936，3，18）1936年4月15日，如下圖所示，褚民誼出席了位於南京朝天宮的「國立北平故宮博物院建築南京分院保存庫奠基典禮」（照片由「如鴻歲月」數據庫提供）。12月保存庫竣工後，於14至17日分兩批裝運5417箱寄存該院。（「申報」1936，12，18）

　　至於在國難當頭之際如何救國，當時眾說紛紜。經1933年1月12日國民黨中央四屆53次常務會議上議決[3.64]，請行政院秘書長、中央委員褚民誼，於1月16日中央黨部第61次總理紀念週上，作題為「救國之道」的報告。會議由葉楚傖主席，到中央委員及全體工作人員四百餘人。（「申報」1933，1，

1936年4月15日國立北平故宮博物院建築南京分院保存庫奠基典禮，褚民誼（中）在主持活動。

17）嗣後，該演講以「什麼是救國之道」[1.26]為題，刊登在蔣冰心編輯、軍事新聞社出版的「國難文選」[3.28]上。他在演講中首先比喻國家「好像一架機器，是用種種大小齒輪互相連帶去動作。「救國不是一椿很簡單的事情，無論什麼事，都有相聯的關係，不能專靠那一件事的。」為了提高國家的綜合實力，他明確指出「救國之道就是總理的三民主義。三民主義包括很廣，個人能實行三民主義就成一個完全的人；國家能實行三民主義，就成一個完全的國家。」他在依次分析如何實施三民主義之後說道：「把以上的理由概括的說起來：講衛生，提倡體育，是屬於民族主義的；辦教育開發民智，是屬於民權主義的；興實業增加生產，是屬於民生主義的。所以我們要實行三民主義，是要大家集中力量……加倍努力，使牠逐漸實現。這幾種事情，逐漸實現了，國家就富強了，我們救國的事業，就成功了。」這也正是褚民誼傾力而為的行動綱領。他在發展民生建設大西北方面所作的努力，已詳載於第三章第五節中；在民族和民權方面，他在醫藥衛生、體育、教育、文化等領域所作的努力，將分別詳述於後續第三章第七節到第十節中。

最後他提出，要充分利用電影這個形象化的工具，以促進上述種種運動和計劃的早日實現。他在對此作出具體說明後，總結道，「這樣講起來，人家的電影，當為娛樂的東西；我們把他作為救國的利器。人家的電影，其結果不外殺盜淫；我們把他應用到正路上去，其結果可得到智仁勇，可以說化朽腐為神奇了。兩年以前，本席曾同吳稚暉先生擬過一種電影宣傳黨義的方案，經中央通過了，是專講黨義宣傳的。現在本席以為電影，不僅是可以宣傳黨義，擴充其功用，是可以成為中國種種新建設之推動機，實行三民主義的原動力。所以我膽敢提出一個口號，利用電影是目前救國之道！」。演說後不久，如右圖所示，即由剛成立的「中國電影協會」，以「利用電影促成三民主義之實現及輔助各種事業之進行」為題，於1933年4月以單行本廣為印行。[1.23]

褚民誼是中國教育電影事業的一位積極開拓者，留學歸國時帶回一台小型手提膠片攝影機，那時國內還很罕見，經常用以記錄國事和

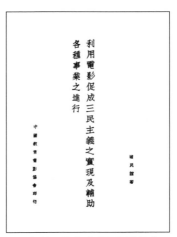

1933年褚民誼著「利用電影促成三民主義之實現及輔助各種事業之進行」單行本[1.23]。

家事的精彩片斷，如前所述，在宣傳開發西北和發展體育運動等方面發揮了積極作用。1931年2月，他與吳稚暉聯名，向中央第126次常會提出了組建「中央電影文化宣傳委員會」的提案，全面闡述了電影在宣傳三民主義，促進文化、教育、衛生、工農業生產建設等方面的重要功效。經議決交宣傳部審查在案。（「華北日報」1931，2，17-19）1932年在國聯國際文化合作委員會下設的國際教育電影協會的推動下，由褚民誼與段錫朋、郭有守、彭百川等人發起組織「中國教育電影協會」，於7月8日在南京教育部召開成立大會，由蔡元培主席，有會員褚民誼等百餘人出席。會上通過會章，選出執行委員、候補執行委員、監察委員和候補監察委員，並在執行委員中互選郭有守、徐悲鴻、彭百川、李昌熙、吳研因等五人為常務委員。常委會下設總務、編輯、設計三組。褚民誼任執行委員，並兼設計組主任，戴策任副主任。（詳見1934年3月「教育與民眾」第5卷第7期上刊登的「中國教育電影協會的沿革」一文）

接著，在國民黨中常會四屆68次會議（1933，4，27）上通過了，由吳稚暉、褚民誼、朱家驊、陳果夫四委員提出，在教育部內設立「國立教育電影局」的議案。[3.64]從此，在政府的組織領導及社會各界的支持配合下，中國的教育電影事業便逐漸蓬勃開展起來了。

1933年5月5日在教育部召開第二屆年會，褚民誼主席並報告一載會務經過，彭百川報告三個組的工作情況，討論通過了工作計劃書、分會組織通則以及組織國產影片評選委員會等提案。（「申報」1933，5，6）7月9日協會第一個地方分會－上海分會成立，褚民誼代表總會到滬致詞。（「申報」1933，7，10）翌年4月30日在上海舉行第三屆年會，由褚民誼主席。（「申報」1934，5，1）接著，他於7月13日在南京主持了三屆第一次常務理事會，揭曉二次國產影片評選結果。（「申報」1934，7，16）教育電影協會從成立起至1937年5月第六屆年會止，褚民誼除擔任歷屆理事（執行委員）領導協會工作外，還一直擔負設計組主任之責。

值得提出的是，為了進行國際交流，中國教育電影協會曾於1935年請褚民誼親自表演國術，攝製了題為「中國體育」的中、德文本影片，參加國際教育電影協會於是年9月在柏林舉行的「國際運動影片比賽」。（「時事新報」1935，8，16）繼而又攝製了以推廣太極操為主要內容的影片，提交1936年德國柏林第11屆奧運會，得到了舉辦方的高度讚賞（詳見第三章第八節）。

當時的中國內憂外患，執掌行政院秘書長的褚民誼，倍感財政上的捉襟見

肘，外貿嚴重入超致使外匯緊缺更是難題。汽車購置連同日常耗費的汽油，完全仰仗進口，眼看都市里的汽車不斷增加，這筆漏卮，年年數目驚人，從而使他萌發出以馬車代替汽車的主意，以暫渡難關。那時行政院的高級官員，平日例行汽車費用概由公家負擔。他首先從自己做起，并要求他的下屬一律改乘馬車，還希望推行到政府各部院。褚民誼的這個倡議，雖然得到一些響應，但是不免受到平日養尊處優的官吏們的詬病和抵制，阻力重重。為此，他不斷地擇機進行呼籲和宣傳。1934年10月20日中華全國道路建設協會在上海召開第十四週年徵求會員大會，褚民誼到會演講中說道，「關於公路築成後之交通工具問題，本人以為在中國自己不能製造汽車，自己沒有汽油的時候，提倡馬車是唯一補救的辦法。因為在內地鄉村，馬車確是種比較適合的交通工具。不過提倡馬車并不是開倒車；因為這猶好像我們平時吃慣魚翅海參，必要的時候，就吃些青菜豆腐，這一點希望大家要明瞭。提倡馬車，在中國確是有許多优點。」（「申報」1934，10，21）

就在他積極推廣馬車之際，出現了一件令國人十分振奮的事情。1934年5月在菲律賓舉行第十屆遠東運動會，中國女子游泳運動員表現突出，游泳場上屢升國旗、迭奏國歌。年僅16歲的廣東香港選手楊秀瓊，更是個人包攬了三項金牌，並與隊友一起奪得200米接力金牌，其中50公尺自由泳還打破大會紀錄，令海內外華人揚眉吐氣。（「申報」1934，5，16；19）

運動健兒們在國際上的驕人表現，帶動了中國游泳運動的開展。那時正當蔣介石提倡新生活運動，其總部設在南昌。1934年7月南昌新生活俱樂部新建的游泳池落成，邀請楊秀瓊前往揭幕並在水上運動會期間作表演。楊秀瓊游泳世家出身，在乃父培養下，姐弟三人均諳熟水性。闔家五人於7月13日從香港北上，經停上海赴南昌，並上廬山謁見林森主席。返程時順江而下，應邀於8月1日到2日在首都舉辦的南京第一屆游泳運動會上一顯身手。作為體育界的前輩和積極推動者，褚民誼對後起之秀的出師大捷倍加讚譽。其時，他正在努力推廣

「新生周刊」第1卷第28期（1934，8，18）封面。褚民誼驅自備馬車歡迎楊秀瓊（右3）一家時，擺出搭乘三姐弟姿態的攝影[2.26]。

用馬車代替汽車，便親自駕駛他自備的交通工具－首都第一號馬車，前往下關碼頭迎接楊秀瓊一家。他認為這是一個難得的宣傳馬車的機會，遂在記者們的慫恿下，擺出褚氏駕車楊氏姐弟三人搭乘的姿態攝一照片，分送各媒體。如前頁下圖所示，「新生周刊」[2.26]將其作為1934年8月18日出版的第1卷第28期的封面及時予以醒目報導。圖中左下角的注釋為，「能者多勞之褚民誼先生，楊家姐妹過京表演褚氏駕自備馬車親往迎迓」。其他報刊，如著名的「東方雜誌」[2.1]，也於9月1日第31卷第17期上，刊登了上述相同的照片。

「勤奮體育月報」[2.22]第1卷第11期（1934，8）上，詳細報導了南京首屆游泳運動會的盛況。褚民誼任籌備組主任主持開幕。連日來在各項競賽期間，楊秀瓊全家悉數登場穿插進行表演，花樣翻新，各盡其妙。褚民誼於開幕當晚在公餘聯歡社宴請楊氏全家，次日則親自在賽場照料。行政院長汪精衛等於閉會前到場，接見楊氏父女，並贈汪氏本人所備之銀盃。

身為行政院秘書長的褚民誼，以身作則，於國家困難時期在公務員內大力推廣使用馬車，並驅車前往歡迎楊秀瓊凱旋歸來表演，一時傳為佳話。在當時的官場舊習俗和未盡開放的社會環境下，也有人感到難以理解，甚至作為譏諷的笑話。應該說，當時提倡馬車是一種權宜之計，雖然未能普遍推廣，但是褚民誼的這種自討苦吃的創舉，和為此提出「必要的時侯，吃些青菜豆腐」的響亮號召，體現的是在國難時期與民同甘共苦的憂國之情，以及打破常規不拘一格的實踐精神。在事實真相和褚民誼高風亮節面前，那些曾經的肆意歪曲渲染，試圖以此作為「緋聞」而進行的人身攻擊，顯得多麼的蒼白無聊和不值一駁啊！

1932年淞滬之戰停息不久，7月日軍又入侵熱河。汪精衛令北平綏靖公署主任張學良出兵拒敵，張索要巨額軍款拒不執行。汪氏為堅決要求撤職張學良，自己也提出辭職，出國養病。1933年初日本進而出兵佔領山海關。汪精衛聞訊於3月17日返抵上海回國執政。1935年11月1日在南京召開的國民黨四屆六中全會開幕式攝影後，汪氏遇刺受重傷，於12月1日電請辭職，赴德國治療。[3.79]1935年11月12-23日國民黨第五次全國代表大會在南京舉行，褚民誼繼續當選為中央監察委員。在12月2日五屆一中全會上議決改組國民政府，林森繼任主席，蔣介石任行政院院長。12月13日褚民誼辭行政院秘書長照准，由翁文灝接任。[3.54]

按國民黨五大決議，為籌備第一屆國民大會，國民政府於1936年5月14日

公佈了「國民大會組織法」和「國民大會代表選舉法」。在選舉法中規定，代表總額1200名，依區域選舉法、職業選舉法和特種選舉法分別選出代表各665、380和155名。為保證選舉有組織有計劃地進行，設立「國民大會代表選舉總事務所」（以下簡稱「「國選總事務所」），直隸於國民政府，指揮、監督辦理全國選舉事宜。[3.54]5月27日國民政府任命蔣作賓為國選總事務所主任，並於6月9日任命褚民誼為副主任，葉楚傖為總幹事、張道藩為副總幹事。7月1日宣告自即日起國民大會選舉法正式施行。[3.54]由於蔣作賓忙於內政部事務，國選總事務所的工作由副主任褚民誼常務處理。其時褚民誼的主要職務是上海中法國立工學院的中方院長，為此，他經常奔波於滬寧之間，並不時向媒體發佈代表選舉工作的進展情況。

原定國民大會在1936年11月12日召開，但由於代表選舉工作難於按期完成，而延期舉行。[3.54] 褚民誼於10月18日答記者問，略謂「中國幅員廣大，人口眾多，過去缺乏戶籍調查，近頃開始從事，自必費時。而地方自治，尚未完成，以及交通不便等種種困難，均足以影響選舉之進行。者番普選，尚係國府成立以來之第一次，自必慎重將事，務求手續完備。再關於大會會場工程，本限十月底全部完工，十一月十二日前裝修竣事……本月十五日，曾延林（森）主席、居（正）院長等共蒞等云云。」（「申報」1936，10，19）

關於大會的會場，係由1935年11月29日開工建造的國立戲劇音樂院稍加改造而成，該工程前亦由褚民誼負責籌建（詳見第三章第十節）。8月蔣介石親題其名額為「國民大會堂」，10月中旬建設基本竣工。（「申報」1936，8，31）右下圖為會場外景（[2.9] No.121，1936，10）。11月12日籌備組竣工驗收，國府主席林森到場視察（見後頁上圖）。（「時事新報」1936，11，13」）。該建築係鋼筋水泥結構，連屋面平頂花園和地下室共七層，可以說是民

1936年10月新建成的南京「國民大會堂」[2.9]。

1936年11月12日林森（中）視察國民大會堂竣工驗收時的攝影。其後右起為張道藩（1）、褚民誼（2）和陳立夫（4）[2.9] No.122（1936, 11）。

國時期全國規模最大，設備最先進的會堂。（「申報」1936，9，21）此後不久，於12月12日突發西安事變，選舉工作因而暫停。

在歐洲養傷的汪精衛聞訊趕回，於1937年1月14日抵滬，褚民誼十分樂見蔣、汪再次聯手禦敵的局面出現。那時蔣介石在浙江奉化休養，據「東南日報」（1937，1，25）披露，1月24日汪精衛偕褚民誼、曾仲鳴等乘機離京赴奉化，與蔣介石會晤。不日，蔣介石康復回京，繼續執掌行政院和軍事委員會，汪精衛則復任國民黨中央政治會議主席。1937年2月間五屆三中全會議決，於本年11月12日召開國民大會。國選總事務所為此重訂選務程序和計劃。（「申報」1937，5，25）正當選舉工作積極進展之際，「七七」事變爆發，10月4日國府下令，國民大會延期舉行。（「申報」1937，10，5）直至抗戰勝利，1946年11月15日國民大會才得以在南京國民大會堂正式召開。其舊址現更名為「人民大會堂」，位於長江路（前林森路）264號。

1937年3月15日在綏遠隆重舉行綏遠守土陣亡軍民追悼大會。汪精衛代表中央前往主祭，褚民誼陪同出席，有各方代表數百人和約三萬軍民參加。全國各地於是日降半旗致哀。次日舉行閱兵式，並頒發傷兵紀念章。參加完綏遠蒙古政務委員會成立週年紀念會後，褚氏於18日回京。緊接著他應蔣介石之托，積極籌備出使西南滇疆考察（「申報」1937，3，14-18）

雲南地處亞熱帶，物產豐富，少數民族聚居，扼中國西南邊陲之要衝。昔日從南京到雲南，路途遙遠、道路崎嶇，需輾轉累月或從水路借道他國方能到達。國民政府奠都南京後，大力從事交通建設，至1936年底，通往雲南沿途各省的省內公路交通初具規模。蔣介石對西南通途十分重視，建議舉行京滇公路週覽會。行政院聯合全國經濟委員會，並得到沿途各省的支持，進行了周密安排，並由有關單位派員組成「京滇公路週覽團」（以下簡稱「週覽團」），擇期驅車啟程。（「申報」1937，1，23；1，28；3，10）

褚民誼一貫重視邊疆建設，吃苦耐勞，以身垂範，被任命為週覽團團長。他剛從綏遠返京，於次日答記者問時略謂，「京滇公路週覽，係蔣（介石）院長手創，可為空前創舉。蔣院長對此希望至殷，除在能宣傳德意及慰問民生疾苦外，並期能藉此開發邊疆實業，及發展交通，使中央地方得以密切溝通，本人極表贊同，深願承命。「此次得機前往，希望對交通、教育、經濟、體育及國選籌備情形，切實考察。」（「申報」1937，3，20）

4月5日週覽團踏上征途，團長褚民誼，副團長伍連德，總幹事薛次莘，副總幹事周孝伯，隊長律鴻起。出發前一日全體報到，下午經委會設宴送行。南京市政府聯合中央各機關於出發當日上午在中華門外搭台舉行慶祝壯行大會。全體團員早晨先在勵志社集中茶話告別，然後整隊出發前往中華門。禮畢，所

1937年4月5日晨在勵志社
歡送週覽團合影。前排右
起第二人：吳稚暉、褚民
誼、何應欽、伍連德等。

有週覽車十八輛，於奏樂、鞭炮聲和數千民眾夾道中出發。（「申報」，4，6）前頁下圖是在勵志社歡送會上的合影（「蒙藏月報」1937年第7卷第1期）

4月9日下午，週覽團途經安徽抵達江西南昌，省主席熊式輝率萬餘人蒞站歡迎。在南昌停留三天，分別參觀訪問工、農、醫、校等單位。（「申報」，4，10）

13日下午抵長沙，褚民誼率團員下車，與歡迎人眾為禮後，冒雨步行至國術俱樂部休息。晚上為週覽團設宴洗塵。14日上午舉行萬人歡迎大會，省主席何鍵及省黨委朱浩懷致歡迎詞。15日週覽團分五組參觀工、農和銀行等單位。（「申報」，4，14-16）

過湘入黔，到達貴陽後，貴州省各界於24日上午舉行歡迎大會，貴州省政府主席薛岳等主要官員，以及民眾二萬餘人與會。會上介紹本省情況及西南苗夷問題甚詳。褚民誼致詞稱讚貴州年來建設之進步。下午參觀，晚間勵志社放映電影，觀眾見蔣委員長出現銀幕，輒鼓掌歡呼。（「申報」，4，25）25日晨赴苗民住區視察，褚、伍等對於苗民之生活詳為詢問。下午褚氏在省黨部作體育演講，強調體育應求普遍化、生產化。旋與伍連德赴衛生行政人員訓練所演講，參觀省立醫院，晚應省府公宴。（「申報」，4，26）考察中目擊黔災奇重，褚團長於4月25日特電呈行政院蔣院長，以迫切之心情為黔民請賑。（「華北日報」，4，27）

28日晨週覽團路經盤縣於午後入滇境勝境關，受到省府、各界先遣人員的熱烈歡迎，晚抵曲靖。「申報」（4，30）報導，「夾道熱烈歡迎者萬餘人，夜行提燈會，全城輝煌，為曲靖空前盛況。」並「聞褚團長即電呈蔣院長致慶，並報告行程。」29日午後抵昆明，龍主席率十餘萬人，在古幢公園列隊歡迎，至七里之長。褚團長及各團員到此下車，與龍主席等長官握手，整隊步行至招待所休息。（「申報」，5，1）滇各界於30日晨召開歡迎大會，到龍雲（雲南省政府主席）、任可澄（雲貴監察使）、黔代表吳奇偉（駐黔第四軍軍長）、郝夢麟（駐黔第九軍軍長）、以及各機關長官、團體代表等二千餘人。褚團長在答詞中道，此次由京至滇，僅一百零六小時半即達，此路完成，西南與中央已完全打成一片。次謂公路建設積極意義有三：（一）開發地方富源；（二）調節物產供給；（三）促進真正統一。會後全體攝影紀念，見後頁上圖[3.37]。午後參觀並致祭陣亡烈士墓和唐繼堯墓，晚省府綏署宴會。（「申報」，5，1；3）5月1日參觀民眾教育館及各學校，褚團長在昆華師範向各體育教師講演

1937年4月30日雲南各界歡迎週覽團大會合影。前排右起：吳奇偉、武連德、龍雲、褚民誼、任可澄[3.37]。

體育問題，並表演太極拳，又赴各學術團體之聯合歡宴。下午在軍分校參加閱兵典禮。晚各級黨部公宴。2日褚團長於午後在黨部向受訓公務員訓話。勵志社宣傳車1日晚在軍分校放映「今日之中國」影片，並到各處放映四天。（「申報」，5，3）3日褚團長主席擴大總理紀念週並致詞。（「申報」，5，3）

4日晨褚團長率團員中之鐵路工程專家等十餘人，乘滇越鐵路汽車當日晚抵達河口，視察滇越鐵道工程及邊境實況。該地商民持燈結彩，列隊里許，開會歡迎。褚氏以中央使節親臨慰問，為空前之盛舉。5日乘原車返回昆明。（「申報」，5，5；7）褚氏回京向中央的報告中對此行道:本人曾「乘滇越鐵路到雲南邊界河口，與法屬越南交界的老街去一次。滇越鐵路環山穿岩，工程非常艱險。我們將來要造湘黔、滇黔鐵路，那滇越鐵路是很好的一個模範。「本人到雲南邊界有兩個目的：一則參觀滇越鐵路；二則察看滇越的交界。因為雲南處於中國極西南的地位，同越南、緬甸、暹羅接界。所以昆明有英、法、美、日四國領事館。」

週覽團原計劃在滇停留六天，因龍雲懇切挽留延期兩日。5日省府設晚宴餞行。6日午後 舉行童子軍大檢閱，接著龍雲邀請週覽團各級負責人茶會話別。晚雅集社歡迎全體團員。（「申報」，5，7）5月7日午十二時週覽團離昆赴黔，全市懸旗歡送，龍雲率數萬人，由古幢公園起冒雨列隊歡送。褚團長率

全體團員由招待所排隊步行，頻與歡送者答禮後，上車離昆。晚抵曲靖，召集全縣黨政軍學各界五千人，參觀「今日之中國」電影。8日晨赴盤縣。次日晨離開。出城後即遇萬餘難民圍跪乞賑，當經各團員下車撫慰，並允轉達省當局籌賑。10日抵貴陽。褚團長語記者稱，「自京出發以來，沿途所接各縣人民訴冤呈狀極多。檢查各狀內容，人民所遭非法處置之苦，殊為慘重。本人現無權過問，返京後當將其分呈行政院、司法院，盼望將一切不合法案件，予以嚴屬糾正，以維法紀，而保障民權」（「申報」，5，8；10）

當日貴陽全市懸旂，薛岳等赴頭橋歡迎。11日週覽團答宴黔各界。下午省府招待週覽團，由建廳長胡嘉詔報告，褚民誼在答詞中指出，「京滇公路沿線工程，以黔省為最艱鉅。在人財兩缺乏之環境，而完成其路，實難能可貴。」（「申報」，5，11-13）

週覽團的回程，抵達貴陽後分南北兩路，南路經廣西桂林終達湖南衡陽，北路到成都後終達重慶，分別解散返京。週覽團北路由副團長伍連德率領，14日抵重慶，各界民眾三萬餘人，列隊在河壩歡迎，晚赴各界之公宴。（「申報」，5，15）16日除一部團員由渝返京外，餘由伍連德率領赴成都。劉湘17日晚宴請。18日晨劉湘接見各團員談話，除介紹省情外，特別表示擁護中央、擁護領袖始終不渝。（「申報」，5，17-19）該團繼後數日均在蓉活動。22日離蓉，24日到渝，27日乘輪返京。（「申報」，5，21-22）

週覽團南路由團長褚民誼率領赴桂林。廣西各界18日晨八時在南大門外大校場開萬人歡迎大會，李宗仁致歡迎詞，並舉行閱兵。20日大部分團員乘船赴陽朔旅遊，21日下午四時在大禮堂，請褚氏表演太極拳，並作太極拳之理論講演。週覽團23日下午抵達衡陽，宣告解散。褚民誼率部分團員乘夜車赴漢乘輪返京。（「申報」，5，19-24）

26日午十一時許，褚民誼偕團員九人，由漢乘長興輪抵京。次日「申報」報導，吳稚暉等暨各團體親友百餘人，蒞輪次熱烈歡迎。「褚旋入城謁汪主席，報告週覽經過。各團員亦分返所屬機關報告完成週覽任務。褚下午赴行政院訪魏道明，晤談甚久。二時半出席全運會常委會議，三時許視察手工藝品展覽會，四時許訪秦汾，五時許至國大選舉總事務所處理會務。定27日謁王寵惠，並電呈蔣院長報告完成任務，請示謁見日期。」

5月31日褚民誼遵國民黨中常會之囑，在中央紀念週上作報告，概述了週覽經過，沿途的道路交通、經濟發展、人文社會等各方面的實地考察情況。最

後他發表觀感，著重向中央提出了「文化普遍、經濟均配」兩點建議。全文連續刊登在「申報」6月1日和2日上。

6月9日下午五時，汪精衛代表全國經濟委員會茶會招待週覽團，並邀各部會長官作陪。週覽團到褚民誼等八十餘人。汪氏致詞，充分肯定週覽團此行深入內地考察的成績。褚氏致謝後稱，「擬於日內組織一考察報告編輯委員會，編製報告書，呈獻中央及各地方，作開發之參考。」週覽團返京後，「以蔣院長赴廬，褚氏特先電陳各情形，並報告將於日內隨同汪主席赴廬，面呈一切。蔣院長頃已覆電褚團長嘉慰。」（「申報」，6，10）

接著，10日下午五時，行政院王寵惠代院長、魏道明秘書長、何廉處長，招待週覽團。王氏在致詞中提議，週覽報告編為兩種；一種對外發表，同時譯成英、法文；一種專供中央政府今後建設西南作參考。會上決定組織總報告編輯委員會，聘褚民誼、伍連德、薛次莘、周孝伯、沈苑明、吳澤霖、衛挺生、胡煥庸、俞同奎等九人為編輯委員。（「申報」，6，11）6月21日，上海市四十九團體、學校、廠商，於下午四時假座八仙橋青年會，歡迎週覽團長褚民誼及全體團員。會上褚氏詳述該團週覽旅程經過，繼由團員報告個人見聞，至八時茶點散會。（「申報」，6，22）6月24日下午京滇週覽報告書編輯委員會，在行政院開會，褚民誼主席，議決增聘編輯成員、報告書內容分類、七月底截稿、八月底付印等議案（「申報」，6，25）然而不幸，七七事變爆發，這卷中西文本的京滇週覽總報告書未能如願問世。

此外，褚民誼還乘中華全國道路建設協會於6月12日在上海舉行第六屆徵求會員的慶功大會上，播放了由他手攝的十大本京滇公路週覽影片。並稱「決將此片公演，而將卷資收入，賑濟黔災」。（「時事新報」1937，6，13；23）

據「申報」（7，8）報導，「中政會汪主席於七日午偕中委褚民誼等，往訪蔣委員長……褚氏則向蔣委員長報告京滇週覽經過甚詳，並呈贈京滇途中所攝各種照片。蔣委員長對褚氏率領全體團員長征萬里之辛勞，及所獲之成績，倍加嘉慰，約一時辭出。」

京滇週覽團歷盡艱辛打通大西南，在國難臨頭之際，其重要意義不言而喻。穿越雲貴高原的群山峻嶺是此行的關鍵，盤縣是從貴陽通往昆明的必經之地，週覽團往返曾兩度通過該地。第一次是4月28日；第二次是在返程途中，5月8日到達次日離開。該地屬喀斯特地型，在離縣城不遠的郊外山上，有上、

1937年褚民誼率京滇週覽團過盤縣後題寫的碑記摩崖（2018）。

下二個當地著名溶洞，據記載旅行家徐霞客等曾到此遊歷，褚民誼偕部分團員深入洞內探察。回京後應地方官員之請題寫碑記。如上圖所示，目測其碑之石方尺寸寬約2米、高約1米。碑文後標注，由「貴州第三區行政視察專員公署視察員王銓芳監製」於「中華民國二十六年季冬月」（農曆12月）落成。該碑鐫刻在通往碧雲洞要道上的巖壁高處，成為「碧雲洞摩崖群」中的一個組成部分。褚之碑記以生動描述碧雲洞風物景色，見證京滇週覽之壯舉，而載入史冊。

第七節　醫藥衛生，造福社會

早在1927年3月10日漢口國民黨中央執行委員會全體會議上，褚民誼就提出了「國民政府增設衛生部之建議」（「臺黨史館」漢0582）。他以當前革命「已由破壞時期趨於建設，為應環境與民眾之求及民族生存之健康」出發，遵照先總理的遺訓，從衣、食、住、行、育、樂六個方面，對設立衛生部的意義和迫切任務進行了詳細論說，可以說是中國政府設立衛生部門的最早創議。1928年二屆四中全會一結束，他即刻抽身由國民政府派往歐洲調查衛生事宜。[3.54]於2月11日啟程赴法，遍訪歐西瑞士、法國、比利時和南德諸國，9月14日回到上海，歷時半載有餘。期間還特意致電委託吳稚暉、蔡子民、張靜江、李石曾諸委員，在8月1日五中全會上提出「增設衛生委員會或部」等提議。（「臺黨史館」稚07281）

褚民誼此行，對世界各國的衛生狀況，進行了廣泛深入的調查研究，獲得了大量資料，特別是他代表政府與設在瑞士日內瓦的國際聯盟會衛生組及其組長拉西曼（Rajchman）建立了密切聯繫。回國不久，他就衛生事向中央進行了報告，公開表示「衛生本屬內政範圍，余並不欲另起爐灶。」並已與內政部長薛篤弼取得聯繫，給予切實合作。（「申報」1928，9，18；28）

城市排水是環境保護的一個重要問題，訪歐期間，他對法國巴黎的上下水設施進行了認真考察，先後參觀了該市的自來水廠、地下排水渠道和污水處理等設施，並根據世界名都建設的經驗提出了「在地面未建設前，從事地底建設，能收事半功倍之效」的建議。[1.20]

1928年中華民國建設委員會成立，張人傑任委員長。褚民誼考察回國，向中央提出了諸多衛生建設的建議。為了付諸實施，建設委員會於10月15日第二次常務會議上議決，由建設委員會會同內政部、南京特別市政府，設立「衛生建設委員會」，褚民誼任常務主席。其工作計劃包括：建設首都中央醫院；為防止傳染病，在上海設立巴斯德學院及在北平等地設立防疫處；在南京、北平、莫干山等地設立天然療養院等三項。褚民誼為此奔波於寧滬之間，繪圖設計，勘查院地，聊盡所能。（[2.14]No.2，1929，1，16）

巴斯德學院，係按國際慣例，以發現致病細菌的法國著名微生物學家巴斯德冠名，專事研究病菌之防禦與治療。褚民誼在「請速予成立巴斯德學院以謀衛生根本實施案」（文集[1.10]）一文中稱，「在法時，曾與法政府商榷，擬在上海設立一中法巴斯德學院，借彼邦之人才、學術、經濟，增進中國之衛生建設，而謀中法衛生事業之溝通與發展，業經取得法當局同意矣。」以故歸國以還，曾詳細陳明大學院照准，並委任李石曾、褚民誼、蔡無忌、宋梧生、何尚平五人為籌備委員。褚氏時任中法國立工業專門學校中方校長，曾建議將巴斯德學院設在該校內。他還提出了「上海巴斯德學院派遣研究員赴巴黎安南意見書」（文集[1.10]），以盡早培養出所需的服務人才。但是終因經費無著，該院未能如願建立。

褚民誼積極主張將衛生部門從內政部獨立出來，以加強領導。為此，他借鑑國外經驗，為新建的衛生部，擬訂了組織法草案。在「衛生部設置之意義及其組織法之說明」一文（文集[1.10]）中，他對所擬草案的要點進行了說明，並對下屬醫政、公益、防疫各司的任務，分別做出了具體安排。最後他寫道，「國府議決有衛生部之設置，惟此舉在中國尚屬創舉，既無成例可

援，而著手伊始，亦不宜徒務高深，但期適合今日社會之需求，由漸而進，臻於完善。」

衛生部成立後，中央任命辭去內政部長的薛篤弼，擔任該部部長。醞釀期間，民間不斷有敦請褚民誼出掌衛生部的呼聲，褚氏均予辭謝，他不欲在政府任職，更願從旁大力推進和協助。「申報」（1928，10，17）上，曾以「請速發表褚民誼長衛生部」為題，全文披露了中華民國醫藥學會上海分會致國民政府和他本人的籲請信。

1928年衛生部通令全國，於12月15日舉行首次全國大掃除。首都衛生運動大會由南京市衛生處發起，邀同首都各機關各團體共同合作，在市府大禮堂舉行，主席團為薛篤弼、趙戴文、劉紀文、胡定安、褚民誼。這次活動除號召幹部和市民在街道和室內進行大掃除外，還舉辦演講會和電台廣播，向全市和全國發出衛生總動員，進行一次衛生知識大普及。衛生部還宣佈，今後每年初夏5月1日和年終12月15日各舉辦一次衛生運動大會。（[2.14]No.2，1929，1，16）褚氏廣播演講的題目是「鄉村衛生與市政衛生」（[2.14]No.4；[1.10]）。他首先指出迷信是導致國人長期以來不講衛生惡習的根源，所以「我們要講衛生先要破除迷信才興。」他提出「從前中國衛生上設施很少，現在要辦起來，當然要使各種衛生的設施，皆能合於科學才興。「至於設備的簡繁，要看各地生活的情形而定。有許多地方生活很簡單，在簡單的生活上，把複雜的衛生條例頒行出來，時間固屬太早，實施也就不易，」必不能推行盡利。「鄉村衛生和市政衛生，不同的地方，就在這裡。」接著，他對鄉村和城市居民如何在衣、食、住三方面搞好個人衛生，以及市政衛生建設，提出了許多具體的意見和建議。

會後，褚民誼在「醫藥評論」[2.14]創刊號上發表了題為「大掃除」的社論，熱情歡呼「全國第一次大掃除各地紛紛響應，首都、上海、鎮江等處，皆有衛生運動大會之創舉。」與此同時他還借題發揮，在同期雜誌上發表「大糞坑」之諧談，告誡稱，從前北京政府的政治舞台譬做一個大糞坑，切勿幾年之後，南京的糞坑又建築起來。希望政治上同時也能掃除一下。

半年後，首都舉行第二次衛生運動大會，褚民誼再次發表廣播演講，題目是「衛生上道德的觀念」（[2.14]No.13；[1.10]），略謂「中國從古以來便注重道德，但忽視衛生。「道德二字的意義，不僅指簡人人格而言，是要推己及人，實行博愛……也就是顧全公德，尊重公益的意思。不衛生的人，不顧公

1929年2月23日首屆中央衛生會議在南京開幕合影。前排右起褚民誼（3）和劉瑞恒（7）。

益，不顧公德，就是不道德。」現在「我人既不能離群索居，僅僅箇人衛生良好，家庭清潔整齊，而社會四週環境衛生都不良好，仍未能享康健的幸福。於是講究箇人衛生之餘，必須同時提倡公眾衛生……勿使因自身之故，而遺害無量數人。」

　　衛生部為了規劃全國的衛生建設，接受了褚民誼和李石曾的建議，組織「中央衛生委員會」（以下簡稱「中衛會」），於1929年2月23-25日在首都召集第一次會議，23日上午開幕，到衛生部延聘之各委員及來賓等五十餘人。會議由衛生部次長劉瑞恒代薛篤弼主席並致詞。委員褚民誼代表中央黨部致訓詞，全文刊登在「醫藥評論」[2.14]No.8（1929，4，16）上。講話中，他對各位委員專家寄語重任，諄囑歐美各國的先進衛生方法值得效仿，但要加以研究和鑒別。並且指出「在中國現在的行政狀況之下，辦衛生事業，有兩個困難的問題。一個是人才問題；一個是經濟問題。「我們做事情，不要唱高調。唱高調的結果，就是不能實行。我們應將做得到的先做。」最後他希望，「各位委員平心靜氣的討論，提出有價值的貢獻，使執行者有所憑藉。」開幕式後合影留念，如上圖所示，發表在「時事月報」2卷3期（1929，3）上。

　　褚民誼與宋梧生、顏福慶商議，在會上提交了如下四個議案：（一）各學校學生、各機關公務人員應施行體格檢驗案；（二）通商巨埠應設立花柳病治療所案；（三）亟應製造BCG痨苗以預防痨瘵案；（四）應分設新舊醫藥研究所案。（[2.14]No.6；[1.10]）

　　在分設新舊醫藥研究所的提案中，他指出，「竊謂舊醫既有數千年之歷史，其中非無可取之處……倘能去其糟粕，取其精華，融合中西，而溝通新

舊，以科學的原理判別研究之……集合舊醫中之優秀份子，輔之以科學專家，相與聚首一堂，切磋探討……則安見舊醫之無進步，不由文學哲學時代之產物，一變而為科學時代產物耶。「至若新醫，雖已臻於科學化……然其方法則完全傳自外人，國人罕有創造發明……矧今日之新醫，猶未能臻於至善之境哉。「是故舊醫固應設置研究所，而新醫設置研究所之重要，尤且過之也。」

至若新藥雖佳，「然此等藥品，幾完全屬於舶來品，故又謂之西藥，每年輸入蓁夥。而輸出之金錢，更僕難數。此等藥品，中國非不能自造，特從未加以研究耳。若夫舊醫雖不良，舊藥則甚佳。即舊醫能獲有幾分之效果，亦全恃舊藥之力。倘能本科學的原理，從事於舊藥品之改良……則安見其功用不駕舶來品而上之。是故擬請分別設立新舊藥研究所。一方研究新藥之製法，而設廠自製；一方研究舊藥之美惡，而加以改善，則一切藥品，毋須仰給外人……其關係於國家經濟者為何如，而有裨於民生者實大。」下圖是中西醫藥研究所等的創辦者們在籌備處大門前的合影（[2.7] No.538，1929，2，20）。嗣後，「社會醫藥」[2.24]Vol.2，No.5（1935，2，15）上還報導稱，醫界名流褚民誼、丁福保等三十人所發起的中西醫藥研究社，業於1935年1月26日在上海開成立大會，到會者百餘人。該社是中國之首創，成立後，即開始徵求社員等云。可見褚民誼在這方面所作持續努力之一斑。

1929年中西醫藥研究所等籌備處門前之合影。右起：褚民誼（1）、李石曾（3）、蔡元培（5）和吳稚暉（6）。

中衛會會議剛一結束，褚民誼便向中央政治會議提出議案，請撥定關稅及退還庚款之一部分，作為衛生建設之經費。（「申報」1929，2，27）為了促進經費之落實，他又於1929年3月國民黨第三次全國代表大會上提出了「確定衛生建設經費以固國本案」。他在歷說只注重有利可圖的實業，而忽視衛生建設的錯誤傾向後，強調指出，「獨衛生建設屬於公益範圍……故非由國家出資經營則永難其有成。而此次中央衛生會議議決各案，關於衛生上重要之建設……在在需要鉅款，方能從事進行。「為此，在衛生行政費用之外，擬請由大會議決，確定衛生建設之經費，交由國府執行。」（文集[1.10]）

但是，中衛會會議結束後，卻出人意料的加劇了所謂「中醫存廢問題」的激烈爭議。其誘因是，會前衛生部頒佈了「醫師藥師暫行條例」，要求凡具有醫師資格者，必須註冊登記取得證書後方能行醫。（「申報」1929，1，26）經中衛會認真討論，根據中國現時嚴重缺乏醫師的狀況，議決了放寬資格要求和延緩登記限定期限的修正案。消息傳出後，眾多中醫群起反對，「廢止中醫」的指責聲鵲起，不明真相的民眾甚為迷惑。褚民誼起而說明中衛會及其本人的原意，相繼發表了「必如何始能致醫藥前途昌明與光大」和「褚民誼演講醫藥問題」等論文，闡述他所持的「改進中醫、發展中藥」的主張，以冰釋誤會。（文集[1.10]）衛生部亦出面予以澄清，在「衛生公報」[2.15]1929年第一卷第四期上，作出了「關於中藥事項在部力主提倡，惟中醫擬設法改進，以促其科學化，中央衛生委員會議決案並無廢止中醫之說」的明確表態。

此外，1928年11月在南京召開全國禁煙大會第一次會議，有來自各地以及全國性組織的一百餘名代表出席，會議分析了當前國內各地販賣、運輸和吸食鴉片的情況，並提出了諸多禁煙措施。（[2.13]1928，11，10）會上褚民誼代表中央黨部出席致訓詞（文集[1.10]），略謂「鴉片的禍害，弱國病民遠勝於洪水猛獸……應當用革命的手段，來把他一律剷除。禁煙的方法，最好將禁種、禁運、禁吸、禁售，同時實行。但是禁止的詳細規劃，須由政府與民眾團體連合一氣，共同籌議，本合作的精神，達到禁絕的目的。」會後，該訓詞以「以革命的手段來剷除鴉片」為題，編入國民黨中央宣傳部，於該年刊印的「禁煙宣傳彙刊」[3.13]中。

自國民政府增設衛生部以來，衛生行政管理逐步走上正軌，為了從輿論上推動中國醫藥衛生事業在健康的道路上邁進，褚民誼等人抱醫國醫民熱忱，糾合同志，組織醫藥評論社，於1929年元月一日起，發行半月刊「醫藥評論」

[2.14]（見右圖）。該社初始發起會員57人，推舉理事15人，褚民誼任社長，社址暫設上海亞爾培路褚宅內。「醫藥評論」雜誌依內容分設，社評、評論、專著、譯述、傳記、時聞、轉載、雜組、文藝、通訊、諧談、介紹、來件等十三個欄目。褚民誼在「發刊詞」中縱論了創刊之旨趣和執行之方針，最後總結道，「夫行遠自邇，登高自卑。故本刊著手伊始，先致力於宣傳醫藥常識，討論衛生設施，以謀普遍之貢獻。進而求民眾思想科學化、社會衛生化、醫藥科學化。三者之目的既達，則政治衛生化自能實現。然後循序漸進，而至於國際衛生化焉。「至於斯時，東亞病夫將一變而為少年壯士。所謂人生真正幸福之健康，國人將無不克享者矣。此則本刊創設之微旨。同人區區之志願也。」

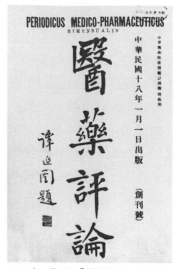

1929年1月1日「醫藥評論」創刊號 [2.14]。

　　「醫藥評論」的創辦，受到朝野各界的熱烈歡迎，眾多名流要人賦序題詞，以表祝賀和支持，從創刊號起，分數期刊出。時任行政院院長的譚延闓為之題寫刊頭，並揮毫曰「為人類謀健康，為中國謀進化，為世界謀幸福。」黨國元老吳稚暉篆字題寫「壽世作人」並致以頌詞。行政院副院長馮玉祥及衛生部長薛篤弼分別撰寫發刊序。孔祥熙、孫科、林森、王伯群、馮少山、蔡元培、王寵惠、胡漢民、張定璠、閻錫山、鄭鴻年，翟俊千、胡鴻基、胡毓威，譚雲珊、何其鞏、陳其采、韋愨和于右任等人紛紛題贈祝詞。他們來自國府行政、立法、司法、監察、考試五院及各主要有關部門；遍及軍政、文教、衛生、工商各界；既分屬蔣、閻、馮、譚、孫等派系；又有國民黨元老和社會各界代表人物。這一方面反映了社會各界對這個新生醫藥刊物問世的高度重視和熱切期盼；另一方面也突顯褚民誼的廣泛人脈關係，體現出他一再呼籲和堅持的，擯棄紛爭、團結起來、共同奮鬥的主張和願望。

　　「醫藥評論」半月刊，從創刊起，於每月1日和16日定期出版發行，不以年分卷，連續按期編號。除第一期外，每期32頁。發行年餘效果顯著，在1930年比利時國際博覽會上展出，獲得金獎，並從第49期（1931，1，1）開始，標註在封面左側邊緣處。經過兩年運行，該社組織已臻完備。1931年伊始，在該

期上刊登了包括編輯總主任褚民誼、會計朱企洛、幹事吳天倪、廣告朱善基在內的「本社職員小影」和「本社會員錄」。隨著運作的成功，經費日漸充裕。投稿也從純屬義務，改為分四等酌付稿酬的辦法。（[2.14]No.49，1931，1，1）。

此後，褚民誼在其他方面擔負的任務日益繁重，特別是1932年初出任行政院秘書長後，難於旁顧。遂於1932年7月30日醫藥評論社社員大會上議決，他只任社長，編輯部主任改由宋國賓擔任。（[2.14]No.88，1932，8，16）該刊也自1932年9月15日起改為月刊。一直到1937年全面抗戰爆發時的第151期（1937，7，15），而告停刊。

褚民誼利用「醫藥評論」[2.14]這個平台，發表了大量文章，總計約41篇，可歸納為三類：（一）普及醫藥衛生新知和宣傳醫藥科學化（17篇）；（二）評論衛生實施（18篇）；（三）社務及年度大事回顧（6篇）。褚民誼除了大聲疾呼醫藥科學化外，在衛生實施的諸多方面，積極與當局者互動溝通，提出中肯的意見和建議，監督各項決議的執行情況，直至給以尖銳的批評，竭盡一名專家和黨國元老之責，這方面的內容也可說是該刊的一個顯著特點。

此外，針對社會上的不同需求，褚民誼還先後創辦了「醫藥導報」[2.23]和「社會醫藥報」[2.24]。前者屬專家導向型；後者為普及大眾型。「醫藥導報」於1933年10月10日雙十節創刊。如右圖所示，褚民誼寫題刊頭，他和龔惠年任編輯主任，汪浩然任校刊主任。褚氏在發刊辭中闡明其辦刊宗旨，略謂，「值此新舊醫藥學術交替之會，彼此互相水火，真理未明，議論分歧，尤令問津者，有歧途徘徊，莫知適從之苦。是故不得不有正當之書報，糾繩謬誤，闡明真理，而為之指導。此同人所以有本刊之輯也。若夫介紹醫藥之新知，發表醫藥之言論，報告臨床之實驗，俾吾同道間，互相切磋琢磨，交換參考，以求新知，而冀有所進益，則收效尤宏。凡我同志，願共勉之。」

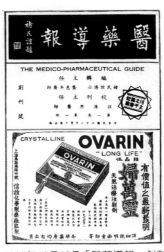

1933年10月10日「醫藥導報」創刊號[2.23]。

「醫藥導報」創刊伊始即受到醫藥界的熱烈歡迎，在第一和第二期上連續刊登了全國醫師聯合會、中華民國醫藥學會、南京醫師公

會、漢口醫師公會、汕頭西醫公會、上海市醫師公會，以及蔡元培、汪企張等眾多名人、醫師和一些地方醫院的祝賀辭。該刊設有，言論、名作、專著、譯述、專件（介紹國產藥廠出品）、臨床實驗錄、雜載和醫藥書報介紹等欄目。初為月刊，鑒於編輯部的主要成員均由名醫兼任，參與編輯純屬義務，除褚民誼一直擔任編輯主任外，其餘成員不斷有所更迭。自Vol.1, No.9（1934，10，20）起，改為雙月刊；從Vol.2, No.3（1935，11，20）起，編輯主任由褚民誼、宋國賓、莊畏仲擔任，直至Vol.3, No.1（1937，7，20）停刊。

「社會醫藥報」[2.24]則於1934年4月15日面世，如右下圖所示，褚民誼博士任編輯主任，郭人驥醫師任理事編輯，曹志功藥師任事務主任。封面刊頭由褚氏親題，其上端的口號：「提倡社會公眾衛生，介紹世界醫藥學識」，標明了出版本刊的宗旨。在其扉頁上刊登了38名特約撰稿人名單，其中醫師和藥師幾乎各佔一半，顯示醫藥並重的特色。該刊從第1卷第1期到第12期（1934，4，15到9，30）為半月刊；自第2卷第1期（1934，10，15）起改為月刊，更名為「社會醫藥」，一直到第4卷第9期（1937，6）止。由於編輯工作的義務性，除主編褚民誼，並由曹志功任主幹負責具體事務堅持不變外，其他編輯們的分工常有變動，並不時有新人補充更迭。該刊是一份大眾雜誌，本著社會需要醫藥、醫藥裨益社會、社會與醫藥打成一片的精神，刊物的內容應時應景，靈活變化。例如，針對當時肺癆流行，該刊第4卷第1期（1936，10）以空洞性肺結核的X-光透視照片為封面，出版刷新增大號，重點普及和介紹檢查和防治肺癆的科學知識和方法。魯迅病逝後，該刊於11月出版了「紀念魯迅先生特輯」（Vol.4, No.2），在深切悼念的同時，進一步以剖析魯迅死因的沉痛教訓，喚起人們對正確防治肺病的高度重視。又如夏季來臨，是疾病易於蔓延的季節。對此，曾於1937年6月出版了「夏令病專號」（Vol.4，No.9），以普及衛生和科學的防病治病知識，提出防患於先，勿盲從濫用成藥等建議。

褚民誼十分重視發揮民間社團的積極作用。為了謀求廣大醫師的團結和權益，他剛一

1934年4月15日「社會醫藥報」創刊號[2.23]。

留學回國，便於1925年11月在廣州組織成立了「醫師公會」。（廣州「市政公報」1925年第207號）。嗣後，如前所述，由於衛生部頒佈的醫師藥師暫行條例過嚴，在第一次中央衛生委員會會議上議決通過了修正案，但會後政府未予實施。遂在他的倡導和支持下，在上海籌組「全國醫師聯合會」，於1929年11月9-11日召開成立大會，到17省40餘團體之代表80餘人，會議特別關注醫師登記和醫事教育兩大問題，向國民政府蔣主席、行政院譚院長和衛生部劉部長發表通電，並推派代表晉謁詳陳一切。褚民誼被推為臨時主席主持預備會議，並當選為監察委員。（[2.14]No.22）下圖是第一屆執監委員的合影（[2.14]No.25）。

　　此前衛生部曾向褚民誼頒發了第1號醫師和第11號藥師證書。（[2.15]第1卷第6期）會後褚民誼即致函衛生部長劉瑞恆，帶頭以退還醫師證書的堅決行動，敦促衛生部儘快實施修正案。略謂「夫以衛生事業幼稚之中國，醫師人才缺乏之今日……若照貴部所頒醫師暫行條例辦理，恐限制過嚴，合格之醫師甚少，將使地廣人稠之中國，頓起醫師缺乏之恐惶。「惟有查照中央衛生委員會議決案，擬具變通辦法。「因念弟前在貴部業已登記，得有證書。今既有以上之主張，自未便享特殊之利益，而任聽大多數醫師向隅。爰將證書照全國醫師聯合會之決議，交全國醫師聯合會總事務所，以便彙齊寄還貴部，為全國醫

第一屆全國醫師聯合會全體執監委合影。右起前排：菜禹門、盛配葱、侯希民、褚民誼、徐乃禮、牛惠生、俞鳳賓、王完白；後排：孫莘墅、宋國賓、夏慎初、余雲岫、龐京周、汪企張、姜振勳[2.14] No.25。

師請命」（「申報」1929，11，12）嗣後，在強大的社會輿論推動下，問題終於得到緩解。

1930年2月10-12日中央衛生委員會在首都舉行第二次會議。褚民誼作為委員出席會議，並在開幕式上發表演說。他將全國醫師聯合會第一次代表大會上的八件決議案，帶到會上說明理由，照原案通過，交衛生部辦理。（[2.14]No.28）

全國醫師聯合會代表大會每兩年召開一次，其第二、三、四次大會依次於1932年1月1-3日在杭州（[2.14]No.74），1934年1月1-3日在南京（[2.14]No.109；[2.23] Vol.1, No.3），1936年1月1-2日在漢口（[2.23]Vol.2, No.4）召開，褚民誼均任監察委員之責。

「上海市醫師公會」1930年10月舉行秋季會員大，會上改選產生第五屆執監委員會，宋國賓任常務主席，褚民誼與牛惠生、汪於岡擔任宣傳交際委員。（[2.14] No.47）會議推派宋國賓、褚民誼前往法工部局，並繼而由褚氏與有關團體代表赴市衛生局交涉，妥善解決了租界區內的醫師登記問題。（[2.14]No.56）

褚民誼十分關注醫藥衛生領域內的學術活動。「中華民國藥學會」於1930年2月23日成立上海分會。褚民誼和葉漢丞、劉步青、周夢白、吳冠民五人當選為委員。（[2.14]No.29）「中華醫學會」1930年2月在上海召開第八屆大會，褚民誼被推選為執行委員。會議期間在褚民誼等倡議下，醞釀成立「中華衛生學會」，徵集發起人一百數十人。遂於2月8日開成立大會，公推褚民誼主席，並在發起人中推選理事十五人。是月23日下午在褚寓召開第一次理事會；議決推褚民誼為理事長，顏福慶、全紹清為副理事長；三人分別兼任總務、宣傳，交際事宜；每年出會刊兩期；並定於3月23日在褚寓召開第二次理事會。（[2.14]No.28）

「中華民國醫藥學會」成立於民國初元，會員遍佈全國，於1931年4月3-7日在上海舉行第12次大會。褚民誼、盛佩蔥、侯希民、陳方之、夏慎初五人任總務組委員，總理大會一切事宜。（[2.14]No.50；No.51）除本地會員外，從全國各地廿餘省市前來報到者達百餘人。褚民誼在會上發表演說，並演映運動表演影片多種。會上選出新一屆監委褚民誼等五人和執委陳方之等十五人，並決定下屆大會於1933年4月在北平召開。（[2.14]No.56）

綜上可見，中央委員褚民誼在全國醫藥兩界均有廣泛聯繫，他深感其中派別分歧，非建立一總會會所，集各團體於一堂，不足以消除意見、交換知能。

爰集全滬新醫藥界十餘團體，於1930年3月17日晚，由褚民誼主席，召開「全國新醫藥總會所」籌備大會。到各醫藥界團體代表百餘人，並於23日下午，召集第一次籌備會議。（「申報」1930，3，19）這是一項惠及廣大醫藥界的大工程，需在社會上廣泛宣傳並募集資金。為此成立理事部，推舉褚民誼為理事長，黃楚九和徐乃禮為副理事長，統籌各項工作。不久，褚氏率團赴比利時參加國際博覽會，途經南洋各埠時，還竭力向海外僑胞募捐。（[2.14]No.36）雖然這一雄心計劃，由於經費和時局等問題未能如願；然而他大力提倡合作的精神，則在業內產生了積極影響。

此外，褚民誼訪歐調查衛生期間，從國際紅十字會總部收集並帶回了大量資料，供國內參考。在日本大舉入侵、國難當頭之沖，他將這批寶貴資料親自譯成中文，彙編成冊，如右圖所示，書名「萬國紅十字會章約彙編」[1.17]，由中國紅十字會於1932年1月出版。書中分列八章，內容主要包括：有關戰爭及戰時的救助章約；有關和平時期的救濟和服務章約；有關世界紅十字會、紅十字會聯合會、青年紅十字會等團體的章程和組織機構，以及各國紅十字會的情況和聯絡方法等。嗣後，經他與顏惠慶等人士的共同努力，中國紅十字會進

1932年1月出版的褚民誼譯著「萬國紅十字會章約彙編」[1.17]。

一步發展完善，於1933年定名為「中華民國紅十字會」，隸屬內政部、軍事委員會和行政院領導。在政府支持下，更好地開展人道主義救助工作。

與此同時，中央委員褚民誼還著力推動各類醫院的建設事業，對貧苦大眾的醫療救助尤為關切。1929年入夏，上海霍亂肆虐，市黨部和民間慈善人士紛紛起而應對。為了救濟貧病，由褚民誼、許世英、林康侯、杜月笙等人發起，在閘北新疆路成立「上海平民醫院」，免收醫藥各費。因求治者日形擁擠，計劃加以擴建並設分院，得到了黨國商報各界的贊助，於是年7月19日成立董事會，推舉褚氏為董事長，積極推行。（「民國日報」1929，7，3；20）此外，由院長黃楚九、王曉籟、葉山濤等人在滬北西藏路創辦的「急救時疫醫院」，成立已屆四載，設備周全。該院純全義務性質，每當夏令，救助貧苦小民無算。本屆董事大會，公推褚民誼為該院名譽院長。（「申報」1929，6，24）

1929年11月，國聯衛生組主任兼我國衛生部及衛生建設委員會顧問拉西曼來華訪問，受到褚民誼的熱情歡迎。據「申報」（11，20）報導，褚民誼於昨日偕拉西曼氏，參觀了剛由褚氏擘劃興建的的小沙渡勞工醫院及辣斐德路大華醫院。「拉氏對該兩院設備多所指導，並甚佩褚氏熱心社會事業。」

　　「上海勞工醫院」是一所免費為工人治療的專設醫院，在國內可謂前所未有。其前身是三區國民黨部為應對是夏霍亂盛行而設立的慈善時疫醫院，救治二月成效甚佳。秋來，時疫漸告消殺，上海特別市黨部暨社會局、衛生局有創設勞工醫院之議，乃由市黨部委任籌備委員，公推褚民誼主席籌備其事。簽以勞工時疫醫院地址接近工廠，遂決改組而擴充之，任褚民誼為院長，王景陽、范守淵為副院長。（[2.14]No.29）於1929年11月15日上午舉行開幕典禮，中西來賓到數十人。開幕式合影（[2.14] No.25）及醫院外景分別示於下圖。

「上海勞工醫院」外景（上）；1929年11月15日開幕攝影（下），褚民誼位於二排中央。

該院房屋原為住宅，經改造而成。醫療設施概分診治和住院兩部。前者有內科、外科皮膚花柳科、眼耳鼻喉科及產婦小兒科四科分診室四間，手術室一間，化驗、光電療、藥房及消毒室各一間；住院部置病榻九十餘張，並另設臨產室和產房各一間，凡住院病人，無論冬夏衣著被服，均由院給，還特備有救護車。為救濟勞工貧病，門診掛號，不收號金，免費施診給藥。住院病人如屬貧病工人，醫藥房金一概不收，治療費亦免。醫院經費，由上海特別市黨部遵照中央指令，提撥反日會救國基金二十萬元充用。其中五萬用於開辦時添置各項設備；十五萬作為基金生息，供經常費用。鑒於免費措施，每月經常開支甚鉅，尚需募捐，以補不足。（[2.14]No.29）該院開辦以來每天接診人數迅速增漲，半年來各月的日平均實診人數從112人猛增至255人，救治病人近三萬，深受貧困工友的歡迎。（[2.14]No.37，1930，7，1）

同年，「大華產科學校」的「大華醫院」新樓建成，頗受滬上醫界矚目。該校初創於1920年代，繼由金孌章夫婦承接，成績甚著，深獲國內外人士之贊助，乃自建校舍及醫院於寶建路，褚民誼被推舉為董事長。1929年11月30日上午行學校畢業典禮後，於下午舉行新屋落成典禮，由褚氏啟門開幕。該院為四層洋房，環境極佳，設施齊備，並有購自德國的新式手術台。又設免費產房一間，專收貧困產婦，醫膳等費，不取分文，以全愈出院止。（「南洋商報」1929，12，2）

此外，為了普惠民眾，褚民誼和林康侯等還在上海創辦了「平民療養院」，曾收容十九路軍在「一‧二八」淞滬抗戰中之受傷軍官三十餘人在此療傷。（「時事新報」1932，11，25）褚民誼親任院長，右圖是在該院門前歡迎褚院長時的合影（[2.9]第71期，1932，11）。褚氏任主編的「康健雜誌」[2.19]創刊號（1933，5，1）的封內，刊登了該院的正面攝影和介紹。在其啟示中稱，滬上人口日多，而適於長期療養之醫院甚少，一般病者每因經濟之關係，不得不任病

上海「平民療養院」歡迎院長褚民誼（前左3）在大門前的攝影[2.9] No.71（1932, 11）。

勢之遷延。即在一般醫師，亦無應對良策。故成立本院，以廉價之住院費，收容各級之病人為宗旨。該院已闢病房四十餘間，尚計劃增添十餘間，對醫師送來之病人採取打折等一系列優待措施等云。

至於全國性的醫院建設，已如前述，褚民誼等人於1929年提出了在首都建設一所規模宏大的「中央醫院」的建議，並進行了初步規劃。[2.14]No.3（1929，2，16）嗣後的實行，則是將新建的中央模範軍醫院於1930年初劃歸衛生部管轄，在此基礎上改擴建更名而成。1930年3月20日衛生部函聘褚民誼以及孫科、孔祥熙、顏福慶、牛惠生、蔣可宗和金善寶等七人為中央醫院委員會委員，衛生部劉瑞恆和南京衛生局梅貽琳為當然委員。（[2.14]No.31）

建設莫干山療養院也是衛生建設委員會初期規劃中的一個項目。莫干山位於浙江省內，空氣清新，為消炎避夏，天然療養之佳境。該院初名莫干山肺病療養院，李石曾、蔡子民、張靜江、褚民誼、周佩箴等為董事，周君常為院長。數年以還，院譽日隆，遂行擴大規模，於1931年春在滬開董事會，推舉褚民誼為董事長，易名為「莫干山療養院」。（[2.10]Vol.5，No.7，1931，7）該院原為二層，據稱現已改造成為三層樓的高級療養院「將軍樓」。

已如前述，褚民誼早在留法期間，就秉持醫藥並重的主張，在攻讀醫學博士學位的同時，又取得了藥劑師學位。他重視人才培養，力主成立專設的藥科學院。這一主張得到了上海新藥界諸名人的積極回應和支持，於1929年7月13日晚舉行發起大會，特邀褚民誼在會上發表施政方針。他在報告中略謂，「上海藥學院之發起，實為急不可緩。蓋中國西醫日多，而藥學人才，則仍形廖落，實犯醫多藥少之病。故不得不從速培植藥學專門人才，與醫家相輔並進。吾人欲求新藥事業之進展，須分三步做去：第一步自己販賣，減少外人利益，即現在的狀態；第二步製造新藥用以替代外貨，即吾等將要實行之步驟；第三步，當擇中國特產之原料，為國外所無者，或國外亦有出產而未加煉製者，提煉精製，則不但可供國內需用，且可推行國外。照此三步做去，庶有昌明之一日矣。」詞畢，推選李石曾、宋梧生、褚民誼、蔡元培、黃楚九、黃裕生、屠開徵、章顯達、周邦俊等九人為董事。（「申報」，7，15）

該校由中法大學和上海新藥業公會合辦，初以「中法大學藥學院」命名，由董事會推舉蔡子民為董事長，褚民誼為院長，宋梧生任教務長，於1929年秋季開學，招收高中程度的學生入學，修業年限合計五年。四年為本院肄業期，然後派往新藥公會之藥房，聯習一年或分期合為一年，期滿由新藥公會給予證

書。在校學習安排，既有教授科目，又有實習試驗科目，此外還設有外國語或數學等補習班。並規定「凡畢業考試列前五名者，由本院資送赴法留學。」此外，還設一補習班，以嘉惠於一般有實驗而無學術之學子。（[2.14]No.15）當時蔡元培和李石曾分別擔任北平中法大學校長和董事長，褚民誼在上海任中法國立工業專科學校校長。藥學院的校址借用的是中法國立工業專科學校現成的空餘處所，即前同濟醫工舊址，含平房一幢，德國式房屋建築二座。設有試驗場八所，一切裝置，莫不經過精密設計，從德、法進口，適合於各種實驗之需要。學校的教學參照法國院系所設之課程（引自[1.14]），現任教職工共計29人。學校經費，開辦之初由李石曾商得北平中法大學校董會之同意，月予補助二千五百元；並由中法教育基金委員會撥給五萬元，上海新藥同業公會補助萬元為開辦費。學校開辦後，經教育部數次派員嚴格調查表示認可；上海法國總領事梅理靄亦甚稱讚，自1932年度起，年由法工部局撥華幣萬元，為添置儀器之用；同時北平中法大學方面，經李石曾數次親臨視察，頗示滿意，決於1933年度起，增撥經費。（「申報」1933，8，5；[2.14]No.104）

在中國成立專設的藥學院這一新生事物，其成長並非一帆風順。在呈請正式備案過程中，教育部以其名稱不合大學規程規定，多次發還改訂章程，而最終更名為「中法大學藥學專修科」（簡稱「中法大學藥科」）。褚民誼在「醫藥評論」[2.14]No.17上發表「中法大學藥學院名稱迭更之贅言」一文中，在批駁當時忽視藥業、輕視藥學的陳規舊習後，著重指出，「藥學亦至宏深，屬於專門學術之一。「至同人組織之中法大學藥學院，今雖改稱藥學專修科，但各種課程，仍照原定，並未改更，此則同人重視藥學區區之微旨也。」

1933年秋，中法大學藥科開辦整四年，已有首批補習班學生於1932年5月畢業（[2.14] No.84），第一屆學生在校應習學程也已完畢，正待完成藥房實習和通過考試後畢業，服務社會。學校在褚學長的運籌和宋教務長的慘澹佐理下，取得相當成績，頗得社會人士信仰。「最近廣西省政府派員駐滬，與該科接洽，凡桂籍學生，經考入該科肄業者，年可津貼國幣三百元，畢業後即由省政府派給工作。「而各界急需此項專才者，早已紛函延聘。該科為顧到中國藥業前途之利益，擬將審察情勢，酌予分別介紹等云。」（「申報」1933，8，5）

當時褚民誼還擔任上海「東南醫科大學」（後稱「東南醫學院」）的主席董事。該校是在北伐進軍聲中由郭琦元創立起來的一所著名的私立學校。郭琦元（1899-1964）畢業於日本千葉醫科大學，回國後先在上海亞東醫科大學任

教。1924年應蔣介石之召到廣東國民革命軍軍醫院服務。參加東征後，他深感醫學人才缺乏，萌生了辦學的決心，得到了時任國民革命軍軍醫處處長和廣東大學醫學院院長褚民誼的支持。於1926年5月29日在上海發表宣言創辦東南醫科大學，9月開學，主要接納因學潮而停辦的亞東醫科大學的大批失學學生，達170餘名。為了使學校步入正規，於1927年邀集教育界和醫藥界眾多名人組成校董會，敦請北伐抵滬後的褚民誼為主席校董。1929年1月起出版「東南醫刊」[2.12]，褚氏題寫刊頭，郭琦元作序。嗣後，按教育部要求，經1929年12月校董會議決，自1930年1月1日起將校名更改為「東南醫學院」。1931年夏，迎來了該校成立五周年，在「東南醫刊」[2.12]第2卷第2期上刊登了「東南醫學院五周紀念專號」，圖文並茂地對校史進行了回顧和展望。下圖示出的是該刊中主席校董褚民誼題寫的特刊刊名，及其肖像。

當年在中國的大地上醫藥科學正待興起，卻步履闌珊，醫藥界處於充滿矛盾的無序狀態之中。國外新興醫藥科學不斷的大舉傳入，一方面對數千年來一以貫之的傳統舊醫學造成強烈的衝擊而引發爭議；另一方面來自歐美日等不同國家的醫學專家之間又出現了互不相容的各種派系。中央委員褚民誼，身臨這般錯綜複雜的矛盾漩渦之中，深知只有妥善處理好這些問題，著力進行整頓，才能有效地把中國的醫藥事業推向前進。

1931年夏「東南大學五週年紀念特刊」：（右）褚民誼題寫的刊頭；
（左）主席校董褚民誼之肖像[2.12] Vol.2, No.2。

1930年褚民誼在比利時發表的題為「中國醫藥問題和衛生建設的過去和現在」的演講[1.14]，文中比較全面地闡述了上述問題。關於新舊醫學之爭，本書前面已有詳述。對於新醫學的門派林立問題，他分析當時的情況說道，據不完全統計，從西方留學歸來的醫生約有4000名，其留學之分佈約略為：英美35%、日本30%[10]、德國20%、法國和比利時15%。中國國內相繼成立的醫學院，主要聘用留學生或外籍教師授課，分別以英語、德語或法語進行教學，很少使用中文，形成了互不團結的派系。對此，褚民誼在「中國醫學教育之前途」（[2.14]No.26，1930，1，15）一文中大聲疾呼，剖析和批評了當時門派之爭的弊病，提出了在中國各校應統一「以中國之語言文字進行教授，和系統編制和實行中國醫學教育之制度及課程」兩點建議。並且提出應將關於醫學上應用之各種單字及術語譯出，使之異常明晰。「不僅成一辭典，尤須集五六國之文字，成一中西文之對照表。「至於欲泯滅學校及教授醫生間之派別」，主張設置一醫學研究院，會萃自各國學醫歸來之人才，互相砥礪。如是數年，隔閡盡除。「一方從事研究，一方且可養成全國健全之醫學師資……逾十年後，全國醫學教育始有真正統一之可言。「而同時藥學研究院之組織，亦當相提並進。此則整理全國醫學教育之澈底辦法也。」此外，進一步提出，在醫學研究院中，「不僅研究世界之新醫，尤宜研究中國固有之舊醫。「如能以科學方法，加意研究，有所發明，足以貢獻於世界，而在世界共有的醫學中佔有一席之地。」

那時中國的製藥業剛剛起步，治病所需的新藥，起初全部經由外商進口，剝取高額利潤。如前所述，褚民誼為了改變這種局面，提出了「直銷、自製、創新」發展中國新藥業「三步曲」的方針。為促其實現，他積極置身於民族新藥業的行列中。「中西大藥房」是中國人在上海開辦最早的西藥房，1932年該藥房成功改組為「中西大藥房股份有限公司」，由褚民誼任董事長，周邦俊任總經理。（「申報」1932，7，9）經營二年後，成績顯著，公司1934年度營業總額截至11月底，已超過1933年度全年總數。（「申報」1934，12，22）在此基礎上，從1934年底起，經褚民誼、周邦俊等人籌劃，募股興建了「民誼大藥廠」。（「時事新報」1935，12，13；1937，7，19）此外，由黃楚九開設的「中法大藥房」，由於經營得法，一度成為上海灘最具實力的公司。1931年1月黃氏去世後不久公司改組，於1931年12月補選褚民誼為董事。[3.57] 1934

---

[10] 日本的醫學先師中國，明治維新以後改學德國而迅速發展起來。

年2月公司重組，又進一步推舉褚氏為董事長。
（「南洋商報」1936，10，5）

　　應運中國新藥業的長足發展，「全國新藥業同業公會聯合會」於1935年11月10日在上海成立，報到者達141人。褚民誼在大會上講話，強調醫藥並重，並闡述中國新藥業發展「三步曲」的主張。會後，接連召開了數次執委會和常務委員會，公推許曉初為主席委員，聘請褚民誼等十五人為顧問。並作出了發行「新藥月報」，聘請褚民誼為新藥月報社社長，徐曉初為副社長；以及舉辦「藥學講習所」，聘定褚民誼為所長，周夢白為副所長，周邦俊為教務長，兩項重要決議。（[2.29]Vol.1，No.1，1936，3，1），

1936年3月1日「新藥月刊」創刊號 [2.29]。

　　1936年3月1日「新藥月報」[2.29]創刊，如右上圖所示，褚社長題寫刊頭，並致發刊詞，說明本刊「以為我業發展之機樞」之旨趣。接著，為了應對社會急需和衛生署藥劑生登記的要求。「中華民國全國新藥業同業公會聯合會附設藥學講習所」於1936年3月15日開學。修業期限一年，日間分配在各藥房之藥局及製藥廠中實習，晚間授課二至三小時。入學人員資格為，年齡18-30歲，具有初中畢業或同等學力者及曾在藥房或醫院學習配劑在二年以上者。（[2.29]創刊號）1937年3月講習所開辦一周年，畢業生七十人。在「新藥月報」[2.29]第2卷第2期（1937，

1937年3月「藥學講習所畢業紀念專號」上褚所長的題詞 [2.29] Vol.2, No.2。

4）上，發表「藥學講習所畢業紀念專號」進行總結，如右下圖所示，褚所長為之題寫刊頭。

　　與此同時，中國藥學科學化的進程也邁出了可喜的步伐。由國立中央研究院國藥專任研究員趙燏黃和浙江省立醫藥專科學校藥科教授徐伯鋆編著的「現代本草生藥學」（上編）[3.26]，於1934年4月1日由中華民國藥學會出版問世，就是其中一個重要標誌。中國自古代起即積累了利用天然藥材（「生

藥」）的豐富經驗，由此記載下來的書籍統稱為本草。近代在西方出現了以現代科學手段和方法研究和應用生藥的獨立學科「生藥學」。褚民誼於1929年在上海創辦的中法大學藥學專修科中，就引入了「生藥學」這門新興學科，聘任趙燏黃兼任該課程的教授，為他編寫該書打下了堅實的基礎。褚民誼為該書題寫書銘（見右圖），除蔡元培外，他還於1933年11月以中法大學藥學專修科的名義撰寫序言，著重闡發「醫藥科學化」和「醫藥應並重」的主張。該序言同時還刊登在「醫藥評論」[2.14] No.101（1934，2，15）上。

1934年4月出版的「生藥學」。褚民誼題寫的題銘 [3.26]。

　　繼後，達望編著的「製藥化學」，於1935年9月由中華民國藥學會出版、浙江省立醫藥專科學校發行。褚民誼以行政院秘書處的名義，於1935年春為之撰寫的序言中，更是未雨綢繆地指出，「值此國際風雲變化莫測，若不幸世界第二次大戰發生，向之所賴重要藥品，當然禁止出口，即關於普通之藥品，亦無法輸運而來，則人民生命及國防均蒙鉅大影響。是以非國人急起直追，自謀仿製，曷克有濟。」為此，他號召各有關單位參考此書並付之應用。

　　從上述事例中可以窺見，褚民誼為國家利益和人民福祉，鍥而不捨發展中國醫藥衛生事業之良苦用心和所付出的辛勞。

第八節　全民體育，重在健身

一、體育言論，灼見真知

　　大力倡導和開展全民健身體育運動，是褚民誼生涯中的一個亮點。「我們講民族主義，首重健康。」他在「什麼是救國之道」[1.26]的演講中說道，「健康是怎麼樣得到的呢？就是要消極方面，講究衛生；積極方面，提倡體育。「體育是用種種運動方法去鍛鍊體魄。「體魄鍛鍊健全了，精神自然健全，一定不會偷懶，沾染惡習慣，而有勇氣了，無論求學服務，都可得到加倍的效能……全民族就自然會強盛。」他作為孫文三民主義忠實追隨者，遠涉重洋留學深造，其志向不以解除個別病痛為目標；而是著眼於提高全民體

魄，一洗被譏為「東亞病夫」的切膚之痛，以達強國之目的。

為了貫徹「體育強國」的宗旨，他先後發表了大量演講和論文。右圖所示，是1936年9月15日出版的國術統一月刊社叢書「褚民誼先生武術言論集」[1.33]。專輯中彙集了他1928-1936年間的有關言論23篇，分為論說（5篇）、序跋（10篇）、演講（5篇）和提案（3篇）四類，闡述了他對武術及諸多有關體育運動的思想。該書以1927年所攝之「褚民誼先生雄偉之體魄」作為封面，展現出他歷年來以身作則，滿腔熱忱地引領民眾邁向健康之路的信心和決心。「中國在前清時，外人

1936年9月出版的「褚民誼先生武術言論集」[1.33]。

譏為東亞病夫……以奄奄一息行將就木之國民，而欲立國於天演競爭世界中，豈非難事？「中國人在今日欲求本身生存，民族復興，非重視體育，養成健全體格莫辦。欲國民人人重視體育，又非使其對體育有真確認識不可，此本會所為孜孜不倦日揭此義，以語於中國之國民也」他於1934年出掌「中華體育會」後，在第三屆徵求會員大會特刊發刊辭（文集[1.33]）中的寥寥數語，道出了他實現「體育強國」的迫切心情。

當時社會上，存在著發展體育運動以「健身」還是以「競賽」為目的的不同指導思想，褚民誼是提倡前者的中堅。早在1928年擔任全國體育委員會委員期間，他就在「對運動比賽之意見」一文中，批評了運動過度、比賽求勝心切，而弄壞身體的現象。提出了用各種形式的器械來測量人的各部分力量，以顯示體力的強弱；以及進行科學化的生理學測驗，即測量賽跑出發前和到達目的地後，人體的脈搏、呼吸、體溫和血壓的變化及其恢復如常所需的時間，來判斷其體能之優劣的標準比賽方法。「這樣可以免去拼命僥倖以求一時勝利的弊病，而免去身體上的損傷；一方面並可知其體力之強弱，而使其注意逐漸鍛鍊，以謀根本之培養。」（「申報」1928，11，24）這裡所謂的標準比賽方法，即嗣後他所提出的科學「三驗」主張的雛形。為此，他親自設計製作了測驗腰力、臂力、肩力、腿力等各種器械，於1929年12月29日上海國術比賽大會

上公開演示。（「申報」1929，12，30）此外，在1930年3月15-20日召開的江蘇省運動會上，列入了「健康比賽」項目，在他主持下首次舉行了上述生理學的比賽測驗。（「申報」1930，3，19；[2.7]第647期，1930，3，23）

　　1931年九一八事變爆發後，國人強身禦敵，更顯迫不容緩。為制定全國體育運動規劃，在褚民誼的建議下，教育部於1932年暑期召開首次「全國體育會議」，委任他主持籌備工作。為了糾正當時在青年學生中頗有市場的「體育以比賽為目的」的偏向，他特於會前以「體育之新趨勢」為題，於1932年6月17日在南京中央軍官學校發表演講。（[2.18]Vol.1，No.21）其全文連載在「南洋商報」（1932，9，12；19）上，並收錄在「第五屆全國運動大會總報告」[3.27]中。嗣後不久，經他精心籌劃，於1933年10月在南京召開第五屆全國運動會。大會前夕他先後在「科學畫報」[2.20]（Vol.2，No.8）和「科學的中國」[2.21]（Vol.1，No.6）上發表了題為「科學與體育」和「體育的兩個標語與三種主張」的論文；並於會後，在「康健雜誌」[2.19]（Vol.2，No.1-3，1934）上連載題為「體育方法選擇與健康檢驗」等文章。一再全面地闡述他所提倡的，「以健康為目的，以科學化和民眾化為標語，以實行『三要』『三省』『三驗』為主張」的開展全民體育運動的思想。

　　他首先強調指出，體育的目的就是要使我們身體健康和強壯。現在許多人提倡體育，是以比賽為目的，所走的道路就不同了。「這種體育，毛病非常之大。因為比賽不能不拼命，一拼命就使身體受傷，故不但不能維持健康，反而把身體損傷，這是很不對的。「而且如果只向比賽方面走，就弄得體育為很少數的人所專有，大多數人都不去講究了。我們現在要提倡的體育，是不要有年齡的關係……無論什麼人都可以運動。運動要普及，要大家可以來，不要給少數人專利。「現在有強鄰壓迫我們，侵略我們，究竟怎麼樣去抵抗，去保全我們的民族呢？就是要提倡我們的體育，普及我們的體育，使我們的體魄健全，「我們的口號是：『體育要民眾化』，要大家都可以來。但是怎麼樣纔能民眾化呢？當然要用科學方法纔行。要設立體育研究機關，把中國所固有的、歐美所流行的，搜集起來，共同來研究，到底那種是有益處沒有害處，是可以普及多數民眾。所以我還有一個口號是，『體育要科學化』。」

　　為了使人們對體育運動有正確的理解，他將「運動」二字作出了「暢運血脈，活動筋骨」的通俗定義。他通過自己的切身體驗和科學分析，領悟到中國的太極拳是符合人體生理學和心理學的一種「科學化的國術」。在此基礎上，

他融合了西方體操易於學習的特點，創編出一套易於在廣大民眾中推廣的「太極操」（詳見本節後續內容）。並依據太極拳和太極操的要領，對體育運動的方法，提出了「要慢、要勻、要柔」，簡稱「三要」的主張。

在中國學校中設立體育課，以及舉辦運動會和開展各類運動比賽等，都是效法西方得來的。許多運動項目需要昂貴的器材、設備、服裝和場地，往往耗時費力，難以在廣大民眾中普及。對此他說道，「我們提倡體育，不僅是不贊成直接比賽的體育；並且不贊成光限於學校的體育，是要提倡全國民眾都能得到益處的體育。要達到這個目的，還有三個條件。「第一個條件，是不要費時。因為我們各人有各人的事情，每日體育所費的時間，越少越好，只要能夠確定每一個最少的時間去運動就是。「第二個條件，是不要費錢。因為要費錢，許多窮人就沒有辦法，不能得到體育的益處了。「第三個條件，是不要費力……一用過分的力氣，就要把筋骨損壞。「我們的力氣是要用在做事情上的。所以運動的時候只要能夠運動骨節就是。」這就是他所提倡的體育運動要「省時、省錢、省力」簡稱「三省」的主張。他所創編的太極操，完全可以滿足這三個條件。

為了真實測定運動對強身健體的效果，他不以比賽成績作為標準，提出了採用「三驗」，即「體格檢驗、體力測驗、體能考驗」的方法來進行科學的評定。一是體格檢驗，「所謂體格就是身體的外形與結構，如身高、體重、身闊、胸圍、腹圍、頸圍以及四肢的周圍（就是大小臂圍、大小腿圍）等等，都要依據檢驗的數目，一一記載下來。」他認為人的體格應以勻稱為優，從而，設計出將身體各方面測定的數據，以一定的比例和組合，如後頁上圖所示，劃一「健康線」。「直就是表示身體各方面很合比例、很勻稱；若是彎彎曲曲的度數太多，就是表示身體的結構不相稱，就是不健康。」就可以很直觀地分辨出體格之好壞。（作者注：其體格勻稱的概念，與當今流行的與身高相匹配的體重指數，可謂如出一轍）。二是體力測驗，他主張，「我們人的體力，不是要他局部發達，最好要他全部發達。」可以用測力表，把全身的各種力量都一一測出來，立一張詳細的表，「看那一個人的體力總數最多，就是那一個人的力氣最大。」這種方法可以免除直接的比賽，節省時間，還不傷身體。三是體能考驗，「考量體能就是考驗我們的精氣。我們的力要大，氣還要長。」考驗體能之法，就是在一定的距離、一定的時間，做同一種的運動。在運動前與運動後，脈搏、呼吸、血壓和體溫等，相差的數目，愈少愈好。並且要看他運動以後復原所需的時間，短者身體好，太長了就說明身體有傷害，就需要注意了。

健康檢驗 (勻稱)						
體高	體濶	體重 85公斤×2	胸圍 95+76	腹圍 42×4	頸圍	大腿59 小腿42 大臂33 小臂35
1.72	1.73	170	1.71	165	169	

健康檢驗 (不勻稱)						
體高	體濶	體重 81公斤×2	胸圍 80+99	腹圍 38×4	頸圍	大腿61 小腿44 大臂37 小臂36
1.42	1.43	162	1.79	152	178	

「健康線」；（左）線直勻稱；（右）肥胖不勻稱。

最後他指出，「以上兩種標語和三種主張，都是一貫的、連環的。第一種主張，關於理論方面；第二種主張，關於經濟方面；第三種主張，關於考成方面。這三種主張，都是有科學的原理，應社會的需要，培民族的命脈。希望全國體育界採納我兩個標語三種主張，使得我們的體育不光是效法人家的，而用我們新的科學方法來普及，把我們整個民族復興起來！」

為了從體育鍛練和醫藥衛生二個方面促進全民健康，在褚民誼的發起下，在上海成立了「康健雜誌社」，以「健康救國」為宗旨，於1933年5月1日創刊了「康健雜誌」月刊[2.19]（見右圖）。褚民

1933年5月1日「康健雜誌」創刊號[2.19]。

誼任社長和編輯總主任；陳振民任副社長和雜誌發行人；宋國賓、牟鴻彝、陳稼軒、萬籟鳴、程沄涼和金振宇，分任醫藥、衛生、體育、美術編輯主任及出版和交際部主任。國民政府主席林森，立法院長孫科，前後兩任教育部長朱家驊和王世杰，衛生部長劉瑞恆，以及中國國術館館長張之江等人為之題詞，以表支持和鼓勵。褚民誼常在其上發表指導性的文章，例如：籌備全運會期間所寫的「太極操之團體表演」（Vol.1，No.3），在全運會專號上為告誡運動員而作的「保護健康與犧牲健康」（Vol.1，No.6），全運會結束後發表的長文「體育方法選擇與健康檢驗」（Vol.2，No.1；No.3），以及針對兒童撰寫的「踢毽子為兒童最適宜的運動」（Vol.3，No.10）等等。

　　此外，褚民誼在1932年主持教育部體育委員會之後，在「大陸雜誌」第一卷第六期（1932，12，1）上撰文「提倡體育之真意義」，從人性的高度，進一步闡明提倡體育的目的。「我們提倡體育，固然是要『健身強種』」他開宗明義地寫道，「但是如果我們不明白好處去提倡體育，還是得不到『健身強國』的結果，一定走到別的路上去，而失掉真正的意義與目的。」那麼「提倡體育的好處究竟是甚麼呢？就是『真』『美』『善』『樂』。『真』字的意思就是『天真』。我們提倡體育、鍛練身體，是在要得到這個『真』字……現在許多人，都曉得健康是很好的，但是他們不由正當的途徑去鍛練，而用一種法子去做成。」然而「大事業都是要從『真』字出發才能成功，所以『真』字是非常重要。」而「『美』是由『真』得到的……要『真』的才好看，假的是不好看。」我們現在是要有健康的美，一個人身體很強健，就是很好看。他舉例說，世界各大國各都會，在公共場合，常有許多裸體男女銅像石刻，露出全身很健康的樣子，是表達出種種健康『美』的模範，讓人們去效法。所以提倡體育，要真的美，不要假冒美觀。他接著寫道，我人「有了健康的『美』，才能夠有『善』。『善』是道德的問題。「我們應該要保持自己的身體健康不生病才能『善』-這是消極的『善』。「至於積極方面，還要鍛練體魄去救人，多做於人類有益的事情。講到『樂』字。」他說道，「人身的快樂就是健康。不是錢，不是官……只有身體弄好了，才是真快『樂』。「我們要把身體練好，使精神能夠健全……才能很快樂很感興趣的為國家社會做事情！」

　　最後他總結道，「所以我們『提倡體育之真意義』在健身強種之中，還寓有『真』『美』『善』『樂』四個字的好處。「我們提倡體育還要注意的，就是『普遍』二字，要大家都來，大家都得到體育的好處。褚民誼在該文中，從

普世的價值觀出發，闡明了提倡體育的真義。他不但言，而且重於行。作為中央委員，全國體育運動的領頭人，他毅然衝破當時社會上的「成見」習俗，經常以自己的半身健美像，作為健康的範例，以激勵國人；並孜孜不斷地推廣他所創編的符合「三要」和「三不」的科學體育運動方法－太極操。他的一貫良苦用心，正如他1936年3月15日赴杭州就「浙江省國術館」館長之職的講話中所袒露的：「兄弟對體育興趣，不但在求得箇人健康，而希望全人類都由此得到健康，而由健康生出快樂。因此兄弟無論到什麼地方都樂意像宗教家傳道一樣，宣傳我的國術體育健康法。」[1.33]

二、發揚國術，太極創新

褚民誼在「太極操」（1931）[1.15]一書上發表的「健康之路」的論文中，介紹了他自己從事體育活動的歷程和心得。「我幼年就喜縱躍。童年時更喜歡擲球與踢毽子的遊戲運動。自從在十七歲以至於前年則每日體操無稍間斷。最初在內地學校習美國式的體操，東渡後便習日本式的體操和相撲，旅歐後便學習法國及瑞典式的體操。所以將各種方式的體操，以研究所得，擷其精華，冶為一爐，成一混合式，每日無問寒暑，至少操練二十分鐘左右。

「我在二十歲的時候，在上海曾遇一位浙江溫州的拳術家。他善演溫州拳，從之學歷數閱月。「幸得先天充實之賜，和後天保養得法。所以溫州拳雖堅硬似鐵，我的體子尚能應付裕如。「有一次因感冒風寒，臥病二三日，未進飲食。第四天勉力強起，欲再習練溫州拳。然一經用氣，而兼用力，新病初癒之軀，即覺不能支持。於此我認是拳有未盡善處……經此次發現其弊害，就不敢再致力於此，而體操則依舊繼續努力。「至今我的體魄有很豐富的肌肉，強大的體力都是獲益於歷三十年寒暑運動不間之功。

「民十四年（1925年）之夏，道出北平，由譚仲逵先生的介紹得識太極拳泰斗吳鑑泉先生。吳先生是個中斲輪老手，深得此拳真傳。那時便在北平南小街吳稚暉先生創辦的留歐預備學校內，從吳鑑泉先生執弟子禮。學凡八次，已盡其學。譚先生更將太極拳的作用和優點詳為昭示，並獲讀許禹厚所著的太極拳勢圖解一書，經吳先生按圖指示，其中精奧，闡發無遺。尤以書中插圖不全，曾親將吳先生所表演各種之姿勢，攝影留存，以為觀摩。那時便感覺此拳確有優勝之點……返粵後，每日於體操後，更練一二套太極拳。「幸於譚延闓先生處，遇見一位頗負時譽的拳術家王志群先生，獲益不鮮。「斯時我長廣東

大學，渴欲推廣太極拳於同學中，特聘吳鑑泉先生的哲嗣子鎮先生，蒞粵教授。」因此我晨夕與王、吳兩先生悉心研求，進步蓁速。我因隨北伐軍出發，雖征塵僕僕，但對於早夕習練體操、太極拳，仍無一日間斷。抵滬後又遇徐致一先生，他是吳鑑泉先生的高足，「外貌似頗羸弱，與之較實力，則我倍蓰於彼。然一經推手，則彼終操勝。「從而對於太極拳信仰益堅，每日習練更勤。不過盤架子以後，想繼以推手，往往因一人無法解決，以是便有推手器械之發明，以代對手者。「去年（1928年）赴歐考察衛生，在舟中仍日日練習……獨自耍拳舞劍，但終沒有推手的機會。有時偶立船旁，兩手磨擦欄杆，宛似作推手動作，便幻想如欄杆能旋轉圓活，並得上下左右，不是很好嗎？」因根據這個理想，便有推手棍和相類似的太極球等器械的發明。

回國後褚民誼便在推廣太極拳的同時，積極推行他新發明的太極推手器械，深得上海中法大藥房董事長黃楚九的支持和賞識。遂於1929年夏，在其九福公司贈閱的「康健指南」刊物中，刊登了褚民誼編著的「太極拳圖」[1.8]一書（見右下圖）。他在序言中，對太極拳的源流，及其姿勢、動作、用意、發勁、靈巧、養生諸方面的特點和精奧之處，一一予以闡述。書中首次發表了由褚氏拍攝的吳鑑泉早年太極拳動作圖。在順序列出整套吳氏太極拳九十三個動作名稱之後，對照給出了吳氏演示的各種招式圖照，共計五十三張。

繼後，登載了褚民誼之論文「太極拳推手器械之說明」（[1.10]；[1.33]）。文中首先指出，太極拳為拳術中之上乘。「惟欲求拳術之精進，須演習推手。而推手非兩人演習不可。蓋欲使全身之感覺靈敏，而不即不離，發生黏筋，功效始著。顧余一人既未能推手……爰根據科學的原理，製成推

1929年出版的褚民誼著「太極拳圖」[1.8]。

1928年10月15日中央國術館第一次國考開幕紀念。前排左起：褚民誼（1）、馮玉祥（2）、李烈鈞（3）、譚延闓（4）、蔣介石（5）、張之江（6）、李濟深（7）、戴季陶（8）、何應欽（9）、朱培德（10）、張靜江（11）。

手之器械兩種，一棍一球，以代替推手。而實行國術科學化，是二物也。對於推手中之八勢（掤、捋、擠、按、採、挒、肘、靠）皆能一一運用適合，且不即不離，與推手無異。」繼而，他對太極棍和球之器械結構和推手動作，進行了圖解說明。「以上二種器械，為不佞運用科學上之知識結構而成。」最後他寫道，「所謂科學化者，在求國術之能適合於力學與心理學，講求生理與衛生而已。太極拳之能以輕勝重，以柔克剛，固已知運用心理學，而已參透力學之三昧。至其姿勢平穩，動作緩和，不偏不激，無過無不及，非講求生理與衛生而何。是故雖謂太極拳為業經科學化之國術，亦無不可。然則吾人提倡國術，不當自太極拳始耶。此不佞之所以製此器械，區區之意，在求其能普及，俾練習者稍獲便益，使成為中國國術科學化之嚆矢云爾。」為了擴大影響，他不斷地到各處進行宣傳。例如，他曾於是年7月15日下午在首都假勵志社親自演習太極拳，並陳列新發明的練習太極推手的器械等。（「申報」1929，7，15）

自國民政府全面進入建設時期以來，在黨政要員及武術界名流的大力推動下，出現了提倡中國傳統武術的熱潮。1928年3月在南京成立了「中央國術館」，由張之江任館長。10月15-20日中央國術館舉行第一次國考，各省應考員到三百餘人，各界來賓及參觀者達數千人，褚民誼赴歐考察衛生回國後應邀出席。（「申報」，10，16；17）上圖是開幕典禮上的合影，本書作者以數字標註出前排部分人物的姓名，可見當時黨政軍各界對提倡武術之重視。

為了引導國術運動能持續地向正確的方向發展，會後褚民誼撰寫了題為「國術與體育」的論文。「我們很熱烈地提倡國術，目的究竟在那裡？」他

指出，「我們既不是象亡清西太后要用中國的拳術來抵制外人槍礮；也不是以為中國的武術好到極點，隨便學學，就算完事；更不是以為大家學了國術，中國馬上就可強盛，強國的法子，也沒有這樣子簡單。我們提倡國術的目的，在使一般擅長國術者，用科學的方法去研究，將國術的精華，聚集起來，成為一種有組織、有系統、有學理、有法術的國術。「然後把他普及全國，使得全國的民眾，都能練習起來，以活動他的筋骨，強健他的體格……到這時候，可以普及於全世界，就說中國的國術是人類的福音，也未嘗不可。所以我們提倡國術，要叫他科學化、團體化，就是這箇目的。」此外，他還告誡在當時發展國術的大好形勢下，要注意防止出現颳一陣風似的「五分鐘熱度」。（「申報」1928，11，17；[1.10]；[1.33]）該報中還同時透露，褚民誼為了促進他所提出的目標，正在組織「中華國術協會」，目前業已就緒等，云云。

在中央國術館的的帶動下，各地爭設分館，並且把「武術」兩字，改為「國術」。浙江是最早響應成立國術館的地方之一。張靜江乘1929年在杭州召開盛大「西湖博覽會」之際，於6月6日開幕當天，在大禮堂補行浙江國術館成立典禮，特邀數十位南北各派國術名家，表演獻技。褚民誼也將他新發明的太極推手器械比肩武林高手，登台亮相。開幕次日晚，浙江國術館大宴群英，以致謝意。褚民誼席間面對國術界發表演說，發出了「國術在目的上要有民眾化，在方法上要有科學化」的號召。（「申報」1929，6，10）

西湖博覽會之後，緊接著又在杭州舉行了「全國國術遊藝大會」，於11月16日開幕，21日開賽。開幕式上張靜江等黨政要人，國術名家李景林、褚民誼、孫祿堂，以及比試人員、新聞記者等，六千餘人到會。褚民誼在會上發表演說並進行太極拳表演。（「申報」，11，17）

嗣後不久，為了慰勞東北將士及賑濟災區難民，李景林、褚民誼、張岳軍、王曉籟、張嘯林、杜月笙等發起，在上海舉行「國術比賽大會」。（「申報」1929，12，9）李景林和褚民誼任籌備主任。1929年12月18日大會開幕。李氏在報告中略謂，上次杭州比賽選手一百零四人，這次達到一百七八十人之多，有遠自雲南、新疆、貴州等省的選手，且皆抱有絕技專長，為空前之宏舉云云。最後，褚氏對冒雨前來的中外來賓致謝。（「申報」，12，19）20日下午開始比賽，其間穿插名家表演。褚民誼活躍在會場上，除任裁判外，還客串表演太極拳，或單人或與吳鑑泉合練雙輝。並在29日第七場賽會上演示新製成的測力器之功用，太極推手球和棍以及用足推動籃球之運動

1930年1月7日上海國術比賽大會閉幕攝影。二排右起：王曉籟（4）、褚民誼（5）、李景林（6）、張嘯林（7）、吳鑑泉（8）、孫祿堂（9）；一排右6為劉百川[2.16] No.7。

等。賽會至1930年1月7日決出名次後，圓滿謝幕。上圖是大會結束時的合影（[2.16]No.7）。

　　褚民誼在向報界披露其發明籐球鬥球運動的動機時稱，「余觀乎現在體育界上應用之各項器械，大都係被動，而非主動，如足球、籃球等，即余前所發明之太極推手球及推手棍等，亦未能盡善。茲觀浙江國術比試及前次中央國術比試時，見與試者之揮拳、對撲似少方法，且易受傷。因思發明一器，使他自能轉動，運動時猶鬥猛獸然。是則非特以強身，且可鍛鍊成抵禦強敵之技術，名為鬥球。」球之製造，外裡皮革，中用籐及金屬彈簧等。球場建築，為一圓形外高內低，如西式磁盤然。「運動方法，將球由邊上滾下，運動者站場中順勢與球相撲，或手或足變化無窮。操練純熟後，則順勢轉動，非常輕便，在表演時，技之高下，自屬顯然矣。」該鬥球場建於中法國立工業專科學校內，1930年3月10日落成，蒞臨參觀的有蔡元培、李石曾、王正廷、丁超五等中央要員，以及國術專家、中外來賓等七八百人。典禮上，褚民誼親自演示鬥球，觀者莫不鼓掌贊嘆。演畢，褚氏與吳鑑泉表演太極推手球、棍，並邀其他武術家作表演。（「申報」，3，11）

褚民誼發明的各種太極拳器械運動[1.15]：
（上一）太極推手棍。
（上二）太極推手球。
（中）太極拳手球。
（下一）太極拳腿球。
（下二）鬥球場鬥球。

　　此後不久，褚民誼赴比利時日列參加國際博覽會，將太極球和太極棍帶到會上演示，獲最優等獎（詳見第三章第四節）。他在「健康與太極操」（[2.33]Vol.3，No.2-4）中回憶道，會後「又到比國京城佈魯塞爾和法京巴黎等地，公開展覽，並且演講太極拳的原理，表演球棍的功用，希望把這種方法，公之世界……後來由歐到美，又在紐約、芝加哥、舊金山三處宣傳表演，熱烈的情況，過於歐洲。」右圖示出了「太極操」[1.15]書中，褚民誼演示各種太極拳器械的圖照。

　　國術家吳圖南在參加首次中央國考期間與褚民誼相識，積極響應國術科學化的號召，將他編寫太極拳的書稿，承褚民誼修正後，冠名「科學化的國術太極拳」[3.20]。褚氏欣然為之題寫書名、作序，並具名贈送其近照。該書於1931年10月初版發行，後又分別於1933、1934和1935年再度發行。褚序著重闡明了太極拳科學化之特點，被收入「褚民誼最近言論集」[1.10]和「褚民誼先生武術言論集」[1.33]中。

　　吳鑑泉原在北平授拳，應褚民誼等滬上國術愛好者的歡迎，於1928年南下

落戶上海。1931年3月29日「申報」上發表了「鑑泉太極拳社成立」的消息。嗣後，鑑泉太極拳社建起了自己的社址，在「康健雜誌」[2.19]第3卷第1期（1935，1，15）上，發佈了「鑑泉太極拳社簡章」，以進一步擴大招生。社長：吳鑑泉；發起人：褚民誼、徐致一、馬岳樑；贊成人：王曉籟、張嘯林、張群、杜月笙、盛丕華……等十五人。

　　然而在褚民誼力圖在民眾中普及太極拳的實踐過程中，卻遇到了困難。1930年，他在赴比利時參加國際博覽會的漫長郵輪途中，曾以太極拳教同船的國人。然而習者多學未卒業，便前後相忘。究厥原因，則以太極拳動作複雜，艱於記憶之病。褚民誼亦擅長體操，為解決這個難題，他在年末的歸國旅途中，創造性地將太極拳與體操融合起來，創編出一套簡單易學的「太極操」。回國後，他便立即廣泛徵求教育界和武術界專家們的意見，如右上圖所示，於1931年8月由上海大東書局出版了他的專著「太極操」[1.15]。書銘分別由書法家馬公愚和吳稚暉題寫。卷首部分，在作者肖像及其健壯体格的照片之後，依次刊登的是蕭瑜撰寫的「褚民誼博士傳略」，教育家蔡元培的題字「周旋中規」和國術名家李景林的題字「精氣神」。其後是李煜瀛、劉尚清、張群、張之江、徐致一和蕭瑜等人所作的序言。他們從不同的角度對太極操給以充分的肯定，並對其在民眾中的推廣寄予厚望。褚民誼在自序中，闡發其體育民眾化的宗旨，並扼要敘述了發明太極操之經過。本書的主體部分包括：論說太極、太極操、圖解和口訣四章。其後在「附載」中刊登了褚民誼的八篇有關論文。

1931年8月出版的褚民誼著「太極操」[1.15]。

1931年出版的褚著「太極操之說明及口令」[1.24]。

「中國國術,當以太極拳為上乘。」他在闡述太極拳動作要領時寫道,「其動作有慢、勻、柔三個原則,而與其他拳術及西洋體操之動作,不尚慢而尚快、不重勻而重斷續、不善柔而善剛強,有明顯差異。」按諸實際:凡動作快則易,而慢反難;斷續則易,均勻則難;剛強則易,柔軟則難,故曰柔能克剛。然則太極拳如何能使慢、勻、柔三者兼而有之。在於其動作不走直線,而作圓形也。他進一步分析人體骨節呈臼、鎚狀結構,便於作環形運動之後指出,「太極拳全套姿勢,無一而非環形。有平面之環形,有縱橫大小之環形;有有形之環形,有無形之環形。「環形之優點,一方能使自身筋骨輾轉異常靈便;一方即藉以分化人之力量。在化人力之時,我為守勢;及其化也,則我攻矣。故雖守即攻,亦以守為攻也。」從而揭示出太極拳動作之精妙所在。太極操就是他基於太極拳「慢、勻、柔,走圓形」的動作特點,採取體操簡單易學的形式創編而成的。全套太極操分為直立、雙曲腿和單曲腿站立三個步驟,以及動作依次由上肢、下肢、胸腰背,而遍及全身的六個分段組成。當基本動作熟練後,又可在運動方向、時間和相互串聯等方面進行變化,而趣味無窮。為便於自習操練,書中輔以各項動作圖解,由褚氏本人親自示範。與此同時,他還編著了「太極操之說明及口令」[1.24](見前頁右下圖),以便統一操練。

為了推廣新編的太極操,他剛一回到上海,得知國民黨訓練總監部正在草擬民眾體育實施方案,便立即致電該部主任何應欽,呈請中央批准,將國術和太極操納入其方案中,並立即得到了何氏的響應。(「申報」1930,12,25;26)。「太極操」一書基本完稿後,他在離京赴新疆考察前,又於1931年5月6日,致函中央黨部訓練部、訓練總監部、教育部、內政部各機關,請在全國積極推行太極操。文中強調指出,脫胎於太極拳而新發明之太極操,簡便易學,具有「不費錢、不費時,不費力」之優點。可針對解決「現下言體育者,其方法必效響歐西」所帶來的弊病,足以普及全國,發皇民族,敢祈鼎力推行。(「申報」1931,5,7)

嗣後,1936年在德國召開第11屆奧運會。此時太極操已在國內推行有年,取得了顯著成

1936年6月出版的《太極操特刊》[1.30]。

績。為了進行總結並在國際上宣傳，由褚民誼主編和上海交通大學體育教員顧舜華編輯，如前頁右下圖所示，於是年6月由上海中法大藥房和中西大藥房聯合出版了「太極操特刊」[1.30]。在此基礎上，又以德、法、英文翻譯編纂成「中國太極操－圓形體操」[1.31]一書，同時還錄製了褚氏本人表演太極操、太極球和太極棍的德文電影，到奧運會上廣為交流和宣傳（詳見後節）。

　　1933年在他主持下制定出國民體育實施方案後，為了培訓師資，教育部於1933年7月在南京中央大學舉辦暑期體育班，聘請褚民誼負責籌備並任班主任，學員由各省市保送。在六週的系統學習中，既有理論課又有實踐課。褚氏親自講授了其中的必修課「人體檢查」和選修課「健康體育」。太極操則被列為實踐課中的必修課，每週六下午由褚民誼、關介三和吳圖南教授。這次體育班學員四百餘人，為全國培養了一批體育骨幹，會後並成立了「教育部體育班同學會」，對全國體育運動的開展和太極操的普及發揮了積極作用。（[2.18]Vol.2，No.21（1933，7，1）；[2.22] Vol.1，No.1（1933，10，1））

　　嗣後，於是年9月5日在上海，由顧舜華等人發起組織「太極操研究會」，首先向學校方面傳授太極操。繼於1934年5月間由上海市小學校長聯歡會翁國勳，發起太極操師資訓練所，有小學校長、教員二百餘人參加。[1.30]中華體育會則於1934年5月與太極操研究會聯合創立並舉辦「太極操講習班」。（[2.25]Vol.1，No.1）接著，該會又於1935年7至8月間在上海交通大學和南洋模範中學舉辦第二屆暑期體育講習會。（「時事新報」1935，7，15；8，12）先後有學員三百餘人，均聘請褚民誼任會長和導師，顧舜華任太極操教練。以上統計學者約二千餘人。[1.30]此外，為了滿足全國各地太極操愛好者的要

1935年在上海舉行的第六屆全國運動會上，褚民誼任總指揮，帶領三千名男女小學生表演團體太極操[1.30]。

求，1935年在上海勤奮體育月報社內開辦了「太極操函授學校」，以培養太極操教師為宗旨，褚民誼親任校長。（[2.22] Vol.2，No.6）

　　1933年雙十節，在首都舉行第五屆全運會開幕式上，由褚民誼親自訓練並帶領2360名男女小學生表演團體太極操，博得國內外人士之欣賞（詳見後節）。海軍部長陳紹寬，命令海軍各艦全體士官，長期操練。1934年湖北省運動會在漢口舉行，有3000名武漢學生表演太極操。同年雙十節，第十八屆華北運動會在天津舉行，褚民誼任大會裁判長。開幕式上表演的太極團體操，有50單位1120人參加。褚氏還在會上表演太極拳和太極球和棍（[2.25] Vol.1，No.3-4）。1935年國慶日，在上海舉行第六屆全運會開幕式上，如前頁下圖所示，由褚民誼任總指揮，帶領3000名小學生表演團體太極操。會前聘請褚民誼為太極操導師，顧舜華、陳如松等為教練進行訓練。據「太極操特刊」[1.30]中稱，「現在全國各省之能操者，不下十數萬人，教育部已明令將太極操列入小學體育課程。「茲為供給各級學校教科適用起見，乃新編太極操教科書。其內容分三編：第一編為基本操法；第二編為連環操法；第三編為變化操法。自小學一年級起，至高中三年級止，按級編排教程，由淺入深，循序漸進，並附刊教材進度一覽表，及操法圖說。故無論何人，均可按圖操練。」

　　褚民誼在大力推廣太極操的同時，還從國術發展的全局出發，針對中國歷來武術界中存在的門戶紛繁、互相隔絕的弊病，提出了「國術統一化」的主張。

1934年7月20日「國術統一月刊」[2.25]創刊，該刊由姜俠魂主編，如右圖所示，褚民誼題寫刊頭，封面上登載的是第五屆全國運動會開幕式上，褚氏指揮太極操團體表演的照片。包括林森、蔣介石、汪精衛在內的黨政院府最高領導人，都為該刊的問世題詞祝賀，實屬空前。褚民誼在序言中，從國術科學化和民眾化的角度出發，充分闡述了國術統一化的意義。該刊經改革後，於1936年6月15日復刊，在其改革號第一集第二冊上發表的是「褚民誼先生武術言論集」[1.33]。

　　中國的武術，源遠流長，為了清釐整頓，傳承發揚，褚民誼對國術的歷史演變，溯本求

1934年7月20日「國術統一月刊」創刊號[2.25]。

源，深入探討，將其考證所得，引經據典，批語評說，編撰成專著「國術源流考」[1.29]（見右圖），於1936年5月由南京大東書局出版。經亨頤為之題寫書銘。吳稚暉在序言中論述了體育在人類為適應環境而獲得身心全面發展中所起的的重要作用，並高度評價了著者為經濟與周到地發展體育運動所作出的奉獻。全書五章，內容涉及拳術和器械兩大類。拳術類分為，第一章黃帝至周秦、第二章漢魏至隋唐、第三章宋元至明清三個時期，歷述了流傳至今的國術各主要門派。在第四章中，則按明末黃宗羲的最初分類，歸納為南、北兩派，分別記述。最後第五章，對國術中的主要明、暗器械，圖文並茂地逐一介紹，並概略地考證了通用器械的發展源流。在資料匱乏、口授密傳和野史盛行的情況下，正如著者在緒言中所說，「欲求一有系統之記載，藉資考證，其事實難。」本書的面世，「聊為後來研究者，發凡其例而已」，當可視為考證國術歷史研究之範例，而流傳後世。（該書繼後曾由臺北逸文武術文化有限公司於2008年10月翻版印行）

1936年5月出版的褚民誼著「國術源流考」[1.29]。

正如褚民誼在「普遍的健康運動與專門的技術表演」一文（[3.27]）中所述，中國傳統的體育運動，除了拳術以外，還有射箭、騎馬、競漕、放風箏、拉空箏、踢毽子、打鞦韆等種種，都應該包括在廣義的國術範圍之內。其中踢毽子即為中國固有之優良運動，簡而易舉，有裨民眾體育。1933年1月18日，在褚民誼主持召開的教育部體育委員會常務會議上，通過了「舉行首都及全國各地踢毽子比賽案」，並推褚氏草擬比賽規則。（「申報」，1，20）

1933年3月出版的褚民誼著「毽子運動」[1.22]。

踢毽子長期以來是中國民眾中寓體育於娛樂之中的一項「平民」健身活動。為了予以引導，褚民誼趕在賽前編寫了「毽子運動」[1.22]一書，如前頁右下圖所示，於1933年3月由大東書局出版發行。吳稚暉、戴傳賢、張治中等為之題序予以支持。褚民誼少時在家鄉即喜好踢毽子，如第二章第一節中所述，早在1910年他在巴黎時，就發表了法語長文「中國毽子」[1.2]，該書就是在此文基礎上編寫而成的。全書40頁，圖文並茂地介紹了各種踢毽子動作、個人和團體運動的方法、以及各類毽子及其製作方式等。

1933年3月26日，全國體育委員會與南京社會局合作舉辦的「全國第一次京市踢毽子比賽」，假中央大學體育館舉行。報名與賽者，成人與男女小學生百餘名，參觀者達數千人。褚民誼任評判長，市長石瑛等十餘人為評判員。依次舉行了特別賽、普通賽和各種花式自由踢表演。賽後於3月28日在市府大禮堂行給獎禮，褚民誼主席，陳公博、石瑛均有演說，號召各地盡力提倡，以強身體。（[2.18]Vol.2，No.10；「南洋商報」1933，4，25）

在教育部和褚民誼的大力倡導下，毽子運動在各地普遍開展起來，並先後於1933年第五屆全國運動會和1935年第六屆全國運動會上，將其列入國術比賽項目。褚民誼不僅親臨指導，還即興一顯身手。踢毽子這項曾被視為民間遊戲活動的平民體育項目，曾遭到了一些醉心於西洋運動者們的非議。然而褚民誼卻頂住壓力，努力推廣，樂此不疲。他認為「踢毽子為兒童最適宜之運動」，並以此為標題在「康健雜誌」[2.19]第3卷第10期「第六屆全國運動大會專號」（1935，10，15）上，隨後又在「勤奮體育月報」[2.22]第3卷第4期（1936，

1934年4月15日第一次南京雨花台風箏賽會，負責人褚民誼（前排中胸佩飄帶者）與全體風箏參賽者的合影。

1）上發表署名文章，在駁斥上述錯誤論調的同時，進一步闡述了他以普及全民健身運動為目的，推廣毽子運動的宗旨。

放風箏是中國另一項歷史悠久、民眾喜聞樂見的娛樂健身活動。正如第二章第一節中所述，民國紀元前，褚民誼即在巴黎開辦風箏公司，自行製作，獲得法國專利，並於1909年在巴黎博覽會和佈魯塞爾賽會上展示，博得好評。1934年4月15日，由他發起，在南京雨花台舉行盛大的風箏比賽，觀者七、八萬人，極一時之盛。前頁下圖是各路民間風箏高手雲集一堂的合影，作為賽會主要組織者和評判長的褚民誼，十分高興地被簇擁在人群之中。（[2.26]第1卷第12期，1935，4，28）春季是放風箏的佳節，5月份褚民誼又在參加上海中學聯合運動會上，興致勃勃地為中學生們示範放飛他親手製作的風箏。（[2.26]第1卷第18期，1934，6，9）

自此以後，每年春季在南京雨花台舉辦一次大型的風箏表演，第二次京市風箏表演賽於1935年3月17日舉行，當日晨起，纖纖細雨，時落時止，表演者竟不因雨掃興，風箏在雨花台上早已出現。評判長褚民誼於下午三時半往雨花台參觀，並取出一長逾四尺之蝴蝶風箏放飛表演，滿山跑步，風箏愈飛愈上，彩澤美麗，觀眾莫不拍掌叫好。為了準確評判風箏放飛高度，他還設計出一種木制轉輪測驗器，每轉長一公尺，計其轉動次數，便可知其高度，方法簡便，本屆即開始施用。（「南洋商報」1935，4，1：5）

在褚民誼的積極推動下，上海從1935年起也開始舉辦風箏比賽。據「申報」（1936，3，23）報導，上海市立民教館於1936年3月22日在上海中學操場舉行第二屆風箏決賽，經前日預賽及格之風箏計四十三隻，按其形態，編為五組進行比賽，參觀者達二千餘人。褚民誼攜來蝶、蟬、鷹三種風箏，亦親自次第表演。賽畢，由評判員褚民誼等四人，就其高度及平穩兩項記分，決出優勝，分贈特製銀盃及紀念章，以資鼓勵。

作為國家體育運動負責人的褚民誼，立足中國國情，在不遺餘力發揚武術、推廣太極操的同時，積極提倡踢毽子、放風箏，以及射箭、騎馬、摔跤等諸多傳統民間體育運動項目，其意在使體育運動，不分城市鄉村、男女老幼，得以普遍開展起來，以提高全民族的健康水平。

三、全運大會，舉國振奮

1932年5月初淞滬停戰，局勢乍一緩和，教育部在時任行政院秘書長褚

民誼的建議和支持下，從5月底起，便著手籌備在暑期召開首次「全國體育會議」，全面規劃和推動全國範圍內的體育運動。6月10日行政院通過後，即於次日聘請褚民誼、周亞威、吳蘊瑞、黃明道、張之江五人為籌備委員，褚民誼兼籌委會主任，又指定教育部有關負責人為當然委員，16日在教育部開第一次會議。此後，歷經九次籌委會議的籌辦，全國體育會議於1932年8月16-21日在南京勵志社舉行。「申報」和「體育週刊」[2.18]等均及時詳細報導。

這次歷史性會議由來已久，1927年大學院成立伊始，曾經組織體育委員會，褚民誼和張之江均被聘為委員。教育部成立後，擬利用1929年在杭州舉辦全國運動會期間召集全國體育會議，並聘請褚民誼為籌備主任，袁敦禮、黃振華為籌備委員。嗣因該次全運會改期於1930年4月間舉行。此時教育部和褚民誼本人均因公務另有安排而延期。在1932年8月16日大會開幕式上，主席教育部長朱家驊致開會詞，褚民誼向大會報告籌備經過，中央黨部代表陳立夫、國民政府代表何應欽以及行政院代表彭學沛先後在會上致詞。（「申報」，8，16）下圖是開幕式後的合影（[2.9] No.70）。

這次參會人員的代表性十分廣泛，到會代表來自各省市教育廳局，專科以上學校，國術館，教育部遴聘之專家，關係各機關，教育部主管及籌備委員和方案編制委員，以及特邀人員等，共計130人。以地域論，除熱河、寧夏、山西三省外，全國各省市均有人員出席。會議主要對事先草擬的國民體育實施方案（草案）進行研討。會上分設體育目標、行政組織、體育研究、實施與推行、體育考成與其他等五個組審查，經連日大小會議討論，修改通過了「國民體育實施方案」。嗣後，教育部於9月間公佈該方案，通令全國遵行。

1932年8月16日全國體育會議在京開幕之攝影。前排左起：彭學沛（2）、褚民誼（3）、朱家驊（4）、陳立夫（5）、何應欽（6）、張之江（7）、吳鑒泉（9）[2.9] No.70。

1933年全國運動大會籌備委員會第一次會議攝影。右起一排：張之江、王正廷、朱家驊、褚民誼、張匯蘭、黃麗明；二排：郝更生、沈嗣良、夏光宇、馬巽；三排：許叢厚、張信孚、張炯；四排：袁敦禮、彭百川、郭蓮峯、李景燿[3.27]。

　　會議結束後即按大會決議，於8月29日在教育部內設立「全國體育委員會」，以統一全國體育行政，負指導督促及審核之責。（[2.18]Vol.1，No.32）接著，於11月3日，在全體十七名委員中，聘請在京委員褚民誼、張之江、周亞衛、黃麗明、張信孚五人為常務委員，並以褚民誼為主任，研究貫徹國民體育實施方案諸事宜。其中，於翌年舉辦暑期體育補習班和全國運動大會，是當時的主要研究議題。（「申報」1932，11，5）

　　中國首次全國性運動會，可追溯到1910年10月18-22日在南京南洋勸業場舉行的「全國學校區分隊第一次體育同盟會」，有運動員一百四十餘人，參加田徑、足球、網球三項競賽。第二次於1914年5月22-24日在北京天壇舉行，由北京體育競進會主辦，運動員九十餘名，有田徑和各種球類六項競賽。前兩次運動會的組織和設施主要借助於西人，直至第三次才開始由國人自辦，於1924年5月22-24日在武昌舉行，由全國業餘運動會和武漢體育界人士發起，修築了運動場和游泳池，運動員共計七百餘人。第四屆全國運動會由浙江省發起，於1930年4月1-10日在杭州舉行，運動員近二千人。會後，政府曾委派林森等籌備1931年全國運動會，並撥鉅款在首都中山陵園南靈谷寺建築規模宏大的系列運動場館，原定於該年十月十日舉行，詎料受十七省水災及九一八事變影響而被迫延期。（「申報」1933，10，11）全國體育委員會為了籌備1933年全國運動會，於1933年2月聘請二十二位籌備委員，以褚民誼、張炯、張之江、周象賢、黃麗明為常務委員，褚民誼兼籌備主任，先後於3月15日和22日召開第一次籌委會和第一次常務會議。上圖是第一次籌委會會議的合影[3.27]。

此前在南京新建成的中央體育場，設施尚稱齊備，在當時的東亞堪稱首屈一指，為大會的籌備打下了良好基礎。在褚民誼的主持和精心策劃下，歷經召開三次籌備大會和十九次籌備常委會，克服經費等諸多困難，使1933年全國運動大會按期在南京順利召開。這是首次由中央政府在首都舉辦的全國運動大會。全國共有33個單位2255名選手報名參賽。除察哈爾、廣西和青海外，全國均有代表參加，特別是當時已被日本侵佔的東

1933年10月10日「申報」全運會特刊。上排右起林森和蔣介石，下排汪精衛、王世杰和褚民誼。

三省和熱河的運動員，仍踴躍參加。國民政府對此極為重視，各院部會主要負責人全體參加。國家主席林森任大會名譽會長，軍事委員會委員長蔣介石和五院正副院長為名譽副會長。會長由教育部長王世杰擔任，籌委會主任褚民誼、南京市長石瑛等多人任副會長。此外還聘請全體國民黨中央執監委員為大會名譽顧問。右上圖是開幕當天，「申報」第一號特刊上刊登的大會重要職員的肖像。該刊頭條發表了褚民誼「大會之使命」的署名文章，在全運會召開前夕，向全體參會人員提出了殷切的希望和要求，從「運動之意義」「民族之性格」「國家之精神」三個方面進行了論述。[3.27]

10月10日上午，全國運動會在中央體育場舉行隆重的開幕典禮，觀眾免費入場，參觀者達三十萬之眾。大會名譽會長林森在褚民誼陪同下步入會場登上東司令台後，由國府樂隊奏樂宣告開會。在籌備主任褚民誼、總幹事張信孚帶領下，全體職員、裁判員、各單位職員及選手，以海軍部軍樂隊為前列，依次列隊入場，繞場一周。尤以東北選手所經之處，中央要人及觀眾，均熱烈歡迎，有至聲淚俱下者。入場畢，全體肅立，童子軍行升旗禮後，鳴炮三響，放飛信鴿。時有飛機三架，繞空飛翔，散發大會印製的五色傳單，並擲下鮮花一束，下系國旗一面，和上書「尚武精神」「強國強種，復興民族」之硬紙牌，全場一片歡騰。

接著，會長王世杰主席，帶領如儀並致開幕詞後，由褚民誼報告籌備經過。他在簡述大會籌備情形之後，著重強調團結統一、普及體育以及舉辦本

次盛大運動會之重要意義。並特別指出,「其實運動之本領為技能,而精神上之修養為道德。吾儕欲成一完善之人,必須智仁勇三者具備……所以本屆運動大會,特備一種手冊,分送會員及觀眾,此冊由上海銀行印送。民誼於序文外,復草運動員十要與十不要一則,作為對參加大會之運動員及觀眾之一種貢獻。所望大家能從十要十不要努力,做成一個有健全體魄與健全精神之中國國民。」最後,他再次呼籲中央在陵園附近設立體育專科學校或體育學院,可就近利用中央體育場造就體育專門人才。褚氏報告結束後,進行運動員宣誓和名譽會長及名譽副會長訓詞。[3.27]。

繼運動員代表致答詞後,大會進入最後的高潮,小學生表演團體太極操。首都二千餘名小學生衣著統一制服,由警備軍樂隊引導入場,褚民誼立於疊桌之上司口令,全體學生,依令表演,姿勢正確,動作齊整,全場掌聲如雷。

開幕式後,即開始分組比賽,共設總錦標十七項,其中最引人矚目的是游泳和國術比賽。由於建有50×20米標準尺寸的游泳池,可與國際接軌進行各項男女游泳比賽,並在賽會上取得了與東亞運動會可匹敵的成績。國術則是具有中國特色、在國內外首次列入運動會的比賽專案。為此專門建造了「國術場」,其建築構思頗具匠心。在「第五屆全國運動大會總報告」[3.27]中介紹謂,「中國拳術,亦有太極八卦之稱,故國術場採用八角以象八卦,能容五千四百五十人,距場最遠處,僅為四十尺。蓋國術比賽,宜於近觀,而卦形可使四周視線,遠近比較平均。」國術比賽下設拳術及器械、摔角、射箭及彈丸、踢毽和測力五個項目,由褚民誼任國術總裁判長,聘請武術和體育名家參與裁判。褚民誼經常活躍在國術場內,現場指導,並即興作太極拳、太極推手器械、踢毽子等表演。比賽中的測力專案,是按照褚民誼提倡體育科學化實行「三驗」的主張而設立的。林森主席以及汪精衛院長等,均曾在褚氏陪同下蒞場參觀。

會議期間,於15日清晨,全體運動員、管理員及領隊,由褚民誼、張信孚領導,徒步赴總理陵墓舉行謁陵儀式。(「申報」,10,16)為了活躍氣氛,大會晚上經常舉辦豐富多彩的文娛活動。褚民誼也於14和15日分別客串演出了「渭水河」和「大軸草橋關」二場京劇義務戲。並為此去除已蓄多時的美髯,面貌一新,傳為佳話。(「申報」,10,17)

通過十天的緊張角逐,運動健兒們取得了優異的成績,綜計有二十餘項打破全國紀錄,體現出國家團結、民族振奮的精神,在海內外歡忭聲中,於10月20日上午10時舉行閉幕典禮。大會會長王世杰行禮如儀並作閉幕詞,次由國府

林森主席訓詞，大會籌備主任褚民誼宣讀獲得錦標者及獲得錦標之單位，接著林、褚二人將領取獎品單分發各領隊。給獎畢，運動員代表、獲男子總錦標第一的上海隊隊長王季淮答詞致謝，最後鳴炮三響降旗而禮成。

值得提出的是，乘此全運會彙集全國各地體育單位和專家之際，召開了兩次全國性的體育會議。10月14日晚全國體育協進會舉行招待會，改選二屆董事會，修訂會章，完善組織。接著於17日中午舉行首次董事會，推舉王正廷、褚民誼、沈嗣良、趙晉卿、曹雲祥為常務董事，王為常務主席、褚為名譽會計、沈為主任幹事，推張伯苓為正會長，朱家驊、吳鐵城為副會長，並做出著手籌備參加1934年遠東運動會等多項決議。（「申報」，10，15；18）

教育部體育委員會則於10月20日下午在教育部召開體育委員會第二次會議，由褚民誼主席，有王正廷、王世杰等十九人出席。議決了諸多重要提案，包括：從速在各省市設立體育督學；落實設立中央體育專科學校；確定本次運動會為「第五屆全國運動會」，以後每二年舉行一次，第六屆於1935年雙十節在上海舉行；給全國體育協進會以經費補助，並與之合作參加明年遠東運動會；以及明年仍由教育部舉辦暑期體育補習班等。（「申報」，10，21）

大會結束後，國民黨中央常會推定籌備主任褚民誼在中央黨部紀念周上報告本屆運動會之經過和成績，全文刊登在「第五屆全國運動大會總報告」[3.27]中。他在談到成績和今後努力方向時略謂，「這屆大會，為什麼要算第五屆呢，這是表示體育是一致貫串下來有系統與歷史的價值；並且可以由逐屆的統計，得到比較，從比較上曉得中國體育近來實在有進步。」這種進步可以分作縱、橫兩個方面來看。縱的方面的進步，是體育科學化、技能化。橫的方面是把運動普及到全社會，是體育社會化、民眾化。「一定要民眾大家注意體育，大家實行體育鍛鍊；雖然沒有很高的技能成績，還是可以立國，民族還可以生存。如果在民眾大家注意體育與實行體格鍛鍊之下，又有少數很好很高的技能選手，那就更好了。「這次中央在國難期中，毅然決然，把二十年（1931年）未能舉行的全國運動大會舉行起來，現在已經得到非常圓滿的結果……可知中華民族是有復興的希望。」他更強調指出，「以後只要我們像這屆運動會的樣子，在黨務、軍事、政治種種方面，大家拋棄個人意見，共同團結，一定能夠於最短期間，不但渡過國難，而能得到自由平等。」最後，他結合所散發的小冊子，扼要闡述了其中他所提出的發展體育運動「二個標語，三個主張」的思想。

嗣後，由「民國二十二年全國運動大會籌備委員會」編輯，上海中華書局

於1934年9月出版了「第五屆全國運動大會總報告」[3.27]。如下圖所示，該書有對外發行硬封面的精裝本（左），中文書名則由吳敬恒題寫（右）。全書近千頁，含照片上百幅，對大會從籌備到召開的全過程進行了詳盡的總結。書中的「題前」部分，刊登了大會會長王世杰和籌備主任褚民誼分別撰寫的序言，接著是黨政軍共計83人的題辭，顯示重視體育的團結一致。該總報告的正文分為籌備、大會、各股組工作報告和附錄四編。本書中有關該次全運會以及褚民誼的活動情況，除另有注明外，均引自這本總報告。「附錄」中彙集了大會各項章則和大會應用的各種表格。此外，還登載了眾多專家的有關論文和社評，其中含有褚民誼的八篇論述，以引導體育運動今後向正確方向發展。

第五屆全運會的巨大成功，在全國掀起了體育運動的熱潮。各類運動會如雨後春筍般到處興辦起來。然而，不顧身體健康，片面追求比賽之風，也隨之盛行開來，在急功近利者和年輕人中頗有市場。針對這種錯誤偏向，褚民誼在全運會後出版的總結報告中，除重申他早已發表過的文章外，還特意撰寫了題為「普遍的健康運動與專門的技術表演」「發達身體與戕傷身體」和「全國運動會之真意義」等文章，力圖予以糾正。在「普遍的健康運動與專門的技術表演」一文中，他對如何正確處理好健身和比賽、普及和專門之間的關係，以及造就勞心與勞力結合、身心健全的「完全的人」的重要意義和普及方法，闡述得尤為透徹。

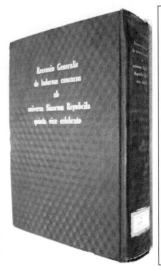

1934年出版的「第五屆全國運動大會總報告」：（左）精裝本；（右）扉頁[3.27]。

1935年4月8日在上海召開的第六屆全國運動大會籌備委員會第一次會議合影。第一排左起：雷震、潘公展、褚民誼、王曉籟、吳鐵城、王世杰、張伯苓、張匯蘭等。

　　第五屆全國運動大會的成功召開具有里程碑意義，為繼後舉辦全國運動會樹立了樣板。1935年3月5日行政院通過了全運會舉行辦法，明確提出每屆大會組織規程，以1933年在首都舉行之第五屆大會所定各項為根據。（[2.22]第2卷第7期）

　　接著，第六屆全國運動會按計劃於1935年在上海舉行。會前聘定大會籌備委員會委員43人和11名常務委員，於4月8日在上海市政府會議室正式成立。（「申報」，3，23；[2.22] Vol.2，No.7）其合影示於上圖（[2.22]Vol.2，No.8）。褚民誼任常務委員兼國術總裁判長。是年10月10-20日本屆全國運動大會在新建的上海體育場舉行，有各省市特區及華僑團體三十八個單位、二千餘名運動員參加。開幕典禮上團體太極操表演盛況空前，會前經褚民誼精心指導訓練，汪精衛捐助為全體小學生及各領隊定制了統一服裝。會上有來自三十六所學校三千名小學生，在褚氏的高昂口令下，動作整齊劃一，全場讚美不絕。（「申報」，10，10；11）運動會的秩序和比賽項目與前屆基本相同。全運會勝利閉幕後由大會籌委會編輯，上海大東書局於1936年1月出版了「第六屆全國運動大會報告」[3.35]，進行了全面總結。

　　按照規定，第七屆全國運動會將於1937年雙十節再度在南京舉行，為此教育部於1937年1月份開始著手籌備，聘定褚民誼等四十二人為委員，以張之江

等十二人為常務委員，教育部長王世杰任主任委員，褚民誼、雷震副之。首次全體會議，於4月10日在教育部舉行。（「申報」，3，20）褚民誼率京滇週覽團於5月26日上午返回後，即於下午趕赴參加全運會常務會議。（「申報」，5，27）接著，他於7月9日出席並主持了全運會第八次常務會議。（「申報」，7，10）遺憾的是，由於抗戰全面爆發，這次全運會被迫停辦。

四、奧林匹克，武術揚威

中國與奧林匹克委員會正式建立聯繫，始於1922年王正廷當選為國際奧委會委員。嗣後於1928年第9屆奧運會上，派出一名觀察員。1932年第10屆奧運會，時值國難方殷，僅有劉長春一名運動員參賽。到1936年柏林第11屆奧運會（時稱「世運會」），出現了轉折。前期中國先後成功地召開了第五和第六屆全國運動會，為參加該次奧運會打下了基礎。

中國參加第11屆奧運會，是由「中華全國體育協進會」（以下簡稱「體協會」）負責組織的。該會成立於1924年，1931年被奧委會承認為其團體會員。1933年第五屆全運會期間舉行全國代表大會。接著又在1935年第六屆全運會閉幕前夕，於10月18日在上海再次舉行全國代表大會，選舉第三任董事十五人，並在翌日董事會第一次會議上，推舉王正廷為董事會主席，褚民誼、郝更生、沈嗣良、吳蘊瑞四人為常務董事，聘請沈嗣良任名譽總幹事。（[2.22]Vol.3，No.3）1936年1月27日在上海召開第二次常務會議，討論決定了參加奧運會的一系列重要事項。初定參賽運動員和考察員總計百人以上个，並按足球、籃球、田徑及游泳、舉重及國術表演四大組分頭進行選拔，其中確定舉重及國術表演組，由褚民誼、張之江、沈嗣良和葉良負責，褚為召集人。褚民誼在體協會中還長期兼任名譽會計，積極向政府申請撥款，並在民間大力進行募捐。（「申報」1936，1，29）

武術是具有中國特色，而奧運會前所未有的項目。褚民誼為此多次發表談話，著重說明選派國術團到會上進行表演的意義和選拔年輕有為代表之標準。（「申報」，1，31；3，4）5月11日在上海進行國術預選。從各地保送的參選人員，來自七個地區共計25人。由褚民誼主持，與張之江、葉良、沈嗣良、徐致一和佟忠義等人分任選拔委員和評判員，是日預賽，次日進行決賽。（「申報」，5，10-12）鑒於國術門類繁多，褚民誼建議增加錄取名額，經12日體協會審定，選出男女正取和備取代表共九名。男子正取張文廣、溫敬銘、鄭懷賢

和金石生，備取張爾鼎和寇運興；女子正取翟漣沅和傅淑雲，備取劉玉華。（「申報」，5，14）

　　5月16日體協會召開第四次常務董事會，確定了舉重及國術選手的人選；並決定兩者分別在上海和南京集訓，請褚民誼、張之江及管理郝銘主持。20日國術選手開始在中央國術館集訓。（「申報」，5，18；21）褚氏常赴現場並特請吳圖南逐日指導練習。（「中央日報」，6，9）集訓結束後，選手們在褚民誼的安排下來到上海，先於6月13日晚，在青年會舉行的國術選手歡迎大會上表演太極拳和各種國術。次日中午在大光明影院中德聯合歡送奧運代表團大會上，由褚民誼親自引領登台亮相。繼而又於19日在青年會向公眾作公開表演，參觀者達七百餘人。（「中央日報」，6，13；14；20）鑒於經費得以落實，而且表演太極操，至少須有八九人方可成隊，因而三名備取者均被入選。九名選手及二位管理員擬在世運會上表演的項目，除集體表演太極操外，每人準備了十餘個項目，包括各路拳術和刀、槍、劍、戟、棍棒、飛叉等器械，有

1936年6月23日第11屆奧運會中國代表團晉京在勵志社聆聽行政院長蔣介石訓詞並行授旗禮後攝影。第一排右起：褚民誼（8）、宋美齡（9）、蔣介石（10）和王世杰（11）[2.9] No.118。

單人表演也有各種對打，可謂精華匯粹。表演項目經顧舜華編排後，翻譯成德文。（「申報」，6，18；28）

與此同時，參加奧運會其他項目的選手也分組在上海和香港等地選拔完畢。6月14日體協會舉行第五次常務董事會，時王正廷已於5月中旬先行出國，會議由褚民誼主席，對代表團的名單及業餘運動員資格等問題進行了認真審核。（[2.22] Vol.3，No.10，1936，7）代表團臨行前，奉國府行政院長蔣介石之召，在褚民誼的帶領下，於6月23日晉京聆訓並行授旗禮。禮畢，在勵志社大門前攝影，見前頁下圖（[2.9]No.118）。代表團最終確定的的名單，除國府代表戴傳賢外，共計144人，包括：管理員和教練員29人、運動員79人、考察團員36人。由總領隊王正廷，總幹事沈嗣良，總教練馬約翰，考察團總領隊郝更生等帶領。其中，國術表演隊由郝銘任管理，顧舜華任助理。（「申報」，6，25）

6月26日代表團自上海乘意郵輪赴德，計劃7月20日抵威尼斯上岸，轉乘火車直達柏林入住奧運村。（「申報」，6，26）代表團在旅途中和到達歐洲後，受到了當地華僑的熱情歡迎，尤以國術隊的表演，博得一片讚譽之聲。（「申報」，7，25；27）8月1日第11屆奧運會在柏林開幕。中國此次出席奧運會，除國術表演外，分別參加足球、籃球、田徑、競走、游泳、舉重、拳擊和自行車等八項比賽。（「申報」，6，25）鑒於中國參加奧運項目起步較晚；加上缺乏經驗和旅途勞累，比賽結果與獎牌無緣。然而，國術隊在大會上的表演，則成為此次為國增光的亮點。表演安排在8月11和12日兩個晚上，在

中國武術隊在第11屆柏林奧運會上集體表演太極操。

柏林著名的國家露天大劇場舉行，觀眾不下三萬餘人，展示了中國體育上之特長，博得熱烈的歡迎和景仰。（「申報」，8，13）會後，於1937年出版的「德國柏林第11屆奧運會官方報告書」第2卷第6部分中，僅刊登了一幅國術團集體表演太極操的照片（見前頁下圖），作為中國代表團出席該次奧運會的象徵。

　　為了利用奧運會這個國際平臺，如右圖所示，褚民誼還以德語為主，編寫出版了「中國太極操－圓形體操」[1.31]和「中國體育－想像力和創造力」[1.32]兩本外語專著，獻給1936年柏林第11屆奧運會。前者的內容與同時在國內發行的中文版「太極操特刊」[1.30]基本相同；後者則在介紹融中國固有的國術和西方體操兩者優點為一體的「太極操」之後，著重闡述了他所提倡的普及全民健康運動要實現「三省」和不以比賽為目標要實行「三驗」的主張。此外，他還以太極拳和太極操為內容，親自演練攝成電影，在奧運會上進行宣傳。會後，該影片由德國體育家保羅·沃肯編輯成電影專輯，取名「太極操：中國體育運動體系」於1938年由帝國教育電影中心出版，編號為高等教育電影C231。現今在Youtube網上可以查閱到，其實物示於右下圖。國術隊在表演的同時，努力散發和宣傳上述材料，並將太極推手器械等贈送德國體育館。（「申報」，9，10）奧運會結束後，中國代表團於1936年10月3日下午返國抵滬。翌年11月，由中華體育協進會編輯出版了「出席第十一屆世界運動會中華代表團報告」[3.38]進行了總結。中國首次正式派出百餘人的代表團，并在會上進行國術表演，是中國參與奧林匹克運動史上的一個里程碑。

褚著「中國太極操－圓形體操」（德文）[1.31]。

褚著「中國體育—想像力和創造力」（德文）[1.32]。

16mm電影專輯名「太極操：中國體育運動體系」。

1936年在德國先後成功地舉辦了第4屆冬季奧運會和第11屆奧運會，東道主德國為感謝參賽各國的盛意，特設立奧林匹克獎章，頒發給未出席大會，然而對大會的舉辦有特別關係之人士。1937年6月17日下午德國駐華大使館向褚民誼和張之江交授「第11屆奧運會一級勳章」。（1937年「中央周報」第472期）右圖是接此勳章後，褚民誼著大禮服，配戴所有國際上頒贈的五枚勳章的照片，包括：德國的奧運會一級勳章（The Olympic Order First Class, 1936），法國的榮譽軍團軍官勳位勳章（Officer, Legion of Honour, 1930）

褚民誼佩戴德、法、比國五枚勳章之攝影。

以及比利時的利奧波德二世大臣勳位勳章（Grand Officer, Order of Leopold II, 1929）、利奧波德司令勳位勳章（Commander, Order of Leopold, 1930）和皇冠大臣勳位勳章（Grand Officer, Order of the Crown, 1935）。

第九節　從教育人，孜孜不倦

褚民誼以教育為立國之本，盡心竭力，矢志不渝。早在歐洲求學時期，他便在法國負責籌建里昂中法大學任副校長。1924年獲醫學博士和藥劑師學位後回國，相繼被任命為代理和署理廣東大學校長兼醫學院院長和教育行政委員會委員。從1927年開始任中法國立工業專門學校校長，辛勤耕耘直至1939年。該校的歷史，始於德國名醫寶隆（E. Paulun）在滬成立的私立醫院，於1907年擴充為醫工兩科的德國國立「同濟大學」。一次世界大戰德國戰敗，按凡爾賽和約，德國放棄在上海法租界內該校的全部校產，與中法兩國政府。經中法商定進行合辦，於1921年3月10日改組成立「中法國立通惠工商學校」，兩國政府各派校長一人共同管理。1923年停辦商科，更名為「中法國立工業專門學校」（以下簡稱「中法工專」）。翌年，法方和中方分別派薛藩（H. Civet）和朱炎為校長。[1.25][1.27]

1927年3月21日國民革命軍抵定上海，中法工專掀起了學潮，學生罷課要求收回教育權和驅逐校長朱炎。4月27日國民政府委任褚民誼為中法工專校長。[3.54] 該校學生會聞訊即電中央教育委員會，對此極表歡迎。（「申報」，4，24）當時正值革命形勢風雲突變，褚民誼責無旁貸，竭力為恢復黨內團結而奔走斡旋。已如第三章第二節中所述，此時他被公務纏身常駐南京，直至1928年2月國民黨二屆四中全會閉幕才得以抽身，從事他所喜愛的教育和研究工作，於2月11日奉派赴歐考察衛生。臨行前一日他到學校就職，並在致大學院院長蔡元培的函中謂，先將高中部恢復上課，至專科問題，則有待組成中法委員會共同討論辦法，考察期間所有校務，由李宗侗暫行代理。（「申報」，2，11）

1928年9月14日褚民誼回到上海，此行他在醫藥衛生等方面收穫頗豐。其中，他擬由中法合辦在上海設立「巴斯德學院」（防治傳染病的「細菌研究院」）的建議，得到了法方支持。歸國後他即著手處理校務，文集[1.10]中，收錄了他於10月1、6和16日在中法工專訓話的全文。講話中透露出他雄心勃勃的辦校設想，「希望本校同清華一樣，每年有若干學生留學。「計劃於近年內設立巴斯德學院，將本校先辦工醫二科，再擴充至農科、理科、文科，而成立一中法大學。北平之中法大學，里昂之中法大學，早已設立。上海、廣州亦有設立此種大學之必要。所以本校即為他日上海中法大學之基礎。」

1929年3月28日「申報」上報導了「褚民誼先生指導下的中法工專」近來的下述諸多新氣象：學生會重振旗鼓；資望深重的褚校長親任黨義教師；聘任國術專家劉福民，創立神州武術學社；成立美悠遠會，促進學生三育；春假組織分赴杭州和蘇州的自主遠足團等等。此外，褚校長對學生嚴格管理，對他們的學業嚴加要求。為獎勵勤學，作出了凡學期考試得第一二名的，得免下學期的學費等決定。（「申報」，4，9）

褚民誼與比利時教育界素有密切聯繫，該國可通用法文，且學費和生活費用明顯低於法國。1929年褚民誼為使本科學生不至中途輟學，「乃商承教育部資送該生等赴比留學，計分兩批，每批二十人，於留學費用，則由本校經費下，予以撥助。」此後不久，中比庚款委員會於1929年重組，褚民誼任中方委員長，適逢高中部有學生七名畢業，通過考試，由庚款資送赴比留學。[1.27]

通過中法雙方的共同努力，1930年中法工專本科復課，學校曾一度奉教育部令，改稱「中法國立工業專科學校」。校方按學校培養工程師的目標，向教育部提出申請，奉部照准，於1931年9月1日更名為「中法國立工學院」，

法文校名「Institut Technique Franco-Chinois」（ITFC），此舉開創了中國教育史上，獨立設置工科高等院校之先河。正名後的中法國立工學院的組織領導依舊，褚民誼任中國院長兼訓育主任，薛藩（H. Civet）任法國院長兼教務主任。薛藩工程師出身，曾任法國凱澤洛登工學院副校長，來長該校，已歷時八年，頗著成績，現法國政府特於日前授給榮譽勳章，以示獎勉。1932年1月19日「申報」上如是報導。至於褚民誼，則已先於1930年獲得了法國榮譽軍團軍官勳位勳章（詳見第三章第三節）。

中法國立工學院的地址在上海辣斐德路（今復興路）1195號，位於與亞爾培路（今陝西南路）之交匯處。院內建築講究，設備齊全，可容納寄宿生四五百人，更有廣闊之操場草地數處。校內含有大教室十間，內藏中外科技圖書六萬餘冊的圖書室，機械、鍊鐵、翻砂、木工和金屬試驗工廠五個，以及工業模型陳列室、化學試驗室、物理試驗室和電學試驗室各一間。學院教職員按1934年登記，共計50名，半數住校，其宿舍大多沿亞爾培路，有獨立的門牌號。下圖是刊登在「良友畫報」[2.9]No.71（1932，11）上，該學院教職員的近影，顯示出比較完備的中法雙方教職員陣容。

褚民誼任職後，即於1928年初，舉家從廣州遷居到亞爾培路408號的校舍內，直至1939年離職。他的許多早期的重要活動都在這里並借助學校的資源

1932年11月中法國立工學院教職員近影。前排右起：尼谷雷、何尚平、白榮璋、褚民誼、薛藩、農汝惠、麥彝、林祖歡和達理；二排右起第四人為田守仁 [2.9] No.71。

進行。例如：將其寓所作為「醫藥評論」[2.14]的編輯部，中比庚款委員會在上海除雙方大會以外的會議場所，以及新建「中華衛生學會」理事會的所在地等。他還聘任該校秘書農汝惠和田守成為中比庚款委員會中方佐理和比利時國際博覽會中國代表團成員，並將該校作為其推廣太極拳及太極推手器械的陣地。此外，他提出成立巴斯德學院的議案，雖然由於經費等原因未能實現，但卻在校內的空餘處所，創建了「中法大學藥學專修科」，等等。

1934年夏，中法國立工學院第一屆大學生畢業，值此之際，由褚民誼領銜編輯的「中法國立工學院院刊」[1.25]於1934年12月面世（見右下圖），對該校的歷史和現狀，圖文並茂地進行了全面總結。其刊銘由褚民誼題寫，內容依次包括：褚民誼序言，各有關要人題詞，校訓，攝影（教職員及畢業生肖像），校景，本院概況（中、法文），本院各項統計表（行政系統，學生人數、年齡、籍貫、家長職業的統計和比較），論壇（4篇），學生實習攝影，專著（11篇），體育與軍訓攝影，學生成績及研究（13篇），來件（畢業生2件），現任和前任職教員一覽表，高中畢業生一覽表，最後是「中法國立工學院學則」和「附屬高中部學則」以及本刊編委會名單。

褚民誼在序言中，剖析了長期以來中國存在忽視物質文明、故步自封的弊病，闡明中國當前發展工業，設置工業專門學校以培育工業專門人才的迫切性。並強調指出「抑本院係中法兩國所合辦，一切行政教務，均由中法雙方，共同負責，此在中國，實為創制，以視一般國立學校，性質迥有不同。是故吾人一方負有培植工業專門人才之責任；同時負有溝通中法邦交、文化與經濟之使命。」接著，書中刊登了國民政府主席林森，行政院長汪兆銘、教育部長王世杰、鐵道部長顧孟餘，實業部長陳公博，內政部長黃紹竑和上海市教育局長潘公展等人的題詞，對學院和學生寄以厚望。

在「中法國立工學院學則」中規定，「本院以養成高深工業人才為目的」，現分機械電機和土木工程兩系，修業四學年；並附設高級中學，修業三年；又法文補習班修業一學年。從而形成了八年一貫制的教學體系。據「中法國立工學院院刊」[1.25]中的統計，每學期在校學生人數，

1934年12月出版的「中法國立工學院院刊」[1.25]。

在原中法工專時期，維持在百人左右；發展成為獨立的工學院後，則擴大到二百多人。據「棟梁氣貫大世界」[3.77]中記載，畢業生可兼得中國政府教育部蓋章的工學士畢業文憑，和由法國駐滬總領士簽名蓋章代表法國政府頒發的工程師法文文憑。此外，學則中還規定「本院大學部學生畢業名次列於第一第二者，得由本院設法資送法、比、瑞等國留學。」以進一步培養高端人才。

學院的經費係由中法兩國政府各半負擔。該校水平雖高，然而學生學習所需費用卻較低廉。學生均取住院制，除學費、膳費以及書籍費由學生自理外，其餘住宿費、試驗費、院內醫藥費、體育費、講義費、圖書及其他雜費概不收取。且規定每學期大考成績名列第一第二名者，得免繳下學期學費，所以本校肄業者多為勤苦自勵之學生。[1.25]

中法國立工學院主樓，校訓「忠孝仁愛信義和平」八個大字標於大門上方 [1.25]。

從上述可見，中法國立工學院充分利用先進的法國教育資源，在中國本土上，以低廉的費用，培養與歐美大學水平相當的工程技術人才。但是學校並不走「全盤西化」的道路，而是注重培植適合中國社會經濟發展所需要的高級人才。校內有中方褚院長兼訓育主任加以嚴格管理和引導，在教學上設有黨義、軍訓和國文等課程，並鼓勵高年級學生走出學院，深入農村和工廠進行調查和實習等等。學院更以「忠孝仁愛信義和平」作為校訓，如右上圖所示，鐫刻在學生和員工日常出入的教室和辦公主樓的大門上方。據當年法文檔案「獲文憑的學生名單」中記載，該院自1934年5月20日至1940年6月11日最後一次畢業考試止，總計共有99人獲得工程師文憑。另外在1930-1940年的10年裡，附屬高中部的畢業生計有201人。[3.77]

褚民誼對畢業生和留學生離校後的情況一直縈繞在心。在他撰寫的「中法國立工學院之過去與將來」[1.27]文中謂，「彼等在國外大學，每試列前予者，為數甚多，為祖國爭光不少。今各生均已學成歸國，服務國內各界，以建設事業方面為多。在中央各部會，以及廣西、山東、河北各省建設廳，均佔重

要地位，而其服務成績，莫不為各機關當局所稱道，殊可引以為慰。」其餘畢業生，亦均由本校分別介紹，務期各得其所等云。

褚民誼在教育中一貫倡導「德、智、體、美、群」五育全面發展的方針，如第三章第二節中所述，這是他首先在1928年2月3日國民黨二屆四中全會上，建議按照培養人的目標改組國民黨中央機構，而明確提出來的。中國自古就有「智、仁、勇」即「德、智、體」全面發展之說，「美育」則以能陶冶情操而為蔡元培所大力提倡。褚氏的創新之處主要有以下三點：一是強調體育重在健身，將其放在德智體三育之首；二是提倡能生產的體育，努力實現勞心和勞力並育；三是倡導「群育」，豐富了全面發展的內涵。

褚民誼關於體育對強國強種重要意義的論述，在第三章第八節中已有介紹。他到中法工專就職後，便積極組織學生開展體育運動，尤其注重推廣武術，聘請國術專家劉福民來校任教。他在1929年2月18日為劉著「潭腿全書」所寫的序言（文集[1.10]）中，著重闡述了應將體育放在德智體三育之首的觀點，略謂：「世固以德智體三育並重者也。余則謂應以體育為先。「質言之，必體育發達後，德育、智育始能隨之發達而無偏枯。「不寧惟是，不有康健之身體，雖有高尚之道德，深湛之學問，欲身體而力行，亦戛戛乎難矣。「即使勉強行其所知，一遇阻力，不挫於中途，必虧於一簣。此無他，知能雖充，而實力不足也。是故體育之重要，實駕德智二育而上之。應先注意鍛鍊，以謀根基之固定，而後從事於道德學問之修養，則能知無不行，行無不達。雖勞苦其筋骨，困衡其心慮，而無艱難之可畏，險阻之足憂矣。」他指出，現今各級學校開展的各種運動，流弊甚多，有失「體育」以強健體魄之原義。為了提高體育運動的實際效果，除提倡國術外，他向教育部提出了「改良體育以保健康案」和「以勞動工作代替體操案」兩個方案（文集[1.10]）。

在前一個提案中，他建議評判運動的健身效果，不以運動成績論高下，而以「標準比賽」，即以科學的「三驗」（體格檢驗、體力測驗、體能考驗）的方法來定其優劣（詳見第三章第八節）。「其意義有四：一，足以免去僥幸以求一時之勝利而不顧身體損傷之流弊；二，足以促進其注意體力之鍛鍊與生理之培養；三，消極的防止激烈之運動；四，積極的提倡真實之體育。」此外，他認為中國固有的踢毽子運動，「既無多花費，又不傷身體，且為全身運動，習練既久，能使身體平均發達」，因此建議將其列入各學校的體育運動中。

褚民誼提出的「以勞動工作代體操案」，已如第三章第三節中所述，是他

一貫主張勞心與勞力並重，教育與生產勞動相結合的一個具體體現（詳見「體育與勞働」的論文[1.10] [3.23]）。他認為此舉之意義有四：「一，可強健學生之體魄；二，能增加社會之生產；三，使學生得一嫻熟之技能以為謀生之工具；四，為社會預儲實用之人才以應建設之需要。」為此，他提出了「以體操及其他運動之時間，改為勞働工作之時間；「各校斟酌環境之情形，量予設備；「以用於體育之經費，為勞働之經費」等三項具體措施。

顯然，要衝破舊傳統，實現他的上述主張，絕非易事。為此，他堅持不懈地進行呼籲。據「申報」（1934，1，7）報導，在五年之後的一次演講中，他仍不斷地重申「運動最好的一種，要算是能生產的運動，像種田、做工等。「最好將來的中學校的課程中，能每天增加一二鐘點的種田或作工等功課，俾使後來的大學生都有能做這能生產的運動的經驗。」

五育中之「群育」，是褚民誼根據人類社會性這一基本特徵而倡導起來的。這一理念的提出，豐富了新時代下全面育人的內涵，把塑造個人品行，從注重一己的修養，提升到從社會發展的眼光來加以規範的境界，從而構成了一個「德、智、體、美、群」五育全面發展的完整體系。在自私自利、弱肉強食之論盛行的年代裡，提倡互助合作之精神，是實行群育的重要內容。他在「社會科學與歷史方法」[3.16]一書所作的序言（文集[1.10]）中論述道；「社會間事事物物，人生之營營擾擾，無非為求生存而競爭，亦即為謀生活舒適而奮鬥。惟競爭之先，必須互助；而奮鬥之前，必須努力……亦即能努力於內而互助不息，始能奮鬥於外而競爭不已。「特是所謂內外者，其範圍視世界文明之程度為轉移。世界愈文明，則範圍愈廣。初以一人或一家族為內外，而從事於互助與競爭。今則將以一民族或一國家為內外矣。他日世界文明之進化達於極點，則可以一世界為內外，而無所用其競爭……則天下大同矣。」

褚民誼，曾鼓勵中法工專的高中生，於1929年春假，自組旅行團，分赴杭州和蘇州作短途遠足。其中徒步赴蘇州的旅行團，途中曾二度坐度終霄，飽受風霜困倦的艱難。他們走出校門，深入社會，既豐富了閱歷，又發揚了團結互助和艱苦奮鬥之精神，不謂不是開展「群育」之一良法。（「申報」1929，4，9）

褚民誼為糾正昔日個人祝壽中的不正之風，提出全國每年統一舉行敬老祝壽活動的建議，於1939年在中法國立工學院著書「花甲同慶」[1.38]，予以倡導（詳見第四章第四節）。他在序言中進一步闡述了「群育」之要義。「何

謂群育？」他寫道「互助合作精神之養成法也。其實施之道，即假借各種實際之團體生活，使其分子激宕擦摩，互相進道；而人才之發展，人格之養成，互尊精神協和態度之存續，咸依各人團體生活之活動而著效。國於今世，強不強之所由分，即群不群為之判也；群則致強，不群則致弱，群為公，不群為私而已！往者以德育、體育、智育語當世，聞者無不韙其言。一人智德且健，厥智、厥德、厥健猶在私，欲大其功，非群不可；使能群其群而智仁勇，則智育、德育、體育之為用，不更壯耶？「群育之敵，厥為宗法；宗法之著，則為慶壽；花甲同慶，顛撲宗法社會力行團體生活而提倡群育者也。」

應該說，褚民誼倡導的「群育」，是教育領域裡有待深入探討的一個大課題。據「公餘半月刊」[2.27]Vol.3，No.2（1937，3，1）中登載的題為「群育與美育」一文中披露，在南京國立中央大學中曾設有「群育委員會」，以推動「群育」的開展和深入探討。

中央委員褚民誼，歷任教育行政委員會委員等職，身在上海中法工專，胸懷中國教育事業發展之全局。1927年南京國民政府成立之初，蔡元培和李石曾等人力主試行大學院和大學區制度，先後在粵、鄂、浙、蘇等省成立中山大學，以期作為各該地區的中心大學。其中在江蘇的第四中山大學，是在南京原國立東南大學的基礎上，合併多所學校組建而成。教育行政委員會常務委員蔡子民、李石曾、褚民誼等人對該校進行大力整頓，屢與學生代表聯繫，終得於七月中旬開學復課。（「申報」1927，6，9；11）下圖是由褚民誼拍攝，國民政府要員視察該校時於玄武湖畔的合影（[2.7]第372期，1927，6，29）。

1927年6月國民政府要員視察東南大學時在玄武湖畔的合影。左起後排：蔣介石、李石曾、蔣夫人（陳潔如）、蔡子民、張乃燕、高魯和蔡無忌；前排：褚民誼、胡剛復、陳和銑等。

此外，褚民誼於1927年4月23日增補為中央政治會議上海臨時分會委員後，於5月被推舉為上海教育委員會主席，在政局的轉折關頭，主持滬上教育事宜。（「申報」，5，4）1928年9月褚民誼赴歐考察衛生歸來，出席了10月26日召開的大學院大學委員會。鑒於教育部取代了原大學院，會議議決大學委員會仍繼續進行，改名教育部大學委員會，褚民誼繼任委員。（「南洋商報」1928，11，16）上海各類學校經常邀請褚氏到校作演講和指導工作。他在震旦大學、新民大學、交通大學、中德產科女醫校、崑山中學等校的演詞均收錄在文集[1.10]中。

自孫中山逝世後，國民黨作出了每週週一舉行總理紀念週活動的規定。當時在上海國立及經教育部立案之大學及學院，計有中央大學商學院和醫學院、交通大學、暨南大學、同濟大學、勞動大學、音樂院、中法工專、中國公學、復旦大學、光華大學、大同大學、大夏大學、滬江大學、法學院、法政學院、中法大學藥科等十七所，及最高學府之中央研究院。褚民誼為提高紀念週活動質量，並密切各院校間的聯繫，於1931年1月致函各院校，提出「總理紀念週輪流交換演講」之建議，得到了積極響應。（「申報」1931，1，23）2月8日晚，在褚寓宴請各院校負責人，共同商榷。作出了自3月2日起開始舉行輪流交換演講及其執行辦法，以及各學校輪流作東每月舉行聚餐會一次等項決定（「申報」，2，10）

褚民誼深諳醫藥學，對中國醫藥教育的發展尤為關注。如前各節中所述，回國之初，1925年他即任「廣東大學醫學院」院長，1927年被聘為「東南醫科大學」（「東南醫學院」）董事會主席。1929年他在上海創立「中法大學藥學院」（「中法大學藥科」），親任校長。此外，為了克服中國各醫科學院派系林立，課程設置不一、授課語言不同等無序狀態，提出了各校統一使用中文進行教學，編制全國統一的醫學教育制度和課程體系，編輯醫學術語中西文對照辭典，以及設置醫學研究院等諸多建議，為改革指出了方向。（[2.14]No.26，1930，1，15）

褚民誼積極扶植民間辦學。著名實業家和教育家張謇之子張孝若承其父遺願，於1928年將已建成的農科、醫科、紡織科三個專門學校合併成「南通大學」，聘請社會和地方眾多名流組成董事會，張孝若為校長，褚民誼與何玉書分任董事會正副主席。1928年9月20日舉行南通大學開幕典禮，褚、何二氏均應邀出席。（文集[1.10]）下頁右圖所示，是褚民誼與何玉書等人視察南通

大學時，在紡織學校門前的合影（［2.7］第513期，1928，11，18）。南通大學成立後，面向全國招生。1931年2月10日褚民誼和何玉書在上海召集第二次董事會，會上研究校務各項工作外，按教育部之規定，將校名更改為「南通學院」。（「申報」1931，2，15）1935年10月17日張校長突遭槍殺。褚民誼在百忙中毅然臨危接手，從11月起，親自代理南通學院院長九月有餘，穩定了局面。（「南通大學百年誌」，江蘇出版社，2012）嗣後不久，1937年全面抗戰爆發，南通學院地處戰區陷於停頓，在褚民誼和校董張敬禮等人的努力和支持下，遷到上海法租界內，於1938年夏復課（詳情見第四章第一節）。

1928年9月褚民誼（×）和何玉書（〇）在南通紡織學校門前的合影。

　　褚民誼十分重視普及教育，於1930年3月召開的國民黨三屆三中全會上，與朱家驊聯名，向大會提出了「屬行本黨教育政策案」，經教育組審核，議決交政治會議討論。提案中主張，本黨當前的教育政策，應努力實現以養成國民生活技能為中心之國民義務教育（六年免費小學教育）、成人補習教育與職業教育，加強師範教育和師資培訓，並擬定出相應的實施辦法。（「申報」1930，3，7-8）他積極主張利用電影這個形象化的工具，以促進普及教育，於1932年參與發起成立了「中國教育電影協會」，歷任執行委員，兼負設計組主任之責。（詳見第三章第六節）他身體力行努力發展職業教育，1936年初為培養緊缺的藥劑生，出任「全國新藥業同業工會附設上海藥學講習所」所長。（詳見第三章第七節）從1931年起先後擔任上海「慈航高級助產職業學校」董事和董事長。（「申報」1931，7，12；1936，6，28）繼而又於1936年7月發起創辦「慈航職業學校」，該校設初高級土木、染織、化學工藝和商業等各科。為救濟貧窮子弟特設優待生、免費生和服務生。並附設銀行行員訓練班、藝徒班和家事班。為便利學生實習，除購置大批機械儀器外，還特約有關大型工廠為實習場所。（「申報」1936，3，19；6，18）此外，他還十分關心普通的初中級教育。例如：從報刊上刊登的招生廣告上可見，他曾擔任中國中學和

小學的董事長（「時事新報」1935，8，6）；繼任由蔡元培早年創建起來的愛國女子中學和小學的主席校董；並任當時著名的上海中學、小學、幼師和幼稚園的董事（「時事新報」1936，7，7）等等。

褚民誼在大力提倡西部大開發的同時，積極關心少數民族的教育事業。1932年11月戴傳賢等人向中央提出建設西北專門教育之初步計劃案被原則通過，褚民誼等人被推舉為籌備委員。[3.54]教育部為提高回民教育、鞏固民族團結起見，特應回民之請求，於1933年5月12日成立「回民教育促進委員會」，褚民誼與唐柯三、孫繩武三人被推選為常務委員。（「華北日報」1933，5，17）1934年底在上海成立「蒙藏學院」（後改稱「蒙藏學校」）以訓練邊疆服務人才，褚民誼被推舉為常務董事兼任院長（「申報」1934，12，12）等等。（詳見第三章第五節）

褚民誼孜孜不倦從教育人，不但倡導「德智體美群」五育全面發展的教育方針；而且為實現普及教育提出了全面實施的政策方案。他不但致力於發展提高型的的高等教育和留學生教育；而且著重實用型的職業教育以及為少數民族服務的各類教育。他不但鼓勵和扶植國內的民間辦學；而且著力爭取國際上的支持和合作，為全面發展中國教育事業做出了不懈努力。

第十節　鍾愛國粹，發展美育

褚民誼以美育可以陶冶情操、激發創造思維，而將其視為人們享受生活、獲得全面發展不可或缺的組成部分，並將世界各民族文藝美術方面的成就，視為全人類的共同財富。如第二章第四節中所述，留法期間，他就積極參與後來成為中國美術界的大師們，於1924年在法國舉辦的「中國美術展覽會」，蔡元培和他分別被推舉為大會的名譽主席和副主席，努力實現中西文化之間和科學與美術之間的融合。通過這次展會，褚民誼與美術界之間建起了廣泛的聯繫。

南京國民政府成立初期，大學院院長蔡元培，於1928年夏發起舉辦美術展覽會。教育部成立後，將其定名為教育部「全國美術展覽會」，於1929年4月10日至5月10日在上海舉行。這是中國首次由政府出面舉辦的全國性美術展覽會，展出書畫、金石、西畫、雕塑、工藝美術和美術攝影等作品萬餘件。為了辦好這次展會，教育部聘任和組織了高規格的籌備、執行、評判和顧問機構。（「申報」1929，1，10）展會的最高執行機關是總務委員會，由26位委員和

褚民誼的攝影作品「西湖之月影聯珠」，展出在1928年南京「美社第一屆攝影展覽會」上，「圖畫時報」[2.7]第527期（1929，1，6）。

11名常委組成。開幕式由馬敘倫主席，有楊杏佛、張群、褚民誼、葉恭綽等千餘人，以及歐美日本作家出席。展會上褚民誼負總務委員會常務委員之責，並展出了自己的多幅美術攝影。他特於會前發表了題為「美術與人生」的論文（文集[1.10]），說明舉辦此次全國美術展覽會之意義在於，以具有藝術價值之真正美術作品，引起美的觀念，以涵濡性靈、陶鎔情感於不知覺之中。

此外，1928年秋，張蓬舟等人發起在首都成立「南京美社」。社員來自寧、滬、蘇等地，褚民誼是其中的首批會員。1928年12月底在南京舉行「美社第一屆攝影展覽會」。上圖是他展出的題為「西湖之月影聯珠」的作品。他將美術與科學融合起來，如原圖誌中所述，他依據月行速度的計算，每隔三分鐘一攝，每次攝時十五秒，從而呈現出互不重疊的聯珠狀。

褚民誼是一位攝影愛好者，除展會外，其作品還經常發表在「圖畫時報」[2.7]和「旅行雜誌」[2.10]等刊物上。前者係當年頗具影響的攝影刊物，據不完全統計，褚民誼自1927至1931年間，在其上總計刊登作品逾40幅。朗靜山是中國早年最負盛名的攝影家，褚民誼與他私交甚篤。在朗氏的精彩作品中可見到一些與褚家有關的題材。（[2.7]第597期，第663期；[2.17]1931年第4期等）

第一次全國美術展覽會後不久，褚民誼作為國民政府代表，率團出席1930年在比利時舉辦的盛大國際博覽會。如第三章第四節中所述，在葉恭綽的大力協助下，他從國內收集了180餘件中國現代繪畫精品到會上展出，把中國傑出的現代畫家首次集體推上了世界舞臺，諸多作品在博覽會上獲「最優等獎」和「金牌獎」。中國在博覽會上取得獎品總數第三的驕人佳績，美術界是其中的

1930年春「中國文藝學院」開幕典禮攝
影。前排右起：黃賓虹（2）、褚民誼
（3）、葉恭綽（4）、蔡元培（5）、周峻
（6）等。

一個獎牌大戶。（「申報」1931，11，13）上述力助褚民誼的葉恭綽，是中國
著名的書畫家和收藏家，兩人早有過從。葉氏曾請黃賓虹為院長，在上海創辦
「中國文藝學院」（「中國文藝專科學校」），於1930年春開學，蔡元培偕夫
人周峻和褚民誼一起出席其開學典禮，與師生們合影留念（見上圖，源自「圖
說歷史」網）。另據「中華民國參加比利時國際博覽會特刊」[1.19]中記載，
時在歐洲訪問的我國著名畫家劉海粟，被邀請擔任比國博覽會的中國評獎員。
此外，許士騏與楊緹華伉儷分別是中國知名的畫家和書法家。1930年許氏受衛
生部委派赴歐洲考察生理學模型，並攜帶國畫作品參加比國博覽會，偕其夫人
與褚民誼一同前往比利時赴會。（「時事新報」1930，3，24）歸國後，徐、
楊兩人聯袂分別於1933年10月和11月在南京和上海兩地舉行書畫展，褚民誼特
陪同國府主席林森前往參觀。（[2.16]第44期）

褚民誼於留法期間即與徐悲鴻相識。徐氏數幅作品被推介到比利時博覽會
上獲「最優等獎」後，於次年先後在比國首都佈魯塞爾和法國巴黎舉辦個人畫
展，博得了國際讚譽。回國後，他又徵集各地著名畫家作品，相繼在法、比、
意、德、俄等國展出。1934年8月17日載譽而歸，受到褚民誼等國內各界的熱
烈歡迎。（「申報」1934，8，18；20）與此同時，高劍父、高奇峰和陳樹人
是中國著名的「嶺南畫派」的領軍人物。褚民誼於1930年，最早將他們三人的
作品推介到比利時國際博覽會上展示，均獲「最優等獎」。1933年由行政院
聘請高奇峰赴德國柏林舉行展覽，不幸於是年11月2日在上海逝世。1935年其
兄高劍父自粵赴寧籌辦個人作品展覽會，下頁圖是在南京受到京市藝術界歡迎

1935年南京市藝術界歡迎高劍父來寧籌辦個人作品展合影。左起前排：汪亞塵、楊縵華、高劍父、汪亞塵夫人（榮君立）、徐悲鴻；後排：陳樹人、許士麒、王祺、褚民誼。

時的合影（[2.9]第105期）。1936年國民政府對高奇峰明令嘉獎。是年12月27日，由褚民誼主祭，在新建的棲霞山麓墓地舉行公葬。（「申報」1936，12，26-28）

　　1935年12月7日在國民黨五屆一中全會第五次會議上，為促進中國文化事業的發展，議決成立國民黨中央「文化事業計劃委員會」，推舉中央黨部秘書長陳果夫為主任委員，褚民誼和張道藩為副主任委員。（「申報」1935，12，8）1937年4月1日至23日教育部在南京舉辦「第二次全國美術展覽會」，在新建成的美術陳列館內進行。張道藩任籌備委員會主任，褚民誼任常務委員。据統計展會期間參觀人數達十二、三萬，盛況空前。（「申報」1937，4，23）嗣後，教育部制定了全國美展進行辦法，規定每兩年在首都舉行一次。（「申報」1937，6，6）可惜不久全面抗戰爆發，未能實行。

　　中國自古就有書畫不分家之說，褚民誼本人就是一位以正楷「顏容柳骨」而負盛名的書法家。他的造詣以及與畫家劉海粟之間的一段深情往事，將在本書最後部分「褚民誼書法概覽」中綜述。

　　褚民誼於1932年2月出掌國民政府行政院秘書長，在渡過政府一度遷都洛陽等動盪時期後，為提倡公務員在業餘時間開展正當的娛樂活動，以「陶養身心，聯絡感情」為宗旨，發起組建「公餘聯歡社」（以下簡稱「聯歡社」），得到政府各院部會的熱烈響應，有17個單位1180人簽名參加，於1934年1月21日假勵志社大禮堂開成立大會。按社章規定，由各參加機關出代表一人為理事，於1月26日召開第一次理事會，選舉褚民誼、謝冠生、沈士華、許靜芝、

雷震五人為常務理事，推褚民誼為常務主任理事，並指派張劍鳴和戴策分任正、副總幹事。聯歡社會所設在南京香舖營21號（現南京洪武北路129號），如下圖所示，為帶有寬敞花園的一幢二層樓的建築。

為滿足社員多種多樣的正當娛樂愛好，社內設立：體育（國術、球類、田徑、舞術）；學術（演講、研究）；文藝（詩詞、書畫、攝影、電影）；音樂（中樂、西樂）；戲劇（平劇、崑劇、話劇）和棋術（圍棋、象棋）六大組，社員均可自由參加。每組設主任一人、名譽指導或幹事若干人，並視事務之繁簡得分若干股，每股設股長一人。為此聯歡社聘請諸多熱心服務及有一藝之長的人士為本社職員，分任各職，其中不乏專家名流。例如，畫家陳樹人任文藝組主任，美術家張道藩任西畫股長，戲劇家溥西園任戲劇組主任，教育部長王士杰任學術組主任，體育家褚民誼任體育組主任，國術專家吳圖南任國術股股長，褚民誼後來還先後兼任平劇股和崑劇股股長等等，積極指導和推動各項活動的開展。[3.30]

1935年5月16日，該社社刊「公餘半月刊」[2.27] 創刊（見下圖），免費向會員發放。褚民誼在其上發表多篇論述，摘其要者有：「公餘學術研究與公餘正當娛樂」（Vol.1，No.1）；「太極操與國民健康」（Vol.1，No.2）；「公務員之職責與人格」（Vol.1，No.11）；「第六屆全國運動大會簡單的報告」（Vol.1，Nol3）；「本社兩年來之回顧」（Vol.2，特大號）；「對於世界運動大會的感想」（Vol.2，No.8）；「對於崑曲的認識」（Vol.2，No.12）等。其中「公務員之職責與人格」一文，轉載了他於1935年9月23日在行政院

公餘聯歡社社址：南京香舖營21號 [3.30]。

1935年5月16日「公餘半月刊」創刊號 [2.27]。

總理紀念週上的演講，對廣大公務員提出了：在工作上要盡天職，認真迅速，為人民造幸福；在行為上要重人格，力戒好賭、好嫖、好抽鴉片的惡習，等要求。

1935年12月13日褚民誼辭去行政院秘書長之職，但仍在1936年3月20日召開的二屆一次理事會上繼續被推舉擔任常務主任理事。（[2.27]Vol.2，No.3）他在1936年1月21日聯歡社成立二週年之際，發表了題為「本社兩年來之回顧」的總結報告。報告中著重談及近年來的二項社務進展：一是通過努力，獲准從機關取得經常性的經費補助；另一是在本社主樓旁建成以「中正堂」命名的大禮堂。該禮堂用本社之結餘和募集捐款建造而成，其中行政院長蔣中正捐助五百元。「堂成適當本社成立兩週年紀念日，且以本社社址，曾為蔣委員長幨惟暫駐之地，因即名之曰中正堂，以紀勳烈。」褚民誼在報告中說道。下圖是褚民誼與吳稚暉、鈕永健三人，在中正堂前的合影，圖中明顯可見褚民誼題寫的「中正堂」三個大字。（「臺黨史館」稚12612）該禮堂不僅為本社服務，也向社會開放，特別是作為新成立的中國戲劇學校教學活動的主要基地。

1937年1月21日，聯歡社於成立三週年之際，出版了「公餘聯歡社三週年特刊」[3.36]，各組股在其上提出了總結報告。其中，如體育組稱，乒乓球運動，由於喜愛者眾多，於1936年新建成一較完善之乒乓球室，為江蘇全省絕無僅有，本社球隊也一躍而為京市乒乓之盟主。戲劇組報告稱，自中正堂落成後，彩排和公演次數大為增加。崑劇股的活動尤為熱烈，創始時僅有三十餘人，迄今已達百餘人。1936年褚民誼兼任股長後，股務進行更為順利，頻繁舉

褚民誼（左）與吳稚暉（中）和鈕永健（右）在中正堂前。

辦「全期」「彩排」和「公演」。中央廣播電台還屢屢邀請本社同仁前往奏唱，市內廣大戲迷莫不準時收聽，如此等等。

褚民誼為何如此熱衷於公餘聯歡，其目的在於提倡正當的娛樂活動。於消極方面，抵制不正當的娛樂活動，以保健康與人格；於積極方面，陶情養性，以提高工作效能。然而此舉並非易事，由於費用等問題，不免帶來一些責難。褚民誼，在其「本社三週年來之回顧」中，重申了上述辦社宗旨，並表達出排除一切困難，不顧毀譽，勇往直前的決心。

自聯歡社成立以來，民眾抗日浪潮不斷高漲，國內政治局勢動蕩不定。該社雖主娛樂活動，亦不置身局外。戲劇組內的話劇、平劇、崑劇各股更是積極行動，經常為賑災和抗日募捐舉行義演。社刊[2.27]上除設有國內外要聞欄目外，社員還可在其上結合本社活動自由發表評論。例如在其1936年7月1日第二卷第六期的封面上，就醒目地刊登了題為「『怒吼吧，中國！』不能上演的原因」的文章。「怒吼吧，中國！」，是以1926年四川萬縣遭英國炮艦轟擊釀成慘案為背景，編寫而成的一齣反對帝國主義侵略的現代劇。該文從愛國主義的立場出發，旗幟鮮明地揭露和批判了，審查當局以「有礙邦交」而禁止上演的錯誤行徑。此後不久，發生震驚中外的1936年雙十二事變，在「公餘月刊」[2.27]（Vol.2，No.12）上發表的「蔣委員長此次蒙難西安」一文中頒告，「本社自13日起，各股自動停止娛樂，迨蔣公安然歸來，始恢復舊觀。」通常，聯歡社於每年3月12日總理逝世紀念日、3月29日黃花崗紀念日等法定紀念日之際，按例降半旗，並停止娛樂，以誌紀念。（[2.27]Vol.3，No.3）

此外，褚民誼認為吹奏口琴是一項簡易的正當娛樂活動。1937年2月他與近赴綏遠前線勞軍歸來的中華口琴會會長王慶勳共同發起，於21日晚由南京口琴會在聯歡社中正堂舉行勞軍演奏。褚氏為此特撰寫「口琴與民眾生活」一文。他在闡明提倡正當娛樂之意義後強調指出，「音樂感人之深，能使頑夫廉、懦夫立。「口琴亦屬音樂之一種，其功效與其他音樂初無二致。」然其「學習易而售價廉，則非其他樂器所能及。」並且吹奏口琴「可使肺部漸次擴張，作呼吸運動，可謂一舉而二善備者矣。」（「南洋商報」1937，3，15）一個時期以來，吹口琴在中國民間和學生中廣為流行，除口琴先輩們的努力外，與褚民誼的提倡也可謂不無關係。褚民誼不僅著眼於公務員，同時也在廣大民眾中倡導正當的娛樂活動，其不懈努力，由此可見一斑。

褚民誼從小喜愛音樂唱歌，是一位業餘的戲劇家，為了傳承和發揚中國戲

1931年4月褚民誼演「獨木關」劇中薛仁貴之劇照。

劇中之精粹，有「崑曲集淨」[1.43]及「元音試譯」[1.44]專著問世（詳見第四章第四節）。他在「崑曲集淨」[1.43]的自序中回憶了自己從喜愛聲歌，涉足京劇，到醉心於崑劇的過程。崑曲始於元明，匯入傳奇，而誕生「崑劇」，成為中國「百戲之祖」。但自清代乾隆之後，崑劇走向衰落，代之以皮黃京劇。褚民誼演唱戲劇，也是從學習京劇開始的。他在國外留學期間即借助唱片，習唱京劇。回國後，特別是從1928年開始，虛心請教、勤奮練習，不幾年便達到了能登臺表演的地步。京劇時稱「平劇」。1931年他赴新疆考察，曾因故於4月間暫留北平，應邀於26和27兩天舉行平劇義演，分別扮演「飛熊夢」劇中渭水河畔的姜子牙和「獨木關」劇中的薛仁貴，這可以說是他在北平這個舞臺上的首次亮相。堂堂一位中央大員畫了一個大花臉，在臺上引亢高歌，轟動一時。「申報」（1931，4，24）上稱，當時駐軍北平的張學良，於27日在開明戲院的那場義演中，「購包廂一，付價五百元。」。上圖是褚民誼的演出劇照。

中國的戲劇早已成為民間喜愛的娛樂活動，但是藝人卻常被譏為「戲子」，飽受歧視，沿襲已久。「貴」為中央委員的褚民誼，此舉除了利用他的地位和影響，進行募捐外；他的用意更是要以自身的行動為表率，力圖矯正對演員的世俗偏見，以促進中國戲劇藝術的發展。為此，他在演出前特發啟事，予以鄭重說明（詳見 [1.16]中之褚氏傳略）。他不顧當時那些所謂「不雅」的非議，而樂此不疲。嗣後，他於1933年，在南京召開第五屆全國運動大會期間，剃去已蓄六月有餘之美髯，於10月14和15日，在明星劇院先後客串演出「渭水河」和「大軸草橋關」兩場義務戲劇。（「申報」10，15；17）

1935年褚民誼（左）在歡迎梅蘭芳（右）的會上。

　　褚民誼在戲劇界廣交朋友，對我國著名戲劇家在國內外取得的成績，倍加讚譽和支持。1935年2月，梅蘭芳率團赴蘇聯及歐洲演出和考察，登船前在滬為賑災連續義演四天，期間褚民誼應邀客串演出「嘆皇靈」「刺王僚」「草橋關」等劇目。（「時事新報」，2，12）梅蘭芳在國外的演出大獲成功，於是年8月歸國，褚民誼參加完在上海世界社花園舉行的歡迎宴會後，於8月31日在首都，由公餘聯歡社聯合市政府、市黨部公讌梅氏，席間商討了在京演劇助賑等問題。接著又於9月2日，褚民誼代表國立戲劇音樂院及美術陳列館籌備委員會，在首都飯店舉行盛大茶會，歡迎梅蘭芳博士和余上沅先生載譽而歸。出席者有各國駐華使領、中外新聞記者、本京文藝團體、各名票友等，不下二百餘人。褚、梅、余三氏，對戲劇之改良均有熱忱之演詞。（[2.27]Vol.1， No.9）上圖是褚民誼和梅蘭芳在歡迎會上的合影。

　　至於褚民誼步入崑曲殿堂的過程，他在「崑曲集淨」[1.43]自序中寫道，自1934年初在南京組織公餘聯歡社後，「始稍致意於崑曲，覺其遣詞訓雅，取調淵懿……雅不遺世，俗不近卑。於是由知而愛，由愛而好、而習、而串，彌進彌樂，以至於化，遂不禁有『此曲祗應天上，其聲非復人間』之感也。因而訪名流，求精譜，到處致力，隨時調察，每遇二三素心，當筵一曲，情適性怡，俗慮頓捐，彷彿天帝拍肩，風雲生袖，其樂有非可以語言形容者矣。」這裡，他以「天籟之音、啟迪人性」的內心感受，讚譽中國傳統崑曲藝術無與倫比之精妙，令人嚮往。

　　「公餘月刊」[2.27]Vol.2, No.12（1937，1）上，曾載有署名木石，記述

褚氏演出崑劇時精彩場面的文章。略謂，前幾天聯歡社舉行第七次彩排，得聆樂天居士褚民誼先生的「刀會」。這折以「紅淨」關羽為重頭戲的崑劇，現今業內精於此道者已乏善可陳。而他卻勇擔角色，不但相貌魁梧、聲音洪亮，而且扮相英武、舉動斯文，演來聲容並茂，十分出色！褚民誼緊接此文，在「對於崑曲的認識」的論文中，表示自己初習崑曲，對上文的過譽實覺慚愧。然後他借鑑西方戲劇的多樣性等特點，發表了改良崑曲的意見。提出，在音樂上要把歌唱工尺字用五線譜寫出來，並以中國樂器附以複音；在調子方面，則要多有變化，使每一齣不相雷同等意見。期望與各地崑曲名家，攜手努力，以復興崑曲。

他在「崑曲集淨」[1.43]之緒論「崑曲與崑劇」中，對崑曲與崑劇之區分及演劇與人生之益，進行了獨到的闡述。略謂，崑曲匯入傳奇而發展出崑劇。學習崑劇，須做到「心、眼、耳、口、身」之五到；演劇中蘊含「德、智、體、美、群」五育之意。在昔國人多以演劇為鄙事，此誠大誤。「抑有進者，人雖大賢，我見難泯，惟登台演劇之際可以消除我見，一返空靈。故予喜逢場演戲，暫離小我。戲劇本通人道，故非深沉於作人之道者，無以致戲劇之工。非精純於五到之功者，無以獲演劇之樂。「若夫崑劇苟能改良其樂，更新其曲譜，使由單調進為和聲，則恢宏流布，莫可限量。」這一翻話，道出了他醉心於崑曲，特別是崑劇，決心予以繼承和發揚的旨意。他除登台表演外，還在百忙中應邀到廣播電台演唱，並曾多次灌製唱片。現今在臺北之國家圖書館，仍保存有上海勝利唱片公司製作，標題為「中央電台請褚民誼先生唱風雲會之（訪普）」的10吋黑膠唱片（系統號：002102237）。

與此同時他還將這一曾被忽視的人類戲劇藝術中的瑰寶，推向世界。後頁上圖是褚民誼在上海出版的意大利文刊物，「馬可波羅，意大利遠東評論」[2.31]第2卷第3期（1939年11至12月）上發表的，題為「崑曲與崑劇」的論文。其內容與上述同名緒論基本相同，他在介紹崑曲和崑劇的發展史之後，著重闡發了崑劇的特點以及演劇與人生關係的見解。文中插入了生旦淨角的劇照。淨角是褚民誼在「北餞」劇中扮演的尉遲恭。

褚民誼為了全面推動中國戲劇文化事業的繁榮和發展，在人才培養、場館建設以及歷史研究等方面，積極開拓，取得了如下諸多進展。在「中國戲劇史」[1.36]中，對此有較詳細的記述。

1935年6月，陳立夫、張道藩、褚民誼等十三位中央委員，聯名向中央提出在南京建立「國立戲劇學校」（簡稱「劇校」）的建議。7月獲中央批准，進行

1939年「馬可波羅，意大利遠東評論」上褚民誼著「崑曲與崑劇」（右）及其上褚氏扮演尉遲恭的劇照（左）[2.31]。

籌備。9月下旬，同時在南京、上海、北平、武漢等地招考新生，投考者合計千餘人，錄取結果，正取生60名，備取生30名。接著，教育部商承中央，派張道藩、褚民誼、方治、聞亦有、雷震、張炯、余上沅為校務委員會委員，張道藩為主任委員，余上沅為校長，並聘請應雲衛為教務長，於10月18日開學就職。該校校址在南京薛家巷8號，褚民誼主持的「公餘聯歡社」，是劇校排練和演出的基地。1936年1月25日「中正堂」建成，該校即於是日，進行了初次試演，並於2月28日起接連三天，在此舉行第一次正式演出。嗣後，幾乎每月都要在這裡公演一次。南京的戲劇活動就此熱鬧起來，「以往劇運的中心雖然全是集合在上海」，「中國戲劇史」[1.36]中記述道，「然而1936年的劇運中心卻移轉到南京。這一方面因為一部分幹部人才全在南京；另一方面因為有著國立戲劇學校的存在。在上海方面雖然仍遺留著不少的劇界幹材，然而他們都跳進了電影圈，無暇顧及著戲劇了。所以南京的大演出比較上海至少要多出數倍。」

　　與此同時，1935年春，褚民誼發起聯名近二十位中央委員向中央常務委員會提出提案，在首都南京建築規模宏大的「國立戲劇音樂院及美術陳列館」。該提案獲得通過後，交由褚民誼主持籌備。是年6月，在公餘聯歡社社址內，成立籌備委員會辦公處，由全體籌委互推褚民誼為主任常務委員。陳立夫、張道藩、陳樹人、王祺為常務委員，並指派張劍鳴為工程組總幹事，戴策為事務組總幹事。建築工程分為國立戲劇音樂院和美術陳列館兩個部分，通過公開徵集建築圖樣以及建築工程投標後，於1935年11月29日在石板橋建築基地舉行奠基典禮。如後頁上圖所示，奠基石由籌備主任褚民誼題銘，司法院長居正行奠

1935年11月29日國立戲劇音樂院及美術陳列館在南京行奠基禮,居正(×),褚民誼(〇)和吳稚暉(△)等全體籌備委員出席,陳立夫和張道藩位於褚左,陳樹人位於褚右。

基禮,褚民誼偕常務委員陳立夫、張道藩、陳樹人、王祺,以及吳稚暉等全體籌備委員出席。[2.9]No.112(1935,12,15)

　　正當跨入1936年度,建築工程順利進展之際,國民黨中央為籌備召開第一屆國民大會,指派孔祥熙、褚民誼等七委員,在南京籌建會場。通過尋覓,決定將該項建築物與國立戲劇音樂院合併建築,僅需對原設計稍加擴充,即可滿足要求。其後,奉蔣委員長令,將該建築命名為「國民大會堂」,而以「國立戲劇音樂院」副名之。該會場連同美術陳列館於1936年11月完工。國民大會堂建築雄偉,會場大廳可容座一千六百餘位,上有三層樓座,亦可容坐八百餘位。配備有旋轉舞臺,寬敞的後臺和地下室,會議和演出設施一應俱全。為應對南京夏暑冬寒的氣候,場館內裝置冷暖氣設備,樓頂上建有屋頂花園,周圍環境綠化美化,可謂當時東亞之冠。

　　作為落成典禮,1937年4月教育部在美術陳列館主辦第二次全國美術展覽會,同時假戲劇音樂院舉行音樂演奏,國立戲劇學校也在此表演話劇「鍍金」和「自救」等節目。是年5月軍事委員會主辦國民訓練,亦假戲劇音樂院放映電影,並由上海中華體育會表演國術。6月奉蔣委員長電令,指定實業部在此舉辦全國手工藝品展覽會,可使民眾趁此一睹最近落成之國家建築物。不久,七七事變爆發,南京淪陷,各種演出和展覽活動被迫戛然而止。

中國戲劇藝術源遠流長、精彩紛呈，然而
長期以來對其歷史卻鮮有系統深入的研究，甚
至出現外人越俎代庖的現象。有鑑於此，在褚
民誼的大力支持和主編下，如右圖所示，於
1938年，由上海世界書局出版了徐慕雲著「中
國戲劇史」[1.36]。該書的問世險遭中途夭
折，在褚序和徐氏的自序中對此均有記述。褚
民誼出任中央文化事業計劃委員會副主任後，
於1936年10月成立了戲劇研究會，褚氏與溥
侗、沈恆一、徐慕雲等人商議，即著手對中國
傳統戲劇進行整理。在1937年5月召開的第二
次會議上通過了編譯「中國戲劇史」的提案，
推舉徐慕雲、吳梅、溥侗、齊如山和谷劍塵五
人任編委。然而正待經費下撥著手籌備期間，
突發七七事變，編委會工作中斷。直至徐慕雲
於1938年春，在上海與褚民誼和陸高誼（世界
書局總經理）相遇，給以經費等方面的支持，
編輯和出版工作才得以繼續。「二君固熱心文
化劇藝者，竟願併力以促其成，於是此書乃得
面世，」徐慕雲的自序中如是說。全書正文分
為：古今優伶戲曲史、各地各類戲曲史、戲劇
之組合、臉譜服裝在劇中之特殊功用、戲劇之
評價與其藝術之研究等共五卷，附有彩色臉譜
五十三種，各種角色之彩色劇照五十幀，皆為
歷來清客名伶所攝，堪稱中國戲劇研究的一部
經典歷史文獻。

此外，褚民誼還很關心和支持出版有關
戲劇研究的刊物。1935年11月1日上海戲世界
社創刊出版「戲世界月刊」[2.28]，如右圖所
示，褚民誼為該刊題寫刊頭，戲劇家梅蘭芳、
程硯秋、尚小雲、侯喜瑞、俞振飛、齊如山，

1938年褚民誼主編、徐慕雲編著之
「中國戲劇史」[1.36]。

「戲世界月刊」第一卷第二期
（1935, 12, 1）[2.28]。

以及滬上名人紛致賀詞予以支持。雖然刊物的發行時間不長，然而其上登載的許多名伶劇照，和戲劇評論，卻為後人留下了珍貴的歷史資料。

綜上可見，褚民誼為繼承和發揚中國的戲劇精粹，從各個方面所盡的努力，真可謂是殫思竭慮了。

第四章 在淪陷區的作為
（1937-1945）

第一節 抗戰爆發，堅守崗位

1937年七七盧溝橋事變爆發之初，行政院院長蔣介石和中政會主席汪精衛，正擬邀請各大學院校長、教授和各界領袖，在江西盧山召集「盧山談話會」。（「申報」1937，7，16；27-30）此時受蔣院長委託，帶領京滇週覽團於5月底剛剛返回南京的褚民誼（詳見第三章第六節），按約上盧山，於7月7日偕同汪精衛面謁蔣介石復命，並參與盧山談話活動。（「申報」，7，8）在中華民族生死存亡的緊急關頭，褚民誼一如既往地盡力維護中央的意志統一和精誠團結，積極參與南京中樞的有關決策活動，於8月1日在上海發表講話時稱，日本今又施故技，「已迫中國民族至最後關頭，目前不出於抗戰之一途，否則祇有滅亡。中央已經作種種緊急準備，各要人間之抗戰意志，完全一致」，等云。（「申報」，8，2）

為了謀劃抗戰大計，8月初在南京緊急召開最高國防會議，全國各地軍事要人麕集首都共商對策。據「時事新報」（1937，8，10）報導，遠在西南邊陲的滇省主席龍雲，奉召專程由昆明乘機，輾轉於8月9日下午抵京，中央委員褚民誼，軍政部何應欽等百餘人，到機場迎接。龍氏向記者略謂，「此行晉京謁蔣委員長及中樞當局，報告滇省軍政並請示。本人與滇省軍民，願在領袖領導之下，遵從命令，為國家民族生存而抗戰到底」。「新生畫報」之號外「抗日畫報」第5期（1937，9，21）上，以「集全國將才於一堂·抱期殲倭寇之決心」為通欄標題，選登了危難時刻齊聚京城議事的全國多位軍界名宿。褚民誼不久前圓滿完成了京滇週覽的使命，帶去了中央對地方的德意，同時也密切了與途經各地軍政首腦之間的聯繫。後頁上圖是在該欄目中，上述褚民誼等人在南京機場迎接龍雲時的照片。

為了配合形勢，褚民誼於8月10日晚，應中央廣播電台之邀，在該台發表題為「大家要努力準備抗戰」的廣播演講，以動員民眾，掀起全民抗戰的熱

1937年8月9日軍政部長何應
欽（右）中央委員褚民誼
（左）等歡迎滇軍領袖龍雲
（中）抵京。

潮。（「時事新報」，8，11）

　　1937年8月13日上海開戰後，日軍於11月12日佔領了除租界區外的上海全境，直逼首都南京。國民政府於11月20日公開發佈移駐重慶宣言（「申報」1937，11，18；21）。當時的中法國立工學院位於上海法租界內，仍能繼續正常教學。褚民誼此時的主要職務是擔任中法國立工學院中方院長，值此兵荒馬亂之際，堅守崗位責無旁貸。政府決定西撤後，褚民誼與吳稚暉兩人即從南京分赴上海和重慶兩地，後頁上圖是褚民誼到機場送別吳稚暉時的合影（「臺黨史館」稚127490）。據褚民誼在「褚民誼自述」[1.47]中回憶，他於11月6日離開南京，轉輾途經鎮江、揚州、南通等處，乘船於11日到達上海。嗣後，他通過各種方式繼續與後方政府保持聯絡。其中，他與吳稚暉之間的通信比較頻繁（現藏於「臺黨史館」），記載了他當時的諸多活動情況。他在11月29日給吳氏的回函（稚07335）中謂，「此間孤島生活，弟終日蟄伏，除辦理日常校務外，關於其他各大學之與租界當局有所交涉，亦多為之盡力。現一切情形尚稱安靖，各學校當局尚能團結一致、涇渭分明，學生亦安分守己、埋頭攻讀，一時似不致有何意外變故，借以奉慰。」並請代為告假，不便前來參加將在重慶召開的中央全會，等云。

　　在抗戰初期戰火紛飛的江南地區，上海的租界區是唯一仍保持相對平靜和繁榮的「孤島」。據「申報」（1938，10，11）報導，戰後上海的高等教育，有少數遷往內地，但亦有從戰地轉來及私人在此籌設新校者，共計四十餘所。其中與褚民誼直接相關的就有「中法國立工學院」「中法大學藥學專科」「南

1937年11月褚民誼（左）在南京歡送吳稚暉赴渝。

通學院」以及「東南醫學院」等多所。特別是中法國立工學院，其財政由中、法兩國政府分擔。中國政府西遷後，國家財政奇緊，加之交通阻隔，籌措學校經費困難重重。他在致吳稚暉的信函中，屢屢談及學校資金嚴重不足之危機。一再籲請吳氏能在後方協力與上級部門溝通，以擺脫困境。他在1938年2月25日的信（「臺黨史館」稚07332）中就曾稱，「學生因受戰事影響，家庭接濟中斷者實繁有徒，學膳兩費無所從出，均由弟個人及吳凱聲、徐曉初兩君私囊墊款維持，每月約需五六百元之鉅，長此亦非個人力所能勝。」為了解決學校經費問題，以及謀劃生產建設協會事宜，褚民誼於1938年5月和8月先後兩次從上海繞道香港，前往漢口、重慶等地，與當局面商。[1.47]經過多方努力，學校經費仍僅能不定期地獲得打了折扣的撥款，後期法方甚至提出要將該校併入震旦大學的主張，學校運行一直處於苦苦支撐的狀態。（「臺黨史館」稚07336；07329）

此外，南通學院是頗受實業界歡迎的一所專門學校（詳見第三章第九節），由於地處戰區，曾一度停課。通過董事會褚民誼等人的多方籌措，將該校轉移到上海租界區內復課。為了進一步爭取教育部的支持，褚民誼於1938年12月19日致函吳稚暉（「臺黨史館」稚07330），簡述其復課過程，懇請吳氏

從旁予以促進。在褚民誼等滬上教育界人士的努力支撐下，上海的教育事業在艱苦環境中得以為繼。其陷於戰區之學校，於可能範圍內已有一部分遷入租界開學；其原在租界者，則弦歌未綴。據「申報」（1939，1，21；22）報導，其中學校規模最大的是交通大學，有理科、工科和管理三個學院，教職員219人，學生674人。中法國立工學院則仍有土木工程和機械電機二系，教職員44人，學生61人。

國立交通大學原在租界區外，上海淪陷後校區被佔，師生們堅持遷入法租界繼續開課。（「申報」1938，10，21）褚民誼及時伸出援助之手，可謂雪中送炭。該校於1939年成立43週年之際舉行紀念大會，褚民誼應邀到會發表演說，以交大的光榮傳統勉勵處於逆境中的師生們。並稱，在此困難情境中，我能給交大一種寶貴的幫助，這是使我很快樂的。為便利於學生實習計，我曾將中法工學院工廠交於交大管理。如是，可使兩校學生常有接觸之機會。」

此外，第12屆奧運會原訂於1940年9月在日本東京舉行。盧溝橋事變後，日本侵略者的暴行和野心日益暴露，英國體育界率先表示拒絕參加。由褚民誼在上海籌組的體育界救亡協會，於1937年10月15日致函重慶全國體育協會，建議應即與英國採取一致行動。（「申報」，10，16）接著，美、法等國紛紛響應，褚民誼對此發表談話，以日人強行拉入滿洲國破壞遠東運動會的前車之鑒，進一步說明這一抵制行動的重要意義，呼籲取消日帝國會員資格，移往他國舉辦奧運會。（「申報」，10，19）在強大的國際輿論壓力下，1938年國際奧委會決定將會址移至芬蘭，預訂於1940年7月20日至8月4日舉行。嗣後，中華全國體育協進會董事會於1939年2月5日在重慶開會，決定選派足球、籃球兩隊參加第12屆奧運會。（「申報」1939，2，6）褚民誼得訊後即致電教育部長陳立夫，建議組織國術團赴會表演，「關於上海方面之任務，如蒙見委，弟當勉力效勞。希望此次充分籌備之結果，獲得國際之榮譽。而國術團且可利用此時機，於大會畢後再赴各國表演一次，以發揚中國固有之尚武精神；亦有利於抗戰建國之宣傳。（「申報」，2，26）不久，陳部長函覆褚民誼，深表贊同，望褚氏積極從事籌備訓練選拔工作。（「申報」，3，31）嗣後，第二次世界大戰爆發，第12屆奧運會被迫停止舉行。

如第三章第六節中所述，1937年褚民誼率京滇週覽團返京後，向中央提出了「文化普遍，經濟均配」兩點建議[1.35]。全面抗戰爆發後，發展後方經濟和文化建設更顯迫切。為此，褚民誼在中央的支持下，聯合中國農、工、商、學、

金融等各界領袖，於1937年12月6日發起成立「生產建設協會」。總會設滬，在各省市設分會，會長褚民誼，副會長林康侯、唐繼虞，董事李宗黃、翁文灝、唐星海等，以推進全國生產建設為宗旨，並決定先從滇省著手。（「申報」1938，3，22）1938年3月23日褚民誼在致吳稚暉的信（「臺黨史館」稚07333）中告知，「生產建設協會業經組織成立，並經派員赴昆明實地察勘，歸來將制定方策努力進行，弟於暑假期內並擬入滇一行。」並隨信附寄「生產建設協會緣起」和「生產建設協會章程」兩個文件（見右圖）。

1937年12月6日成立之「生產建設協會」緣起及章程。

褚民誼留駐在上海租界這個仍呈繁榮的特區內，除努力維護教育外，還力圖利用這個基地，推動內地生產建設，以增強禦敵國力。人才和資金是發展生產建設的基礎。當時設於法租界內的中法國立工學院尚能正常教學。為此，褚民誼向教育部提出了在該校內開設「職業班」的建議。1938年4月19日，他致信吳稚暉（「臺黨史館」稚07334），附寄「緣起」一件。信中謂，「現今交通、光華、之江等大學，或借用課堂，或借用工廠，均與本院發生關係。本院亦以該校等在患難中，而盡互助之責矣。本年暑假內學生多有籍隸戰區不能返里者，因開設暑期補習班，除為本校學生補習外，兼收校外學生，予各國立或私立工科學生以補習之機會。抑弟更有進一步之計劃，擬於暑假後開設職業班，利用本校之超越環境與優良設備，廣收各校初中畢業學生，授以工科之實在技能，略於學理而側重實習，三年有成，務使學生畢業後有專門之技能以自立成為技師。此種技師國家承平時可以之分佈各省，從事生產建設事業；非常時期則可用之於國防方面，以故關係頗為重要。此意前經與先生談及，深蒙贊許。」附奉緣起一份，「尚乞向教部代為先容，弟暑假期內當赴教部當面陳請也。」

隨後不久，褚民誼於5月9日登法輪離滬。12日抵港，見蕭子昇、張靜江，並在穗會方君璧後，於16日飛漢口。他在漢口5月21日致重慶吳稚暉的信（「臺黨史館」稚07336）中略謂，「此次來漢一為學校經費事；一為生產建設協會事。「至於生產建設本國資本指不到，只好利用外資。現在很有頭緒，故來中央告訴他們。「現在主管機關都贊同，如行政院、經濟部、資源委員會

等，認為非利用外資不可。」並告之曰，「大約七、八月，民（自稱）又要来漢，由漢而重慶、昆明。屆時先生能同去更好，因生產建設要組織公司，其前途甚有希望，故民願化大部分力量用於此」，等云。事畢，他於22日飛回香港，27日乘船返滬。

1939年2月出版的《生產教育叢書》第一輯第三冊[1.37]。

1938年8月25日「南洋商報」上報導稱，褚氏昨日特由漢乘機南來抵港，擬在港召集僑港之軍政名流、殷商鉅賈，談商一切。聞陳伯南（濟棠）、區芳浦、霍芝庭、杜月笙等，屆時亦將參加斯會。黨國元老蔡元培、張靜江二氏，亦將南來與會云。褚氏於旅邸發表南來任務時略謂，七、八年前，本人曾有西北之行，已有推進內地經濟文化之意。曾有新疆建設委員會之發起，並草擬若干計劃，惜而未見諸實行。「去年本人又到西南諸省，深以西南氣候溫暖、土地肥沃，比西北尤見良好，但經濟文化較為落伍。故建議組織生產建設委員會，從事開發。其後經派有多批人員赴川、滇、貴一帶實地調查，以為生產建設之準備。「本人前此第二次赴滇，主張向農工礦方面發展。同時並以海外華僑，注重於國內建設，「苟能大量投資，賡續啟發，則對於國計民生，抗戰資源，當有無限裨益也。」最後稱，「漢口情形甚好，抗戰前途樂觀」，等云。

此外，他還努力扶植廣大民間小工業的發展。為此，由生產建設協會組織編寫「生產教育叢書」，以普及實用的生產知識。「生產教育叢書」第一輯，首先以化學工業為內容，由王向榮編著，生產建設協會會長褚民誼和總幹事戴策主編，於1939年2月由世界書局印行面世 [1.37]。書末在介紹本輯內容時強調指出，「當今非常時期，一切企業均遭破壞，失業者麕集都市，雖云暫可救濟，然此究治標而非治本之法。本叢書之發行，即指導普通一般人士，從事小本工業而達自立之道，使失業者得以自行謀生，以收治本之效。」本書第一輯全五冊，包括：化妝品製造、日用品製造、教育用品製造、食用品製造和家用藥品製造。其第三冊「教育用品製造」示於右上圖。該叢書大受歡迎，相繼於1940年、1942-43年、1944年、1947-48年多次再版。

褚民誼一向關懷貧困之小本經營者，「申報」（1937，7，17）上曾報導

稱，上海趙晉卿、褚民誼等，因鑒小本貧民之資本，大半重利借來，殊深憫憐，特集資組織民生社小本貸款所，先從免利借給福佑路菜販入手，借額暫定每戶五元，每十日還洋一元，五十天還清。以免重利借本之負擔。

在戰火遍及江南廣大地區的情勢下，上海租界區的方寸「孤島」內，難民人數激增，難民收容所收容的難民達數十萬之眾。1938年10月18日上海總商會會長虞洽卿發起組織上海難民救濟協會，積極統籌各項救濟計劃。褚民誼是一位知名的書法家，積極予以支持和響應。如右圖所示，從1939年1月7日至9日，上海難民救濟協會在「申報」上連續三天發佈「褚民誼先生鬻書救難啟」的公告，「願書聯五百，以貽當世愛慕其墨寶者。所收潤資，悉以捐助本會救濟難民，並指定以一部分撥允教育難童之用。」

正當褚民誼於滬上堅守崗位期間，抗戰形勢和國內政局不斷發生變化。在日本佔領的淪陷區內，先後於1937年12月在北平成立了「臨時政府」和1938年3月在南京成立了「維新政府」。1938年3月29日至4月1日，國民黨在漢口召開全國臨時代表大會，制定和通過了抗戰建國綱領，蔣介石和汪精衛分別當選為總裁和副總裁。抗日戰場上烽火蔓延，廣州、武漢、長沙相繼陷落。12月19日，汪精衛與陳璧君偕曾仲鳴等隨員脫離重慶，經昆明抵達越南河內，於12月29日發出致國民黨中央的「艷電」，要求接受日本近衛首相於12月22日聲明中所提出的「善鄰友好、共同防共、經濟提攜」調整中日關係的三原則，與日本媾和。重慶國民黨中央公開拒絕，並將汪精衛開除出黨。1939年3月20日汪精衛遇刺，曾仲鳴中彈身亡。4月25日汪氏等離開河內，乘日輪於5月6日到達上海。是月31日他偕周佛海等飛抵日本東京，與日當局商談在南京組織中央政府問題後，於6月18日返回上海積極進行籌組活動。

汪精衛上述一系列密謀活動，遠在上海的褚民誼事先並不知曉，更未參與。如前所述，他在維護教育、發展建

1939年1月7-9日「申報」上發佈的「褚民誼先生鬻書救難啟」。

設、參加奧運等諸方面，一直與重慶中央政府保持著密切聯絡，並曾於1939年春率領中法國立工學院之教職員及學生進行國民公約宣誓[1.47]。但是，由於他是汪精衛的姻親，並曾有過工作關係，而倍受媒體矚目。汪氏出逃河內和發表「艷電」後不久，就曾傳出了褚民誼祕密離開上海的謠言。汪精衛行將離開河內北赴上海的消息一經傳出，對褚民誼的流言蜚語和揣測大肆升級。在迫不得已的情況下，褚民誼在報刊上公開發表了「維持中法工學院始終不渝，絕不參加任何政治工作」的鄭重聲明。右圖是「申報」1939年4月25至27日連續三天刊登的「褚民誼啟事」。

1939年4月25-27日「申報」上發表的「褚民誼啟事」。

與此同時，褚民誼於4月26日致函重慶教育部主管司長吳俊昇，在催請向中法工學院撥款之後，信中謂，「抑有陳者，弟自國軍西撤後，即常川駐滬，維持屬院院務，同時並遵奉鈞部意旨，協助各校進行。如前次暨南大學，最近懷久女中，以及二區法院易長（前院長王思默與現任院長楊琦之交替）所發生之糾紛，均竭力與租界當局疏解，幸得平安無事。而屬院兩年以來維持現狀，一切教育方針均遵鈞部指示而行，學生視前增多，院務日呈蓬勃之現象，誠堪告慰左右。乃近頃外間流言紛起，對弟多所揣測，報章雜誌刊載虛構之消息……迫不得已，只得刊登啟事，聲明絕不參加任何政治工作，專以維持屬院為唯一之職責。同時並有電陳部座表明一切。「渝方同志有以弟之近況見詢者，亦乞代為說明，庶不致因報導之不實，而為惡意之宣傳所蒙蔽是幸。」隨信附以前述「褚民誼啟事」以及在法文上海日報上刊登相應內容的剪報。此外還一併呈上致教育部陳立夫部長等人的信函，信中最後特請「代向委座（蔣介石委員長）前致敬，並陳明一切」。

教育部接褚民誼來函，並代向蔣委員長陳明後，經研究由吳司長出面，於5月18日復信：「重行先生大鑒：四月廿六日大函奉悉，經代轉陳，奉囑業向委座代為陳明。部中同仁，對先生並無懷疑，希一本愛黨愛國真忱，努力維護

滬上教育，外間流言，不必計及，久則是非白，不足為慮德累也。至關於經費一節，已奉院令，正在向中法庚款委員會調查中，並希察照，專此奉復。」上述現藏於「中國第二歷史檔案舘」的公函往來，在澄清真相的同時，充分肯定了政府西撤後，褚民誼奉教育部的旨意，恪盡職守所作的努力。此後，外間之流言逐漸得以平息。

面對上述困境，並未動搖褚民誼堅持辦學的決心。嗣後，他於6月2日，進一步致函重慶吳稚暉（「臺黨史館」稚07329），以迫切的心情詳述當時學校因經費問題而面臨停辦的危機，並提出撥借庚款等辦法以暫渡難關，希望吳老就近向行政院長孔祥熙以及教育部長陳立夫等人具情報告，促進這一涉及學校前途的問題儘快得以解決。

第二節　參政初衷，初期活動

如前所述，褚民誼在汪精衛離渝事件發生後，曾多次向公眾和中央政府表明其不參與政治的立場。然而，為何在汪精衛約他密談後，會於1939年8月迅速改變態度，參與到汪精衛組織的「和平運動」（簡稱「和運」）和在南京建立的國民政府（簡稱「南京政府」）中去呢？他在抗戰勝利之初的南京扣押期間，於1945年11月11日撰寫的參加和運之「褚民誼自述」[1.47]（簡稱「自述」）中，對此作出了坦誠的回答。該文被稱為「自白書」，刊登在1992年7月出版的「審訊汪偽漢奸筆錄」[3.60]一書中。該書由南京市檔案館根據其館藏檔案，補充中國第二歷史檔案館和江蘇省檔案館的部分檔案，以人物為主題彙編而成。在褚民誼之部分中，依次編入了他的「自白書」、江蘇高等法院檢察官偵查筆錄及起訴書、褚氏之答辯書、江蘇高等法院審訊筆錄及刑事判決、褚陳舜貞為請復審褚民誼案致最高法院聲請狀和最高法院特種刑事判決等共計八份材料。其中他的自述（見右圖）和答辯書係他本人撰寫，該書出版時，編者僅更改其標題並添加標點符號，文字上未作變動。

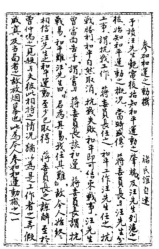

1945年11月11日褚民誼自述之首頁[1.47]。

「褚民誼自述」全文萬餘字，分為「參加和運之動機」「參加和運之經過」「到粵前後」和「忠實之批評」四個部分。他首先從蔣汪之戰和分工、國際形勢之險惡以及保障淪陷區內之廣大民眾三個方面，來說明其參加和運之動機：

　　「余讀汪先生艷電後，始知和平運動之肇端；及汪先生到滬之後，始知和平運動之概況。當時盛傳蔣委員長與汪先生分工事，謂抗戰工作，蔣委員長任之；和平工作，汪先生任之。抗戰勝利，和平自然取消；抗戰失敗，和平即可結束戰事。汪先生曾當面告予，謂嘗與蔣委員長談和運，蔣委員長謂抗戰易，和平難。汪先生曰：『君為其易，我任其難』。故本人始終相信汪先生之和平運動至少已取得蔣委員長之諒解。至於曾仲鳴之見殺與夫彼此相持之情況，猶以為是工作者之弄假成真，及當局者之故放烟幕也。此本人參加和運動機之一。

　　鑒於『九‧一八』後，英、法之操縱國聯，優容侵略，及美國置身國聯之外，與英、法一鼻孔出氣之態度，深恐彼等始終保持此種態度，使德、日等國恣意侵略。以為吾人處此，實不能不有退一步之自全方法。適汪先生倡導和運，更基於上項理念，遂深信和平運動即退一步之自全方法。在今日而作此言，即本人亦自知為不合時宜，顧當時之有此見解，則自信絕非杞憂。使德、日等國在當時能利用英、法等國在國聯之態度，借軍事求取外交上之勝利，則被犧牲者必仍為吾人。乃德、日等國不自量力，一意窮兵黷武，放棄勝利之機會，故今日之敗，德、日等國所自取也。更有進者，使德、日等國一方面尊重英、美之利益；一方面肆其侵略於弱小，則今日之敗是否能有，中外有心人自必各有其至公至正之批評，不俟本人辭費。乃德國不但侵略英、美而又犯蘇，日本不但侵華而且及於英、美，故其敗也不可免焉。

　　今日中國之勝利，實由於與盟國並肩作戰之功。本人雖以參加和運而待罪，但中國之強既所深盼，盟國立場自亦知所尊重。本文為本人參加和運之實錄，且用以作為供狀，對於過去情況不能違言。若以批評盟邦過去態度為不宜，亦惟有在此先求諒解而已，此為本人參加和運動機之二。

　　以淪陷區域之廣大，安能責全體民眾一概西遷？此為不可能之事。在淪陷區中，見日人對民眾之肆行侵虐，不但痛憤，抑且不忍。和運以救民為口實，本人以為最少限度，亦必作到『委曲求全，加以保障』。因此種工作在淪陷區中實極需要，並自信此種意念必能深獲同情於國人。故以『我不入地獄，誰入地獄』之理念參加此種工作，此為本人參加和運動機之三。

本人與汪先生為姻戚，但汪先生從前所有之政治主張本人從未參與，以政治至公，不能因私人戚誼為之左右。往事彰彰，無庸自辯。此次參加和運者，簡單言之，即基於以上三種動機也。（附註）汪先生以前之政治行動，如中山艦事件、寧漢分裂、平津擴大會議、廣州非常會議等，本人始終在中央服務，均未參與。」

至於參加和運之具體經過，他在回溯抗戰爆發從寧赴滬之情形後，陳述道：「汪先生到滬之後……乃知汪先生之和平運動並非純為彼個人之政治主張，乃為與蔣委員長一暗一明之連繫的救國工作。加以日人殘虐民眾，蹂躪地方，到處皆有慘不忍聞，至是始開始為參加和運之考慮。延至二十八年（1939年）八月間，見淪陷區中日人凌虐民眾之事日益加甚，維新、臨時兩政府一無能力加以保障，愈以為和平運動為當前所急需要，因即決定參加和運，從事保民……絕不疑為叛國或附敵之行為也。

汪先生使人與影佐、今井等曾簽定所謂內約者，本人初不知之。後來一切復黨、還都，及取消南京維新、北平臨時兩政府等事，皆根據內約所規定而行，始有所曉。本人對於汪先生當時以死力爭，仍以中國國民黨為政治樞紐一事極表贊同，蓋黨既不分，既隱然與渝猶為一體也。加以當時日人所最切齒者即為中國國民黨，汪先生能力持其事，期以必成，故當時心中轉服其義。

經過在上海召開之六全大會以後，復黨工作既已完成，本人因贊同此項主張，故允任中央黨部秘書長，以示並未脫離中央之意，蓋本人曾一度任二屆四全會之中央黨部秘書長也。經過南京、青島兩次會議，維新、臨時兩政府取消，旋即組府還都。本人在此階段中，除一度主持修復南京各機關建築物外，對於政治決策可謂一無主張，因本人原非政治人才，對於此種多面關係之政治施設深恐不能得當。一切大計除汪先生一人決策外，參與機要者另有其人，本人之位雖尊要，不過旅進旅退而已。

「在外交部不久，汪先生與阿部特使根據內約，簽定中日基本條約，駐日使節無人，遂命本人赴日。在日九個月，復令本人還長外交，直至今年四月未易他職。「在日九個月中，曾巡視日本各大都市，直至北海道，對於留日僑胞生活上、教育上之種種救濟及改善，或與日政府協商，或與各地名流聯絡，使此種救濟及改善工作頗多成就。茲為避免誇張，故不復詳記，留待公正人士之從而調查可也。

在外交部長任內，代民眾向日人索還房屋、財產、車船、工廠以及其他

一切社會利益共有多起。尤其從日本憲兵之任意逮捕、拘押及橫施酷刑之掌握中，完成許多保全民眾之身體、居住等權益事項為最足留念。「本人既立意在協助民眾，故外交工作一以酬酢、連絡為要務，期以個人之情感，完成所負之使命。至於外交上之政治決策，完全由汪先生乾綱獨斷。本人既志不在此，且行格勢禁，亦不容有所表示，故一切外交大計在實行之前，本人可謂咸無所知也。「接收租界為外部職務，本人指揮所屬小心處理，蓋自任外長以來，惟此一事為政治的外交工作也。」（詳見第四章第三節）

褚民誼決意參加汪精衛倡導的「和平運動」以後，正如他在「微電之總答復」（文集[1.41]）一文中，對於此舉對中法工學院有何影響的問詢時，回答曰：「余既決定參加政治工作，立即離開學校，以免學校捲入政治漩渦。且全校師生，均未與聞政治。余之離校，彼等事前亦未之知。余早將校務，委託代理。同時電知重慶教部。深望全校師生，安心教讀，合力維持學校，繼續不墜。余長該校已十二年，歷經艱難，撐支至今，殊屬不易。平素愛護學生，猶如家人子弟，斷不忍目睹彼等失學。更知政治主張，各有不同，對於為國儲材之目的，初無二致。教育應有特立獨殊之精神，況工業專科，當此建國需才之際，尤關重要。故余在校，絕鮮與學生談論政治，且諄諄告誡，希望彼等埋首苦攻，以達學成致用之目的。故不致因余個人之去就，而影響學校之進止。」他在10月2日致時居國外的李石曾書（文集[1.41]）中，在告知其政治選擇的同時，著重報告了該校面臨經費短缺，特別是法方年來無意續辦該校等狀況，籲請李氏「設法斡旋，俾使中法合辦之文化事業不致中斷。」並在此表達其「今雖離校，仍願從旁竭力贊助」的態度。

8月28日汪精衛在上海主持召開了「國民黨第六次全國代表大會」，褚民誼任監察委員會常務委員，並兼任秘書長。國民黨曾於1927年出現寧漢分裂的嚴重局面，褚民誼在那個時期也出任過中央秘書長，為恢復黨的團結統一，發揮了積極作用。在這次重掌秘書長之際，他於9月5日向在重慶的中央執監委員發出「微電」，表達他「以國家之興亡為前提」「可戰則戰，當和則和」「熟權利害，善加選擇」的主張。黨的分裂是他不願意看到的，為此他明確表示「民誼當盡最大之努力，從中斡旋」，以儘早實現黨之再度復合。（文集[1.41]）

文中談到蔣同志（指蔣介石）雖言抗戰到底，實不斷與日進行議和。他以自己的經歷說明，「即民誼在滬，當汪同志（指汪精衛）未離渝前，亦曾數度與孔庸之（祥熙）同志之代表，向對方洽談如何停戰、如何談判、如何撤兵，

且曾以函電報告經過。民誼本良心之主張，認為和平早一日實現，人民早一日脫離痛苦。初不知主張議和，足以獲罪也。」褚民誼參與的這項活動，是在戰局逐步轉變為持久消耗戰的情勢下，日本近衛內閣試圖改變其對華方針而發生的。1938年10月底近衛派他的親信早水親重等人由東京飛滬，與重慶國民政府行政院長孔祥熙在滬代表樊光以及褚民誼會晤。「臺國史館」內藏有一份兩人與日方會談後，於10月31日呈報孔祥熙，並由孔於11月5日密電蔣介石的檔案（編號002-080103-00028-004-001a至004a）。密電中轉達了近來日本近衛首相表示對華須尚和平的主張等內容。

1939年11月上海建社出版部，由戴策編輯，出版了「褚民誼先生最近言論集」[1.41]（見右圖）。在該書的初版中匯集了褚民誼參政近三月來發表的重要言論九篇（嗣後分別於1940年1月和2月再版和三版，所收集的文章相應有所增加）。除上述三篇外；有二篇是分析當時國際局勢的文章。其餘是他在中央黨部的演講，以及在中華日報和日本有關報刊雜誌上發表的題為「經濟合作原理」「中日和平之基礎」「中日經濟合作應有之認識」和「中日和平與文化合作」等四篇文章。這幾篇以「中日和平、共存共榮」為中心的文章，集中表達了他為爭取國家自主獨立和東亞共榮而謀求和平的立場。

1939年11月出版的「褚民誼先生最近言論集」[1.41]。

他在應大阪每日新聞華文半月刊之邀，在其上發表的「中日和平之基礎」一文中，開宗明義地寫道，我們認為中日戰爭的結束，並不因為日本軍事上已經勝利而望和；也並不因為中國戰敗而求和。「因為若以前者的說法，日本未曾以二年多爭戰的經驗而認識滅亡中國的不可能性。若以後者的說法，則沒有正確估計中國民族的創造性，和中國數千年歷史維繫的要素。所以中日和平的真實目的，是在奠定東亞永久的和平，進而求世界永久的和平。」他在分析發生這次中日戰爭的原因時指出，兩國間都有一種傳統思想的錯誤。以軍備來說，「在中國方面看來，日本完全在準備侵略，同時以近世中日關係史上看，確也不少證明日本以軍事劫奪的行為。「這樣形勢的結果造成了中國人民『畏

日』和『仇日』的心理。其次，以政治經濟來說，日本自維新以後，政治和經濟的進步，一日千里而堪與歐美比擬，無疑的是中國的先進。「但事實上日本確利用強制性的條約來達此目的……這樣，不但使中國感覺惡劣，而且使國際為之不安。其結果，中國政治經濟的改革非但不通過日本，反而厭談中日政治經濟的合作。再次，以文化教育來說，「日本的教育是以侵華、侮華為其目的，未曾致力於中日文化教育的溝通。這樣的結果是，中國新文化運動站在反對帝國主義的立場，並以抵抗侵略為其教育的目標。

我們認為中日兩國，無論在種族上、地理上、歷史上，其政治文化經濟都容易溝通和合作，兩國的繁榮和兩國的和平也很易確立。「不過，由於中日最近三十年間的不良關係，應如何使兩國能彼此互信？我們確認，第一必須放棄以武力征服或武力復仇的觀念，只有在分擔奠定東亞永久和平的觀點上，中日各自充實國防，不以之作彼此相爭的工具。第二，我們必須以兩國彼此有利的情形下，建設整個繁榮東亞的經濟合作，以之避免彼此獨佔的形勢。第三，我們必須基本的溝通兩國固有的文化和改善教育制度，然後兩國的傳統思想得以打破，兩國人民因思想的融和而一致。這樣，東亞永久和平得以確立，世界和平才有曙光。「際此第二次歐戰激起之秋，我們應秉古訓所謂，一切『建立於民』的原則上，來努力中日和平的基礎，完成東亞百年的大計。」

他在擔任國民黨秘書長後不久，於10月份中央黨部舉行總理紀念週上的演講，曾以「中日經濟合作應有之認識」為題，先後發表在1939年11月18日的「中華日報」和1940年1月的「日本時事評論」（Nippon Hyoron）上（文集[1.41]）。該文從經濟合作的角度，再度闡述中日關係應和平相處共存共榮的觀點。1940年1月17日英文版「華北導報」[2.13]上刊登了哈瓦斯（Havas）1月8日從東京發來的，題為「新政權並非『傀儡』」的文章，扼要披露了褚民誼這篇文章的內容，記者寫到：「人稱汪精衛得力助手的褚民誼博士，在擁有大量讀者的『日本時事評論』上發表宏論，坦率地『告誡』日本讀者，日本的對華政策是錯誤和『不公平』的。褚博士指出，過去幾年，特別是自滿洲事變以來的歷史表明，日本迷戀於顯示武力……企圖通過對中國施加政治和軍事壓迫，以解決其經濟危機，這種辦法是錯誤的。如果日本深入思考自己以及中國的地理位置，就切莫試圖採用歐美侵略中國的做法。並稱，日本是激起中國民眾對帝國主義深惡痛絕的主要原因。日本基於軍事力量的算盤，其目的是要實現『日本工業、中國農業』的口號……要一個國家永久處於農業狀態，是毫無

道理的。國民黨的任務是要進行國家的經濟建設，單邊壟斷將斷送經濟合作。『中國意欲抗拒強加在他頭上的政治和軍事壓迫。』中國只樂意響應那些和平建設的建議。在中國的日本佔領區內，至今仍存在嚴重的『不平等』，例如，所謂的『華中開發公司』，是一個半官方的組織，中國人實際上不可能參加。『中日經濟合作必須以平等為基礎。資金、勞力和技術是三個基本要素。我們決不允許以損害我們國家的領土和主權完整，來乞求經濟合作』，等云。」

　　1937年12月南京陷落，日軍瘋狂燒殺擄掠，大量居民流離失所。國內外慈善機構和人士紛起組織形形式式的難民營，盡力予以救助。2000年仲夏，在棲霞寺鹿野堂後院亂石堆內發掘出褚民誼於1940年書寫的「寂然上人碑」（簡稱「上人碑」）碎塊，揭示和確證了在南京大屠殺期間，留守在棲霞寺內的僧人，在寂然法師帶領下，組織佛教難民收容所，救助二萬餘難民的光輝事跡。該碑共二塊，各被砸成兩半，拼接起來每塊尺寸寬約1.42米、高約0.47米，今鑲嵌在寺內退居堂廊牆上。其拓片，如下圖所示，現收集發表在由該寺住持隆相法師和辦公室主任徐業海編輯，於2009年12月出版的「南京棲霞山貞石錄」[3.76]中。

　　棲霞山位於南京市東北約二十公里的長江南岸，初稱攝山，後以在其主峰鳳翔峰西麓，建有千年古剎棲霞寺而得名。由於該山地勢險要，歷來為兵家必

1940年10月28日仁山法師撰文、褚民誼題書之「寂然上人碑」拓片[3.76]。

爭之地，致使棲霞寺屢遭兵燹，幾經興衰。清咸豐五年（1855年）清軍與太平軍在此激戰，遭到一次最嚴重的破壞，幾成廢墟。從1919年起，經鎮江金山江天寺高僧宗仰上人以及法徒若舜、法孫寂然等人相繼苦心經營，至1929年重建為金陵首剎。寂然上人碑記述和頌揚了寂然法師中興棲霞大業的光輝一生。特別是記載了如下一段抗日戰爭時期淪陷區內可歌可泣的動人事蹟：

「民國二十六年七月盧溝橋事起，風火彌漫旋及滬京，載道流亡慘不忍睹。上人用大本、志開兩法師之建議與襄助，設佛教難民收容所於本寺，老弱婦孺獲救者二萬三千餘人，日供兩餐，時逾四月，道途寧靜始遣之歸，真盛德也！事變以後，若老在香港，卓公住泰州，上人留守棲霞，苦極艱深困行忍邁，鐵肩負厄處之怡然。總上人一生名位不求其高，而立德立功則汲汲焉惟恐不及，輕名重實，可敬也矣！」（注：碑文原無標點）

在上人碑重見天日以前，這段珍貴歷史已鮮為人知。1937年南京陷落前，大部分僧人離寺，避至香港和內地等處。寂然法師則與十餘僧人堅持留守護廟，其中包括了當時寺內住持之一的明常法師。1939年寂然法師年方42便英年早逝。同年，明常法師接任方丈。抗戰勝利後，外避僧眾紛紛返回。1946年明常法師往香港重建鹿野苑。在1962年香港鹿野苑出版的「棲霞山志」[3.52]中，對救助難民的這一事蹟也有上述相似記述。

現今在美國耶魯大學神學院圖書館（Yale University, Divinity School Library）的檔案中，珍藏有美國神父老約翰・馬吉（John G. Magee, Sr.），於1938年初，用16毫米手提攝像機攝製的難民營電影（電影剪輯編號Magee_Reel_9_clip.mp4）。此外另有美國神父歐內斯特・福斯特[11]（Emest H. Foster）夫婦於1938年3月拍攝的題為「南京郊外棲霞山難民棚」的三張照片（照片編號YDS-RG008-265-0002-0039）。這兩份影像資料相互印證，記錄的都是前述「棲霞寺佛教難民收容所」的當年實況。那時棲霞寺周圍的廣大山林地區均屬廟產，馬吉的攝像是從棲霞寺的正門開始拍攝的，廟前的池塘和水池至今猶在。由於難民眾多，廟堂內不足收容，大批難民被安置在廟門前向外延伸的地區上搭建起來的簡易草棚內。可見難民們雖然生活艱苦，但秩序井然。大大小小的難民棚在廟前逶迤延綿，蔚為壯觀。

---

[11]　老約翰・馬吉及歐內斯特・福斯特，兩人在南京大屠殺期間曾分任國際紅十字會南京委員會主席和秘書等職。

此外，該難民收容所中曾收留和掩護過被打散的抗日將士。其中就有當時參加南京保衛戰的中校主任參謀廖耀湘。他由村民和廣舒帶到棲霞寺難民收容所暫避後過江逃生，嗣後因戰功顯赫，升任新六軍軍長。抗戰勝利後，他榮歸南京，於1945年11月12日偕和廣舒重訪棲霞寺，題詞「凱旋還京與舊友重臨棲霞」，至今仍存廟內。

在當時南京大屠殺白色恐怖氣氛籠罩下，寂然法師毅然挺身而出，以十數僧眾，傾全廟之力，設立堪稱當年規模最大的佛教難民收容所，手無寸鐵地與日軍的干擾和破壞相周旋，長達四月之久，其艱辛不言而喻。事後他終因積勞成疾，於1939年10月12日圓寂。其門生大本、覺民、志開等仰戴他的功德，為使之永垂不朽，通

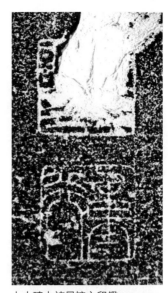

上人碑上褚民誼之印鑑。

過雪煩法師的引介，請原鎮江金山江天寺的長輩仁山法師撰稿，並請當時已從上海來到南京任職的褚民誼題書，由雕刻家黃慰萱刻石，一座豐碑「寂然上人碑」，於公元1940年10月28日（按佛教傳統紀為「中華民國紀元第一更辰重陽日」）落成，莊嚴地鑲嵌在棲霞寺方丈門內牆的顯要位置上。在上人碑的最後落款處，依次標明了撰稿人名、題寫人名、立碑日期和篆刻人名。但在被發掘出來的殘碑上，如前二頁下圖所示，這四行字跡均被鑿除。確切地加以辨認，是恢復其歷史真相的關鍵。至今可查閱到，在1940年3月上海佛學書局編輯出版的「佛學半月刊」第203期上，刊登有以「仁山」署名的文章「寂然大師碑銘」，可作為撰稿人之佐證。至於題碑人，除從字體的獨特風格上進行辨認外；褚民誼字重行，如右上圖所示，碑上在其名字的下部有二個印鑑。下面一個幸存完好，篆體刻寫的「重行」二字清晰可辨，由此可加以確證無疑。

上人碑是如何被毀的？據當年曾一度主持廟內事務的王煜明老人回憶，1950年代初期，南京市人民政府成立後不久，市領偕同上海市領導來棲霞寺參觀遊覽，被迎入方丈院內。當看到方丈門內牆上的寂然上人碑後，憤憤地指責題碑人，並對寺內竟然恭立該碑十分不滿。在當時的形勢下，廟裡人受此責難，便趕緊把碑取下，鑿去落款，砸斷棄置。從此，不但該碑銷聲匿跡，其上銘刻的寂然法師的事蹟也因諱忌緘言而逐漸被人們淡忘。上人碑頌揚的是愛國愛民的高

僧，揭示的是日軍侵華的罪行。這麼一個令國人肅然起敬的碑銘，在淪陷時期內得以樹立，卻反而在抗日勝利後被砸毀，這樣的顛倒遭遇，太令人反思了！

在日本軍國主義的大舉入侵下，中華民族遭受空前的劫難。在敵強我弱，大片國土淪喪，人民塗炭日甚的情勢下，如何拯救國家、保護人民，考驗著每一個有良知的中國人。拿起武器奮起與日寇抗爭，顯然是抵禦入侵的主要鬥爭方式和主戰場，為此碧血疆場的英雄兒女，眾目睽睽，值得永世傳頌。然而，還存在一個非武裝鬥爭的隱蔽戰場。特別是在已落入敵手的廣大淪陷區內，如何以各種方式保存國家元氣，為廣大淪陷區的百姓盡力爭取生存條件，是放在當地愛國志士面前必須應對的問題，寂然法師就是這樣一位代表人物。南京大屠殺期間褚民誼留駐上海，堅持維護教育。此後，為了在淪陷區內以和平方式達到護國保民的目的，於1940年初到南京，出任汪精衛組織的國民政府行政院副院長兼外交部長。他對南京棲霞寺寂然法師這一愛國主義壯舉感同身受，視為典範，大力頌揚，欣然提筆，書寫碑銘，從而使這段悲壯歷史，在當時日軍嚴屬管制的眼皮底下，得以樹碑立傳流傳下來。

褚民誼應邀題碑並非偶然，他與棲霞山寺早就結下了不解的情緣。1932年他出任行政院秘書長後常駐南京，對棲霞往昔遭受破壞未能得到應有的修復而深感惋惜。1934年他首先著手對半山腰處的著名景點「暢觀亭」進行集資重建，11月25日舉行落成典禮，「南京圖畫週刊」（1934，12，2）上對其盛況進行了報導。接著，他又於1935年在原太虛亭遺址上進行大規模修復重建。於「重九節」落成（「南洋商報」1935，10，14）。香港人海燈社出版的「人海燈」雜誌第3卷第7期（1936，7，1）上登載了太虛亭落成典禮上的合影，如右圖所示，前排居中的長老似為雪煩法師，吳稚暉和褚民誼分立其左右，右起第三人為負責該工程的棲霞寺僧人寂然法師。為了記載棲霞山寺的歷史和太虛亭的集資重建過程及其

1935年10月6日棲霞山太虛亭落成典禮之合影。

1935年褚民誼撰寫之重建攝山太虛亭碑拓片：（右）正面「重建攝山太虛亭記」；（左）背面「重建攝山太虛亭捐款人姓名及捐款數目」。

功德人士，由褚民誼撰寫，刻文立碑於緊鄰太虛亭的碑亭內。至今太虛亭成為棲霞山的 一個著名旅遊景點。但是重建太虛亭碑連同碑亭一起卻橫遭摧毀，只剩下了碑亭的水泥底座平台。所幸在「臺國史館」內保存有該碑的三張完整拓片（編號001016133001003m-5m），包括：吳稚暉篆字題寫之「重建攝山太虛亭記」碑額，以及如右上圖所示，由褚民誼撰文並題寫的碑身正面「重建攝山太虛亭記」及其背面「重建攝山太虛亭捐款人姓名及捐款數目」二件。按拓片尺寸估計其碑身，高約1.65米、寬約0.8米。

　　褚民誼對寂然法師仰慕之情是一以貫之的，繼題寫上人碑後，又於1944年秋為寂然法師畫像賦題像讚（見後頁上圖）：「疊疊高僧，抱願二乘；渾忘我像，濟眾咸登；清規正肅，艱苦自勝；追懷往行，百世式憑。」讚詞高度概括和頌揚了上人的光輝業跡和崇高品德，堪為國人永世學習的楷模。褚民誼在當時日本侵略者控制的淪陷區內雖身居「要職」，但卻並不忌憚在頌揚寂然法師在南京大屠殺期間濟眾壯舉的同時揭示日軍的侵略暴行；相反地正以他「高官」地位的庇護，使寂然法師愛國主義的事蹟和精神得以銘刻下來流芳後世[12]。

---

[12] 該碑重見天日後，時任棲霞寺監院、後任三藏寺住持的傳真法師，為使這段被遺忘的歷史得以廣為傳頌。親自編劇製片，募資拍攝了片名「棲霞寺1937」的電影，於2005年8月慶祝抗日戰爭勝利60周年之際獻演，觀眾莫不動容。

1944年褚民誼為寂然法師畫像賦題的讚詞。

褚民誼在讚頌主人公的同時，也表露出他當時愛國護民的心跡和立場，可以作為判斷他當時參加和運並在南京政府任職動機的一個重要的試金石。

在上海召開國民黨第六次全國代表大會後，汪精衛為了在淪陷區範圍內組成統一的國民政府，率褚民誼、周佛海、梅思平、林柏生等人員，先後於1939年底在南京和1940年1月在青島，與臨時和維新政府的代表舉行兩次會議，議決籌備於1940年3月30日在南京舉行國民政府還都典禮。褚民誼在「自述」[1.47]中回憶，1940年2月16日六屆二次全體會議上，他被推選擔任「籌備還都委員會」委員長，「即於2月17日由滬赴京，輕車簡從，空拳赤手，入日軍之佔領地、維新政府之施政區籌備還都，」於謁陵後即著手修葺府院會部衙門。「雖工程為市政府主辦，而督促及籌款皆由本人劃策。不然，恐到今日尚留淪陷時日軍摧殘之跡於吾人之眼也。其他如民間之文化等會所及塔寺等無不出餘力以整理之。」計修建之寺院有雞鳴寺、毗盧寺、靈谷寺、三藏禪寺、三藏塔等。其非由本人直接負責者，亦責成各寺院之住持自為修理，如古林寺也，金陵寺也，棲霞山之棲霞寺也，鎮江金山寺、焦山之定慧寺也，北固山之甘露寺也，常州及上海之清涼寺、龍華之龍華寺也。」

其中雞鳴寺是南京市內最負盛名的古剎。南京大屠殺期間，時任國軍教導總隊工兵團營長的鈕先銘，曾躲入該寺，在住持守慧法師的庇護下，隱藏長達八個月後逃離南京歸隊，堅持抗戰直至勝利。該寺緊鄰國民政府所在地，是褚民誼此次來京修整市容時，早期關注重修的一所廟宇。1989年起雞鳴寺在其頂部興建藥師佛塔，從亂石堆中發現了一塊破成兩段的石碑，拼接後從新樹立在藥師佛塔院內，碑身高約1.64米、寬約0.82米、厚約0.18米，安放在高約0.42米的碑座上。該碑之碑銘，正面題為「重修雞鳴寺記」，由褚民誼撰文並題寫，日期在重修完成後之1940年4月26日。其背面題為「重修雞鳴寺碑」，由該寺

住持守慧法師撰文、書法家溥侗題寫，扼要地介紹了該寺的悠久歷史，著重頌揚褚民誼重修該寺之功德，日期在稍後樹碑時之1941年3月30日。

褚民誼撰寫之「重修雞鳴寺記」碑銘拓片示於右圖。文中首先抒發了他重返故地，目睹奠都南京後，經政府努力建築一新的京都，遭到戰爭嚴重破壞的憤懑心情。然後具體記述了發起重修雞鳴寺的緣起和經過。最後他將此功德，歸於戰後曾在他籌劃下參與修復政府各機關的九位廠商，在工料上純盡義務之奉獻。縱觀該碑碑文，其字裡行間洋溢著褚民誼為國為民「修美」「向善」的高尚情懷；同時他又以「詎意中日事起，喋血京門，烽火之餘，益多摧毀」的犀利語句，無情地譴責了日軍的侵略罪行。這正是他在淪陷區的艱難環境下，千方百計地修復遭戰爭破壞的各種文物和建築時的一個典型的內心獨白和寫照。

1940年4月26日褚民誼撰寫之「重修雞鳴寺記」碑銘拓片。

第三節　外交部長，駐日大使

一、職權範圍，迎來送往

通過汪派與臨時政府和維新政府的共同會議，淪陷區內一個統一的國民政府，於1941年3月30日，在汪精衛主持下在南京宣告成立（以下簡稱「南京政府」）。為與當時西遷重慶的國民政府保持一致，起初仍以林森為主席，汪精衛代理。國民政府還都籌備委員會於是日，在行政院前的還都紀念塔內樹立了一座「中央黨部還都紀念」碑。該碑今已失，「臺國圖」內藏有其正面和背面碑文之拓片（編號MA002234778），尺寸分別為1.52×0.565和1.55×0.565米。其中國民黨中央黨部秘書長兼國民政府還都籌備委員會委員長褚民誼題寫之碑

文拓本示於右圖。為了繼承原南京國民政府的法統，復黨組府之後，「年號亦不變，仍用青天白日滿地紅旗，惟初三十年（1941年）間國旗上加一黃三角飄帶[13]，上書『和平、反共、建國』六字標語。至三十二年（1943年）二月五號立春，恰好逢舊曆元旦，黃色飄帶取消，人心大為之快。」褚民誼在「自述」[1.47]中如是說。

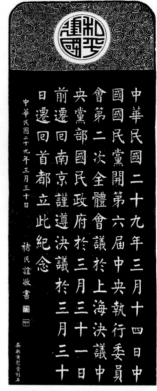

1940年3月30日褚民誼題寫的中央黨部還都紀念碑拓片。

褚民誼是淪陷區內除汪精衛之外，在黨內數一數二的元老，但在南京政府中卻未賦實權。褚民誼是一位人所共知的文人，但在組府開始時竟然要他擔任淪陷區內無足輕重的海軍部部長，不僅為一閑職，而且顯得莫名。當時圈內相傳，褚民誼接到任命後，特意穿上海軍軍裝，對著鏡子，向左右詼諧地發問「像不像?!」在眾人反對下，汪精衛改變初衷，將他自己兼任的外交部長讓給褚民誼擔任。名義上過得去了，但實際上仍然是一椿有名無實的差使。淪陷區內的所謂外交，可以說完全由中日關係所決定，其大政方針完全由汪精衛乾綱獨斷；而且允許政府各部門可以繞過外交部，直接與日方聯絡。因此，這個外交部僅是一個按上級指示行文、迎來送往的招待衙門而已。後頁上圖這張合影，是南京政府成立，中日雙方核心決策層，為慶賀合作成功而拍攝的。中方人員中包括參加中日密約談判的周佛海、梅思平和周隆庠外，還有南京政府成立前不久來到南京任職的陳公博。南京政府中名義上主管外交的行政院副院長兼外交部長褚民誼，在這一重要場合，卻未現身影，其處於被邊緣化的狀況，不言而喻。[14]

褚民誼在其自述[1.47]「忠實的批評」一節中寫道，南京和平政府成立五年餘，「幾於一事無成，實為不能自恕之事。其惟一原因，一言以蔽之，即缺乏『力』的表現是也。對日本無力，故一切事項幾於惟日人之命是聽。「自好

---

[13] 飄帶是應日方要求，為前方交戰識別而設。

[14] 關於汪政權大政方針的決斷過程，以及南京政府各要員的作用，原周佛海親信金雄白，以朱子家之筆名撰寫的「汪政權的開場與收場」[3.78]一書，有所詳述，可供參考。

1940年南京政府成立，中日關係決策層之合影。左起前排：今井武夫、汪精衛、影佐禎昭；后排：周隆庠、梅思平、犬養健、周佛海、陳公博、伊藤芳男。

之士吞聲忍辱，委屈求全，欲罷不能，言之慘痛；不肖者流則囤積走私，貪墨等事無不為矣。更有既受挫辱於日人，亦即自日人身上求取代價者。於是中下級之中日人員不少朋比為奸，魚肉鄉里之事情，此輩宵小最足痛恨也。

「本人在外交部長任內時，非不願與日人提起交涉，俾有所改善。第一切物資皆在日人掌握之中，欲其開放，非用全力以爭，絕難辦到……加以和平政府之外交權力本不完整，一切金融、物資、經濟等事均由各主管部與日人直接交涉，完全不經外部之手。故一切交涉大計均有汪先生決策，飭主管部門自行交涉，因而一般有資格之大員更唯恐本人強調外交之意見，得見重於汪先生，故相率日短本人於汪先生之前。不曰本人只解玩游，不通政事；即曰本人不切實際，專管閒事。於是本人所提倡之放風箏、踢毽子等民間運動，亦被視為不務正事之引據，汪先生與本人之間乃不能更有諒解矣。「是以所謂外交部長者，質而言之，不過訪問之隨員、招待外賓之主人而已。本人既無事可作，乃不能不別求寄托。除利用宴客主人之資格，取得個人與日人間之情感，在消極方面用以維護民眾外；其正面工作轉為修廟……為白下山河增加故實。予豈好為此哉？予不得已也。

「或曰所處既然如此，何不及早引退？斯言是也。予何嘗不欲早日引退哉？計使日返京時，曾擬辭職，並擬退隱棲霞山，不復以姓名與世人相見，結果未能如願。在和平政府對英美宣戰時，本人又擬辭職退隱，結果亦未能如願。今春（1945年春）公博先生就任代理主席以後，本人即決心辭職，安危不

計，故曾兩致公博函，暢論和平政府之罪惡，並提出正式辭呈，結果亦未能實現。其所以終難擺脫者，要不外情拘勢牽而已。情拘猶可，勢牽則兇，蓋破壞和平之罪詎易負者？此所不能不終於接受各方之勸告，而將辭意打消也。」

褚民誼被任命為外交部長後，於4月22日到部任事。不久發行「外交公報」[3.58]，中國第二歷史檔案館於1990年4月將其第1至78各期（1940，6，11-1942，12，26）影印出版。褚民誼的主要外交活動和有關言論詳載其間，本節中扼要列舉其重要外事活動如下。

為響應南京政府之成立，日本即任命原首相阿部信行大將為特派大使，並派遣日本各界「使節團」出席4月26日在南京舉行的還都典禮慶祝大會，褚民誼任大會主席。會後不久，南京政府派遣陳公博為專使、褚民誼為副專使赴日答禮，成員包括陳群、林柏生和陳君慧等一行五人，於5月16日啟程訪日，期間會晤近衛文麿等要人，並到各地參觀，宣示友好。

接著，從7月5日起至8月31日，由外交部出面，在南京舉行以汪精衛和日特使阿部信行為首的中日雙方調整中日新關係會議，以組府前日、汪業已商定的內約為基調，制定出「中日關係基本條約」，於11月30日由汪精衛與阿部特使共同簽署，同時還與滿洲國總理臧式毅一起聯合發佈了「中日滿共同宣言」，汪精衛也於前一日宣誓就職南京政府主席。

為象徵中日兩國邦交正常化，12月13日南京政府委派褚民誼為「駐日本國特命全權大使」，外交部長由原副部長徐良接任。（[3.58]第21期）行政院副院長一職則轉由周佛海擔任。褚氏於1941年1月28日離京東渡履新（詳情見後），直至10月27日返京繼任外交部長。

1941年12月8日，日本發動太平洋戰爭。1942年5月4日滿洲國成立十周年，汪精衛率褚民誼、楊揆一、林柏生、周作人、陳君慧、陳昌祖、周隆庠等隨員訪滿，於10日返京。隨後，滿洲國派出以特使張景惠總理為首的答禮團，於6月7-12日回訪南京。

1942年5月29日至6月4日南京政府派專使團訪日，褚民誼為專使、楊揆一和任援道為副使等一行，禮節性地感謝日本政府給予之種種協助和對解放東亞所作之努力，期間受到日皇的接見，並到有關的軍事機關和部門進行參觀訪問。日本為答謝汪精衛於去年首次以南京國民政府主席的身分訪日，於是年9月下旬派出以三特使為首組成的答訪團訪問南京，並遞交國書，褚民誼被委任為接待委員會委員長，陪同參觀訪問。

太平洋戰爭一周年後戰局逆轉，日本積極調整其對華政策。汪精衛於1942年12月19-27日訪日，與東條首相會談，周佛海、褚民誼、林柏生、梅思平、周隆庠等隨行。1943年1月9日由汪精衛簽署，南京政府正式宣佈對英美宣戰，並隨即與重光葵大使聯合簽署「中日共同協力完遂爭戰宣言」及「交還租界撤廢治外法權協定」。稍後汪氏又令，自2月5日起，取消國旗上的黃色三角標記。

1943年3月13日日本東條首相訪華，與汪商談落實對華新政策。嗣後，通過陳公博4月的先期訪日，以及9月汪精衛親攜陳公博赴日與東條首相進一步商談，於10月30日在南京，由汪精衛與日本大使谷正之簽訂了「中日同盟條約」及附屬議定書。接著，日本於11月5-6日在東京召開「大東亞會議」，有來自日、中、滿、泰、菲、緬、印等七國的首腦與會。汪精衛偕隨員周佛海、褚民誼、陳昌祖、周隆庠等人出席。會議發表了「大東亞共同宣言」。印度著名民族主義者鮑斯（Subhas Chandra Bose）於1943年7月在英國成立了自由印度臨時政府。出席完上述會議後，他於11月17-22訪問南京和上海，褚民誼等人陪同接待。

此外，1943年還都三周年之際，南京政府於3月29日頒發同光勳章。陳公博與褚民誼等七人獲特級勳章。（「申報」1943，4，11）與此同時，日本政府也向中國的有關人員授勳。其中於1943年4月7日向褚民誼和周佛海授予旭日勳章。1942年汪精衛訪日時，日皇曾贈以日本最高之菊花大綬章，褚氏於1943年4月中下旬赴日參加在東京召開的第二屆東亞醫學大會之際，受南京政府委派向日本天皇奉贈同光大勳章。（「申報」1943，4，26；27）

大東亞會議後不久，汪氏因背部子彈舊傷復發，醫治無效，於1944年11月10日在名古屋去世。11月12日陳公博繼任南京政府主席。1945年4月26日褚民誼辭外交部長獲准，但同時被另任命為廣東省省長兼廣州綏靖主任，於7月6日到穗就任。（詳情見第五章第一節）

在褚民誼擔任外交部長期間，汪精衛與日本先後簽訂條約、發表中日滿宣言，並向英美宣戰。這些活動是抗戰勝利後，江蘇高等法院藉以控告褚民誼並判處極刑的一項主要依據。褚民誼在他的答辯書[1.47]第四條中對此說明道：「訂立基本條約，觀其條文不但本人不滿意，汪先生自己亦不滿意，不過汪先生是確認條約，是白紙黑字。如果自己做得好，則條文上之不好字面，可轉變為好；苟不努力，雖好的字面亦等於具文。果也，不久就由基本條約改為同盟條約，字面上好得多了。但當時汪先生仍不滿意，因抱了將來轉變到好的

希望。故不僅與阿部特使簽訂中日基本條約，後來又與谷正之大使簽訂中日同盟條約，本人均未參與簽訂，且未附署，此事在外交部檔案中可查，故本人不負簽訂以上兩種條約之責。關於中日滿共同宣言亦是汪先生與阿部特使、滿洲特使在簽訂中日基本條約後一小時內共同簽訂者，本人亦未附署，外交部有案可稽。當時何以有此宣言者，一則未便直接認滿洲之獨立建國；二則權為忍痛一時，暫取得中滿關係，徐圖日後之收復計。証之以汪先生於民國三十一年（1942年）春之在滿洲向東北民眾公開演講曰：『我們昔日為同胞，今日仍為同胞，他日更為同胞』等語[15]。可見汪先生之用意，聽者皆淚涕不已。又於中日滿運動會開幕時，一見中華民國國旗高升，群相鼓掌。當中日雙方比賽時，中方勝，喝彩鳴掌應之；日方勝，則默然不作聲。凡中國派代表赴滿參加各種會者，會後私談偶語時，向我方述及日人之殘酷而表示傾向祖國之忱。即滿洲大使館館員之在南京者，時與外交人員及其他有關係常往來者，均表示不忘祖國之誠意，尤欽佩汪先生之演詞不已焉，可見東北人民淪陷至十四年之久而人心不死，常思漢也。故本人雖不負簽訂共同宣言之責，但深知汪先生用意之所在。至對英美之宣戰，汪先生自己起草，以自己名義，由國民政府發表，並未經過外交部。「以當時英美始終未與南京國民政府發生外交往來，嗣後外交部亦未接到英美對於此次宣戰之下文，雖宣而未戰，等於紙上具文，然而反生好的影響，從此列強爭先恐後聲明退還租界及撤廢治外法權。」

二、奉命東渡，出使睦鄰

「中日基本條約」簽署後。日本政府正式承認南京政府，1940年12月28日首任特命全權大使本多熊太郎到南京向汪精衛遞交國書。相應地，南京政府於12月13日任命褚民誼為「駐日本國特命全權大使」。（[3.58]第21期）褚民誼接到任命後，進行了約一個半月的準備工作。他在登岸日本神戶時說明道，此次奉命之餘，深感責任之重大。「原應早日赴任，因鄙人在國內政治、黨務、文化以及社會團體各方面所擔任之職務甚多，出國之前，均須一一委託，且使館房屋啟封未久，修繕需時，而隨行人員之遴選，各項事務之籌備，以及和平區域各方面軍政當局之意向，民間之現狀，博訪周諮，多所察納，以致行程遲緩。」（[3.58]第26期）

---

[15] 該演講的全文刊登在[3.58]第65期上。

自還都以來，淪陷區內各種文化以及社團活動逐步恢復起來，褚民誼在許多團體中擔任理事長或名譽理事長等職，其中有兩個與中日關係密切相關的團體，一個是由他發起成立的「中日文化協會」（詳見第四章第四節之一）；另一個是「中華留日同學會」。後者於1938年9月12日草創後，於1940年11月17日改組成立。該會以聯絡感情、交換知識、研究學術、服務社會、促進中日邦交為宗旨，汪精衛為名譽理事長，褚民誼任理事長。為開展活動新建會所和俱樂部迎紫堂，並於1941年1月創辦「中華留日同學會會刊」[2.34]（見右圖），以報導學會動態。褚民誼的諸多有關活動常披露其間。[3.45]

1941年1月「中華留日同學會會刊」創刊號 [2.34]。

連日來外交部全體職員、國民黨中央秘書處全體工作同志及其他機關公務人員、中日文化協會及中華醫學會、南京市新藥業同業公會、浙江旅京同鄉會、法比瑞同學會等，分別舉行各種歡送褚外長赴日之活動。中華留日同學會則於1月10日聯合首都二十餘團體，假座中日文化協會舉行盛大歡送會，到會各團體代表三百餘人。[2.34]（Vol.1，No.1-2）

接著，為了解淪陷區各地的實情，他於1月13-23日赴華北之北平、張家口和大同，山東之青島、濟南，以及漢口等地考察並訪問各關係單位。1月26日臨行前，他在中德文化協會舉行告別茶會。會前發表公開講話，闡明此行東渡之使命，在於謀取中日兩大民族之根本協調，責任之重大，惟有竭忠盡慮，才能不負國民之期許。（[3.58]第24期）

1942年1月28日，褚民誼從南京啟程飛滬，然後乘輪東渡。2月2日抵神戶，當地華僑舉行盛大歡迎會。2月5日乘八幡丸抵橫濱，受到中國留學生熱烈歡迎，上岸後即乘車赴東京麻布區新大使館。旋接見記者團，發表談話，力主中日實行互助合作，共同建設東亞繁榮。2月8日上午觀見日皇，遞交國書。（「朝日新聞」1941，2，9）

褚大使到任後，頻繁與日方各界往來酬酢，「外交部公報」[3.58]No.27上刊登專文予以報導。繼日方日前在帝國飯店舉行盛大的歡迎茶會後，他於2月13日在使館設宴招待日方各機關長官。翌日下午日華俱樂部設宴歡迎，他在被

推戴為名譽會長的答詞中強調，「鄙人認為要使得中日兩大民族根本協調，必須兩國朝野人士，多所交往，兩國人民，感情融洽，才能達到近衛公『善鄰友好』之目的，這是鄙人一向努力的。在國內曾有中日文化協會的組織，也是這個意思。「鄙人此番來到貴國，負了重大的使命，抱了很大的決心，要使得中日關係根本改善，做到真正提攜、澈底合作的地步。」接著，日本松崗外務大臣於2月21日，歡宴褚大使暨使館高級職員。26日日本東亞同文會舉行歡宴。直至3月3日，褚大使假東京帝國飯店招待日本朝野名流，禮尚往來的歡迎活動才基本告一段落。[2.34]（Vol.1，No.3）

　　褚民誼對旅日僑胞十分關心，到日後不久，即前往日僑聚集地訪問。橫濱是緊鄰東京的國際大港口，僑民中以祖籍廣東者居多。為了維護僑民的合法權益，從十九世紀中葉開始，就有中華會館等組織出現。以「親仁善鄰」命名的「親仁會」，是其中以粵籍華僑為主早期成立的一個組織。下圖是褚大使等一行，2月16日到訪「親仁會」時的合影。接著，他又於3月4日南下走訪京都，與僑胞晤談，並訪問當地士紳。[2.34]（Vol.1，No.3）

　　為了全面開展僑務工作，於3月18日召開了「駐日大使館第一次全體領事會議」（見下頁上圖），出席者計有橫濱總領事馮攸、京城總領事范漢生、神戶領事鄧雲衢、長崎領事潘燿源、元山副領事張義信，暨大使館公使陳伯蕃、參事孫湜等數十人。褚大使主持，並報告到任前在國內各地及到任後赴關西各地視察訪問之情形，同時聆取各領事之陳述。[2.34]（Vol.1，No.4）

1941年2月16日褚民誼（前排右9）訪問橫濱華僑「親仁會」合影[1.48]。

1941年 3月18日「駐日大使館第一次全體領事會議」合影。前排為褚大使（左4）、陳公使（左5）和各位領事 [1.48]。

　　會後褚民誼曾因公務歸國。返任後不久，「全日本華僑總會」於1941年5月19-21日在長崎舉行第二屆全體大會，並同時舉辦中日青少年交歡會。他在開幕式上致詞，略謂「華僑是中華民族最優秀的份子。過去本黨的革命事業，發祥於日本，同盟會即在日本所組成……總理曾長川駐此……而日本朝野寄與同情，給與便利。「華僑也多數贊成革命，輸財輸力，厥功甚偉。「尤其旅日僑胞，對祖國貢獻特大。」這次不幸發生中日事變，為了實行親善，「最重要的，仍有賴於兩大民族的互相了解。民為本邦，必須民眾認識清楚，互相攜手，才能到達真正親善的地步。「本人忝任大使，責任至為重大，迭次發表談話，均以謀取兩國民族的根本協調，而努力於和平。」希望全體僑胞共喻斯旨，向這一目標下，共同前進。現在大使館以及各地領館，均已次第恢復，各地負責有人。「本人當盡力之所及，為我僑胞謀取福利。希望各地僑胞，與大使館以及各地領館，多多聯絡，倘有所貢獻，本人無不竭誠接受……迅速付諸實施。」

　　他還在中日青年交歡會上說道：「過去因為中日兩國的教育方針，都有不對的地方。中國自甲午戰敗，直到『五四』運動，排日的思想日甚一日。「同時日方教育，亦以侮華侵華為能事，所以彼此間積不相能。「我以為根本的辦法必須雙方先從文化溝通著手，互相交換；同時兩國的教育，各自改變方針，一以親善為依歸，使得青年學子，腦海內對於親鄰善友，各有深刻的印象；並且使此好印象，普遍發展，深入民眾。那末兩大民族，才能真正攜手，而達到永久和平底目的。這種責任，中日兩國的在朝在野之士，都須分擔，尤其

雙方青年所應負的責任，更為重大。「過去中國受外來的侵凌，淪於次殖民地的地位。今則時移勢轉，我們要解除束縛，掙斷鎖鏈，以求獨立自由，共同進入東亞共榮圈，以謀亞洲新秩序能及早樹立，同時也就是總理大亞洲主義的實現。」（[3.58]第36期）

正如他在「自述」[1.47]中所述：「在日九个月中，曾巡視日本各大都市，直至北海道，對於留日僑胞生活上、教育上之種種救濟及改善，或與日政府協商，或與各地名流聯絡，使此種救濟及改善工作頗多成就。」

1941年6月14-26日，汪精衛首次以南京國民政府主席的身分出訪日本。褚大使在日陪同。其間汪氏與近衛首相簽署「共同宣言」。[2.34]（Vol.1，No.6）6月22日蘇德戰爭爆發，以德、意為軸心的歐洲九國，於7月1日起相繼表示承認南京國民政府，並通過駐日使節建立聯繫。褚氏在「答辯書」[1.47]中對此說明道：「殊不知德、意早在南京政府成立前就不與重慶國民政府往來，証之以德、意兩國大使停留上海，不赴重慶呈遞國書可知。軸心國早定有步驟，一旦對蘇俄宣戰，而即承認南京政府，其他如羅馬尼亞、丹麥、西班牙等國隨之，故有九國之多。時勢使然，非本人一人聯絡之力也。」

數月後，褚民誼奉調回國重任外交部長，於10月27日返京後，即於次日蒞部接事，但不再兼任已由周佛海接替的行政院副院長之職，直至1945年4月。

日本高僧弘法大師，是中國唐代繼鑑真法師東渡之後，一位傑出的中日文化交流的使者。他於公元804年來華留學，受金剛界灌頂，承位密宗八祖。二年後回國，成為日本真言宗的開山祖師。他為了向庶民廣傳佛教、普及文化，以漢字邊旁創編了日本的拼音文字「片假名」，沿用至今。褚民誼早年就對拼音文字易學的優點深感興趣，而熟知弘法大師之功德。他到長崎出席華僑大會期間，於市肆發現一雕鑄精美、像高五尺餘之弘法大師銅像。遂於三個月後，乘卸職歸國從長崎登船之機，自以重金購得，攜帶回國，豎立在中日文化協會建國堂前，於11月21日，在他主持下舉行揭幕典禮（見後頁左上圖）。中日文化協會於當日，出版了「弘法大師紀念特刊」[3.44]（見後頁右上圖），其上刊登了弘法大師的銅像和他在唐朝接受灌頂之文書照片，以及中日雙方人士的紀念文章共13篇。褚民誼特撰文「弘法大師銅像來華誌盛」，置於書前。文中敘述大師銅像來華之機緣巧合以及大師的傳奇生平。褚民誼以文字是人類文化之基礎，「無文字，則文化之工具無所麗，文化之功績莫由成」的理念出發，高度頌揚大師是一位中日文化交流和日本文明之先導；並力圖以此為鑑，克服

1942年11月21日弘法大師銅像揭幕典禮。褚民誼（右2）正在
揭幕（[2.32] Vol.3, No.1）。

揭幕典禮當日中日文化協會出版
的紀念特刊[3.44]。

傳統束縛，推動中國注音文字的完善和發展，以利教育之普及。為了擴大國際
影響，他還將此文的主要內容，以「弘法大師歸來」為題，發表在1941年11月
出版的意大利文雜誌「馬可波羅，意大利遠東評論」[2.31]（Vol.3, No.10）上。

三、觀音大士，普度眾生

　　佛教曾是歷史上維繫中日兩國友好關係的一個重要紐帶。奉迎日本全國佛
教徒贈送中國的十一面觀音聖像，供奉在南京毗盧寺內，是褚民誼東渡赴任之
初開展的一項重要的中日宗教文化交流活動。南京市政府為此組成了「奉迎東
來觀音大士聖像籌備委員會」，請駐日本大使褚民誼和行政院文官長徐蘇中為
名譽委員長、蔡培市長為委員長。活動完成後，該籌備委員會編輯出版了「奉
迎東來觀音紀念冊」[3.42]，書前刊登了全體籌委會委員歡迎日方移贈前來的伊
藤願主等一行以及為觀音開光的中國浙江摩塵老法師的合影（見後頁上圖）。

　　褚民誼在文化教育等各領域中，一貫以積極倡導「科學化」和「民眾化」
著稱。進入他的晚年，特別是在淪陷區時期，他更熱衷於從事宗教慈善事業。
為了澄清社會上將宗教與科學對立起來，視宗教為消極、甚至等同於迷信的
觀念，褚民誼特為紀念冊撰寫了題為「奉迎十一面觀音菩薩聖像之意義」的
導文。

　　「宗教思想與科學意旨，表面似相牴牾，內容實相成全。」他開宗明義地
寫道。「科學重現實，一切以有物能證為準。宗教重玄想，一切以最終歸結為

1941年3月奉迎東來觀音大士聖像籌委會歡迎中日賓客。前排左起：褚民誼、徐蘇中、門井耕雲、伊藤和四五郎、摩塵法師、大森禪戒和蔡培[3.42]。

依。但科學當初造意之時，未嘗不能視為玄想也。宗教當最後求成之際，亦未嘗不能視為現實也。「宗教家之言因果，動輒曰作善如何降祥，作不善如何降殃，藉玄空而言現實。

「人類為一元兩面之動物，既需要物資方面之生存，又需要精神方面之滿足。「且生存之安寧與否？更依精神之安慰與否為轉移，不能使人類精神有所安，即不能保人類生存之必安。科學可提高人類生活之幸福，宗教可提高人類精神之安慰，故宗教於科學，不特相成，且為科學不可或分之益友也。

「觀世音菩薩，於諸佛之中，願業最勝，濟度最宏，大慈大悲，觀世無量。其勝緣之在中國，千百年來，雖婦人孺子，無不知之，無不敬奉……人類在生活現實上，果能以菩薩之意業，為個人之定志；以菩薩之行事，為個人之楷模。則世界雖大，將無不成之事功；整個人群，將無生不能安之現象矣。」

他進一步說道，「蓋中日兩大民族，同種同文、同信仰、同環境，苟以佛教信力，結合兩大民族，則其所影響於兩大民族之自覺及激勵，決非淺渺。故一蒙友邦之提議贈與，予立即敬謹接受。「今以十一面大士聖像之一切意義及威儀，無論則而效之祈而受之，總其激勵吾人，輔翼吾人之處，其意義實至大且多。」

1941年2月28日褚大使接受日本贈送觀音聖像典禮之合影。前排左第三人起：門井耕雲、褚民誼、伊藤和四五郎、大森禪戒、伊藤喜代和 [1.48]。

與此同時，紀念冊上還發表了記者的專訪文章，「褚大使談奉移東來聖像經過及意義」，詳述了佛像之建造以及贈與中國的過程。東來之十一面觀音聖像身高三丈三尺，係由篤信佛教的日本名古屋大商家伊藤和四五郎發願塑造而成。他遍訪各地，在台灣阿里山深谷中發現了一棵直徑六尺的大檜木，運回名古屋，由著名美術家門井耕雲氏設計，於1926年6月起，每天齋戒沐浴一刀三禮，日以繼夜，經五年之久全部竣工。於1931年9月，由日本佛教各宗派管長倪下，舉行開光典禮，即供養於名古屋之東山公園中，至稱為昭和之國寶。1940年重陽節邊，日本運動家日比野寬氏，來中國遊歷時到訪褚民誼，研討體育問題，因為旨趣相同，談得非常投機，褚氏又將「體育之真義」一書，和手寫的阿彌陀經及金剛經各一部送與他留作紀念，日比野寬氏亦不禁大為感動，由此談起了名古屋的大佛，並說很希望能夠送到中國來供奉。隨後，旅居南京的日本佛教徒一政，曾派代表到名古屋去，面向伊藤提出要求。1940年11月中旬南京蔡市長到日本去參加日本紀元2600年慶典時，專程到名古屋去看過，獲得伊藤氏的俯允。褚大使赴日履新後，便積極促其實現，得到了日本佛教界和有關政界之支持和贊助，確定以日本全國佛教徒之名義相贈。1941年2月28日褚大使赴名古屋，敬謹接受，儀式由日本曹洞宗管長大森禪戒主持。上圖是當日，在名古屋東山公園內，十一面觀音聖像前的合影。佛像遂於是年3月12日自名古屋登輪出發，由伊藤願主率領的日本贈移親善使節團一行約十五人護送，於22日抵達南京。褚民誼亦從日本於25日抵京主持一切。26日聖像入奉毗

盧寺之「觀音殿」內，於3月29日舉行隆重的開光典禮。並於翌日，啟建水陸道場七天。此次奉迎活動所需經費，除自名古屋運抵南京的運費全部由日方負擔外，其餘所需費用，均由褚民誼和蔡培聯名向中日雙方人士募集而來。

奉迎活動結束後，由中支宗教大同聯盟、中日文化協會、日華佛教聯盟三個單位聯合主辦，於4月8-9日在南京舉行「東亞佛教大會」，同時中日兩國法師舉行祈禱世界和平法會。會後出版的「東亞佛教大會紀要」[3.43]，詳細記述了該活動的全過程。主席褚民誼在開會詞中強調，希望中日兩國佛教信徒從此互相攜手，更希望世界各國佛教信徒團結起來組成世界佛教總會，以實現東亞以及世界永久之和平。大會決議成立東亞佛教聯盟中國佛教總會，並推舉褚民誼為籌備委員會委員長、蔡培為副委員長領導組織之。出席這次大會的共有各地代表及自由參加的僧徒五百餘人。其中就有棲霞寺的代表，大本和志開法師。

據「東亞佛教大會紀要」[3.43]記載，東來觀音入座毗盧寺後，為了「同教親善禮尚往來，毗盧寺方丈廣明氏等乃發起將該寺供養已久之千手千眼無礙大悲觀世音菩薩金身，答贈於友邦日本帝國，於4月14日晨，在該寺舉行贈送典禮，由褚大使、蔡市長捧贈書狀，日方由日高參事官接收，並有中日二國高僧到場誦經。[16]禮成，雙方代表及奉迎各籌委，同赴中華門外普德寺參拜梁武帝時代所建鐵觀音像，高二丈餘，眾肅然起敬。」位於南京中華門外雨花臺西北麓

南京普德寺內二丈餘高之鐵佛像（德人莫里遜攝）。

---

[16] 隨後即於日本大使本多熊太郎回國述職之際，迎入名古屋覺王寺，於5月8日舉行贈與式，本多、褚氏各以使節蒞會。

的普德寺，據稱始建於南朝梁武帝天監二年（公元503年），在其大雄寶殿內金身如來佛周圍列有五百尊鐵羅漢，並於其後殿內供有一尊大鐵佛。該寺雖歷經興衰，大鐵佛和五百鐵羅漢猶存。（「南京民族宗教志」，南京市地方志編纂委員會編，南京出版社2009）日軍入侵南京大屠殺期間，普德寺曾是有「萬人坑」之稱的中國死難同胞的叢葬地。南京政府成立後，在褚民誼的支持下對該寺進行了修復。前頁下圖是德國女攝影家赫達・莫里遜（Hedda Morrison）拍攝的照片。圖中可見，大殿和珍貴的鐵鑄大佛修飾一新，大佛兩旁懸掛著褚民誼題寫的對聯：「佛鑄自梁時花雨繽紛人來喜說明三覺；中興由武帝慈雲蔭覆客至閒談話六朝」，指明鑄佛之來歷，及菩薩以「三覺」拯救眾生之真諦。據上書中記述，嗣後於1958年「大躍進」時，500羅漢被熔為鐵水，寺房歸南京橡膠廠使用。「文革」期間，大佛亦被毀，寺廟今已淪為殘垣斷壁。

　　在上述各項佛事活動圓滿落幕之際，特意組織中日雙方要員及高僧赴普德寺參拜鐵觀音大佛，無疑具有下述兩層含義：一是說明中國佛教之悠久歷史，早在千餘年前的梁代已有鐵鑄巨佛，現今盛行於日本的佛教包括東來的十一面觀音之源，都傳自中華；其二是在普德寺這個「萬人坑」之墓地上，超度被殘害的生靈，以表對這場戰禍之深刻懺悔。關於「普德寺萬人坑」，1985年8月抗戰勝利四十周年之際，南京市政府在原廟址附近建起了「侵華日軍南京大屠殺遇難同胞普德寺叢葬紀念碑」，對此作出了詳細記載。

1943年擴建後供奉十一面觀世音聖像之觀音殿（德人莫里遜攝）。

如前所述，在毗盧寺內供奉東來十一面觀音的「觀音殿」，係由原後殿藏經閣修葺改造而成，對於高達11米的巨大佛像，殿堂顯得低矮狹窄，不但安放困難，而且有礙觀瞻。褚民誼卸任駐日大使回到南京後，於1943年仲夏發起募捐，進行擴建，集資約三十三萬元，以原殿為基礎，向後方增擴三楹，中祀聖像，是秋完工，煥然一新。前頁下圖示出的是德人莫里遜當年拍攝的照片。與此同時，在殿內佛像兩旁各樹一碑，左供願主伊藤和四五郎之像；右刻碑銘正背兩篇，分別誌記奉迎東來大士及擴建觀音殿之經過。

嗣後，在「文革」動亂期間，毗盧寺被江蘇無線電廠佔用，木雕大佛被毀，直至1998年該寺才逐漸恢復宗教活動，並發掘出當年的兩塊石碑，展示在現今後殿的「觀音樓」內。原位於佛像右邊的石碑，其碑體尚完好，高1.36米、寬0.67米、厚0.15米。下圖是2009年從該碑上製取的拓片，分別是蔡培謹撰、褚民誼敬書的「迎奉東來大士紀念碑誌」（右）和由褚民誼謹撰並書的「擴建觀音殿碑記」（左）。前者寫於1942年3月29日奉迎聖像一週年紀念日之際，扼要地記述了從褚民誼與日比野寬氏醞釀開始，直至實現十一面觀音聖像以日本全國佛教徒名義移贈東來，供奉在南京毗盧寺的全過程。後者記述了擴建觀音殿之經過，寫於1943年9月24日，工程竣工之日。

十一面觀世音聖像右側紀念碑兩面的碑銘拓片：（右）「迎奉東來大士紀念碑誌」；（左）「擴建觀音殿碑記」。

四、收回租界，撤廢法權

列強在華設立租界和享有治外法權，始於中英鴉片戰爭，清廷戰敗，被迫於1842年簽訂的首部不平等的南京條約。為了國家的獨立自主，國民政府曾於第一次世界大戰勝利後收回了蘇俄以及戰敗國德、奧在天津和漢口的租界，並在北伐進軍過程中接管了英國在漢口、九江和鎮江的租界以及比利時在天津的租界。至於美租界則早於1902年與英租界合併，由英國管轄。嗣後由於以英國為首的帝國主義勢力的極力維護和阻撓，租界制度被頑固地保持下來。

1941年12月8日日本發動太平洋戰爭之後，收回租界的形勢出現了轉機。開戰當日，駐華日軍即以武力佔領了在天津和廣州的英租界，接收了作為敵性國家在租界內的所有權益。1942年2月18日上午日本政府在東京發表聲明，將日本接收的上述英租界行政權，移交中國國民政府管理。南京國民政府在3月11日接到日方正式接管通知後，於3月17日決定派外交部長褚民誼赴天津接收天津英租界行政權，行政院秘書長陳春圃赴廣州接收沙面英租界行政權。接管完成後，南京國民黨宣傳部於該年編印出版了「接管津粵英租界行政權實錄」[3.46]，詳述了該事件的全過程。此外，在1992年出版的「天津租界檔案選編」[3.59]中，匯集了大量各國在天津等地設立租界及其撤消過程的有關歷史文件。

褚民誼此行北上肩負二項任務，除接收天津英租界行政權之外，還要向北平協和醫院將國父被盜肝臟迎來首都。為此，他於3月21日啟程，先赴北平辦事（詳情見第四章第五節之二）。事畢後於27日，會同華北政務委員會委員長王揖唐等乘車抵達天津。在國父靈臟奉安處舉行公祭後，褚外長於晚間在極管區（舊英租界）利順德飯店歡宴津市各界人士。3月28日上午舉行天津英租界行政權移管典禮，在國府代表褚民誼的監視下，由日本天津防衛司令將通告文鏡框捧交天津特別市市長溫世珍而告禮成。繼而於工部局大廈中端平台上舉行升旗式，在國樂聲中，由褚外長及新任天津特別市特別行政區公署署長方若，將中華民國國旗徐徐升起，迎風飄揚於百年來英國侵華策源地之晴空。接著，由溫市長實行行政區公署之掛牌禮。全部典禮告成後，在利順德飯店舉行慶祝會。會後褚民誼即奉移國父靈臟離津，於29日下午抵達南京浦口，渡江直送中山陵園內室，至此褚民誼的北上任務圓滿完成。與此同時，陳春圃奉命飛抵廣州，出席了於25日在沙面舉行的英租界行政權移交典禮。

褚民誼外長在南京中央電台發表講話 [1.48]。

　　1943年1月9日上午南京政府主席汪精衛簽署發表對英美宣戰之後，即與日本大使重光葵簽訂了「關於協力完遂戰爭之中日共同宣言」，以及「中華民國日本國間關於交還租界及撤廢治外法權之協定」，日本放棄在華租界及治外法權，成立雙方人數相等的委員會協議細則予以實施。（「申報」1943，1，10）接著，外交部長褚民誼於1月11日向中外廣播宣告，基於已與英美進入戰爭狀態，「所有以前中國和美英二國訂立的條約、協約、合同，及一切國際條約屬於中美、中英間的關係，自應依據公法及慣例，同時一律廢止。」（「申報」1943，1，12）上圖是褚外長為回收租界和撤費治外法權屢次在南京中央電台發表講話之情形。

　　百年來，在華設立租界的國家，包括有歐美日等十餘國之多，其租界遍佈中國諸多重要的商埠，經長期經營，佔據各地最繁華的中心地帶。此外，按其管轄，又有由一國獨佔的專管租界和由多國共管的公共租界之分，後者包括上海公共租界、鼓浪嶼公共租界和北平使館區等，情況複雜，要將各列強盤踞於各地的租界全部收回決非易事。

　　就在中日簽訂交還租界及撤廢治外法權協定二天之後，據「申報」（1943，1，13）報導，英美兩國亦與重慶政府簽訂協定，放棄在華租界及治外法權。鑒於上述英美租界均處在淪陷區內，隨著南京國民政府宣告與英美處於戰爭狀態，其在華的租界和特權即已失去存在的依據，天津和沙面英租界的行政權也業已接收，英美此時與渝方簽約並無實際意義。當時需要努力加以收

回的，則是那些與南京政府建立了外交關係的日本、法國、意大利等國的在華租界。「收回租界為外部職務」，正如褚民誼在「自述」[1.47]中所述，「本人指揮所屬小心處理，蓋自任外長以來，惟此一事為政治的外交工作也。」在宣告廢除英美不平等條約的激勵下，在淪陷區的中華大地上，掀起了蕩滌百年恥辱、全面收回租界的熱潮，倍受萬眾矚目。南京的「民國日報」、上海的「申報」等主要媒體，均作為頭條新聞，予以跟蹤報導，綜述於下。

繼日本之後，意大利和法國政府，分別於1月14日和2月23日宣告交還租界及撤廢治外法權之決定。褚外長均於當天發表談話回應，表示歡迎和感謝。

1月19-26日褚外長訪滬，應邀出席中國國民外交促進會成立典禮，同時訪問諸友邦使節，晤日本陸海軍首腦及其他有關當局，並與滬上各界領袖懇談，為接收租界作必要的準備。

2月9日中日雙方派定接收租界和撤廢治外法權兩委員會委員。中方的委員會設在行政院內，兩個委員會均由褚民誼外長擔任主任委員，前者的委員有李聖五大使、吳頌皋大使和周隆庠次長；後者在此基礎上增添了司法部長羅君強和湯應煌次長二委員。日方亦於同日宣佈其任命，交還在華日租界行政權詳細

1943年3月4日中日雙方交還租界和撤廢治外法權委員會全體委員會議合影。前排左第4人起：重光葵、褚民誼、李聖五、羅君強、吳頌皋和湯應煌；第二排右起第二人為周隆庠[1.48]。

辦法之委員會，由特使崛內千城、大使館參事中村豐一、特使田尻愛義及特使鹽澤清宣少將四人組成；籌議撤廢治外法權具體計劃之委員會委員，除上述四人外，增添了公使岩崎民男和總領事高瀨真一兩人。

3月4日，中日雙方交還租界和撤廢治外法權兩委員會全體委員，在國府外交部寧遠樓舉行第一次會議，開始對交還日本專管租界之具體方案進行協議。前頁下圖是中日雙方全體委員及與會代表在寧遠樓前的合影。會後雙方共同擬定協議條款，於3月8日就緒。

3月14日上午，在寧遠樓舉行「日本交還專管租界實施細目之協定及了解事項」的簽訂儀式。據此條款，所有日本在杭州、蘇州、漢口、沙市、天津、福州、廈門及重慶之專管租界行政權，定於1943年3月30日實施交還。日本在租界區內經營建設之道路、橋梁、陰溝、溝渠及堤防等公共設施，包括其附屬的固定設備，屆時將無償地移交給中國方面；中國政府應按照現狀，尊重並承認日本國政府及臣民在專管租界地域內，所有關於不動產及其他之權利利益；在了解事項中，還做出中國當地地方官憲，應接用從來日本方面為實施租界行政權而雇傭之中國籍巡警，及為管理維持道路、陰溝等而雇傭之中國籍從業員等規定。該協議的簽訂，為全面收回在華租界邁出了關鍵的一步，繼後收回其他租界之協議，均以此為範本。

會後，褚民誼赴滬，除應重光大使之邀出席招待外交界之茶會外，並借此機會，與意大利、西班牙、丹麥，及其他國家之代表，就交還租界及撤廢治外法權問題進行會談。

北京的使館區，其自治行政機關之組織與租界相類同。關係國家有，日、德、意、英、美、西班牙、比利時、奧地利、匈牙利、荷蘭、蘇聯等十一國。3月22日上午，褚外長與日重光大使在寧遠樓，簽訂了「北京公使館區域收回實施條款及了解事項」，決定於3月30日予以實施。會後褚氏發表談話，表示決心收回，希望其他關係國家同樣接受。

3月27日午後，褚部長又與重光大使簽訂了「收回廈門鼓浪嶼公共租界實施條款及了解事項」，決定由中國政府於3月30日收回該地區的行政權。

經褚民誼於3月16日與在滬的丹麥代辦雪耳進行商討後，該國政府於3月29日重申，將按已訂之中丹友好條約，如他國放棄其在華之治外法權時，丹麥政府亦可採取同樣行動。

3月29日下午，褚外長與意大利大使戴良誼，於寧遠樓簽訂「中意關於交

還北京公使館區域行政權之協定」。法國政府亦於是日發出照會放棄其北京使館區域內行政權之照會。

3月30日,按協議各地日租界及北京使館區分別舉行交接儀式,汪精衛頒致訓詞,行政院委派外交大使或當地省市長官為接收租界委員,實施接收。

4月8日,經中法雙方數度磋商,法駐華大使館代表柏斯頌參事致外交部長褚民誼照會稱,法國政府決定自即日起,放棄其在廈門鼓浪嶼公共租界之行政權。

5月17日,重光葵調回日本出任外相,新任日本駐華特命全權大使谷正之到京接任,

5月18日,經中法代表多次折衝後,於寧遠樓舉行「法國交還天津、漢口、廣州三處專管租界實施細目及了解事項」之簽字儀式。中方接收法國專管租界委員為,國府審計部部長夏奇峰、吳凱聲大使、吳頌皋大使和政務參贊兼外交部次長周隆庠,秘書長張劍初;法方全權代表團為,駐華大使館參事柏斯頌、總領事葛爾邦、總領事高蘭、領事薩賚德,秘書畢勛。該條款中確定,三地法租界之行政權於6月5日一律移交中國政府。褚外長在簽字儀式後發表的談話中略謂,「此等租界散處於中國經濟及商務之重心,其地位極為重要,設立以來,已有七十餘年,經法國官民之慘澹經營,精心擘劃,由荒僻地域變成現代式之繁華城市,界內各項設施,均甚完善。今法國政府值茲本國環境萬分困難之時,竟將其在遠東所享之多年權益,毅然放棄,更足顯法國當局,具有遠大之政治眼光也。」

5月25日下午,外交、宣傳兩部發表共同公報稱,「廈門鼓浪嶼公共租界行政權之交還,承友邦日本首先倡導,此後與其他關係國,如法國、西班牙、瑞典、丹麥等國交涉之結果,業已先後同意,故該租界行政權之收回即可全部實施。」

6月5日,天津、漢口、沙面法專管租界舉行交接儀式,實施接收。至此在華租界除意大利天津租界外,只剩下上海的公共租界和法租界,這兩個歷史最久、地域最廣、影響最大,也是最難啃的「硬骨頭」。關於收回上海公共租界,鑒於戰爭開始後,日軍業已進入該地區,需由日方移交中國。經日本谷正之大使與日政府當局協商一致,以及與中日有關方面縝密協議之後,於23、24兩日與褚外長就有關各項問題進行懇談。於6月30日下午,在寧遠樓舉行日本交還上海公共租界簽字儀式(見後頁上圖),確定其行政權於1943年8月1日,由中國政府實

1943年6月30日日本交還上海公共租界簽字儀式，左側日大使谷正之起立講話，右側正對面是中方褚外長（[2.32] Vol.4, No.8）。

施收回。國府行政院長汪精衛和日本首相東條英機分別對此發表談話，強調此舉對洗滌英美流毒、剷除中國復興障礙，使中日新關係益形展開之重要意義。

在收回租界事宜基本就緒之後，為了撤廢治外法權，中日雙方決定先從課稅問題著手，於7月3日下午，在寧遠樓由雙方撤廢治外法權專門委員會舉行會議，就提出之文案，逐條商討。會後雙方各將會商所得之成案，向本國政府報告。

7月6日，為了推動上海法租界的回收進程，褚外長偕隨員赴滬，法國大使戈思默及總領事馬傑禮亦由北平飛滬。期間，褚外長曾與上海市長陳公博詳談，並屢次與法大使會商。與此同時，日駐華谷大使亦偕隨員同日抵滬，與各關係方面就交還租界問題，進行協議，並從中斡旋。9日晨，褚、戈、谷三人就收回上海法租界事作最後協議，結果圓滿。此外，褚外長還於7月11日上午，與意大使戴良誼商談收回天津意租界行政權事宜，意見基本一致。

7月22日上午，中法雙方全權代表在南京寧遠樓舉行「中法簽訂交收上海法國專管租界行政權協定」之簽字儀式，定於7月30日付諸實施。最後全體攝影留念（見後頁上圖，引自「日本侵華圖志」第12卷，楊克林編著，山東畫報出版社，2015）。

7月23日，意大利政府決定放棄上海意國公共租界行政權，在國府寧遠樓，舉行實施細則及了解事項之協定簽字儀式，禮成後攝影。

上述諸文件簽約後，南京政府於7月23日命令，特派上海特別市市長陳公博為該兩租界接收委員，此外還特派褚民誼和夏奇峰前往分別監視上海公共租界和法租界之接收事宜。

1943年7月22日中法簽訂交收上海法國專管租界行政權協定紀念攝影。前排左起有法方代表柏斯頌、馬傑禮等；中方左起第5人為褚民誼、夏奇峰、吳凱聲、陸潤之、吳頌皋和周隆庠。

　　7月30日上午，接收上海法專管租界儀式在法公董局隆重舉行。在交鑰典禮之後，行升旗典禮，最後攝影而禮成。

　　7月31日上午，中日兩國在國府寧遠樓舉行簽訂「關於對在中華民國之日本國臣民課稅條約、附屬協定、及了解事項」之簽字儀式。作為日本撤廢治外法權之先聲，該協定以在華日臣民應服從中國課稅法令為其主要內容，從1943年8月1日開始執行。褚部長和谷大使分別在其上簽字調印，相互換文。事畢，褚外長發表談話中指出，該協議之簽訂，「使中國數十年來奔走呼號而未曾貫徹之夙願，得於實際上達到其初步目的。從此日本僑民根據本日所訂條約納稅，於中國財政裨益甚大，且於中國之實施恢復國權，有進一步之成功。……深信其他友好國家，必能於最短期內，採取同樣好意措置，使中國之課稅權，得能完全恢復也。」

　　8月1日上午，上海公共租界在工部局禮堂隆重舉行接收儀式。由工部局岡崎總董移交公文及目錄與陳市長，繼即舉行升旗式，中國國旗於國歌聲中升於工部局大廈之上（見後頁右上圖），最後全體合影而禮成。至此上海整個行政乃告統一。當日下午舉行上海各界代表慶祝收回租界反英美大會。汪精衛於31日晚，在上海發表「怎樣建設新上海」的廣播講話後，又帶領各院部長官出席大會。

百年之疾的上海租界回收後，褚民誼為了使收回租界不致流於形式，發表了題為「接收上海租界後的新認識」的論文（[2.33]第三卷第5-7期，1943，8，15）。昔日的上海租界是帝國主義控制下的魔窟。文中尖銳地指出，「絕不能把收回上海租界看成一收便了，那樣簡單容易。「租界接受後的中國當局，負著肅清租界淫穢黑暗的責任，」以達到我們接收的志願。「所以租界以內，民生應如何保障、物資應如何充實、道德的恢復應當如何的嚴明……，都是我們即須確定的重大問題。」若不能如此，「已還的租界，名亡實存。變相的租界，到處皆有。說得明白一點，便是，租界的罪惡，到處傳

收回上海公共租界之升旗式[1.48]。

染……也可以說是驅一國家，成為租界。假使如此，那麼今日接收租界的結果，就是他日國家滅亡的主因，我們憑著良心想一想，能不寒而慄嗎？所以我說，上海租界的交還，是中國真正能力的新測驗，也就是中日兩國最後命運的試金石。」作為國府實施收回租界主要負責人的褚民誼，其觀點是多麼的鮮明！

由於意大利國內政局變動，其在天津的租界未能實施回收。1943年9月10日，日本以政變後上台的意政府為敵對國，而強行接收了天津法租界。翌年恢復邦交後，於1944年6月1-6日，中意兩國談判代表在日本，就擬定「中華民國意大利國間關於交還天津租界及撤廢在華治外法權、放棄駐兵權之協定」，以及「附屬議定書」和「了解事項」，先後舉行了五輪談判。最終褚民誼與蔡培作為中方代表與意大利的駐日代辦和駐華臨時代辦，簽署了協議草案。意方聲明，對於中方單方面接收天津租界表示默認接受。接著於7月14日上午，在南京寧遠樓，由褚外長與意大利駐華代辦施畢納利正式簽訂協議，並攝影留念（見後頁上圖）。不久，即於8月17日在天津市府大樓舉行租界交接儀式。至此，各國在華設立的租界已全部收回。

在實施租界回收的同時，日本當局還將其在淪陷區內扣押的敵產，分期分批地移交南京政府。太平洋戰爭爆發之後，日本所稱的敵國包括英、美等14個宣戰國家和斷絕外交關係的埃及、希臘等13個國家，至於重慶政權則視為類屬

1943年7月14日天津意大利租界交收協定正式簽訂儀式攝影。褚外長和意國駐華代辦施畢納利分別位於前排右3和4 [1.48]。

宣戰國,予以同樣處理(「申報」1942,11,13)。南京政府發表對英美宣戰後,日本即於1943年2月8日將英美敵產目錄一千餘件,送交中方準備接管。南京政府遂決定設置敵產管理委員會,委任周佛海為委員長,褚民誼、梅思平、陳君慧、陳春圃、周隆庠、陳之碩、張素民為委員,分批實施接收。(「民國日報」1943,2,10;3,30)接著,日本當局又於6月30日將漢口、廈門、廣州地區大批敵產移交中國管理,共計461件。褚民誼為此發表的談話中表示,「我國接收之後,自當妥為處理,善加營運,以冀有助於我國工業之發展,教育文化之發達」,等云。(「申報」1943,6,30)

這裡需要補充的是,日軍從1937年發動侵華戰爭開始,便陸續在淪陷區內收押了大批被認為有敵性的財產,予以強行接管。嗣後,從1940年10月31日起,直至1943年3月28日止,日軍當局前後分十二批,將各地軍管工廠交還南京政府管理。(「申報」1943,3,29)接著,又於1943年7月28日舉行第十三次儀式,將尚餘之十家工廠交還。(「申報」1943,7,29)

此後,日本政府又決定於1944年2月1日起至3月底止,將渝方關係舊敵產中尚未移交之土地、建築物等共三千餘件(日軍使用中之房屋地產不在內),分數次移交南京政府。第一次移管儀式於中日文化協會舉行。由褚外長和日方稻垣大佐等,在移管目錄上簽字調印完成。會後,褚民誼發表談話,略謂,今日移交蘇浙皖三省不在業主的產業,「就是現在國民政府管轄區域範圍以內的許多不動產,或者是屬於重慶要人所有的私人財產,或者是普通人民所有的

財產，而這些人因事變而流徙到別地方去了。」現在「不分這些財產是不是一般人民的，還是重慶要人即抗戰份子所有的，一概移交國民政府，祗等他們回來，便連歷年所收租金，一併還給他們。……就是國民政府接管這些財產，也祗是因為你們遠離，替你們代為保管。」

談話中明顯地表達出，他欲利用南京政府與英美處於戰爭狀態的形勢，在淪陷區內盡力維護甚至包括「重慶要人即抗戰份子」在內的中國廣大民眾利益的意圖。

正如他在「答辯書」[1.47] 第四條中所述，「至對英美宣戰，汪先生自己起草，以自己名義，由國民政府發表，並未經過外交部。「何以不經過外交部？以當時英美始終未與南京國民政府發生外交往來，嗣後外交部亦未接到英美對於此次宣戰之下文，雖宣而未戰，等於紙上具文，然而反生好的影響，從此列強爭先恐後聲明退還租界及撤銷治外法權。記得本定於三十二年（1943年）一月十五日公佈宣戰書，而日本方面得到消息，英美將於十三日向重慶聲明退還租界及撤銷治外法權，於是重光大使於一月七日深夜訪汪先生，把本人亦喚醒起來，說明理由後，請求宣戰的日期提前公佈，就商定於一月九日發表。「到三十二年八月一日在全國境內有列強專管租界及公共租界一律收回。上述之專管與公共租界均沿海、沿江，都在淪陷區內，亦均在本人任外交部長任內一手收回。勝利後，中央還由外交部提出接收租界條例，經行政院通過施行。本人以為租界早已接收，是不是還要與各關係國再舉行一次接收租界典禮或慶祝？那可鬧笑話！好在只通過條例而已，未聞有下文也。」

第四節　一如既往，重視文體

一、文化溝通，化解干戈

褚民誼以世界的眼光，一貫重視中外文化溝通，認為這是人類破除畛域之見，實現互助合作、共存共榮，從而走上世界大同的必由之路。在七七事變發生前，他曾擔任「中外文化協會」董事長。該協會於1937年2月1日創辦了「中外文化」月刊[2.30]。如下頁上圖所示，書前刊登了他所題贈的肖像、並套紅專頁發表了他撰寫的「中外文化發刊詞」。文中言簡意賅地闡述了中外文化溝通以及組織中外文化協會之意義。略謂，「文化有物質、精神之分，中國文化偏重精神方面，對於物質文明進步遲滯，故文學、哲學是其所長，而科學瞠乎其後。歐美

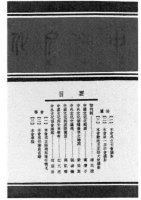

1937年2月1日「中外文化」創刊號：（右）封面；（中）董事長褚民誼所贈之肖像；（左）褚氏之發刊詞。[2.30]

各國之文化以科學發達，故推進甚速，一切注重現實，故易臻富強。雖然科學發達，誠為物質文明之光華，然無精神文明以濟之，則流弊所及，為患滋長。是故中外文化各有利弊，實有待於協調融和也。不寧惟是，人類以求生存、謀幸福，為唯一目的。故其正軌，必須互助合作，以求共存共榮。若夫，強淩弱、眾暴寡之所為，侵奪他人之幸福，以求自己之生存，或摧殘他人之生存，以增自己之幸福，此直竊盜之行徑，結果必致釀成戰爭流血，而兩敗俱傷，其愚誠不可及。倘公理不能戰勝強權，而惟弱肉強食之是務，則國與國之間，戰爭將無寧息之日，彼此互相尋仇不已，其結果非至全人類毀滅不可。「同人不敏，組織中外文化協會，化除畛域，不分界限，先從中外各國文化合作著手，以期收一部分之效果。倘推此意，擴而充之，使世之執政柄者，翻然覺悟，各循人類生存之正軌－互助合作－以求共存共榮，則大同之道其在斯乎。」

據該刊中記載，中外文化協會於1935年1月由何震亞、江亢虎等六十餘位中外人士在上海發起，是年4月14日正式成立，旨在溝通中外文化。協會在組織上，以理事會為執行機關，以中國與外國合組之各委員會為基本單位，委員會的中外委員即為本會理事，設中國理事長一人和外國副理事長一人，江亢虎任名譽理事長，吳凱聲任理事長。同時成立董事會，作為指導及監察機關，設中國董事長一人和外國副董事長一人。孫科任名譽董事長，褚民誼任董事長。協會下設中法、中德、中英、中日、中美、中坎（加拿大）、中奧、中意、中匈、中比、中南、中俄、中荷、中印十四個委員會，以及中波和中尼二個籌備委員會。其中，褚民誼兼任中法委員會主任。

正當褚民誼力圖開拓中外文化協會工作之際，七七事變爆發，協會活動被迫終止。然而他卻初衷未改，自1939年參加汪精衛倡導的和平運動後，即本著「中日兩大民族，欲根本協調，惟有從兩國文化合作著手」的理念出發，積極醞釀發起成立「中日文化協會」，於1940年7月29日在南京成立。他在會上報告協會的成立經過和將來的希望時略謂：「去年冬天，我們在主席領導之下倡導和平的時候，本人聯想到中日文化合作問題，其重要不在經濟合作之下，曾數次撰文在報章發表，為『中日和平的基礎』『中日和平與文化合作』兩篇，對於這個問題，都曾為詳細的討論。其後得到中日雙方不少同志的贊助，對於這個問題引起大家研究的興趣，互相商榷，報不絕書。於是我人集合中日雙方同志發起斯會，在滬開過四次會議，並擬定緣起章程，經過數度修正。國府還都後，阿部大使聘華，對於本會亦表同情。本人奉命赴日答禮，日本朝野之士，對於本會亦表贊成。回國後，在京曾開過兩次會議，深得政府贊助。「本會以溝通中日兩國之文化，融洽雙方人士之情感，並發揚東方文明，以期達到善鄰友好之目的為宗旨。我們本此宗旨，努力做去……中日兩國的文化從此得到真誠合作，共同發揚光大，彼此攜手共向光明的前途邁進，東亞永久的和平，必能從此奠定了。」協會按此宗旨，在其章程中列出了本會擬舉辦的各种中日文化事業，包括：文藝學術講座及演講會之設置與舉辦；各種著作翻譯刊物之發行；學術之聯合研究；文化展覽會之舉辦；圖書之交換；圖書館、博物館、美術館等之設立及協助；研究員之互相派遣；語文之互相傳授與獎勵；

中日文化協會會所：（右）建國堂，（左）和平堂[3.40]。

音樂、戲劇、美術、電影之互相介紹與研究；體育運動之共同發展；組織旅行視察團互相觀光考察；學者及藝術家之互相介紹與招待；東亞文化之研究及宣傳；以及其他中日文化事業之合作舉辦等等。

協會取理事會制，會員以中方人士為主，同時亦吸收日籍人士參加。汪精衛和日本大使阿部信行任第一屆名譽理事長，褚民誼任理事長，陳群、趙正平、傅式說、林柏生、船津辰一郎（日）、日高信六郎（日）任常務理事。

中日文化協會的會所設在南京原香舖營「公餘聯歡社」的舊址內，經修繕後，如前頁下圖所示，將原總部大樓命名為「建國堂」，原中正堂命名為「和平堂」，又把南面的地方擴充做圖書館，經過數月努力，協會初具規模，遂於1940年12月8日下午在新會所和平堂內補行開幕典禮暨會所落成式，到名譽理事長阿部大使、眾理事及中日會員等五百餘人。理事長褚民誼致開會詞並報告會務。與此同時，還出版了「中日文化協會開幕典禮特刊」[3.40]。

不久，中日文化協會會刊－「中日文化」月刊[2.33]，於1941年1月1日創刊（見右下圖）。起初按月以中文和日文交替出版，後以出版費用昂貴，自1942年6月（第二卷第四期）起，暫停日文版，以中文每月一刊。褚民誼在其上，從1941年創刊至1944年3月最後一期止，總計發表文章不下22篇，內容大都涉及文化交流活動。

褚民誼在出任駐日本大使的九個月期間內，對協會的工作仍很關注。在1941年出版的「中日文化協會周年紀念特刊」[3.40]上，刊登他發自日本，題為「中日文化協會前途之展望」的文章中謂，本人「對於本會所負之使命，雖在海外，未嘗鬆懈，無時不與彼邦朝野接近，交往頻繁；抑且訪問各地，深入民間，以期達到兩民族協調之目的，而以文化溝通為基幹，雖未有顯著之收穫，然已盡心竭力而為之，此亦可告慰於國人者。」其中，經他努力，先後商得日本興亞院二十萬日元的捐助，半數作為總會基金，半數作為建設總會陳列館的經費，對中日文化協會的發展提供了有力的支持。[3.47]

褚民誼回國任外交部長後，以更多精力推動中日文化交流活動。1942年協會出版了「中日文

1941年1月1日「中日文化」創刊號 [2.33]。

化協會兩周紀念特刊」[3.40]（見右圖）。他在其上發文「二週年小引」，從本會的自身發展、出版事業、語言溝通和文藝活動等四個方面綜述了協會二年來的工作進展。

1942年4月21-23日，在漢口召開「中日文化協會第一次全國代表大會」。會後中日文化協會武漢分會編輯出版了「中日文化協會第一次全國代表大會特刊」[3.47]，詳載了大會的籌辦經過。出席會議的正式代表計有來自南京總會以及上海、浙江，蘇州、華北、武漢等地的代表共計25人。總會理事長褚民誼在開幕詞中，回顧了中日兩國自古以來在文化上的密切關係。強調指出，要建設東亞新秩序，必須要溝通和融和中日文化，才能達到澈底的合作。

1942年出版的紀念特刊 [3.40]。

一年後，「中日文化協會第二次全國代表大會」於1943年4月1-3日在南京本會會所召開。年來協會組織發展迅速，分支會從不過五六處，發展到十餘處，北平、天津、青島三市以及河北、河南、山東、山西四省也派出代表與會，日本亦派遣各界學術權威十四人來京出席，使參會代表總人數達到89人，比上年明顯增加，這是本次會議的一個顯著特點。（[2.33]Vol.3，No.2-4）

應該說明的是，中日文化協會設有兩位名譽理事長，分別由南京政府主席汪精衛和歷屆日本駐華大使相繼擔任。褚民誼身為外交部長，常與他們聯繫，合作開展文化交流活動。1943年間，由中日文化協會出資修復南京金陵刻經處內的重要文物古跡，便是其中的一個事例。

位於南京城西南延齡巷內中國著名的佛教文化機構「金陵刻經處」（現址淮海路35號），創建於1866年，是近代全國最早成立的刻經處，以其融經書雕刻、印刷、流通及佛學研究於一體而著稱，享譽國內外。其創始人楊仁山（1837-1911），是中國清末佛教復興的奠基人。太平天國之亂，使江南文物損毀殆盡，常見的佛經一本難求。仁山居士遂於金陵創立刻經處，並曾委託日本友人真宗僧侶南條文雄，收購尚存日本寺院內的經書，三十年間近三百種。據統計，到他逝世前的四十餘年間，共刻印經典二千餘卷，流通經書百萬餘冊、佛像十餘萬幀。

1943年3月褚民誼撰書的「修建楊仁山居士紀念塔紀念堂記」碑。

楊仁山除將其在延齡巷的家宅作為刻印經書和收藏經版的基地外，還在院內建立深柳堂，創辦了中國近代第一所新式教育的佛教學堂「祇洹精舍」，傑出弟子輩出，對近代中國佛學之復興產生重要影響。1911年居士去世後，遵其遺願，將他安葬在深柳堂的背後。此後相繼在此建起藏密式的墓塔，並立碑「楊仁山居士塔銘」於其後牆。不意，1937年日軍攻陷南京，楊仁山紀念塔和紀念堂（深柳堂）受毀嚴重。鑒於楊仁山在佛教發展上的歷史功績及其與日本佛教界人士曾經的友誼和成功的合作，經日本大使重光葵和詩人今關天彭念居士與褚民誼商議，由中日文化協會於1943年撥款進行修建，3月行落成禮，褚民誼特為之撰寫並親書「修建楊仁山居士紀念塔紀念堂記」，記述其修建過程，碑文曾刊登在「中日文化」月刊[2.33]Vol.3，No.8-10（1943，10）上。經修繕後，新碑與原有之塔銘碑，分別嵌放在紀念塔後牆的兩側。該碑現貌如上圖所示，長106釐米、高52.5釐米。抗戰勝利後，該碑曾屢用石灰封藏，而幸免於難，直至2003年才重現於世（參見武延康著「深柳堂與楊仁山居士墓塔」，佛教研究，2006年第5期）。

此外，如下頁圖所示，中日文化協會於1942年10月，出版了由里見常次郎著、汪精衛譯、褚民誼纂輯的專著「陽明與禪」[1.45]。王陽明（1472-1529）是中國明代著名的思想家，他所創導的心學、致良知和知行合一論，繼承和發揚了孔孟的儒家之道，不但在中國，而且在日本、朝鮮、東南亞，乃至全世界都有重要影響。日本學者里見常次郎，為闡述陽明學說與佛教禪學間的關係，

1942年10月中日文化協會出版的專著「陽明與禪」:(右)封面;(左)扉頁[1.45]。

於1904年在日本發表了「陽明與禪」一書,內容分為總論、心論、修養論和死生觀四編。汪精衛青年時期在國內即崇尚陽明之學,赴日本參加革命活動期間,常與陳璧君討論陽明學說,並以上述「陽明與禪」一書作為引申,邊讀邊譯,兩人之間的感情日篤。1910年春,汪、陳等回國密謀刺殺清攝政王,譯書也因此至三分之二而告中輟。汪氏羈押獄中年餘,生平所寫之文稿全部散失,惟該書之譯稿為陳氏收藏而一直保存下來。1937年秋,中日戰火彌漫,陳璧君整理書籍文稿時,取出此稿,經汪精衛補續,於1938年春完竣。並請褚民誼以「心正筆正」之道,以工楷大字手書,於1939年春在上海功畢。南京政府成立後,本擬以褚氏的手書稿製版印刷,但由於經費問題,在日本大使重光葵的捐資下,代之以仿宋體,分別用精裝兩冊和平裝一冊兩種形式印行。

褚民誼以一年半之長期,手書「陽明與禪」一通,對陽明學說和儒釋之真意,恬思密索,於逆境之時,為倡正道,思緒萬千,相繼寫下了兩篇長文,洋洋萬言,分論「儒釋」和「知行合一」,以「書陽明與禪後」和「再書陽明與禪後」為題,纂輯在譯文後專設的「書後」部分。前者還全文發表在「中日文化協會兩周紀念特刊」[3.40]上。該文專論儒釋之間的關係。

明代王陽明發展起來的儒家學說,曾為治亂世、平天下堪稱大用。但此後卻因被指其學近禪,而以偽學之名,屢見詆毀。對此,褚民誼考證了儒家的發

展史後指出，其實儒學和佛學並非陌路，不但宋儒們曾游走於兩者之間，即陽明之學的發展，亦經歷了「悟於佛而質於儒，返於佛而守於儒」的過程，儒者豈能求純而拒之。褚氏更從大道之真義詳加闡述，略謂；「夫道，一而已矣。歐美之基督、北非中亞之默罕默德、海南暹印之釋迦牟尼、中國日本之周公孔孟，厥道雖異，而各受其民之信仰則同，各導其民以為善之益者亦同。第善之為善，豈有定哉？「若夫為人之道，處事之方，今與古殊、西與東異，不相及者，指不勝僂。「大道云云，畫圍自限而已，烏有所謂定哉？……故東西之禮，雖有不同，而其所以納民軌物則一也；古今之制，雖有不同，而其所以保民衛道則一也。「總之，大同不作，小康亦休，四海生民，乃流於強凌弱、眾暴寡。聖人從而夷之，明為孝悌忠信之道以教之；教不行也，設為法政刑賞以強之；強不效也，幻為鬼神怪隱以要之，而其初則無非保民求安之意也。中國如是，天下亦然。故環球萬國，此心同，此理同，此政法宗教，亦無不同，所謂自然之極則也。夫成成同同，至於寰宇，則儒之同佛，又不過其中之一小部分而已。」

褚民誼「書後」部分的另一篇文章，主要論述的是王陽明的「知行合一」學說，全文圍繞知行難易古今之變遷而展開。略謂，人類社會發展早期，生產力低下，不行不獲，因而「知之非艱、行之維艱之說，其在當時，不能謂為無當義也。」然而，三千年來，隨著知行二字的背道而馳，使懶惰和空談之風盛起。王陽明為糾此風，提出了知行合一的學說。「乃斯言所隱，雖能恰於當時，不能盡於今日。國父（孫中山）念當今學問之洪，深懲國人知識之淺狹。於是在知行之間，重分難易，俾中國人，聞而奮發，同致知難之力，分攻各科之精。「所知既真，為事自易。易而不行，亦無所得。故曰：『知欲其真，知之所以為難也；行欲其力，行之所以為易也。知難行易，為義雖精，不以真知力行明之，意不能盡。』是故『知易行難』之說，一進而為『知行合一』，再進而為『知難行易』，三進而為以『真知力行』，釋知難行易之道，而使之明。「然則真知力行奚由倡哉，曰始於國府主席汪先生為中央大學題校訓[17]也……民誼因讀主席所譯之書，有感於知行難易古今變遷之意，因而述之以誌吾感。」上述「書後」的兩篇論文，可以看作是褚民誼在深入研讀陽明學說之後的明心見性、高屋建瓴之作。

17　該題詞刊登在1945年「國立中央大學復校第二屆畢業紀念刊」[3.50]上。

二、力所能及，普惠於民

褚民誼在淪陷區內任外交部長，已如前述，「不過一應酬機關，只可稱為一交際部耳。」他在答辯書[1.47]中回顧道，「但本人深信總理人生以服務為目的之言，故喜服務而不喜尸位素餐。故凡社會上關於文化教育、宗教、慈善、體育、醫學、藥科、衛生、音樂、戲劇、電影等，無不竭力贊助推行，非惟口頭提倡，報上宣傳，而又以身作則。「至於文化方面，有中日文化協會，中德、中意文化協會，德奧瑞同學會，中法友誼會，法比瑞同學會，留日同學會及其在後湖之俱樂部，國術團體聯合會，中華醫學會，中華體育會，中華佛教會及中央醫院，同倫學校，同仁大學，均推本人任理事長、或會長、或名譽理事長等名義。舊日的會校所加以修理佈置或另建……。至關於體育之各種運動，務求普遍而平民化，一如事變以前，本人所提倡者，如踢毽子、放風箏競賽，長途旅行，團體表演太極操或太極拳，以冀收強身健種之效。」

從醫藥衛生和體育鍛練兩個方面，改善和提高民眾的健康水平，是褚民誼一貫奉行的方針。經連年戰亂和日軍的欺凌，淪陷區內廣大民眾的健康狀況岌岌可危。1940年南京政府成立，社會秩序趨於平靜後不久，他便為恢復和重建各種有關機構和社會團體而努力。現南京中國第二歷史檔案館的檔案中，記載了「中華醫學會」經褚民誼等人發起，在南京再度組織成立的經過。學會組建之初有會員40人，於1940年12月22日在中日文化協會召開成立大會，推選褚民誼任理事長。該會每年春秋兩季各召開一次年會。褚民誼卸任駐日大使剛一回國，便出席了於1941年11月23日在中日文化協會召開的「中華醫學會秋季大會」，有中日來賓及會員八十餘人與會，其開幕式之合影示於下頁上圖。翌年春季大會於1942年3月15日在中央醫院召開，有百餘名會員出席，褚民誼繼續當選為第二屆理事長。（「民國日報」1942，3，16）接著，於是年7月11日上午，在中日文化協會舉行第二屆秋季會員大會，出席者有中日賓客、理事長褚民誼及全體理監事暨全體會員等共二百餘人。會上宣告成立「東亞醫學會中國分會」，並推選褚民誼為理事長。下午在和平堂進行有關營養和流行病治療方面的學術演講。（「民國日報」1942，7，12）

「東亞醫學會」係由日本發起成立，每年召開一次大會。1942年3月在東京召開第一屆會議，中方有六名代表赴會。（「民國日報」1942，3，16）接著，於1943年4月17-18日，在東京召開第二屆大會，中方由褚民誼帶隊，有來

1941年11月23日中華醫學會秋季大會合影。理事長褚民誼坐於前排居中（左11），
李宣襟、陳群和蔡培依次位於其左 [1.48]。

自各地的代表等共計28人出席，會上發表論文18篇。褚民誼應邀作題為「健
康與太極操」的特別報告。（「申報」1943，3，11；4，19）該特邀報告的全
文洋洋二萬餘言，以同名發表在「中日文化」[2.33]第3卷第2-4期（1943，4）
上。該文全面系統地總結了褚民誼增強民眾健康的主張，及其行之有效的太極
操操練法，繼第11屆柏林奧運會之後，再次在東京這個國際舞臺上進行推介。
翌年，東亞醫學會第三屆大會轉到中國召開，收到各國論文二百餘篇。會議
先於1944年4月25日在南京開幕，然後轉到上海震旦大學繼續進行三天學術交
流。（「民國日報」，3，25；「申報」，4，26）

　　褚民誼一貫重視發展中國的衛生事業，已廣為人知。事變後，在日軍佔
領區內的衛生狀況令人堪憂，還都後的南京政府不但經費匱乏，而且醫藥材
料和醫學設備受到日方嚴格管制，衛生工作舉步維艱。政府成立之初，僅在內
政部內設有衛生司管理衛生事務。1943年4月，行政院決議專設衛生署，並於6
月15日特任熱心公益事業的留法醫學專家陸潤之為首任署長。（「民國日報」
1943，6，16）陸氏上任後，即到各地視察衛生狀況，並於11月15-17日在中日
文化協會召開「全國衛生行政會議」，有各地衛生行政機關代表37人和醫藥專
家10人與會，共商衛生行政、醫政、保健等要務。（「申報」1943，10，6）
汪精衛和褚民誼對此均十分重視，出席其開幕式並分別致詞。後頁上圖是開幕
式後在中日文化協會建國堂前的合影。此外，在16日會議分組審議提案期間，

1943年11月15日第一次全國衛生行政會議開幕合影。褚民誼位於前排左10，其左是衛生署長陸潤之 [1.48]。

1944年4月24日教育部醫學教育第一次全體會議合影。教育部長李聖五前排居中，褚民誼和陸潤之於其左右 [1.48]。

褚氏於中午在雞鳴寺歡宴全體會議代表和專家；下午汪氏又特假國際俱樂部舉行茶會招待，對衛生工作者和醫藥專家們，在艱苦條件下體現出來的愛國心和慈悲心深表讚賞和鼓勵。（「申報」1943，11，16-18）

嗣後，為了解決醫學人才匱乏的問題，教育部於1944年4月24日召開了「教育部醫學教育委員會第一次全體會議」。如前頁下圖所示，教育部長李聖五及褚民誼、陸潤之等人出席。

褚民誼一貫主張醫藥並重，竭力維護民生不可或缺的藥品行業在淪陷區內之慘澹經營，自1940年起他即被推舉擔任南京市新藥業同業公會名譽理事長。[2.34]（Vol.1, No.2）為了適應社會上對藥學人才的急需，「南京私立藥學講習所」舉辦的培訓班連續舉辦直至1944年9月已達八屆。褚民誼和陸潤之等人，於是年9月17日應邀出席其第七、八兩屆聯合畢業典禮，以茲鼓勵。[1.48]

1940年南京政府成立後不久，為了發展體育運動，教育部即按原來的制度，成立「教育部體育委員會」，繼續任命褚民誼為委員長。下圖為召開第一次體育委員會時的合影，褚民誼位於前排居中，其左為張超，其右2為吳圖

1940年教育部體育委員會第一次會議合影。褚民誼位於前排左5 [1.48]。

1942年2月10日中國體育協會召開全國體育代表大會的合影。褚民誼位於前排右9，其左右分別是林柏生和陳群 [1.48]。

南，後排左2為顧舜華。會議發出了積極開展國民體育運動的號召，並將太極操確定為國民體操，不僅在學校而且在民眾中大力普及推廣。為此，在國立師範學校內附設國民體育人員訓練班，於1941年1月舉行開學典禮。[1.48]

　　1941年底褚民誼從日本回國後，即著力重建中國體育協會，於1942年2月10日在中日文化協會召開全國體育代表大會（上圖），改選中國體育協會理、監事會，褚民誼任會長，張超任理事長，郭秀峰任監事長。嗣後，於3月15日下午，在褚會長導領下，舉行中國體育協會全體理監事宣誓就職典禮。典禮前褚會長首先致詞，略謂「過去我國是德智體三育並重，在事變前體育尚稱發達，自和運以來，體育是不十分進展。中國體育協會此次改組強化，實是負起復興發展我國體育的使命。」禮畢召開首次理監事聯席會議，議決下設之辦事機構，近期組織開展的諸多活動項目，以及修建急需的運動場和積極發展會員等事宜。（「民國日報」1942，3，16）

　　褚民誼於1931年創編的太極操，融中國傳統太極拳和西方體操之優點於一體，具有「省時、省錢、省力」老少皆宜的特點，事變前即被教育部列入中

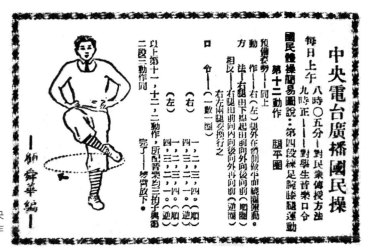

中央電台廣播國民操

國民體操簡易圖說：第四段練足腕踝腿運動

第十二動作

每日上午八時〇五分――對民眾傳授方法
九時正――――對學生音樂口令

預備姿勢――同上
動作――右（左）腿外在體側放平而繞圓運動
方法――右腿由下掃起由前向後同前（順圈）
相以――右腿由前向內向後同外再向前（逆圈）
右左兩腿交換行之

口令
（一數一圈）
（右）
一二三四
二三三三
三三三三
四二三四
順圈
逆圈
（左）
一二三四
二三三三
三三三三
四二三四
順圈
逆圈

以上第十一、十二、二動作，所配著樂與三拍子興
二段二動作同
完了――慢慢放下。

腿平圖

――顧鋒華編――

「民國日報」（1942，11，12）上刊登的，中央電台廣播國民體操的動作示範。

小學體育課程，已逐步植根在廣大學生和民眾之中。[1.30]事變後，自教育部規定太極操為國民體操，通令全國學校一律實行後，京市各學校均一體奉行，並不時進行會操。6月10日，在中央軍校操場舉行南京全市學生大會操，有千名京市中學生參加。（「民國日報」1942，5，30；6，10）當時，太極操的推廣，幾乎達到了家喻戶曉的地步，甚至深入到那些對兒童實施仿古教育、不曾設立過體育課程的私塾中。（「民國日報」1942，10，5）淪陷區內其它省市地區也積極予以響應。1942年10月4日，中日文化協會安徽省分會在蚌埠成立，褚民誼應邀出席慶典，其間曾召開「安徽省體育表演大會」，開幕式上表演團體國民體操（太極操），褚民誼應邀出席並講話。[1.48]

值得提出的是，太極操被確定作為國民體操，催生了全民「廣播體操」的問世，太極操從而也成為中國第一套全民廣播體操而載入史冊。這套廣播國民體操，當時由南京中央電台每天上午向全國廣播。廣播分為兩個時段，第一時段從八時零五分開始，對民眾傳授方法；第二階段從九時整開始，以口令和音樂伴奏，引導學生進行集體操練。上圖是「民國日報」（1942，11，12）上刊登的，對廣播國民體操中第十二動作的示範。

事變前曾為褚民誼所提倡的放風箏、踢毽子等民眾喜聞樂見的娛樂性體育活動，現在也逐漸活躍起來了。1942年春，時值紀念南京國民政府還都二周年之際，在首都舉行了大型的民眾風箏比賽和中小學生踢毽子比賽活動。風箏比賽由中日文化協會與南京市社會局聯合舉辦，於3月31日起在清涼山連賽三天，聘請

褚民誼任裁判長（詳見南京檔案館資料）。由中日文化協會組織的中小學生踢毽子比賽，於4月2日結束後，在5月3日舉行發獎典禮。褚民誼親臨給獎，並闡述踢毽運動之意義，語多勸勉。（「民國日報」1942，5，4）接著，第二屆踢毽比賽，於1943年3月3日在中日文化協會新建成的興亞堂舉行，由市公私立各中小學校選送代表，每校三人參賽，賽後發獎以資鼓勵。（「中報」1943，2，25）

與此同時，各種形式的運動會，也相繼舉辦起來。1942年6月20日，由中日文化協會、中國體育協會和日本南京體育協會三個團體聯合主辦的「中日聯合運動會」，在中央軍官學校操場舉行，褚外長和重光大使任大會名譽會長。褚氏出席上午的開幕式，並於下午的閉幕式上致詞、發表成績和給獎。（「民國日報」1942，6，21）

繼1940年6月在日本東京首次召開「東亞運動大會」之後，第二屆東亞運動會於1942年8月在滿洲長春舉行。南京政府教育部於6月20日組織參加東亞運動會籌備委員會，汪精衛為名譽委員長，褚民誼任委員長。（「民國日報」1942，6，20）6月25日舉行第一次籌委會議，預定參會職員和選手共計90人，並聘任褚民誼為全國決選委員會委員長，於7月11-20日，在南京分田徑、球類及國術三組進行決選。（「民國日報」1942，6，26）決選結束後，於7月21-27日舉行集訓。（「民國日報」1942，7，22）28日下午汪精衛於國際俱樂部茶會招待行將參加東運會的全體職員及選手，親行授旗禮。臨行前，全體職員和選手在總領隊褚民誼的率領下，於30日恭謁國父陵寢，次日乘津浦車離京北上赴賽。（「民國日報」1942，7，29；31）第二屆東亞運動會於8月8日上午10時開幕，中日滿選手680餘名參加競賽，至8月11日下午閉幕。（「民國日報」1942，8，8-11）

此後不久，教育部等單位聯合於雙十國慶日舉行「首都學生運動大會」，褚民誼及教育部長李聖五和南京市長周學昌任名譽會長，宣傳部長林柏生任會長，褚民誼還兼任總裁判長。10月9日舉行田徑預賽，到各大中學校選手及學生等千餘人。10月10日上午進行田徑決賽，並作團體操、國術及足籃球等項表演。（「民國日報」1942，10，10）下午在中大操場舉行盛大揭幕禮，市民參觀者不下萬餘人。汪精衛親臨檢閱並訓話。會上有一千二百名學生表演國民體操，並進行童子軍檢閱，大會在接力賽及球類表演後圓滿結束。（「民國日報」，10，11）

已如第三章第十節中所述，原國民政府教育部曾於1929年和1937年先後召

開過二次全國美術展覽會，褚民誼積極參與組織。事變後於1940年成立起來的「中日文化協會」，是在淪陷區的艱難條件下，開展各種文化活動的一個重要平台。為了滿足大型集會和舉辦大規模展覽會之需，協會成立後不久即有建設陳列館的計劃。經褚民誼多方努力籌措，得到了來自興亞院的捐助，陳列館遂得於1941年12月動工修建，並相應地冠名為「興亞堂」。[3.47]

中日文化協會在紀念成立二周年之際，特於新建成的興亞堂內舉辦第一次全國美術展覽會，三項典禮同時於1942年10月30日舉行。美展籌備委員名單刊登在「中日文化」[2.33]第2卷第6-7期上，褚民誼和日本重光葵大使任名譽會長，溥侗和蔡培分任會長和副會長。展品總計三百餘件，由總會及滬、漢等各地分會選送彙集，分為書法、國畫、日本畫、篆刻印章、油畫、水彩畫等各門類展出。（「民國日報」1941，10，31）展會揭幕後，於次日對外開放，至11月10日閉幕。（「民國日報」1942，11，12）接著，又在1943年11月21日，紀念協會成立三周年之際，舉行第二次全國美術展覽會。計有各地現代畫家作品一百二十餘件。11月22日起開放，至11月27日結束。（「中報」，11，21-22；「京報」，11，22）

褚民誼除對中日文化交流外，還對與德、意、法、瑞、奧等國的文化交流以及留學生和僑務工作十分關注。1940年8月18日法比瑞同學會成立大會上的合影，示於後頁上圖。

南京政府於成立之初，即設有僑務委員會，1942年8月20日褚民誼被任命接任該委員會委員長。（「申報」1942，8，21）不久，上海華僑觀光團一行三十餘人，於10月6日來京觀光，抱有發展和平區內實業之意願。抵京數日遍訪南京中、日各有關機單位，受到各界熱烈歡迎。其間，曾於6日晚由褚委員長和觀光團長在中央廣播電台發表講話，7日上午在褚民誼的導引下謁中山陵，晚間汪精衛於國際俱樂部設宴款待，由各院部會長官作陪。此外，華僑商業聯合會為表愛國之忱，獻金三萬元。褚委員長代表接受，分贈賑務委員會、中央醫院、社會事業各一萬元。（「民國日報」，10，6；8；10）

僑務委員會每年舉行一次全體委員大會，1942年11月11日在褚民誼的主持下，於南京中央黨部禮堂召開第三屆委員大會（見後頁下圖），到委員十五人。褚民誼在開會詞中，列舉自大東亞戰爭發動以來，在越南、臺灣、泰國等方面僑務工作所取得的進展。次由行政院代表黃大中致詞，略謂「僑務工作，從前推進已難，現在環境，自必尤形不易。」海外僑胞備受外人輕視侮辱，

1940年8月18日法比瑞同學會成立大會攝影。理事長褚民誼位於前排左7，其右是吳凱聲 [1.48]。

1942年11月11日僑務委員會第三屆委員大會合影。委員長褚民誼位於前排右3 [1.48]。

「極希望祖國強盛。使他們有揚眉吐氣之一日。至政府對於僑務，素亦重視，蓋外國之管理僑民，僅設領事，而中國還有僑委會之設立，即為中國僑胞眾多，必須有專理僑務之機關，等云。」會上特別關注香港僑胞及其疏散後之情況，以及相應的救濟措施。最後，以大會的名義發表告海外僑胞書。務希各地僑胞在新形勢下，群策群力，同舟共濟，則僑胞幸甚，祖國幸甚。次日為孫中山誕辰紀念日，全體委員由褚委員長導引，赴國父陵園致敬，並參加致祭革命先烈，以表實現國父革命遺願之志。（「民國日報」，11，12）

三、崑曲集淨，元音試譯

關於褚民誼醉心於崑曲和崑劇的過程，在第三章第十節中已有詳述。為了繼承和發揚中國的國粹，他於七七事變後，編撰了「崑曲集淨」[1.43]和「元音試譯」[1.44]，為中國戲劇事業的發展做出了開創性的貢獻。1937年11月他從南京輾轉到達上海法租界堅守工作崗位。此時的「孤島」上海處於相對平靜之中，是褚民誼可以實現事變以前就抱有的志願，專心致志地對散亂浩繁的崑曲遺產，進行系統整理的大好時機。便於1938年初，從他熟悉的「淨角」著手，廣集資料，歷經三年有餘的努力，並經戲曲家溥西園精心點正，老曲師陸炳卿和沈傳錕詳為校對，高見思（齊賢）考訂說明，以及沈留聲的細心繕寫而成此稿。遂乘他1941年出任駐日本大使之機，在日本東京以照相製版精印，為時近載，終於1942年6月1日，由中日文化協會出版組發行問世。（[2.33]第2卷第4期）

「崑曲集淨」（上、下冊）[1.43]，如下頁圖所示，為精製線裝本，尺寸27×19釐米。全書匯集了崑劇中幾乎所有的淨行腳本，涵蓋民間流傳的紅、

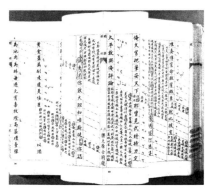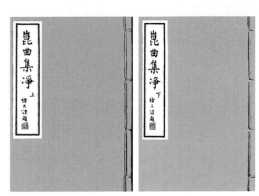

1942年6月發行的褚民誼編著之「崑曲集淨」（上、下冊）。左圖是書中的劇本示例 [1.43]。

黑、僧、白四大類，計22位淨角的55齣劇目，收集之全前所未有。書中曲譜依中國傳統的「工尺」調體系，按曲文逐字標註其旁，並相應地插入對話旁白，每戲之前還列有劇情介紹，科白工譜並列無遺，堪稱習唱者之範本，可謂「一集在握，所需幾全，應有皆詳，無勞旁取」（書前「例言」語）。為導引讀者閱讀，褚民誼特撰寫「自序」「緒論－崑曲與崑劇」和「例言」三篇，置於文前。全書總計四百餘頁（每頁按兩面計），以淨腳紅加白和黑加僧均分為上、下兩冊。鑒於劇本的曲文、曲譜以及旁白等文字編排錯綜複雜，難以用通常方法排版印刷，只能採用手寫印影。從前頁下圖可見，全書均繕寫在崑曲專用標有褚民誼別名的「樂天居士用牋」上。囿於當時國內條件，只得拿到日本東京印製，費用昂貴，每冊達日金十數元之多，僅祇三百本，誠屬一書難求。

與《崑曲集淨》同時發行的曲譜試譯例本「元音試譯」[1.44]。

褚民誼在「自序」和「緒論」部分，首先闡述了崑曲和崑劇的發展歷史，崑劇表演在培養「五育」方面的作用，以及他本人的學習過程等內容（詳見第三章第十節）。關於編輯本書「整理崑曲之微意」，他在「自序」中進一步指出，「普通曲集曲譜，類皆各依所好，選擇而成。以故劇無全文，腳無一色。使習一全劇者，必檢詞索譜於多書；使專一腳色者，必覓類尋同於多集，至不便焉。予習淨，故小事收拾，亦以淨始。茲先成崑曲集淨一書，凡淨之曲，約略幾備，離文正拍，並附本事，使凡習淨者，得此一編，即可以供其所求，無須他取。他日集生集、旦集、末集、丑集，一準於

1942年4月褚民誼扮演崑劇慈悲願中黑淨尉遲恭之劇照。

是，則崑曲以演人為單位者，庶乎盡焉。此外，更擬以劇為類別，為一編，如西廂記、雙紅記，各以全劇著於記；鐵冠圖、八義圖，各以全劇著於圖，比事類分，各專厥系。茲之所舉，僅別以文，蓋明例也。「異日譯工尺為線譜，使擅提琴VIOLIN、鋼琴PIANO、薩克司風SAXOPHONE等樂器者，依譜奏之，依奏唱之，則五洲各邦，同傳雅樂，並時人類盡解華謳，此固久切予心，而不勝大願者也。今日之舉，特踄步於萬里之遊而已。」從中，顯露出他欲全面整理這一國之瑰寶，並將其普及於世的雄心。

鑒於已有近八百年歷史的崑曲雅樂，均以中國傳統的工尺曲譜流傳下來，除少數專業人士外，識者無多。為此，褚民誼在編輯「崑曲集淨」的同時，還選擇其中他所熟悉的的淨腳戲「訓子」「刀會」和「訪普」，以及「彈詞」（包括，一枝花、梁州第七、九轉貨郎和尾聲四段）等四齣，嘗試將工尺曲譜，轉換為現代流行的五線譜，取名「元音試譯」[1.44]，如前頁右上圖所示，作為附輯，隨書發送。他在1942年5月6日所寫的引言中，在說明本輯開創性工作之旨意的同時，還具體指出了此次試譯中，尚有未能完善表達崑曲特色的若干難點和不足之處。最後他寫道，「惟此皆精微之言，尋恆尚不能及。新譜不譯，門限何通，吾所不能，且俟賢者。因取四劇，付許文女士手譯，許女士亦有同感，則告之曰：不有草創，孰且進焉，名曰試譯，誌吾悍也。」褚民誼此舉，誠為開中國音樂戲劇歷史之先河，其勇氣和決心躍然紙上。

褚民誼在潛心著書的同時，還身體力行積極推動中國崑曲事業的發展。前頁下圖所示，是他於1942年4月出席在漢口召開的中日文化協會第一次全國代表大會期間，登台扮演崑劇慈悲願中之尉遲恭的劇照。（「長江畫報」1942年第6期）

四、移風易俗，花甲同慶

「花甲同慶」俗稱集團慶壽，如下頁圖所示，是褚民誼首先於1939年6月發表的「花甲同慶」[1.38]專著中，建議作為全國每年統一舉行的一項敬老祝壽活動而提出來的。其目的在於提倡群育，化私為公，以糾正昔日祝壽中的奢靡不正之風。該書由中法國立工學院印行。全書包括正文「花甲同慶」，文前的「花甲同慶序」和文後的「花甲同慶贅言」以及「干支用法說明」四節，共計99頁。該書對中國敬老慶壽之演進歷史，晚近壽慶中之陋習和改革之必要，以及化私祝為公祝舉行六十花甲同慶之意義和實施方法，進行了全面論述。

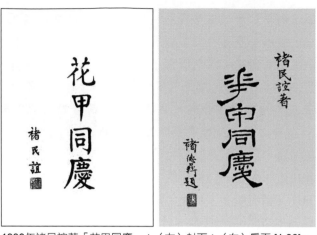

1939年褚民誼著「花甲同慶」：（右）封面；（左）扉頁 [1.38]。

其中特別詳細地介紹了如何按照中國自古以來的十二生肖和干支紀年法，以生肖地支「一元始終」和干支「取同貴多」為原則，確定出每年舉行花甲同慶之年、月、日、時的方法，並列出了自1940年至1975年期間，逐年舉行花甲同慶的時間表，提請政府當局列為固定節日頒佈實施。與此同時，為樹立孝悌仁愛、去奢崇儉之風，文中對於同慶之儀，分為壽堂、壽禮、受賀、演說、比健、攝影、壽宴、餘興、文獻、獎勵等十個儀節，詳加規範。

「花甲同慶」的倡議提出來後，曾在1940年南京政府成立之初，由蘇州陳則民省長和南京周冠吾市長，按花甲同慶辦法舉行，但由於時間倉促未能普及。1941年褚民誼奉使東京，國內無人倡導未得舉行，直至1942年，才得以正式推行。（「民國日報」1943，4，9）為做好首屆活動的輿論準備，褚民誼在1942年3月1日出版的「中日文化」[2.33]（Vol.2，No.2）上，發表了題為「花甲同慶要義」的論文，對花甲同慶的意義、內容和方法扼要地進行了介紹。接著，他又於是年花甲同慶日一個月之前的6月28日，通過廣播發表了題為「花甲同慶的真實意義」的講話，全文刊登在「外交部公報」[3.58]第68期上。他在演講中，通俗地說明了花甲同慶的內容和方法，著重從移風易俗出發，說明倡行花甲同慶的要義。他解釋道：「第一，壽慶有保存的價值，必須設法弘揚；第二，壽慶的習俗甚壞，必須設法改善。因此，在保存真義、革除積弊的旨趣下，便發起了這種集團慶壽的『花甲同慶』。東方文明的的基礎，就是孝悌，孝是尊親，悌是敬長，整個的人生大道，都包含在孝悌兩字的當中。「慶

1942年7月28日褚民誼在首屆南京花
甲同慶日上發表講話時的會場情況
（「民國日報」，7，29）。

壽的真正精神，就是使人實踐孝悌之道的一種方法。」可是現在一般慶壽的目
的，卻往往不如是，「不是誇多鬬富，便是別有用心。有的人藉著慶壽打秋
風，有的人藉著送禮行賄賂。本是講孝修悌，轉成藏垢納污。」為此他指出
「花甲同慶的要旨，有糾正壽慶陋俗的四要點，第一是易私為公，第二是去奢
崇儉，第三是敬孝重悌，第四是同樂觀摩。」褚民誼這一席革故鼎新之言，時
至今日，仍富有警世意義。

　　1942年在南京舉行的首次花甲同慶，得到了南京特別市市長周學昌的積極
支持，指定市府社會局負責籌辦。現今保存在南京檔案館中的資料，詳細記載
了該次花甲同慶的籌辦經過。為完成這項任務，市社會局聯合本市社運會和宣傳
處共同組設花甲同慶籌備委員會，於7月13日召開第一次組織會議，制定出南京
特別市花甲同慶登記須知和辦法，並在7月20日「民國日報」上發佈公告，要求
符合花甲同慶之主壽和聯壽者，不分男女貧富，均可報名參加，向所在地之區
公所填寫登記表。據南京五個地區的統計結果，主壽和聯壽人數共計321名。

　　1942年，南京市政府主辦之壬午馬年花甲同慶，準於7月28日正午12時，
在中日文化協會隆重舉行，如上圖所示，禮堂正面國旗下置放霓虹燈之大壽
字，台前陳列各種獎品，參加同慶壽翁男女百餘人，其中73歲和85歲之上聯壽
者14人，白髮蒼蒼，濟濟一堂，情況熱烈。主席褚民誼領導行禮如儀，並報
告花甲同慶之意義。（「民國日報」，7，29）會後經體格檢查，對17位高齡
健康者頒發獎品，以資鼓勵。得獎者中以農民為多，計8名；其次是小販、手

工業者和商人，餘為中醫和區公所辦事員各1人。主辦方秉承節約原則舉辦活動，褚民誼捐助500元，佔總支出的三分之一。首屆花甲同慶之圓滿結束，為繼後開了一個好頭。

翌年，為1943年農曆癸未羊年，恰逢汪精衛、褚民誼、江亢虎等民國元老之六十生辰。汪氏曾多次公開表示謝絕對其個人之祝壽，並宣示贊同花甲同慶之意旨，與民同樂。他還於4月27日簽發了國民政府關於嚴禁用祝壽名義獻金的命令（「申報」1943，4，28）。南京市第二屆花甲同慶日，選定在5月4日汪氏誕辰日之下午三時，在市政府大禮堂舉行，參加之主壽聯壽壽翁，計二百餘人。行禮如儀後，全體遙向汪主席致敬。繼由主席周學昌市長、褚民誼、陳群等相繼致詞，旋由壽翁代表江亢虎致答詞，至五時許禮成。（「民國日報」，5，5）

此外，據5月5日「申報」報導，除南京外，淪陷區內蘇州、南通、泰州、廣州等地，亦於5月4日隆重舉行花甲同慶，褚民誼的這項全國統一的慶壽倡議，逐步在各地推廣開來。

第五節　盡心竭力，維護國寶

一、保護文物，執掌文管

七七事變爆發後，國內諸多地區相繼淪陷，其內所有中央研究院、國立暨省市立圖書館、博物館、公私立大學等重要文化機關，在激烈的戰火中陷於無人管理的混亂狀態，大量圖書、儀器、古物、檔案，以及有關天文、地質、農礦、教育各種標本等珍貴文物，面臨焚毀散佚之災。日軍佔領當局以這些文化資料和設施的重要價值，將其收繳保管。南京政府成立後，經中日雙方關係當局之協議，於1941年3月27日由國府外交部與駐華日本大使館聯合發表共同聲明，決定將事變以來日方整理保存的中國史蹟文物移交中國政府。中方則相應成立「行政院文物保管委員會」（簡稱「文管會」）予以妥善接收管理。

文管會成立之初，正值褚民誼被派出任駐日本大使，由當時的外交部長徐良擔任文管會委員長。1941年10月27日褚民誼回京繼任外交部長，28日接令掌管文物保管委員會委員長後，即於30日蒞會視事。他在11月5日補行就職典禮後，主席召開了第四次委員會會議。會上議決成立研究部，公請褚民誼兼任部

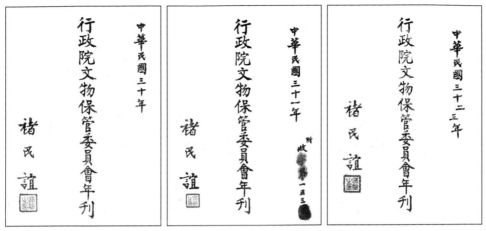

「行政院文物保管委員會年刊」。左起：1941年、1942年、1943-1944年。[3.41]

長。如上圖所示，在他主持下相繼編輯出版了三期「行政院文物保管委員會年刊」[3.41]，翔實地記載了歷年文管會維護管理中國文物的情況。

據1941年年刊所載，日方移管於南京政府的史蹟文物，計有「南京革命紀念塔，南京明孝陵，南京紫金山天文台，南京北極閣舊氣象台及地震計，南京前中央研究院之房屋，南京前實業部地質調查所之房屋，杭州前浙江省立西湖博物館之房屋，杭州前浙江省立圖書館孤山分館之房屋，在南京、杭州及上海保管中之圖書雜誌及其他出版物及圖表，在南京保管中之檔案，在南京及杭州保管中之學術標本類，在南京保管中之古物」等共十二大項。1941年4月21日中日雙方舉行文物分類目錄暨明細書交接儀式。鑒於所載文物資料品類繁賾，尚待繼後中日人員逐加檢點驗收。

文管會的會址設在從日軍手中接收回來的雞鳴寺路一號前中央研究院（現為北京東路39號中國科學院南京分院）內，於1941年5月1日開始辦公。按文管會組織條例，該會直隸於行政院，掌理國民政府指定保管之圖書、檔案、標本、古物、天文氣象儀器、並與文化有關之建築物等事宜。文管會下設秘書處和圖書、博物、天文氣象三個專門委員會。此外，為實行學術研究設置研究部，其下暫設國學、社會科學、生物學、地質學、美術學、考古學、天文學、氣象學八個系。文管會委員長褚民誼，委員李聖五、陳柱、陳群、溥侗、林柏生、丁默邨、陳君慧、樊仲雲。李聖五、陳柱、陳群分別兼任圖書、博物、天文氣象專門委員會主任委員，褚民誼兼任研究部部長。

經過專門委員會的大量籌備工作，恢復和重建了博物館和圖書館。如右圖所示，博物館設在會所內，圖書館設在珠江路942號前地質調查所（現為珠江路700號南京地質博物館）內。1942年7月1日兩館同時在本會舉行開放儀式（見右圖上）。（右三圖均引自[2.32]Vol.3, No.9，1942，9，15）典禮於是日上午九時舉行，委員長褚民誼致開幕詞並報告籌備經過，汪精衛到會訓詞。當日會前褚民誼還在中央廣播電台發表廣播演說，講述整理之經過及開放之意義，廣宣民知。（「民國日報」1942，7，1）

在文管會歷年的年刊[3.41]上，對圖書館和博物館的開辦情況均有詳細記載。據「民國日報」（1942，6，30）披露，圖書館經接收整理後可供閱覽的所有圖書資料，包括：漢籍、中日文洋裝單行本、歐文單行書、各類期刊雜誌、地圖、私人藏書等，總計達926,871冊。其中以漢籍類書最為豐富

文管會之大門前（上），博物館（中）和圖書館（下）[2.32] Vol.3, No.9。

和珍貴。特別是，在籌備開放圖書館期間，在挪動所存之1,217箱原故宮檔案箱時，發現了宋元明清時期的古版珍籍，原「八千卷樓」所藏之善本，97種1,113冊。此外，尚有上海圖書部所藏圖書文獻，總計75,864冊。杭州圖書部所藏圖書文獻，總計281,262冊。

新設之博物館分兩館展出：一號館為地質、動物標本陳列室，純以自然科學為主，共有16室；二號館為美術品、考古學標本陳列室，純以人文科學為主，共有13室。其中，此次展出之故宮博物院舊藏美術品，總計11,979件，均十分名貴。

據歷年年刊[3.41]上逐月統計分析的結果，圖書館開放後，閱覽人數不斷增加，1942、1943和1944各年，分別達到11,111、20,771和44,055人。博物館

的年參觀人數，分別為10,424、35,169和29,613人。

　　1943年3月，全國大學教授協會呈請行政院恢復「國立中央研究院」，作為國家最高學術研究中心。南京政府於6月17日決定，擬將行政院文物保管委員會改為國立中央研究院，並以該會委員為當然委員，另聘學術家若干人為委員，組成「恢復國立中央研究院籌備委員會」。在主任委員褚民誼的主持下，於10月20日召開第一次會議，著手進行籌備，文管會內各部門為此而積極努力。接管並整理全部被日人收管的文物，是將文管會撤改為國立中央研究院的首要工作。鑒於日方原保存機關向文管會提交的文物資料目錄暨明細書中，所列的資料數量巨大，許多資料十分珍貴，需經中日雙方認真逐件點收，並添置必要設施妥善保存，方能竣事。由於當時人力和經費短缺等問題，工作進展緩慢，從而使恢復國立中央研究院的日期一再推延，而終未能實現。進入1945年後，國內外局勢瞬息萬變，即將離任的褚民誼，於4月12日致行政院函中，在報告上述文物交接之情況後，為應對當時日軍在南京的軍事行動對文物安全所構成的威脅，提出「尤覺根本之圖，亟應一面趕速施行點檢，一面另覓安全之地，擇古物之尤貴重者及善本書籍另行庫藏，以盡為國家保存瑰寶及文獻之責任。」祖露出他以維護國寶為己任的情懷。[3.41]

1945年5月5日文管會同仁歡送褚民誼委員長（前排左5）調任廣東省長留別攝影 [1.48]。

1945年4月26日，褚民誼辭任外交部長，改任廣東省省長。文管會委員長由新外長李聖五接替。上頁下圖是5月5日文管會同仁歡送褚民誼委員長調任廣東省長的留別攝影。

二、竭誠維護，國父遺珍

　　孫中山是中華民國和中國國民黨的締造者。他創導和高舉三民主義的旗幟，為中國的獨立、民主、富強，鞠躬盡瘁奮鬥終生，得到了全國人民的擁戴，以「國父」的尊稱留芳於世。事變後不久，南京陷落，中山陵一度陷於無人管理的境地。褚民誼在「答辯書」[1.47]中回溯道，「自民國二十九年（1940年）擔任南京國民政府還都籌備委員會委員長，即於二月七日由滬赴京。「決於翌日……謁總理陵墓。入靈堂，見總理大理石座像莊嚴的巍巍然仍在堂中，即以本黨之儀式，唱黨歌、向總理遺像致最敬禮、恭讀總理遺囑默念，在堂內旁立之日人亦同行禮向之。以中國國民黨為敵者，今則亦公然致敬我黨總理矣。自國軍撤退兩年四個多月以來，本人為最先謁陵之人。禮畢後入靈櫬室，見總理大理石之臥像亦仍然安然於原處，惟孫哲生（孫科）先生、夫人敬獻之銀花圈不翼而飛，其他除盛銀花圈之空玻璃柜仍在外，餘物蕩然無存。祭堂內外，所用之祭桌、祭俱、橡皮地毯及休息室之椅、台、几等，均由本人於十餘日內佈置完畢。「嗣後，任陵園管理委員會主任委員，又從事修理陵園一帶，如正氣堂、革命紀念館及塔，皆監工修好。直至民國三十一年三月二十八日，恭移總理靈臟由北京協和醫院南來，奉安於空玻璃柜中，計兩木匣，內盛玻璃瓶，以藥水浸注靈臟外，覆以黨、國旗各一，曾以詳細紀錄送南京寧海路二十五號李法官轉呈政府在案。」

　　這裡，褚民誼所述由李法官向政府轉達的呈文，是抗戰勝利後不久，他早期在南京看守所拘留期間，於1946年1月6日所寫的關於「國父遺臟奉移經過」（簡稱「奉移經過」）的報告。其全文，嗣後披露在「蘇報」（1946，7，7）上刊登的陳舜貞向蘇高院的具狀附件中。

　　「民國三十一年（1942年）春」該呈文中寫道，「各報紛載日軍接收北平協和醫院，發現國父遺臟事。民誼閱悉之後，即言於汪先生，主張全部收回，並即與日本駐華大使館及軍部進行交涉，復由日軍部與北平日軍部往返洽商。結果，日方對於中國收回一點，均表贊同。先是收回天津英租界，已與日方商定……民誼乃提前於三月廿四日，率隨員先至協和醫院視察。首至國父養病時

1942年3月26日在北京協和醫院舉行國父遺臟移接儀式，褚民誼（中）代表國府敬謹接收 [2.32] Vol.3, No.5（1942, 5, 15）。

所居之室……民誼率領眾人員，鞠躬入室，瞻謁一週。旋至右側一較大房，即中日人所設之祭堂在焉，香燭花圈，輝煌肅穆，中懸國父遺像，祭台上，供置三匣，外結潔白布袱。「當由日方軍醫說明發現經過，謂協和醫院之試驗室中，瓶甌至多，上標籤號。「及按號檢閱存儲紀錄，始發覺第A294Z及A294F為中華民國國父孫中山先生靈臟。遂逐袱開解，每包中均有木匣，中置巨瓶，貯藥水浸置國父遺臟，一匣置國父遺臟之病理醫學組織切片及臘塊，另一匣置國父遺臟之空瓶二隻，為易瓶後所不忍棄者。民誼一一敬謹檢視後，交日軍醫重行包封，並商定於明日奉移，令備專車等事而退。」

「26日晨十時，舉行國父遺臟移接儀式於協和醫院。」[3.46]上刊登的褚氏回京後的談話中稱，「本人率隨員……同往參加。十時半（日軍）安達參謀長，即以國父遺臟及原置瓶器，並病狀說明書等，鄭重移交。本人代表國府敬謹接收，並申謝意。（奉移典禮之盛況見上圖）「27日晨八時，自協和醫院奉移至前門東車站貴賓室暫停。王（揖唐）委員長、華北最高指揮官岡村大將、及中日各機關長官、各團體領袖、德義滿各國使領，均親臨敬禮，數逾千人。」

關於赴天津的專車，他在「奉移經過」中繼續寫道，「由日方派人連夜清除車中座位，裝置小型祭堂。「到津之後，因須停留一日，故津方已先在車站貴賓室布置祭堂一所……仍由民誼率員恭奉國父遺臟、遺像等供置堂中，並行祭奠。「3月28日，辦理接收天津租界手續後，……恭奉國父遺臟、遺像等，登車南下。「車行之後，民誼與隨員分班守靈。沿津浦路各站『中國地方政府』各級人員及日本駐在軍隊，均預先得有……電知。火車入站停後，紛紛

登車，向遺臟、遺像恭致敬禮，並獻花圈等物，雖在中夜，所停之站，未嘗異也。29日下午四時，車抵浦口，『中央大員』來接者甚眾，均登車行禮如儀，乃由民誼率領隨員奉移渡江，時汪先生已在國父陵墓恭候。於是直赴陵墓，暫安遺臟於國父靈寢前桌上，恭祭而退。返城之後，共商奉安之所。民誼主張即供奉於原置孫哲生先生夫婦所獻銀花圈之玻璃龕中。「越日，由汪先生領導，即將國父遺臟及靈甌二隻，奉安於玻璃龕中，即今置於國父臥像足前龕中，覆以黨、國旗者是也。是日民誼以勞倦致疾，臥病床上，故未能恭於典禮。至於切片及臘塊一匣，為醫學成器。「民誼本當致力於醫學，自愧於癌症無所研究。時上海中比鐳錠療養院，由留比研究癌症之湯于翰醫師主持。民誼即言於汪先生，將是項研究責任，屬之湯君于翰，湯君能有成就，亦屬人類幸事。「今聞鐳錠醫院已非湯君主持，該項切片臘塊，亦係國父遺體，應即設法奉還也。又浸置國父遺臟之藥水，每屆二三年應更換一次。民誼本定於去年，國父誕辰更換，因羈業未果，並請設法迅於注意，以免腐化。

　　「再者，國父陵墓禮堂屋脊之左方玻璃角，曾經被雷擊毀，靈寢內之水門汀上亦嘗崩裂，寢前之平台亦崩裂，及下水管堵塞甚多。民誼為日軍入京後恭謁陵墓之第一人，並掌陵園管理委員會事宜，對於上項殘破，皆親領匠人，設法修治，並此說明。」下圖示出的是登載在「接管津粵英租界行政權實錄」[3.46]上的兩張照片，左圖係3月29日下午褚民誼率隨員奉移孫中山遺臟乘火車到達南京浦口車站時所攝，右圖是當日褚民誼手捧國父遺臟，登上孫中山陵寢時的情景。

　　「中山陵檔案史料選編」[3.56]中亦登載了與上述奉安活動相應的文件資料。1942年4月5日，在中山陵隆重舉行國父遺臟安放典禮後，為加強對陵園的

（左圖）1942年3月29日褚民誼（中）奉移國父遺臟到達浦口；（右圖）褚民誼手捧國父遺臟登上孫中山陵寢 [3.46]。

管理，汪精衛即於次日指定，由各有關部門的負責人組成「國父陵園管理委員會」。[3.56]據中國第二歷史檔案館中的檔案記載，在主任委員中國國民黨中央執行委員會秘書長褚民誼主持下，先後於4月7日和5月14日召開了第一和第二次會議，審議通過了「國父陵園管理委員會暫行組織規程」，其任務包括：陵墓保管及整潔、陵園景物保護、陵園公產整理、陵園警衛及陵園其他設備等事項。鑒於此前成立的「孔廟管理委員會」亦由中央黨部秘書長褚民誼擔任主任委員（詳情見後）。為了精簡機構，節省開支，南京政府於是年11月5日，將上述二個管理委員會合併組織為一個機關，並派褚民誼為主任委員，陳群、李聖五、林柏生、劉郁芬、徐蘇中、唐蟒、周學昌、鄧祖禹為委員。（「申報」1942，11.6；[3.56]）

自1929年孫中山靈柩奉安南京後，原北平香山碧雲寺內之停靈處，被闢為總理衣冠冢，曾設「北平總理衣冠冢留守辦事處」進行管理。繼上述國父陵園管理委員會成立後，南京政府決定將該處劃歸國父陵園管理委員會直接管轄，並更名為「國父衣冠冢留守辦事處」。[3.56]褚民誼每次北上出差平津等地時，均赴碧雲寺國父衣冠冢謁拜和視察。

此外，太平洋戰爭爆發後，日軍在上海法租界宋慶齡舊宅，發現國父大批遺物，經與南京政府聯絡，於1943年1月12日，在日本大使館內舉行國父遺物移交式。由外交部和內政部派員前往，按所提供的清單點收，共計十八項：1）陣太刀一把、2）指揮刀一把、3）中華民國軍政府大元帥證書一枚、4）政務總裁證書一枚、5）國民政府建國大綱立軸一卷、6）照相簿二冊、7）紀念冊三冊、8）照片一袋、9）兵工計劃書二卷、10）克利醫生之孫文病況資料、11）孫文親書之中國之革命一冊、12）會議通則自序一冊、13）會議通則自卷一至卷五五冊、14）孫文學說原稿自第一章至第五章八冊、15）孫文學說印本自第一章至第五章三冊、16）民族主義孫文題著一冊、17）民權主義孫文題著一冊、18）廣州市証卷物品交易所發行五〇圓証卷二十枚（宋瓊英）。（「申報」1943，1，13）上述遺物，經汪精衛批准和褚民誼安排，於3月份全部交由文物保管委員會博物專門委員會保管，並將有關歷史性者酌情陳列展出。

孫中山遺贓的驚人發現和妥善保存是抗戰勝利後各界人士一度十分關切的問題，軍統局主任鄭介民，親自主持對此進行調查。在「臺國史館」的檔案中，保存有當時他與蔣介石的多次機密來往公文。鄭介民在調查取得成果後，

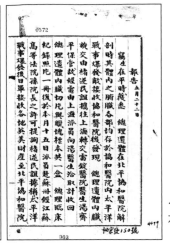

1946年5月22日鄭介民親筆致蔣介石的密告原件（秘京發150號）：（右）首頁；（左）尾頁。

如上圖（案號001016141003005a-8a，原文共四頁）所示，於1946年5月22日向蔣介石遞呈密報，告知總理在北平協和醫院之遺體內臟，由褚民誼接收之情況，並已派員向湯醫生洽取，收回總理遺體內臟切片與臘塊標本共一盒、總理臨床紀錄照片一冊。同時還呈報了5月15日派員赴蘇州提詢褚民誼關於接收總理遺臟之經過，以及於21日派員面詢原陵園管理委員會警衛處處長馬湘關於當年親視總理含殮經過的談話紀錄。「綜合上述觀察」，最後他寫道，「生局所收回之標本，當屬總理遺體無疑。理合將原標本一盒、臨床紀錄照片一冊，一併賫呈，恭請睿察，謹呈校座。」蔣介石閱後，於1946年6月20日批發電文（案號001016141003011a），將該標本一盒、臨床紀錄照片一冊，抄同軍統局5月22日之原報告一份，交由陵園管理委員會保管（該電文及附發的鄭介民報告抄件，現藏於南京中山陵園管理處[3.56]）與此同時還一併將此事告知中央秘書處吳秘書長。

接著，鄭介民又於6月27日親筆呈報蔣介石，提交了湯齊平（于翰）醫生的報告全文（案號001016141003012a-16a，原文共五頁）。文中湯氏在簡述褚民誼奉移總理遺體標本，發交鐳錠醫院鑑定研究之過程後，著重說明了他為保管此項標本所作的努力。略謂，他接事後即將該標本祕密供奉於鐳錠治療院內安全之處。該院係中比合辦，鐳錠為敵寇覬覦之重要物資。起初比利時仍為中立國，後因比國之事業，亦為敵寇接收，日軍政有關機關來院調查，不下二十餘次，意圖侵佔。他本人亦數被傳拘，但以鐳錠為國家之至寶，故不避危險

予以保全。至國父遺體標本隨亦取出,秘供於上海湖南路三一八號,以精良之保險箱保存。迨1945年因美機轟炸上海,復經設法密移杭州,存於仁愛醫院,至抗戰勝利,始經取出。關於在淪陷區內接收和保管國父遺臟事件,雖然褚民誼早在拘押初期已將實情上報,但在啟動對他進行審詢以後,質疑之聲四起,甚至誣稱他私藏遺臟、要挾政府等等不一而足。作為當事人的湯齊平醫生,在提交國父遺臟標本的同時,親述其艱難曲折的保管過程,澄清了事實真像。蔣介石原擬將鄭介民的上述報告,轉達「江蘇高等法院」和「中央秘書處」。但是幾天後,蔣介石卻於7月8日在已擬就的電文稿上批示「不發」而壓了下來。(案號001016141003018a)其用意如何不敢妄測,難道是他不願看到真相大白而引起有利於為褚民誼辯護的局面出現嗎?

三、管理孔廟,尊師重教

先師孔子,是中國偉大的思想家和教育家,被歷代尊為師表。事變前,國民政府曾於1934年7月決定,將孔子誕辰日(8月27日)定為國定紀念日,由各地高級行政機關召開各界紀念大會,於當年即開始實行。除在南京中央大禮堂舉行擴大紀念儀式外,還派國民政府委員葉楚傖至曲阜致祭,時任行政院秘書長的褚民誼作為陪祭人亦同往致祭。

事變爆發後,紀念活動被迫中斷,褚民誼任「孔廟管理委員會」主任委員後,為了尊師重教、維護和傳承中國的文化遺產,立即著手重修南京朝天宮,改造其內的大成殿專門祀奉孔子,並在其後另修歷代聖賢祠。修建完竣後,褚民誼即於1942年11月5日向中央建議恢復孔子春、秋釋奠典禮。春祀為清明節,秋祀為九月廿八日(孔子誕辰日)。中央還決定將孔廟歸國父陵園管理委員會管理,共同由褚民誼掌管。(「申報」1942,11,6)為迎接翌年舉行的盛大春祀活動,又對朝天宮實行第二期修建工程,於1943年2月完工。(「民國日報」,2,2)

1943年4月5日清明節,中樞當局除派國府委員溥侗赴曲阜致祭外,於是日上午十時在朝天宮內舉行隆重孔子春祀典禮,出席者計有文武長官及學生、民眾團體代表二千餘人。主祭者汪精衛,陪祭者為四院院長,及內政、外交和教育三部部長。在大成殿按儀式向先師孔子行最敬禮後,又至歷代聖賢祠致祭而禮成。(「申報」,4,6)

是年9月28日為孔子誕辰紀念日,南京政府特派國民政府委員兼外交部長

1943年9月28日孔子誕辰紀念日在曲阜孔子墓前的合影。褚民誼位於右3，其右為孔子77代後人孔令垣 [1.48]。

褚民誼為主祭官，前往山東曲阜致祭。褚氏一行乘車於28日清晨抵達曲阜，先在孔府接見來賓並進行祭祀後。由褚民誼率陪祭官，及孔子77代後人孔令垣，列隊步入孔廟祀祭，與祭者不下數千人。接著，又至歷代聖賢祠致祭，最後瞻仰孔廟全景而禮成。下午全體參觀孔林，晚上褚氏一行返京。上圖是主祭官褚民誼（右3）率全體陪祭官及孔令垣（右2）赴孔林謁孔墓時的攝影。

　　與此同時，南京中樞亦於是日上午在朝天宮隆重舉行紀念孔子誕辰的秋祭典禮，其儀式與春祀基本相同。下午中日文化協會在和平堂舉行孔子誕辰紀念演講電影大會，到中日學生六百餘人。（「申報」，9，29）

　　該報上還分別報導，蘇州在三元坊孔廟大成殿，武漢在省府和市府兩處，以及蘇北的南通等地，由各地長官主持，於同日舉行秋季祭孔典禮。此外，據「民國日報」（10，5）報導，杭州市於1942年10月4日已將孔廟興修竣工，並專設管理委員會嚴格維護，如此等等。可見，在中樞的倡導下，尊孔重教的風氣，已在淪陷區內日益恢復。

四、重建骨塔，萬世景仰

　　唐代著名高僧玄奘法師，為探求佛教真諦，孤身遠涉西域，遍訪印度各地，不畏艱難萬險，行五萬里，歷十七載，攜回大量梵經，潛心譯著，其為佛教發展和中印文化交流之貢獻無人能及，其一往無前的求真精神更受萬人敬仰。以他為原形的「西遊記」主人公唐三藏，千百年來家喻戶曉，已融為中華

文化不可分割的組成部分。1942年冬，日軍高森部隊在南京中華門外原金陵製造局內，為建築稻荷神社平整山丘時，意外地發掘出唐玄奘法師之靈骨及其隨葬物，揭示了法師遺骨屢次遷葬的歷史真蹟。時任外交部長和文物保管委員會委員長的褚民誼，對此十分重視，從日人手中鄭重接收後，重建三藏塔於南京小九華山上，供養法師頂骨，以垂永久。在他的主持下，如右上圖所示，文物保管委員會下設的「玄奘法師頂骨奉安籌備處」於1943年仲春彙編出版了「唐玄奘法師骨塔發掘奉移經過專冊」[3.48]（以下簡稱「專冊」），記述了當年之有關詳情。

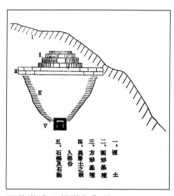

1943年春文管會玄奘法師頂骨奉安籌備處出版的「唐玄奘法師骨塔發掘奉移經過專冊」[3.48]。

　　已如前述，在行政院文物保管委員會中設有研究部，谷田閱次（日人）和顧天錫（蔗園）分任該部研究員和幹事。日軍平地建社發現遺址跡象後，谷田氏即參與發掘工作，並與顧天錫一起查閱歷史資料，對出土文物進行考證。「專冊」中刊登了谷田氏完成發掘工作後提交的「三藏塔遺址之發掘」報告。略謂，1942年11月高森部隊在原大報恩寺遺址平治土地時，偶現建築基礎。在他的指導下進行深入挖掘，如右下圖所示，露出了全部建築物殘存

三藏塔遺址基礎之全貌[3.48]。

之基礎。在塔基壇之中心部，直下約三米半許，發現一石槨。其內藏有石函，如後頁之右圖所示，函體之兩側刻有文字。一曰：「大唐三藏大遍覺法師玄奘頂骨，因黃巢發塔，今長干演化大師可政，於長安傳得，於此葬之。天聖丁卯二月五日，同緣弟子唐文遇，弟文德、文慶，弟子丁洪審，弟子劉文進，弟子張靄。」（原無標點）其對側之刻文曰：「玄奘法師頂骨塔初在天禧寺[18]之東崗，大明洪武十九年，受菩薩戒弟子黃福燈□□□□□普寶遷於寺之南崗三塔

---

[18] 該寺前稱長干寺，嗣後相繼改稱為天禧寺和大報恩寺。

出土文物：（右）石函；（中）玄奘法師頂骨（新製合金盒內）；（左）鎔鑄小箱及其內之銀盒和小金佛像 [3.48]。

之上。是歲丙寅冬十月傳教，比丘守仁謹誌。」（原無標點）依據刻文可以確知，前天聖五年埋骨之塔位在天禧寺之東崗，今次之發掘地則在南崗，係嗣後於明洪武十九年（公元1386年）所遷葬者。

文中概述了石函中所藏之遺物，計兩部分。其一是「頭骨之一部分」「為藏於薄銅板匣內，連帶耳部之頭骨一部分」。所謂薄銅板匣者，已嚴重腐蝕成破片，之上有「唐」「三藏」「師」等字，日方移交時將該頂骨存於新製合金方盒內保存（見上圖中）。

另一件是「鎔鑄小箱」（見上圖左）。其內裝有「銀質小箱」，蓋上有雲龍紋，箱底刻「大唐三藏」四字，其旁有「壬申四月吉日」文字。蓋之外側刻有「大元至順三年壬申四月吉日天禧寺主持弘教大師演吉祥置」之銘文。銀質小箱之中，藏有用金打成之僧形細工像（高3.5釐米）一枚，及小玉器、念珠，以及各種小珠凡三十五點，和璧玉一點。可見此盒附葬物，係元朝公元1332年間，該寺住持開啟石函而加入奉養的。其中之金質細工僧像，或係玄奘三藏相。

此外，尚有前述石槨之內，石函之外的附葬物：銅器計有盌一點，鼎一點和燭台二點；瓷器計有青瓷瓶二點，青瓷香爐一點和青瓷洗一點，其他一點；古錢連破片在內有三百數十點之多，種類則有唐、宋、元、明各代，上自開元，下至洪武，集然並存。諒為明初，墓由寺之東崗而遷葬於南崗時所附加者。石槨則全為明初物，塔之基壇亦建於斯時。

在發掘工作之前，原來的三藏塔連同其前面的三藏殿建築，已於清末太平天國戰亂期間摧毀殆盡。為了鄭重確認這次重大發掘的成果，文物保管委員會研究部與博物館，於1943年2月3日下午在研究部會議室舉行研究懇談會。（「中報」，2，5）會後由顧天錫根據發塔事實於2月9日和10日在該報上發表

了詳盡的唐玄奘骨塔之考證論文。（「中報」，2，24）是月21日，南京中央廣播電台特請顧天錫發表了題為「唐三藏法師玄奘遺骨發掘之經過」的廣播講話。（「中報」及「民國日報」，2，20）

　　經中日雙方交涉，1943年2月23日晨十時半，在中華門外發掘現場舉行玄奘法師遺骨及附葬物的隆重移交逢迎典禮。出席者有外交部長褚民誼和日本大使重光葵，以及中日各有關方面及僧侶等五百餘人。經僧人誦經、上香，主祭者高森部隊長讀祭文、副主祭報告三藏法師遺骨發掘經過後，即舉行移管式。首由高森部隊長手持移管目錄遞轉重光大使移交褚外交部長，繼進行誦經、上香，及重光大使和褚外長先後致詞而禮成。（「中報」，2，24）

　　親歷活動全程的顧天錫，於次日在「中報」上撰文「奉迎玄奘法師佛骨記」，向公眾披露了接收和點驗上述出土珍品時的細節。文中謂，昨天上午在發掘現場舉行奉移儀式禮畢後，「遂由部隊長和他的僚屬，恭捧遺物，送上汽車，隨同魚貫進中華門，到達雞鳴寺文物保管委員會時，恰恰中午十二點鐘。頂骨和一應出土遺物，分裝大小十個盒子，用潔白布疋包成九包，上罩黃綢，看起來異常鄭重。到達以後，由會方職員，逐一接捧，恭迎至大禮堂上，供奉在預設的香案上面，而奉迎典禮，也就此開始。又經過中日雙方官員的致詞、答詞、上香，中日僧侶的宣誦佛號，頂禮跪拜以後，完成此第二幕隆重儀式。」

　　典禮完成，褚部長恭送中日賓客僧侶竣事，仍回到文物保管會大禮堂，於香烟繚繞之中，由中日要員逐一揭開十個盒子，點驗玄奘法師頂骨和全部出土遺物。第一個是錫盒子，內盛玄奘法師頂骨一塊，骨色灰褐，形態長方，約二寸寬、四寸長，邊緣破碎成不等邊式，千年古骨，經三次發掘埋藏，尚未遺失，多嗎珍貴！鎏金坐佛造像一軀，金光燦然若新！銀質破盒片一包，尚隱約有字可辨。數百年腐朽米麥一包，與泥土無從分辨。此外，還有和土混合的碎骨片一包。其餘從第二到第十個均為木盒，分別裝置鎦鑄小箱、銀盒，以及各種前述之附葬物，這裡從略。

　　以上十個盒子和內裝物件，經博物館接收整理後，在其二號館二樓公開陳列，供公眾瞻仰。（「民國日報」，2，27）後頁上圖所示的展示櫃中，右部陳列的是置於合金盒內的法師頂骨；左部是金質僧像及盛載它的大小二個箱盒。文管會委員長褚民誼作為國寶之「護衛者」，身著國民禮服、脫帽恭立其旁。[1.48]

褚民誼恭立在玄奘法師頂骨及其隨葬物的陳列櫃旁 [1.48]。

　　與此同時，建塔重葬法師頂骨亦在謀劃之中，此事重大，且需資不菲。
鑒於中日佛教同源，在淪陷區的艱難條件下，爭取中日雙方的廣泛支持在所必
行。為此褚民誼與日本重光大使聯名發出「重建三藏法師頂骨塔募捐緣起」啟
示，以共襄其成。重建三藏塔完工後，褚民誼撰寫建塔碑記。負責該項目工程
的建築師張靜波隨之撰寫「附碑」，詳述三藏塔的設計和建造過程。「1943年
2月6日隨褚公及日重光大使，蒞中華門外發掘處參觀。」他寫道，「同月23日
褚公接受法骨、殉物奉移供養，因命靜波設計重建，是為籌建新塔之開始。3
月30日重光大使返國任外相，靜波所擬草圖及計劃，咸由褚公轉交攜日，廣徵
贊助。」4月中旬東亞醫學大會在日舉行，「靜波隨褚公前往參加，藉以考察
彼邦佛塔建築之工事。同月19日，假座帝國飯店二樓展覽所擬計劃及三藏新塔
之模型。褚公與重光外相署束奉邀。於是，日本佛教徒及名流學者率皆蒞止，
獲益匪淺。5月5日返國，根據在日所得，重行定計，並蒙日本駐華新大使谷正
之氏之贊助，躬行踏勘新址。時褚公所發起之三藏骨塔籌備委員會亦於6月15
日成立。褚公受戴，始以委員長名義負建塔全責，聘靜波為設計委員，計劃一
切。」
　　「申報」此前於6月13日有一消息透露，玄奘法師頂骨及附葬古物，在文
管會博物館「公開展覽，業逾三月，民眾頂禮人數，達數十萬。刻聞褚氏得朝
野群彥之贊助，暨友邦人士之支援，捐集鉅貲，擬在京重建三藏塔、興修毗盧

寺[19]、並建舍利塔[20]，業已擬就緣起，於昨日發出通函，定15日下午五時，假中日文化協會建國堂，邀請有關人員，共同發起，商討建築辦法，成立籌備委員會」等云。

6月28日，重建三藏塔設計專門委員會召開首次會議，由褚民誼主席，決議將所提出之重建三藏塔地點的四個預選方案，廣泛徵求大眾意見；決定其塔型仿照西安之玄奘塔，其建築材料為磚塔，由張靜波繪圖設計，從事估價；擬徵集寫經與玉器珍玩錢幣等物，一同附藏塔中以作紀念。此外，為推進工作，分設總務、募捐、工程各股，派定正副主任、幹事和事動員，均係義務職，即日起假中日文化協會為會址分股辦事。（「民國日報」，6，29）

接著，重建三藏塔籌備委員會於7月23日召開第二次工程設計委員會。「民國日報」於次日報導，褚民誼主席並報告三藏塔建築之地點，略謂「前曾預擬大報恩寺、雞鳴寺、毗盧寺、普德寺四處。迨經實地調查以後，均不甚適宜。最近覓得太平門內之雞籠山（又稱覆舟山），上有小九華廟。其地居國民政府之左方，與雞鳴山左右掩映，擅風景之勝，與玄武湖一城堞之隔。在昔六朝、宋齊兩代，於此開館興學。明初建築亭台，與雞鳴十廟齊名。今若重建三藏塔於此，不特玄奘法師遺骨，可以永藏名山；而塔影隔城倒映入湖，益增玄武湖頭風景之美。本人已偕谷正之大使親往察勘，認為頗屬適宜。」會議議決，「將來重建三藏塔時，設計於雞籠山小九華廟之上，後方建築三藏殿，殿後建塔約三丈高，永藏玄奘法師頂骨於此。」

出任工程股主任的張靜波，在「附碑」中接著記述道:「7月23日，會議通過新塔決定建於玄武山，靜波受命實地勘測。8月19日，新塔圖形繪製就緒。27日提會討論，咸以塔高三丈為式過低，因復增加二丈，改為五丈。形式既定，爰即招標⋯⋯9月5日署約」。文中詳述了建塔的具體進程。褚民誼於9月22日親臨主持破土典禮。施工中先後遇到二個難關。一是該處山地岩石過多，須先轟炸取平，而從事轟炸所需之證明文件輾轉需時，幸得日本採石公司協助，始於10月4日才得以開轟。另一是當時建築所需「水泥已受軍約，市上無從購致。」為此於「10月26日，依所需量數，請日本大使館代為幹旋，亦以供求不如，未能即決。12月4日，褚公與日谷大使同來視工，是時塔基岩地均已開成，塔身表面砌築所需之糯米、石灰等亦均齊備，惟水泥不至，工事為延。

---

[19]　指擴建其廟內供奉十一面觀世音聖相之觀音殿。
[20]　指修建靈谷寺之國民革命紀念塔。

於是褚公、谷使併力周旋，乃於翌年1月6日獲得一部。」然而「塔身內部襯牆原擬以水泥黃砂施築，顧水泥艱困，恐礙全工，3月5日商榷，褚公改用黃砂冷灰漿為代」，使工程得以為繼。5月17日，褚公私人集款添建之牌坊工程開工。6月11日全場工作人員舉行祀魯班師合尖典禮，褚公親臨參加。21日，褚公臨行安鉢禮。7月5日，重建三藏骨塔籌備委員會柬邀各界，舉行結頂儀式……建塔工事至此已成。」從上述經過可見，在淪陷區內重建三藏塔之艱難曲折，以及建設者之盡心和智慧。

1944年10月10下午二時在文物保管委員會大禮堂，舉行三藏玄奘法師頂骨奉安典禮，中國方面計到政府長官褚民誼、江亢虎……及地方士紳陶錫三等；外賓有日本谷大使等軍政官員，以及德義滿等國使節和印度政府特派代表，還有中日僧侶暨佛教信徒，共計三百餘人。由褚民誼主席，設壇供奉頂骨。依循佛教儀式，並行分贈骨禮後，即由褚氏親捧法師頂骨匣，江亢虎等十餘人捧持附葬物，其他參加人均各手持棒香一枝，隨中日僧侶，於細雨矇矓中，列隊步行，恭送頂骨向玄武山出發。抵達後，遂於塔前設壇舉行入塔典禮。至是頂骨乃安置於塔底穴中之石匣內，附葬物置於四週，立即封閉，大禮於焉告成。（「民國日報」，10，11）時在古林寺的全乘法師（1923-2017），曾親歷上述佛事活動，據他回憶，會上發有二份材料，「頌聖集」[3.49]和褚民誼書寫的「佛說阿彌陀經」[1.40]，後者則被他設法珍藏了下來。

關於入塔物品，褚民誼事後向行政院呈報，「業將三藏法師頂骨及舊所附葬全部物品，分裝合金方盒一件，又木箱九件……送往玄武山新塔封裝完妥。」[3.41] 此外，「民國日報」（10，16）上還披露了新徵集的附葬入塔的物品清單，包括佛經、古錢、佛像、古瓷、珍寶等各類。就中含有國父遺墨，褚民誼書寫的金剛經心經合冊、阿彌陀經和唯識三十頌，溥西園的粉書心經，五臺山等地僧人的血書心經三冊和其他善信所寫的各种佛經，以及較完備的明清兩代和中華民國的各式錢幣等等，均體現時代之意義。

為了紀念佛塔重光，如右圖所示，重建三藏法師頂骨塔委員會、中日文化協會、南京日

大唐三藏玄奘法師紀念冊
頌聖集
褚民誼敬題

1944年10月10日玄奘法師頂骨入塔大典紀念冊「頌聖集」[3.49]。

本佛教會聯合編輯「大唐三藏玄奘法師紀念冊－頌聖集」[3.49]，於1944年10月10日玄奘法師頂骨入塔大典之際出版，共徵得贊詞、論文、考證等來自中日雙方的稿件36篇。由於語言出版等問題，分為兩輯。以第一輯為主，第二輯集中刊登其中之12篇日語論文。

褚民誼在序言中闡發了玄奘法師真人崇真之真意：「夫萬事崇真，不真則偽，偽則欺誑冒濫無不至。顧宇宙萬有，悉本自然，真既非心，偽寧有意，真偽皆泛，兩俱無尊。人惟能欺，真乃彌貴，而澆俗漓世，真人轉不易求，理實難酬，由來舊矣。法師一誠獨往，是謂真人，夷厥所為，為真真道，真真相應，振絕古今。予總法師一生，惟覺其真趣盎然，充沛流溢，者番建塔，矢盡此衷，藉慰大師，期於不負。」寥寥數語，盡現真言，針砭鄙俗，發人深省。繼褚序之後，書中還刊登了由褚民誼撰文、溥侗書寫的「唐三藏大遍覺法師玄奘頂骨塔碑記」和由江亢虎撰寫的「唐三藏大遍覺玄奘大法師紀念塔銘（並序）」。

重建的唐三藏大遍覺法師玄奘頂骨塔，以「三藏塔」之美名流傳後世，歷經七十餘載的風雨滄桑，至今仍巍然聳立在南京玄武湖畔小九華山之巔（見後頁右上圖）。拱門上端牆體上鐫刻「三藏塔」三個大字，係褚民誼所題（見後頁左上圖）。本書作者幼年時曾親見他在書房內恭筆書寫。三藏塔坐落在碩大的塔臺之上（見後頁下圖），在塔臺正面的石牆上鑲砌有中間圓形和兩邊長方形的三塊石碑。不幸原碑現已被毀取代，所幸至今其原碑拓片猶存。中部圓形石碑為取經路線圖（見後次頁之上圖），褚民誼題銘：「大唐三藏玄奘法師取經路線圖，中華民國三十三年二月二十八，歲次甲申二月初五，法師示寂第一仟二百八十一年紀念日，為奠法師頂骨建塔立碑於南京玄武山，並鑄此圖於塔臺之前，以誌勝業。重建三藏塔籌備委員會委員長褚民誼識並書」。

其左右兩塊石碑的拓片得自「臺國圖」（編號MA002220588），拓片尺寸164×80釐米。後次頁之右下圖是上述褚民誼撰、溥侗書「唐三藏大遍覺法師玄奘頂骨塔碑記」的拓片，碑記中慨述了法師的功德，以及示寂後其頂骨南來三遷三葬的歷程和重建其骨塔之經過和意義。後次頁之左下圖是「附碑」之拓片，碑文由張靜波於建塔完工結頂紀念日撰寫，詳述建塔之經過，部分內容前已引用。其碑之中部繪有三藏塔包括塔臺在內的平面設計圖。碑之下部示出了褚民誼私人集款在塔前添建牌坊的圖形，牌坊兩側書有對聯：「勵經心經其經以取經百折無回傳大藏；本道意道所道而為道一誠獨往見真知」，其上橫

南京小九華山巔「三藏塔」之現貌：（右上）塔之全景；（左上）塔底層之正面；
（下）塔基臺正面全景（2008）。

批曰「益仰高明」。牌坊至今無蹤影，幸得碑帖傳後人。此外，在該設計圖的
兩旁，還一應俱全地詳細列出了建塔本身用材和施工設備用材的具體項目和數
量，以及建塔所用的各種人工和時間，其一絲不苟之精神，盡顯無遺。

三藏塔之落成，使失安的玄奘法師頂骨得以重奠。按前述顧天錫參與驗
點後的報導中稱，奉移接收的法師靈骨，包括裝在新製合金盒內的法師頂骨一
塊，以及和土混合的碎骨片一包。前者為法師頂骨之本體，被原封不動地置於
合金盒內重葬在新建的三藏塔內；後者則為滿足各地尊崇法師的建塔願望予以
分贈和保留。然而隨著嗣後褚民誼遭拘押和監禁，「法師頂骨何處去？」的質
疑聲鵲起。褚民誼在獄中即對當時的分骨實情做出了說明（[1.47]）：「唐三

三藏塔原碑拓片：（上）路線圖；（右）玄奘頂骨墖碑記；（左）附碑。

藏法師玄奘之靈骨……由本人代表政府接受。始則供養於文物保管委員會之博
物館，即發起建塔。各地善信聞風興起，乃於民國三十二年十二月二十八日舉
行分授法師靈骨典禮，由白堅居士增奉之北行，欲建塔故都。翌年雙十節於三
藏塔落成，重葬靈骨本體前，分一部分於日本佛教會，由該會派倉持與水野兩
代表親自恭移至日本，供養於東京郊外之慈恩寺，以便建專塔供養；另一部分

予南京佛教會，以為日後建一小型三藏塔於靈骨發掘處，以為紀念，由陶錫三居士代表接受。民國三十四年五月五日玄武山三藏禪寺落成時，又分一部分供養在正殿之壁間。同年七月五日，由本人親自奉移一部分至廣州，供養於六榕寺。留下一部分於博物館，以便他日另有別處信善發起建塔者。以上三部分，在塔落成重葬正骨時留下者，及分讓北京、南京、東京者，均為發掘時見靈骨本體四週有淨土，與正骨同化，有千百年之久，視正骨同樣重要。特以尊敬及欽仰法師故，即以此培葬之淨土視為罕物而寶貴之、供養之，他日如能各地建塔，靈骨光輝四方并耀也。」

通過本書對當年歷史真情的回溯，可以告慰於世人的是，屢經遷葬的千年玄奘法師頂骨，在淪陷區內再度出土後，其本體安然無恙地供養在屹立至今的「三藏塔」內，供萬世景仰。

最後要補充的是，主持重建三藏塔的褚民誼，當時兼任國父陵園管理委員會主任委員，除按職責管理維護中山陵外，還負責對陵園區一帶進行修整，包括靈谷寺內之「正氣堂、革命紀念館及塔等，均監工修好」。[1.47] 靈谷寺內為紀念在國民革命中犧牲的萬千忠烈們而興建起來的國民革命烈士紀念塔，在日軍入侵時亦遭受損壞。經褚民誼集資修繕完竣後，在他主持下，於1944年10月4日舉行典禮，將日本苦行僧藤井行勝法師奉贈，得自印度的二顆釋迦牟尼佛舍利子，供奉在該塔第九層的塔頂幔正中。（「民國日報「1944，10，5；8）

第五章 迎接抗戰勝利
（1945-1946）

第一節 勝利前夕，赴粵保民

　　第二次世界大戰進入1944年，戰爭局勢急轉直下，盟國在歐亞戰場先後轉入全面戰略進攻，德意日協約國敗局已定。淪陷區內南京政府主席汪精衛於11月10日病故，12日陳公博代之。那時的南京政府，在全面和平曙光乍顯之際，顯然是一個即將消解的看守內閣。褚民誼在汪氏的喪事處理後，即向陳公博提出辭去外交部長的請求，被多次挽留。直至4月26日才發佈命令，免去褚民誼外交部長之職務，任命他為廣東省長兼廣州綏靖主任，以及廣東省保安司令和新國民運動促進委員會廣東分會主任委員。（「申報」1945，4，27）

　　淪陷區內的廣東省，地處華南，遠離南京，地位特殊，一直受到廣東華僑出身的中央監察委員陳璧君之關照，1940年起由其弟陳耀祖擔任廣東省長。1944年4月初陳耀祖被刺身亡後，由陳春圃繼任。汪氏去世後，陳春圃即以個人原因堅辭省長職。陳璧君在陳公博任代理主席後南下坐鎮廣東，為尋找繼任省長而煞費苦心。作為美軍和國軍即將反攻進駐的前哨之地，此時赴粵任省長一職之險惡，顯而易見。在遭到多位南京政要人選的拒絕之後，她把目標轉向時任南京中央大學校長的陳昌祖。陳昌祖是陳璧君的八弟，在這樣嚴峻的形勢面前，堅決拒絕了此項任命。陳昌祖在他的自傳[3.55]中，對此過程有如下記述：「我記得，在上海家中的一個晚上，她（注：指陳璧君）向我提出了這個要求。我們站在紀念四哥（注：指汪精衛）的祭壇前，畫中他的眼睛注視著我們。此時她突然要求我去廣東接任省長。當我表示拒絕時，她看著四哥的畫像，堅決地說：『以四哥的名義，你必須去。我向他發誓，你必須接受這個職務！』我同時也看著四哥的畫像回答：『我向四哥發誓，我不去，我堅決不接受這個職務！』至今回想起來，我都會很震驚，那天晚上，我為什麼會這樣堅決。「我深知她從小把我帶大，為我付出了大量心血，這樣做會嚴重刺傷她，也在所不惜。當她知道達不到自己的目標後，就轉而將此任轉付褚民誼。」

褚民誼在「自述」[1.47]第三段「到粵前後」中，詳述自己不畏艱險赴粵出任廣東省長兼綏靖主任的經過和動機時謂：「本人自知非政治人才，對於政治工作亦不感受興趣，且凡百親友均一致諫阻，請必勿行。本人亦以為粵中情形絕非本人或能改善者，故亦不願首途，自叢煩惱。顧汪夫人既連電相催，甚有一日三電者。就公而言，粵中亦不能長此無主。加以親朋之意，一則曰交通不便，危險極多；再則曰飛機在日人手中，易去難返；三則曰美軍登陸為期匪遙，何必徒供犧牲，人棄我取？四則

南下護粵保民前的褚民誼 [1.48]。

曰語言不通，於粵不洽，一有事變，必走投無路、無法自全；五則曰一切廳長及重要職員均為汪夫人之親信，既無班底，何必作此傀儡，徒供利用？凡此所言，本人咸不謂可。本人行年六十三歲，自幼參加革命，歷險已多，對於生死兩途，平日早置度外，但求能有利於粵。交通艱難、旅行危險等事，均非值得考慮之問題。至於犧牲一事，苟其得當，亦正不必諱言。所慮者，唯恐不得犧牲之地而已。以言班底，本人認此為中國官場之惡習。一官之更，牽及侍役，文明國家未嘗有此。本人深信為之長者，苟能公以自律、誠以待人，則無論誰何，皆能為用，原不必盡用私人，在情拘勢牽之下任其作弊無度也。故親友所言，皆不足當吾之念。所鰓鰓過慮者，即到粵何為，所謂何以利粵一事而已。因此一事耿耿吾中，故自四月至七月，經百餘日之長期，猶不能決吾行止。而汪夫人電報之督促，愈後愈急。本人此時亦忽有所覺，首途遂定。

當時國軍反攻、美軍登陸消息早已傳遍都門。本人以為，粵為嶺南要沖、革命聖地，人民物力豐富異常。和平政府之不足有為，在當時已為不可諱言之實事，則救國大業舍抗戰成功之外，寧有他途？南京眾目睽睽，殊難有所表現，轉不如在地迴天途之粵，或可以實現個人之主張。因即預定積極、消極二種目標：積極的者，則協助國軍，完成救國之大業；消極的者，則盡其在我，保全廣東。至於吾志之能否遂行、目的之能否達到，則不復問，而艱難險阻亦有拼卻此身而已。此意既決，遂於七月六日毅然就道。當時部屬雖眾，第無人肯冒險相從，僅高齊賢、徐義宗二人贊助本人意志，不惜違父離母，拋妻棄子，慨然隨侍，固期本人能完成所望之工作也。此外，僅常侍一人，即蕭誠副

官是已。此為本人來粵以前之經過。

　　或以為如上所言，似近於是迎合當前需要，易言之，即為辯護是也。實則不然，一可證之於未到粵前及抵粵以後之兩次談話；一可證之於到粵後所行之事實。」（詳情見後）以上兩篇談話的要義，完全注重說明，在國軍反攻、美軍登陸時本人所持之態度，當時明眼人已能瞭悟及此。至於談話中仍有為和運張目處，須知本人當時為和運之一員，京、粵兩地當時之環境，實不許本人毫無顧忌之談話，能借機暗示到此種程度自謂用心不為不深、不為不切。」

　　如上所述，褚民誼經過一段時間的醞釀和準備，「於7月5日午後偕同隨員一行，乘機飛粵履新，於離京赴任時發表講話，闡明治粵之基本與原則。」（「申報」1945，7，7）。7月6日晨抵達廣州。廣州「公正報」於7月7日，以大幅標題報導褚省長飛抵廣州消息的同時，將他離京時的談話全文公之於眾。略謂，「粵省為革命策源地，又為國父孫先生及汪故主席之故鄉，在在均應愛護。事變以後。因交通及處地關係，在國府各轄省中，地位較異。吾人對粵，首先必須認清以上兩點。前者必求貫徹，後者必求適合。故本人到粵之後，必以最大之努力，以求貫徹愛護粵省之意；以求適合粵省之情。無論何時、何種環境，但能保存一分元氣，即不惜任何代價以求；但能安定一分民生，即不辭任何困難以赴。「以上兩點，即謂為本人治粵之基本與原則，亦無不可。「本人久居中樞，安常守素，原不願繁劇及身，自當其苦。今日何日，乃突有嶺南之行，在本人則惶恐萬狀，深慮不能勝任。但本人此行，原意正在於所謂今日何日之一言也。粵在南天，地居前線，交通梗阻，情況複雜。本人雖非粵籍，顧自歐返國，首先服務即在粵中，曾長廣大，參加東征北伐，而且親朋徒屬粵人較多，故本人視粵，親如故鄉。今日何日，粵省危機四伏，民困不安，本人愛粵以誠，故不避煩難，遽承大命。本應早日赴任，第以公私待理，且交通不便，遲遲吾行。至於到任後，成敗利鈍，亦惟盡其在我而已，凡與本人有同感者，希匡其力之不逮為幸。」通篇談話，袒露出他在「今日何日」的情勢下，不避艱險，毅然赴任，以達護粵保民的一顆赤誠之心。當日該報，還在顯著位置上刊登了褚民誼的肖像（見前頁右上圖）。

　　7月9日上午，褚民誼在省府大禮堂舉行廣東省省長及駐廣州綏靖公署主任宣誓就職典禮，「公正報」於次日報導其簡單而隆重的儀式，並全文刊登了會後他通過媒體就治粵之大計向民眾發表的講話。在敘述廣東為革命之策源地和自己第二故鄉的熱愛之誠後，他堅定地說道，「本人服官十三四載，皆在

中樞，澹泊自甘，不任繁劇，此次將拜長粵之命，在本人則惶恐萬狀，深慮不勝。但本人以為愛護粵省，非必粵人始有此責，凡中國人，均有愛護廣東之義務。實踐此種義務，自不能顧及艱難。廣東需人愛護，在今日為最迫切；吾人愛護廣東，亦以今日為最適宜。吾前已言，廣東可愛之條件甚多，自有其本身之價值存在。吾人欲保存此高貴之價值，必須有相當之犧牲。本人此次南來，即欲以犧牲之精神，完成愛護廣東之志願。但能保存廣東所有之優異，絕不惜任何之犧牲。故吾人此番到粵，真實之抱負，即是犧牲；既肯犧牲，所以能不避艱難。不畏險阻，犧牲一己，愛護廣東，區區之心，可質天日。

「至於治粵大計，兩言可以盡之。即是貫徹愛護粵省之本心，為施政之標的；適應粵省當前之需要，為施政之方針，但求所事得當，不問代價何若。「愛護之意，不僅一途。以言社會，則祇許建設，不許破壞；以言秩序，則祇許整備，不許摧毀；以言民生，則祇許安定，不許動搖；以言經濟，則祇許調整，不許投機；以言市場，則祇許繁榮，不許擾亂；以言農村，則祇許培植，不許剝削。此外教育、文化、民風、習俗、軍警、工商等事項，亦皆祇許有紀律的強化，不許作無意義的更張。總之，減少一分糜爛，即增添一分幸福；阻止一點破壞，即加強一點生命。苟能如此，不但廣東一省受益，即整個中國，亦同受其福。因為廣東一省的得失，全國各省都能受其影響。所以保全廣東一分利益，即保存中國一分元氣；安定廣東一省的秩序，即完成中國一部的和平。藉著整理廣東來推進全面和平；藉著收拾廣東來恢復全國常態。「欲復興中華，必須把握一個樞紐。廣東在中國有獨特的地位，能使廣東恢復到正常的發展，那末興華保亞的關鍵，即已在其中矣。其關係之重要如此，所以愛護廣東，為本人此來之唯一的抱負。

「至於適應二字的意義言之，即是因勢利導、順其自然，飢者予之以食、渴者予之以飲，滿足一切正義的需求，促進一切正常的進展，不求巍功峻業，但求與民同安。在這個亂離驚險的時代，而能勉於安居樂業，這是和平主義的真諦，也就是本人在愛護廣東的工作過程中，應負的職責。」在此，他更勉勵民眾道，「廣東人向以剛毅、急切、團結、奮發著稱於世。本人到省後第一觀感，亦大致相同。本人深盼廣東人能發揮此種毅力，一志同心，協助本人，完成工作。不但於已然策行的事務如此，即本人所觀察不到、注意不週的事，亦盼隨時提醒，隨時督促，通力合作，能使本人不負此來，即是廣東之幸，亦本人之幸也！」

當天下午六時，該報報導稱，本省各界民眾，在中山紀念堂舉行歡迎大會。會場正門懸橫幅一面，上書「廣東各界歡迎褚省長蒞任大會」，左右伴以國旗。場內正中懸國父遺像，左右分懸國旗，四週張貼標語。是日到黨政軍各高級長官、來賓、各界民眾不下二萬餘人。會後並由本市數十個國術團體擔任醒獅，盛況熱烈，拉開了他南下力圖護粵保民的大幕。

次日下午，褚民誼即以省長兼綏靖主任名義，在省府大禮堂設宴招待中日長官及各界名流，除各機關官員外，還邀請市商會會長、廣東婦女會長、中日各報社社長等，共百餘人參加。（「公正報」，7，12）接著，於11日上午，到廣東省黨部宣誓就職廣東省黨部主任。（「公正報」，7，13）褚民誼在「自述」[1.47]中談及當時的活動時寫道；「到粵之後，首先注意於各方面的情感及省綏兩署同仁的態度，經過兩個星期之體察，大致已然明瞭。次即注意於一般庶政的考查，為省刑簿稅及澄清積弊的預備。可惜本人七月九日就職，八月十日和平的曙光已然透露，考查的工作尚未完成，更談不到實行改革也。「本人一生痛惡煙賭，但在當時煙為廣東政費之命脈，賭為繁榮市面之媒介。本人雖堅決主張禁絕，惟必須籌有其他方法為代之後始可，因此不能不暫歸緩圖。其他捐稅是否苛雜，本人因無熟於地方情形之人為之協助，且蒞任之期亦短，故迄今未能完全明瞭。其他民政建設等事，亦皆在私行查考期中，因時間之過短，是以無甚興革。此皆為到粵後之事實，可請調查。」

當時太平洋戰爭形勢瞬息萬變，廣東不斷遭受美軍日趨頻繁的轟炸，如何減少損失、安定民生，迫在眉睫。為此，一方面由褚民誼簽署，省府綏署會銜發出「嚴懲擾亂治安歹徒」之布告，在避免人心浮動的同時，防止各方歹徒利用盲目恐怖轟炸之機，危害政府和人民。另一方面，在他親自主持下，積極調動社會各方力量，募集款項，努力救死扶傷。

例如，「公正報」（8，1）上發表了「褚省長關懷慈善，發起排球賽籌款，收入撥方便醫院善款」的報導。該院為數十年來粵省之著名慈善團體。文中錄有褚省長勸銷入場券之原函。嗣後，為推銷各種觀卷以及遇雨等因，比賽日期延至8月13日下午在青年館舉行。共收儲卷八百二十九萬四千二百元，先後如數送交方便醫院。（「公正報」，8，10-11；13-14）

此外，8月2日下午，褚省長假國際俱樂部，召集本市紳商及各界名流舉行茶會，討論救濟被炸受害市民。褚氏致詞中略謂，「今日邀請各位蒞臨，一以表示聯絡歡敘；一以討論關於月來敵機空襲市民受災慘重，應如何群策群力，

以盡救死扶傷之責。在政府雖已竭其財力,以謀救濟,中央最近亦曾將救濟被炸粵民賑款三千萬元匯到,惟茲事體大,非集群力無以繼續。」隨由民政廳長周應湘報告空襲災情,收容救助工作,以及今後之計劃。與會代表一致擁護政府,協力救死扶傷,並當即組成「廣州市被炸受害市民救濟會」。各出席富紳即席簽捐救濟款項,共一千七百餘萬元,並定於本月6日下午,在國際俱樂部舉行第一次委員會議。(「公正報」,8,4)

在文化教育方面,褚民誼剛剛到達廣州,即於週日(7月8日)上午,將從南京奉移南來的唐三藏法師的部分靈骨,親自送往廣州六榕寺大雄寶殿供奉。(「公正報」,7,11)

在廣州的中日文化協會廣東省分會,對於辦理文化事業,異常積極,於7月12日下午假座國際俱樂部舉行大會,歡迎總會理事長褚民誼,會上恭請褚氏擔任名譽理事長,對會務進行指導。(「公正報」,7,14)嗣後,廣東省政府教育廳與該廣東分會聯合舉辦「廣東省會教員夏令體育講習會」,調集省會各小學校體育人員及青少年隊教練一律參加。褚會長特於8月5日上午10時蒞場,演講太極操之起源、原則及要義,並將每段動作,親自示範,闡釋詳明。(「公正報」,8,7)

7月12日在省府第122次省政會議上做出了請褚民誼兼任廣東大學校長的決議。(「公正報」,7,15)8月3日中午他到校視察並對全體教職員訓話。(「公正報」,8,4)接著,該校於8月15日稱,「褚省長自兼任廣東大學校長以來,對於校務推進,不遺餘力。近復以適應當前環境,為作育醫學人才起見,深感增設醫學院,實屬刻不容緩。故於第125次省政會議通過,設立醫科學院,先招一年級生。並聞褚省長自兼院長……努力充實大學師資,日來報名招考各生甚為踴躍等云。」

褚民誼對紅十字會工作亦十分重視。廣州市醫師公會、東亞醫學會廣東支會、東南醫學院同學會三團體,於8月7日下午假座國際俱樂部,聯合歡讌褚省長。會上恭請他擔任紅十字會廣州分會名譽會長(「公正報」,8,9),如此等等。從上述所舉的幾個事例中,展示出褚民誼在赴任的短短時期內,為愛粵保民所盡的努力,及其受到各界積極支持和歡迎情況之一斑。

此外,如前所述,褚民誼為南下任職,制定了積極進取和消極保護兩個目標。對於前者,他在自述[1.47]中回溯道,「至於響應國軍、輸誠蔣委員長事,亦有值得記錄者。廣東海軍要港司令招桂章君,在京任海部次長時,曾相

結識，與本人隨員高齊賢君尤為友善。高君所以南來之故頃已言之，即贊助本人擬響應國軍之志願，以期同謀大業也。到粵後即與招司令聯絡，招謂已受蔣委員長委為先遣軍總司令名義，並謂國軍反攻、美軍登陸為期不遠。一旦戰事發動，廣州必首先糜爛，而廣州四野群盜如毛，居民留則遭受戰禍，走則陷於盜賊，所謂進退皆死也。且彼接受先遣軍司令事，日本駐粵之海軍武官肥後大佐及陸軍司令部富田參謀長咸知其事。彼已與肥後及富田商議，一旦戰事發動，希望日軍在廣州郊外作戰。勝不必談，敗可沿廣州邊境退卻，不必使戰禍累及廣州，而廣州治安招司令願負其責。肥後、富田均贊助其意。惟彼以一海軍司令名義，負廣州軍事責任，究嫌位卑，不足號召，故肥後等咸願彼兼廣東綏靖主任。招司令以此與高君相謀，高君歸報本人，謂苟以綏靖主任讓招司令，招即可以立電蔣委員長報告此事，以取得與中樞聯絡之地位。本人雖亦贊成此項辦法，因茲事體大，非本人所能私相授受者。乃與高議辦法，擬先由本人與招司令面談，然後本人再分別接見肥後及富田，以便以彼二人之意電請南京，並告汪夫人。高君數次奔走，卒使招司令與本人相見，所談悉洽。本人接見肥後，正擬再行接見富田時，事為汪夫人及聯絡官松井所悉，松井不令本人更見富田，彼且擬自見肥後，蓋不贊成此事也，於是乎功敗垂成。然則本人之力圖與中央接近，此事已可為顯豁之證明也。刻高君仍在隨侍，招君仍在廣州，一切均可調查。本擬徐圖實現，不期結束戰事如此之速也。」

1945年5月8日德國無條件投降，歐洲反法西斯戰爭勝利結束，亞洲和太平洋戰爭局勢急轉直下，美、英、蘇三國在柏林附近召開「波茨坦會議」，期間於7月26日美、英、中三國以宣言形式發表「波茨坦公告」，敦促日本無條件投降。8月8日蘇聯加入共同宣言對日宣戰，美軍對日本本土相繼於8月6日和9日在廣島和長崎投擲原子彈造成慘重傷亡。在此震懾下，日本天皇於8月10日裁決在保留天皇制下，向盟國無條件投降，消息迅速通過廣播在世界上傳播開來。身在廣州的褚民誼，亦相應接到南京陳公博發來關於日本接受「波茨坦宣言」的電告。[1.47]在全面抗戰勝利突然到來的形勢下，為防止可能引起的動蕩和騷亂，損害社會和民眾的利益，綏靖署主任褚民誼立即挺身而出，為了集中粵省軍政力量加強治安，決組成「廣州警備司令部」並兼任警備司令，於8月12日的「公正報」上發佈公告宣告成立，以負責指揮軍警維持治安。聲稱「際此時局緊張，凡有散佈謊言，及擾亂治安、經濟、金融等行為者，均照軍法從事，嚴厲懲處，決不寬貸。」

在8月12日的就職典禮上，褚司令就成立該部的過程和意義說道，「對於廣東的治安，本來綏靖公署可以負擔這種責任，不過為求指揮的更統一，力量的更加強，所以在昨天召開軍政臨時緊急聯席會議時，就決定即日成立警備司令部，以確保廣東的治安。」同時並決定本人以綏靖主任的資格兼任警備司令，許（廷杰）參謀長、郭（衛民）處長分就警備副司令，教導隊紀（仕賢）總隊長兼任警備司令部參謀長，集中人才駕輕就熟。從今以後，務使每一個兵力、每一顆子彈，完全用於廣東治安上，使整個的居民得到安居樂業。「今天的典禮，省府及其他各機關的長官，蒞臨參加……深盼從今以後，一致團結，一致努力，確保廣東的治安。」（「公正報」，8，13）

8月15日正午日本天皇廣播詔書，接受「波茨坦宣言」無條件投降。8月16日夜，蔣介石委員長在重慶，通過廣播對全國國民作戰爭停止紀念之講話。「公正報」（8，19）上刊登其大意謂，「世界現在正為和平氣氛所包圍，不論是昨日之敵與友，亦不論是何國人，將莫不深念長思此時之感動也。回溯中日之間，自民國二十年以來，因同族之爭，經幾許之艱辛體驗，迄今乃始迎來真正的中日提攜之日子也。故於今後，應互相提攜，復興亞洲，以謀兩國之發展。尤切望於中國國民者，厥為當今後關於中日間各種接觸，慎戒輕舉妄動，免傷兩國間有意義之和平基礎云。」

褚民誼以時局重大，於17日發表題為「當前急務守土保民」的重要講話，「公正報」於次日刊登其全文。他在敘述自8月9日蘇聯向日本宣戰，至15日日本天皇下詔接受波茨坦宣言，國際間出現全面和平局勢的簡要過程後，明確指出，「蓋和平為吾人所主張。現在不祇推達到中日全面和平，而且達到整個世界之全面和平。吾人之志願已酬，故解消南京政府，自為當務之急。本人在八月十三、四日，即已電致南京，建議應從速實現，以慰天下，固已於十七日解消矣。「現在所最宜注意者，即各地匪徒，希圖俟機竊發，趁火打劫，使戰後生靈，重遭塗炭，此為最可慮者。本人在八月十日，接陳代主席維持地方之電以後，即於十一日招集本省軍政緊急聯席會議，決定赳期組織成立廣州警備司令部，本人親兼司令……調集海陸各種得力部隊，維護廣州治安。並即嚴令各師長、各縣長，凡在省者，均應即日返防，嚴守駐地，確維治安。「一切佈置妥貼之後，始聞得南京、重慶兩方面，均有同樣之命令發表……深望我全國同胞，能澈底明瞭，務須沉著自處，完全尊重當局之意旨行事。千萬不可輕舉妄動，或因一時之興奮，而予奸人以起事之機；或因偶然之誤激而授匪徒以竊發

之際……結果，身受其害者，仍屬良民。「至於和平倡導者之功罪，吾人並不顧及。既為和平出而奮鬥，能見和平完成，此心已遂，此志已達，是非公罪，自有公論。

「今日之當前急務，即在日本軍隊未撤去前，如何取得聯絡，維持治安；撤去時，如何與渝方取得聯絡，結束任務。蓋我人既聲明國必統一、黨不可分於前，斷不致效過去軍閥之割據於後也。國內之文武官員，務須恪遵雙方命令，守土保民。各色軍隊，不接命令，不得改編，或被收編。如此靜待統一的國、統一的黨來解決一切，使社會秩序不亂，地方治安不搖，經七八年抗戰與和平之各自奮鬥，而重複國泰民安。庶我人生則仰不愧於天，俯不愧於人，死則亦無愧見諸先烈於地下也。」

隨後，褚民誼即簽發了保境安民之「廣東省政府、駐廣州綏靖主任公署佈告」，刊登在8月19日的「公正報」上。同日，褚省長對省府綏署及所屬各機關同仁訓話，勉勵嚴守職務維持治安，發表在次日的「公正報」上。略謂，「南京政府因為和平既已實現，所以自動解消改組為政務、治安兩委員會，以維持統一政府還都南京以前的治安。「廣東地方，情形複雜，不逞之徒，時思竊發。單就廣州情形而論，全市若干萬商民居戶的生命財產，一切都寄托在我人身上。所以我們在職一日，即應當負一日的責任……千萬不可存五日京兆的心理，和消極敷衍的態度。務必要振起精神，維持秩序，聽候統一政府的命令。」

同日下午三時，廣州警備司令部召集駐廣州陸海各軍警憲長官，開首次警備會議，縝密研討維護本市治安及警備計劃，由褚司令發表敬告別働軍、先遣隊、突擊隊等各同志書（「公正報」，8，21）。接著，又由褚司令，許、郭副司令聯合簽發「廣州警備司令部佈告」，連續刊登在8月22-23日的「公正報」上：「現在南京政府宣告解消，各地治安，暫由各地現有軍警切實維護，聽候統一政府派員接收，業經各方文電及廣播，明白宣示。本部負有維護本市治安之責，在未奉到正式接收命令以前，自應從嚴戒備以防宵小匪類，乘機竊發。各項隊伍，在未奉到最高長官命令時，切不可單獨行動，擅自武裝希圖入境，以免滋生誤會，而亂秩序。如有少數隊伍因公往來，必須攜帶武器，或因局部宣傳，發放傳單等事，至希先期派員到本司令部連絡，妥為辦理，此不外防杜假冒軍職混入市內影響治安之虞。各武裝同志，有維護本市治安之同情者，當共喻斯旨。丁茲嚴重時期，合亟佈告週知。」

關於日本投降之初，褚民誼在粵的行止，在其自述[1.47]第三部分中有如下記述：「日本接受『波茨坦宣言』之消息傳佈後，廣東時局頓告緊張。本人認為遂行意志之機會已至，乃發表談話，負責治安；並積極組織警備司令部，親兼司令，嚴令各師長、各縣長各守本位，如因要事在省者立即返任，保護地方及人民。旋於無線電中聆悉蔣委員長廣播命令，亦以保護人民、維持地方諄諄相誡，重慶廣播更有令各淪陷區當局帶罪圖功之語。本人既以自動的遂行保境安民，敬待中央派員接收，並遵照蔣委員長令，嚴囑各師、各隊不得擅自移動，不得收編及受編，並調彭濟華師回防廣州。原以為此種志願必能獲得各方諒解，共凜最高當局之意，各守原防，使本人得貫徹來粵初衷，使廣州一地可以秋毫無犯也。乃先遣軍、別動軍、李輔群、謝大傻等部隊咸欲開入廣州。本人對李輔群君責以大義，李遂取消開入省城之意。而先遣軍、別動軍等則爭先恐後，或多方聯絡省綏兩署重要職員，或與日方進行接洽，卒至省府民、建、教三廳長，綏署許參謀長、警務處郭處長等連名提出辭呈，並加入先遣軍方面工作。本人既內陷於孤立地位，外則先遣軍招司令已自行決定於八月二十三日在綏署就總司令職。本人知遵令盡職志願已難貫徹，乃以電稿由隨員高齊賢面交招總司令，請其代電蔣委員長，說明廣州治安自八月二十三日起由招總司令負責，及本人不能終職之情況。並在報紙刊登啟事，告知廣州市民，說明廣州治安由招總司令負責，本人則敬待中央命令。至省府一切仍派秘書長張國珍率眾科長維持，直至羅主席代表到粵後交待清楚始已。張君年已八旬，委屈負重，至足念也。

再者，本人在八月十一日曾接公博先生電，謂日大使谷正之曾言，日本已接受『波茨坦宣言』，對於南京政府，擬由中日雙方共同解消。雖公博先生亦謂中國本有政府，現在和平政府之任務既終，當自行解消云云。本人猶恐公博先生左右主張不同，使此問題成為國際間之細瘤則一錯再錯，真將不可救藥。故兩致公博先生長電，暢論和平政府亟宜自動解消之理，並告以和平功罪應毅然負起，聽候公道的解決。公博先生來電，亦謂將獨負此責，不知何以忽又出走？可見左右之意見，固能動搖一人之意志也。附記於此，以存其實。」

在當時的危急情況下，褚民誼曾於8月20日上電蔣委員長報告粵省情形。並將促羅卓英主席早日蒞粵的電文，刊登在次日的「公正報」上：「昨接公博先生來電，囑與粵主席羅卓英先生直接聯絡，俾將省政早日移交。現在羅主席駐節何處，無從探知。而廣州左近各先遣軍、別動隊、突擊隊等，對於鈞座各

守駐地不得移動之廣播命令，多未確遵，咸思開入省區，接管軍政，而匪類更乘機蠢動，三三兩兩潛入省防，深恐一旦集中，擾亂秩序。雜軍乘勢破壞治安，縱能予以削平，吾民已復塗炭。敢祈鈞座轉促羅主席早日蒞臨，或指派其他負責人員代表，先期來接，以維地方。在羅主席或負責代表未到任前，民誼自當謹率所屬，力保治安，敬候鈞命。褚民誼叩。號（八月二十日）。」

褚民誼在家中靜待中央處置期間，殷殷挂念著他的下屬，以及曾在南京政府謀職的廣大公務人員在此動盪局勢下的命運，於25日委託軍統局主任鄭鶴影上電蔣委員長，主動承擔責任，以免他們遭受株連。其電文亦引述在其自述 [1.47] 中：「委員長蔣鈞鑒：查和運數年，是非俱在，功魁罪首，責有攸歸。至於中下級工作人員，除少數貪污者外，類皆委曲求全，忍辱赴命，飲痛數載，艱苦備嘗。近因各地交收、國軍入境，深恐發生仇視和運人員之不幸風潮，借公報私、仇殺無已。不惟影響治安，抑且貽笑國際，尤足為共產黨徒造機會。我公半生為國，威德在人，際此大戰初定之秋，正宜感召祥和，造福民族。敢祈公告全國，對於參加和運人士，咸予自新，概不追問。即使和運為罪，宜罪倡領之人，幸勿株連，以示寬大。至犯貪污等罪有據者，當另行檢舉，依法嚴懲。民誼五羊待罪，荷蒙矜全，至深懷謝，並懇推茲德意遍及和運同人，尤深感禱。肅此待命，伏乞垂察。褚民誼叩。有。八月二十五日。」

「至於本人」，他在自述中繼續寫道，「無論如何決聽候中央判決功罪後始自由行動。故當時頗有勸本人走避並願予以助力者，本人惟有敬謝而已。該和運果然為罪，將無所逃於天地之間，本人寧服國法，不願長作不自由之罪人。若本人所行，尚能邀得政府之公平裁判者，則不走避且轉勝於走避也。正待命間，鄭主任鶴影於八月二十六日傍晚忽來舍間，出示戴局長雨農轉示蔣委員長手令之銑日電二通。茲將原電抄錄如下[21]：『親譯。鄭鶴影兄：奉委座手令開：『日本已無條件投降，褚民誼兄過去附敵，罪有應得，姑念其追隨國父，奔走革命多年，此次敵宣佈投降，即能移心轉志，準備移交，維持治安，當可從輕議處。惟我大軍入城在即，誠恐人民激於義憤，橫加殺害，須飭屬妥為保護，送至安全地帶，候令安置。此令。』等因。仰即遵辦，並將辦理情形詳報為要。戴笠手啟。銑未。渝。八月十六日。』

本人閱悉之後，並即轉知汪夫人。鄭主任意本欲汪夫人及本人遷移安全地

---

[21] 二電分致汪夫人陳璧君和褚民誼二人，本書中僅摘示其中致褚民誼者。

帶，以便保護。但汪夫人及本人之意，均願仍在廣州，以免引起社會之驚異。此意有當時托鄭主任轉致戴局長之電報一通，可以說明。茲附如下：

『雨農仁兄勛右：頃承鄭鶴影兄傳來尊電，轉示蔣委員長對弟及汪夫人手令。委座寬大，我兄關垂，俱深銘感。至弟及汪夫人等安全問題，此間既無較佳地方可遷，且恐貿然遷移，轉以逃避之嫌，資疑社會，而道途混亂，戒備亦難。汪夫人對於母、夫靈堂亦不忍去，刻經各方商定，就弟等現居地址，負責保護兩家安全。知關注存，謹此奉慰。並祈轉呈委座，代達虔敬感謝之忱，是為至幸。又，汪先生家屬尚有一部分在京，弟之妻及子女均在滬上，並祈傳諭保護，無任感禱。褚民誼叩。感。八月二十七日。』

從此以後，即在舍恭候中央安置。至九月十二日，被移至廣州市郊市橋地方東浦一樓屋中。同月二十日，又被移回廣州法政路一敝屋中。此本人到粵最後一段經過也。」

第二節　拘押監禁，直言陳詞

褚民誼在拘押和監禁期間撰寫的「自述」（自白書）和「答辯書」[1.47]，連同江蘇高等法院的偵查、起訴、審訊之筆錄和江蘇高院及最高法院的判決書等檔案材料，已如第四章第二節中所述，彙編刊登在「審訊汪偽漢奸筆錄」[3.60]一書中。在其答辯書的「附文」中，他對經國民黨軍統局一再以蔣委員長接見為名，從廣州易地拘押、轉解南京直至被監禁到蘇州監獄的全過程，作出了如下說明：「……自八月二十三日後登報聲明，廣州治安由招桂章負責，本人遂逸居待罪寓所。當時曾將上述情形電達委座在案。日方睹此情形，曾勸本人即日赴澳門暫避，由其護送，但本人迄未允其請。後得委座之善意電文，囑本人與汪夫人移居安全地點。而本人與汪夫人以為若離廣州，深恐引起社會上之誤會，反致市內不安，且何地為安全樂土，未可預知，城內不安全乎，城外反安全乎？故仍居原寓。待九月十日夕，中央軍統局方面由鄭主任鶴影，將戴局長來電轉示委座之手諭，囑本人與汪夫人赴重慶，特派飛機來迎，限次日起飛。本人等既以委座有此盛意，卻之不恭。本人與汪夫人均有感冒，延至十二日始成行，並依照委座電囑，行李少帶，隨員一人。後與鄭主任商得同意，本人帶高齊賢、徐義宗兩隨員，汪夫人帶隨員一人、女僕一人。迨出宅門後，車不向機場，而向珠江畔急駛。陪行者曰：『坐水上飛機』。一開

船則曰，項得委座電，有要事赴西安，請本人等到郊外安全地帶暫為休息，本人等始知受紿。即晚到漁頭住八日，到九月二十一日舊曆中秋節仍返廣州，而又聲稱張司令長官向華約與談話，其實並無其事。羈留廣州又二十餘日。十月十四日舊曆重陽始用運輸機送本人等到南京。陪行者又紿以到南京可見委座也。詎知到京後住寧海路二十五號，羈留又有四個多月之久。本年（1946年）二月十七日舊曆元宵之翌晨五時，所中聲稱蔣委員長召見，本人即偕陳公博先生、汪夫人匆忙出大門，經山西路口到中山路，車不東驅而西駛，猶以為赴鐵道部一號官舍見委座。一出挹江門，始知到車站赴蘇州，而陪行者尚諱莫如深。在車中陪行者又曰委座昨晚飛滬，蔣夫人亦在滬，囑本人等赴滬去見他們。此等一再矯一國元首之命而紿本人等，所為何來？而檢察官曰：經中央軍統局將被告捕獲，而報上亦有登載本人與汪夫人逃匿邊界而受捕。實非『捕獲』，而用騙局也。本人既未逃遁，無所謂『捕』；又未藏匿，無所謂『獲』。軍統局本無合法捕獲人民之權，對於本人與汪夫人特別客氣，而出於騙耳。本人等以為日本投降後，吾人之和平運動目的已達。向以美軍登陸，日軍必抵抗，將以中國大陸為戰場。今則無飛機時來轟之危，更無槍林彈雨之厄，人民可免塗炭，內心非常快慰。故本人等靜居待罪，不但無出國逃避之念，而又無擇地偷安之想，何必假借一國元首尊嚴之名義以哄騙本人等耶？後來始知要本人等離住宅並囑少帶行李者，意在攫取本人等之資產。果然本人等一離住宅，即傾箱倒櫃，名為查封保管，而實在籍題收刮。本人首都之住宅亦同此情狀。好在本人無資產可言，不過書籍、字畫、衣服、家具及有關歷史性之照片、電影片、手卷等件，此動產也。所謂不動產者，南京頤和路三十四號住宅一所，乃於民國二十三年造成者。此宅造成後，本人僅住一、兩月，先後均由汪先生以友誼關係借住，將來亦或有充公之一日。本人生平素不爭權奪利，盡人皆知，產業有無原不足計也，舍此而外，實無一點產業。南潯祖遺住宅，『八・一三』之役已燒毀無餘矣，特此聲明。」

　　從1945年10月14日至1946年2月17日，褚民誼被國民黨軍統局拘押在南京寧海路二十五號的看守所內。期間，按本書編者所知，他曾親自撰寫上呈了如下兩份報告：一份是寫於1945年11月11日的「褚民誼自述」（簡稱「自述」）；另一是寫於1946年1月6日的「國父遺臟奉移經過」。後者詳述了1942年他親自從日人手中接收孫中山遺臟，並將其奉移到南京予以保存的全部過程。文中特別提出要按期更換防腐浸泡藥水，並從湯于翰醫師處取回遺臟之標

本，以免腐化和失落，其在羈絆期間仍念念不忘保護國父靈臟的赤誠之心昭然可見（詳見第四章第五節）。

　　寫於拘押初期的「自述」，內容包括「參加和運之動機」「參加和運之經過」「到粵前後」和「忠實的批評」四個部分。其中前三部分的內容大多已在本書前面相應的章節中予以引述。他在最後「忠實的批評」部分中，首先對於南京政府在淪陷區內由於政治上的無力，對於「不肖者流囤積走私、貪墨等事」以及地方上「不少與日人朋比為奸，魚肉鄉里之事情」未能有效予以制止，深表痛心和批評。接著他指出，「至於奉公守法之公務員，非不知和運之不能有成，或牽於私情、或拘於生活、或限於環境，致造成欲罷不能之現象；而公務員之生活，則十之八九皆在飢餓線上掙扎……以此概之，中下階級更有可想見。本人在外長任內，憫部員之困苦，曾以私人名義設法津貼，然杯水車薪，實難濟事，比較言之，亦只可謂不無小補而已。故本人以為政府對此輩人員，總以減少牽累為宜，曾為此事，托鄭主任鶴影上蔣委員長有電一通（電文見前節）。

　　最後他寫道，「本人參加和運之經過如斯。就動機而言，單純簡潔，殊不自以為有罪。在外長任內之委曲保民；在廣東省長任內之力求振作，與竭力謀通中央，響應國軍之事實；與夫在風雨飄搖中獨立維持廣州治安十餘日，敬候中央來接。為功為罪，本人咸不自知，惟希政府能澈底明瞭，加以至公至正之裁判。而尤盼者，希當局能明瞭本人所以草成此文之真意，在說明和平政府一般之情形，對於和平運動切實明瞭，萬勿多所牽累，以為參加和運者皆是叛國、皆是漢奸，本人實期期以為不可也。吾適已言，淪陷區之民眾無論如何不能全部西去，此為事實，絕非理論。若謂留在淪陷區者，即應受日人之宰割，而不加以顧恤，是政府自棄其民也。若謂宜加顧恤，則需有所組織，一有組織即指為叛國，此理縱能鉗世人之口，未必能盡服世人之心。故和平政府之罪為未完成其使命，不應過分順從日人，為貪污、為發國難財，為借日人之力，魚肉吾民。凡此種種，深望當世賢達加以注意。矧和平政府聞日人投降之後，即嚴令各地當維持治安，靜待中央來接，政府本身則自動解消，毫無留戀。此中情況順逆已分，故盼當道諸公能以寬大處置參加和平之份子，實所至望。」

　　此後，從2月17日開始，他從南京軍統局看守所被轉至蘇州江蘇高等法院看守所。據「蘇報」（8，24）上發表的「審判褚案經過詳紀」中報導：「3月14日首次偵訊，褚氏「承認參加偽府各首長，並自認罪魁禍首」；3月17日二

1946年4月15日褚民誼在蘇州高等法院庭審上進行答辯 [1.48]。

度偵訊，時間頗久，褚氏「態度鎮靜，答詞頗簡，略謂請求捨身救國，一死以謝國人」[22]；3月21日三度偵訊，並提陳公博出證，審問歷時頗久；3月28日提起公訴。

4月15日蘇高院於下午二時廿五分開庭公開審訊褚民誼。「申報」於次日，以「褚逆民誼審訊終結，答辯數小時自願一死了之，廿二日下午宣判」為題進行了報導，其上還刊登了褚氏步出蘇院看守所赴法院時的照片。文中略謂，庭上褚氏朗讀其辯護書近三小時之久，庭休經訊問後，宣告調查證據完畢。首檢韓燾起而論告，由褚氏及高院公職辯護人高溶辯論一過，至七時十五分庭上宣告調查辯論終結。據該報稱，法院旁聽席極擁擠，「旁聽證共發三百八十五張，而旁聽者超出此數極多，遲至者幾無立足之地」。上圖示出了褚民誼當庭答辯時的情形。

庭上韓檢察官宣讀之「起訴書」（全文見[3.60]），主要以被告在淪陷區內參與組織偽政府，曾任行政院副院長、外交部長和駐日本大使等要職，簽訂和發表一系列條約和宣言，出訪日本，聯絡軸心國取得承認等活動，作為「通謀敵國、圖謀反抗本國」的罪行，予以控告。褚民誼在「答辯書」[1.47]中對此分為九點，逐一進行了辯駁。有關褚氏在淪陷區內為救國救民而參加組府的目的，他在政治和外交上有職無權的實際情況，以及他在淪陷區內力圖保障

---

[22] 經褚氏當場閱簽的該偵查筆錄全文見「審訊汪偽漢奸筆錄」[3.60]。

民安、保存國家元氣所做的諸多努力，在本書的第四章中已用大量事實作出了詳盡說明。此外，在起訴書中還列有多處毫無事實根據的控告。例如指控他於1938年即奔走參與「汪逆兆銘與日寇祕密議和」；在行政院副院長任內「曾允許敵寇在其佔領區內設立華北振興公司，又中支那振興公司，並在其下設分公司十五處，凡該區域內行政、交通、糧食、礦產等項，無不受其統治，任其處分，以供軍用」；以及在廣東省任內，與敵寇商定「增加廣東海關稅八萬萬元，以其半數補助軍用」等等，經褚氏此番抗辯而被撤訴，檢察官所作起訴之主觀任意性由此可見一斑。真可謂「慾加之罪，何患無辭」了。

褚民誼除在庭審上朗讀其「答辯書」外，還以油印單行本的形式在會內外散發。該書分為「正文」和「附文」兩部分。「（一）正文係答辯檢察官代表政府提起公訴而控本人者；（二）附文係本人敢以待罪之身、將死之言，就『懲治漢奸條例』各款而逐一辯之，以貢一得之愚。」褚民誼在該文後如是說。他在「正文」中，針對起訴書所加之「叛國」罪名答辯道，「今已抗戰勝利，南京國民政府是否為破壞抗戰之唯一工具，姑且不論，而加本人及和平同仁以叛國之罪是不可不辯。試問：叛國，判了哪一個國？南京政府成立以前，北部有臨時政府、中部有維新政府、南部有維持會，均不相統一，又不能與日本對峙、折衝，以減少日人之橫蠻，以掩護人民之生命。當此時也，目見耳聞之淪陷區人民遭日軍民之淩辱，無可告訴，不但財產不可保，而生命亦時受危迫。苟無仁人君子出而解人民切身痛苦於萬一，則今日之淪陷，不知道淪陷到若何狀態？且當時國軍戰勢不利，有退無已或有不戰而退者，則將陷整個國家於胡底。「故和平運動，即本人讀艷電後，亦以為蔣先生與汪先生分工，初雖殊途，將來終必有同歸之一日。是一方面直接抗日，一方面間接抗日；一則正面、表面上抗日，一則反面、裡面抗日。所以日人謂重慶武裝抗日，南京和平抗日，是則南京政府成立後抗戰力量非惟不破壞而反加強[23]，且有戰必有和，遲早而已。昔歐洲有連年之戰，終有和平之一日。且中國地大物博，人多又有悠久之歷史，斷不可忍為孤注之一擲，要必留有餘地以冀挽救於萬一，庶不致一蹶而亡國滅種。「二次世界大戰既爆發，不幸之幸，聯合國勝利，德日均敗。故南京國民政府成立之日自有原因，而取消之日亦自有其理由。徒以意氣而目在淪陷區內謀有組織者為漢奸、為叛國，實不思之甚也。」

---

[23] 原經濟欠發達的抗戰地區所需之重要稀缺物質，得以從原經濟發達的淪陷區內源源不斷得到補給就是其中之一例。

在該部分結尾時他寫道：「起訴書所列與以上九點已詳辯之矣。但檢察官不當以莫須有之罪加於本人身上，且有捏造供詞之嫌，而有更甚於屈打成招者。要懲治本人，只要依第一款已有規定判死刑，不要從輕判決本人以無期徒刑。一則可以滿足檢察官之希望；二則一般無槍階級之附和者要求政府懲辦漢奸，與有槍階級之橫暴者威脅政府釋放政治犯而漢奸除外，亦可以滿意；三則本人行年六十有四，尚稱頑健，或許尚有幾年或十幾年可活，徒然還要政府或家庭供養，未免太靡費，而於心有所不安。環顧國內無飯吃的人太多了，若將本人在無期徒刑內之伙食費用以為教育兒女之費，或推本人之食食不得食者，均無不可。總之，不要把有用之食物養一無用之老人，覺得太不經濟，所以本人情願以一死了之。因本人久將生死、毀譽、名利等置之度外。不死於三十五年前之排滿革命，一也；不死於民國三年之倒袁革命，二也（曾偕李烈鈞先生等由法返國，途經地中海遇水雷；印度洋遇德國之阿姆頓兵艦，於是上岸；繼於檳榔嶼又遇擊沉俄、法之兵艦）；不死於歐戰德機轟炸巴黎，三也（民國四年又赴法留學）；不死於廣州劉楊之變，四也；不死於北伐第二批出發，五也（當時同行者孫夫人宋慶齡、宋子文、蔣作賓、陳群諸先生及蘇俄最高顧問鮑爾庭（鮑羅廷）等，途經江西遇一大木橋時，橋塌，人馬俱墮河中）；不死於清黨以前，奉命祕密北上，幾死於北洋軍閥之手，六也；不死於清黨開始，本人正奉派赴法，迎汪先生返國。船到西貢，接滬電謂汪先生已抵滬，即換船東返，一抵滬，疑本人為共產黨即送法捕房。幸本人諳法語而又於離滬時帶有法總領事之證明書為護照，故不及遇難，七也；不死於視察新疆經萬里沙漠，又遇馬仲英之變，八也；不死於『一‧二八』後遷都洛陽，『八‧一三』後常於夜間往返京滬，及南京淪陷前受日機之轟炸，去年又受美機之轟炸南京與廣州，九也。九死而不死，今則聯合國勝利與全面和平日月重光，生死無余慮及。今不死，則將死無所矣。故今日為國家而死，死有榮焉！」

接著在「附文」部分，褚民誼不顧身在囹圄，從全民族利益的大義出發，直言陳詞，剖析當局制定的「懲辦漢奸條例」之不適用性，並無情地揭示其對淪陷區民眾以征服者自居，在政治上進行打擊，在人身、財產、經濟等方面進行瘋狂掠奪的錯誤行徑。

他開篇為淪陷區內之廣大公務員請命道，「再，本人素志已如上述矣，但回顧一般曾為生存計，服務於南京國民政府各院、部、會、署、所、局以及各省、縣、市之選、特、簡、荐任等大小官吏，除為人民檢舉確有犯罪證據

者外，餘請政府對凡已羈押者從寬判決，已判決者早日釋放，未羈押者不予追究，不必對於未判罪者禁止其一定年限內為公職候選人、或任用為公務員。蓋國家正在戰後，急謀大規模之建設，已感人才缺乏，而反將曾服務得有經驗之大小人員只問偽不偽，不問奸不奸，一律監禁之、羈押之，以年限限制其任用。此種凍結、剷除、抹殺人才，以數百數千計，實為國家一大損失。且彼輩皆生產者，負有抑事附蓄之責，一旦逮捕拘押而處以有期或無期徒刑，則其家屬因而受累者更不知凡幾，勢將有傾家蕩產之虞，更為民族之一大損失也。

　　且更有進至細研『懲治漢奸條例』，雖一再經行政院、參政院、立法院、最高國防會議修改，再三經過國民政府公佈，法至完備而實不適用於今日。此非為本人著想，藉圖逃罪，特為一般無辜被羈押之和平同志說法。何者？在日本投降，南京國民政府自動取消後之情勢下不適用也。當此條例訂立時，以為日本不至於馬上投降，預定美軍在華南、華中、華北登陸時日軍必出面抵抗，淪陷區之偽官、偽軍、偽商、偽民必助敵應戰，一也；或日本投降後，而所謂偽政府、偽軍隊擁兵自雄，扼守要域，把持物資，破壞與淪陷區相接之交通，以抵制中央軍接收人員之東下，實行割據之勢，又吸收四週匪軍、匪徒以擴大淪陷區，二也。在以上之兩場合自可適用。但南京政府素抱和平統一之目的，預計將來美軍登陸中央軍大舉反攻之際，將必率所屬部隊及人民從而內應，同時與中央政府預先所派之先遣隊、別動隊、突擊隊及地下工作人員並肩作戰，夾擊敵人，不難收事半功倍之效，此南京之初衷也。不意時機急轉直下，日本無條件投降，出於意料之外，致反正之心失表現之機會，此豈南京之意所及哉？然於日本投降之後，即自動取消政府，靜候接收，以符夙願。此該條例不適合於今日者一。至南京國民政府所管轄之區域非淪陷於南京政府之手，乃取之於日本佔領之後。迨日本投降後，各省、市、縣、鄉村治安由南京國民政府通令各級軍政長官負守土保民之責，以靜待中央大軍及正式官員來接收；而重慶方面亦有蔣委員長親自於日本投降三四天前，每晚連續為同樣之廣播兩三夜，責成淪陷區各地軍政人員守崗位、維治安，軍隊不得移動改編或歸併，並且有將功贖罪之勉勵。是則南京與重慶雙方命令同一語氣，所謂不謀而合，足見南京之心即重慶之心也。此該條例不適用於今日者二。惜各地之先遣隊、別動隊、突擊隊本為美軍登陸以夾攻日軍之用，今日本投降無夾攻之必要，乃不遵守委座之廣播命令，均爭先恐後搶來接收。別處之接收狀態本人雖不詳，而報載各地之情形大同小異。即本人所親歷其境之廣東而言，本可合理合法、很

從容的待中央之大軍或所派正式之省、市長官來接收，庶秩序可保，官方與民間無論公產、私產、公營事業、民營事業，無絲毫之損失。不幸中央大軍及正式官吏未到以前，搶來接收，秩序亂而社會不安矣，影響日後之物價大漲特漲，良非淺鮮。而對於大量之物資存於各處倉庫者，少數人不能或不敢分佔者，則出之以封固。其為害也，一則造成物資斷流，促使物價飛漲不已；二則封固日久必發霉、出蟲、生芽、朽爛、鼠蝕。此種暴殄天物，深為可惜。敵人以戰養戰於統制物資政策下，南京國民政府尚不斷的為民交涉、抗議，制止其收買米、麥、雜糧、布匹、絲茶等，已收買者不使其搬走而平價出售以抑低物價。故各地所餘留下者不在少數，自有其主管機關移交時之清冊可查，無容本人再多贅也。」

他在詳述遭軍統欺騙而被羈押的情形之後繼續寫道「就該條例第二條列舉所規定之犯罪行為而言，皆在抗戰區內，即在未淪陷以前所在地之立場為前提。若在淪陷已久（南京國民政府成立在民國二十九年三月三十日，距國軍退出南京，日軍進佔有兩年三個半月之久）之地區，則事實上無犯第二條各款之可能。所謂淪陷區者，國軍戰敗而退或不戰而退，所拋棄之土地。土地淪陷，而人民亦淪陷矣。未淪陷前，有守土保民之父母官，如省、市、縣長官先國軍而西退，被棄之人民又不能在淪陷前悉數跟隨政府西遷，然被棄之人民難道就無生存權乎？國軍不得已為一時之退而拋棄，非永久不想收復，故不必自焦其土地，自喪其元氣。地方官早已遠遁，而地方之秩序就聽其紛亂乎？當然盼望有仁人君子者出面而維持。有維持者出即目為漢奸，夫政府陷人民於水深火熱之中而不知救，有搶救之者反目為漢奸。然則被淪陷之人民雖極痛苦，苟延殘喘於水深火熱之中，尚不足以抵其不能隨政府後退之罪乎？必焦其土地，滅其孑遺而後快乎？古之暴君尚不敢、不忍出此，號稱中華民國者反加甚焉。天下之不仁，孰有過於此哉？又憶第一次世界大戰時，德兵侵入比利時京城蒲魯賽（佈魯塞爾）時，有蒲魯賽市長馬克斯者不怕死，仍繼續維持市政，使市民不致受敵人之直接統治，以減少市民之切身痛苦。敵人所要之糧食，市長不避艱險為之代籌，以免敵人向市民奪取。戰後和平，失地恢復而繼續仍為市長，比利時全國人民及國際間只有嘉許他的勇敢與慈悲，並未罵他為通敵附敵者，歌其功不處罪。法、比、瑞等國，凡鄉村、市、縣長均為民選，故皆能保民如赤子，守土如家庭，遇危難無不竭誠維持地方安全，一若船主之遇危險，必為最後離開船位之一人，或與船偕亡。今中國對於地方官之不守，與軍人之不戰而

退，或戰而不力，或敵人遠在數十里之外而先縱火洗劫以去者反不追究，而對於搶救淪陷區而維護被淪陷人民之生存權者謂為漢奸，定其罪曰：『圖謀反抗本國者』，國家之綱紀殆矣。更有甚者，昔之見敵而退，或不見敵而退者，今則以聯合國之勝利為勝利，敵降而入淪陷區，自為征服者，不知收撫人心，只知強奪物資，實則一旦和平後，敵偽之財產物資不必搶奪，自可從容憑清單接收，使點滴歸公，一搶奪則紛亂而弊端百出。人民之資產應當妥為保護，不應據為戰利品以自肥，實有為敵人之所不敢為而為之者，天下之不義，孰有過於此哉！」

接著他在逐一分析「懲治漢奸條例」第二條所列的十四款罪行之規定時，更進一步地指出在敵人佔領的淪陷區內為維護民眾生存權而採取適當措施之必要，決不可與抗戰區內的情況相混淆。例如，對於犯第十款擾亂金融之罪時，他寫道，「或曰發行偽票，即為擾亂金融之罪魁禍首，本人雖非財政當局，但可以從旁應之曰：中儲券之發行，一以抵制日本軍票之發行；二以法幣來源斷絕，無通貨不足以救濟市面。其後通貨逐漸膨脹，在發行額之無限制耳。然人民所受之痛苦，不若勝利後法幣一元兌二百偽票之甚也。規定此兌換率者何厚於日本少賠償百九十九倍？何薄於淪陷區、華中、華南人民蒙一百九十九倍之損失？華北規定法幣以一兌五聯銀票，則華北人民少吃虧幾十倍，此等人民之損失，豈又南京政府所致之耶？加之以刺激物價之狂漲無已，更不可勝言。」

敵人佔領的淪陷區原是中國政治、經濟、人文薈萃之地，淪陷區內廣大受敵人欺壓的民眾乃我中華民族的同胞兄妹，在抗戰全面勝利國土恢復之際，理應對淪陷區內曾受日本侵略者欺壓的百姓予以撫慰，全國人民攜起手來，同心一德重建家園。然而蔣介石國民黨當局，「以聯合國之勝利為勝利，敵降而入淪陷區，自為征服者」，假打擊「敵偽」之名，行肆意掠奪之實，接收大員貪腐橫行，社會黑暗，經濟崩潰，民心盡失。褚民誼在法庭上的辯詞，直言不諱，切中當局敵我不分倒行逆施之要害。這難道不就是以抗戰英雄自居的蔣介石者們，其收復淪陷區之後建立起來的全國政權，僅存短短三年而告終的一個重要原因嗎。

詩經中云：「知我者謂我心憂，不知我者謂我何求」。這不正是，胸懷憂國憂民赤誠之心的褚民誼，在當時那樣嚴峻情勢下的真實寫照嗎！

第三節　求仁得仁，虹橋慶生

　　1946年4月22日下午三時，江蘇高等法院對褚案進行宣判。「申報」於次日報導中略謂，褚氏到庭後，由審判長訊問姓名畢，即起立「宣讀判決主文曰：褚民誼通謀敵國，圖謀反抗本國，處死刑，褫奪公權終生，其所有財產，除酌留家屬必需生活費外，沒收。」並將判決理由朗誦一過（判決書全文見該報及[3.60]）。褚氏聞判後，「一再欲宣佈其被判決死刑之感想，為庭上制止」。接著庭上告之，如不服判決，可於十日內聲請覆判，但即使被告不欲要求覆判，高院依法亦應向最高法院聲請覆判。褚氏聞之曰；「我很滿意，我上次審判時即自請就死，至今已符本志，而外面人希望嚴辦漢奸的，如今也可以滿意了，檢察官已達到他的目的，大概也滿意了。」當審判長訊其「服不服」時，他答曰：「當然不服，不過上訴是不要上訴的。」褚氏對此判決結果早已作好準備。該報稱，判決結束褚氏步出法庭時，「曾將其先用複寫紙繕就之『宣判後的感想』數份，分送各記者，文末並用墨筆簽名。」

　　蘇高院作出判決後，褚妻陳舜貞於5月3日為覆審向最高法院提交聲請狀。24日最高法院作出了「原判決核准」的判定（「申報」，5，25）。（上述兩件的全文見[3.60]）。6月2日先已判處死刑的陳公博和褚民誼一起轉至獅子口第三監獄，分別收押在禮字監一號和二號。陳氏於次日即於監內執行（「申報」，6，4）。「申報」於6月6日報導稱，此時最高法院對褚案的裁定書亦已下達，褚妻陳舜貞表示不服，於6月5日上午十一時許，以其夫在淪陷區內保全國父靈臟及遺物所做的奉獻為由，具文向蘇高院聲請再覆判。接著，「申報」（6，25）上稱，蘇高院自接獲其再審聲請狀及各種新反證後，經原審人員數度會議研究，認為初審對於此項有利於被告之重要證據未予審酌，並有南京寧海路看守所詳細紀錄可稽，「聲請人所述各節，如果屬實，則事關效忠國父、保存文獻，尚非無處理漢奸條例第三條[24]之情形」，「自應有再審之理由」。遂於24日下午三時許，發表主文為「本件開始再審」之再字第四號刑事裁定書，其所附的「再審理由」亦同時在該報上刊出。

---

[24]　該條例規定，漢奸曾為協助抗戰工作或有利於人民之行為，證據確鑿者，始得減輕其刑。

然而，承辦該案的李檢察官認為蘇高院核准褚案開始再審的裁定「實屬不當」，於6月25日對此提出抗告。針對李檢察官的抗告，據「蘇報」（7，7）報導，7月6日「褚妻陳舜貞又提呈國父靈臟奉移實況照片一冊，並抄錄前呈李法官奉移經過一件，續請高院轉呈最高法院駁回抗告。」該報上同時刊登了褚氏在南京看守所內所呈的「國父遺臟奉移經過」全文。關於褚民誼保存國父靈臟和文物的事實，以及軍統局對此的調查確證，已在第四章第五節中詳述。這裡僅需指出的是，其實蔣介石早已在5月份得知實情，然而嗣後他卻拒絕將有關情況轉達江蘇高院參考，這或是其對褚案處理之既定用心使然。

　　此外，正如褚民誼在其「自述」[1.47]中所述，他「在外交部長任內，代民眾向日人索還房屋、財產、車船、工廠以及其他一切社會利益共有多起。尤其從日本憲兵之任意逮捕、拘押及橫施酷刑之掌握中，完成許多保全民眾之身體、居住等權益事項」。對此，在陳舜貞不懈提出再審聲請的同時，得到了當年受益的社會公正人士的公開支持。他們頂住輿論壓力、不顧受牽連的危險，舉證呼應，實屬難能可貴。例如「蘇報」（8，24）在「蘇高院審判褚案經過詳紀」一文中就有如下記載：「七月三日，上海冠生園經理洗冠生，以交涉釋放該店職員趙澤民、張似文為理由，為褚逆邀功，請求再審。」

　　冠生園是洗冠生於1918年在上海創辦起來的一家馳名中外的食品公司。事變前，褚民誼曾任該公司的董事長，其活動屢現於報端，如先後披露在「時事新報」（1936，8，20）和（1937，6，28）等上。據程道生、俞庵著「洗冠生與冠生園」（四川省政協文史資料委員會編，「文史資料集粹」第3卷經濟工商編，四川人民出版社，1996）中記述。1937年上海陷落，冠生園在漕河涇的工廠被日軍佔領，其總管理處和營業處在英租界內得以幸存。在此形勢下，洗冠生決定將公司中心遷往內地，得到了國民政府的支持，曾建立後方罐頭廠，供應軍需。同時，在重慶和西南各地廣開食品和飲食分店，為後方民生和市場繁榮發揮了積極作用。1941年底爆發太平洋戰爭，日軍佔領上海公共租界後，洗冠生擬將該地公司職員撤往重慶，不幸落入敵憲魔爪，從而出現了褚民誼交涉營救的一幕。1946年7月5日上海「大公報」上，以「洗冠生為褚逆作證」為題報導稱：「上海冠生園食品公司總經理洗冠生，為證明褚逆民誼在敵偽時期，任偽外交部長時，該公司協理薛壽齡等十五人，於三二年（1943年）二月十七日赴渝服務時，被敵憲逮捕，曾請其與上海敵憲隊長敵酋木下榮市竭力交涉營救，乃於三月二日全部獲釋，具狀高法院所述事實，負責證明。」

接著，於「7月12日，上海陸根記營造廠經理陸根泉又為褚逆諉功，謂曾協助國防工程，有功抗戰，有利人民。」（「蘇報」，8，24）7月30日「蘇州明報」上的一篇報導中謂，「褚逆民誼各界之證明函件，高院連日收到頗夥。昨日又有國立南京臨時中學學生聯名證明函一件，略稱，褚民誼提倡國術及效忠國父、創辦學校、振興教育不遺餘力，伏乞准予再審云。」如此等等。然而，蘇高院均以上述證明不能改變「通謀敵國，圖謀反抗本國」之罪責，而一概予以駁回。

　　已如第五章第一節中所述，褚民誼在廣州期間，蔣委員長曾以褚氏的革命經歷和維持廣州治安之表現，做出了「當可從輕議處」的手令。據此手令以及新近提出的諸多利民證據，陳舜貞在其7月初提出的聲請被最高法院駁回後，又於8月初再一次提出再審聲請，其理由為「被告追隨國父奔走革命多年，此次敵國投降，復能洗心革面，準備移交，維持治安，當可從輕議處。又前國立工學院沈松亭、金陵中學校吳春江、國立南京臨時中學校學生、上海冠生園洗冠生、陸根記營造廠及嘉定厚綸絲繭廠等，皆紛呈為被告證明有利於人民之事實，自亦得為聲請之新證據。」據「申報」（8，23）上報導稱，蘇高院以同前之理由，於8月22日上午作出裁定，予以駁回。至此褚氏家屬為謀求該案的公正解決，業已竭盡了最後努力。

　　其實，為力圖在淪陷區內護國保民，褚民誼早已抱定「我不入地獄，誰入地獄」的決心，將毀譽和生死置之度外。他在庭審之上更以往昔「九死而不死，今則全面和平日月重光，為國家而死，死有榮焉」之壯語，來結束他的辯辭。對於法庭作出的死刑判決之罪名，他表示「當然不服」；然而卻當庭主動請死，彰顯了無私無畏「求仁得仁」之大義。此時身在囹圄中的他，耿耿於懷的則是，當局者以「征服者」自居，對原淪陷區內眾多公務員和廣大民眾，恣意進行欺壓、掠奪而釀成的嚴重後果。為此，他一再不顧自身安危，直言譴責，勇於擔當，為民請命。那時，在監外的家屬屢次向法院提出的再審聲請，並非出於他的本意。正當她們竭盡努力四處奔波時，他卻親書紙條交與其妻上呈蔣委員長，明確表示「請委座不要為我的減刑為難，仍維持死刑原判」。褚妻未遂其意將信條藏下，直至1963年她去世後，長女褚孟嫄在整理母親遺物時，才從衣服裡發現出來，並將其上交單位領導，希望能作為國家的歷史檔案予以保存。

　　褚民誼在監內依然保持一貫的樂觀態度。據前述「蘇報」（8，24）報

導，他被判死刑轉入獅子口第三監獄等待執行後，仍繼續「揮毫練拳，一如往昔。」甚至還聽聞他「高歌滿江紅及蘇武牧羊」。據獄中難友們回憶，他不但自己按時練拳，還帶領大家健身，一起練太極拳和太極操。他勤儉手巧，常用紙製作器物，例如曾幫助難友製作燈罩等。他的長女是眾子女中唯一由母親帶入監內探望過父親的。探視期間，褚氏將自己親手用紙包糊廢罐頭製作，並使用過多日的杯子，贈與其女，其「上善若水」「自強不息」之寓意，盡在不言中。

　　1946年8月23日上午，褚民誼在蘇州獅子口監獄內被處死刑。次日「申報」和當地的「蘇報」等各大媒體均紛紛以大量篇幅對此進行報導。該日「上午六時許，京滬蘇錫各報記者雲集第三監獄者，達三十餘人。」「申報」上謂，迨七時四十五分，蘇高檢處臨時改派檢察官梁挹清為監刑官等一行，乘車駛抵。至八時正，在獄內教誨堂佈置臨時法堂。當看守入監房簽提時，褚氏洗盥正畢，靜默偃坐牀上閱書。陳璧君聞訊「急囑法警少待，隨即書一便條呈梁檢察官，內云：『昨日奉院方裁定駁回，今晨抗告已送出』，用意當係制止執行。梁檢察官遂以電話向韓首席請示，奉諭：『不停止執行』。」褚氏乃更衣而出，「左手掌佛珠一串，至女監門口與陳璧君握手道『再會』，陳逆以手絹掩面飲泣，未作一言。」

　　當他步出禮字監時，據「蘇報」稱，「十餘位攝影記者，正高舉攝影機準備攝影。褚逆乃含笑向各記者稱：『照得好一點，因為這是最後一次了。』言畢，即行立定，等候記者攝影，其狀甚為鎮定。攝影既畢，然後由法警押至預設之公案前。」經檢察官一一問明姓名、年齡、籍貫後，「旋梁檢察官稱：『你的重行申請再審，業已駁回，執行命令，亦已到達，現在即須執行，不知你有無遺言？褚逆覆言答稱：『從公博先生死後，我天天在等著執行。雖然我的妻子一再向高院申請覆判再審，這不過是她們家屬所做，盡盡人事而已，實際上完全不是本人意見。我以前也曾常常說過，我已經九次歷死而不死，這第十次本來也就可以死了。我年已六十四歲，試思尚有幾年能活，所以本人對死，並無所慮。不過一個人死要死得光明，故深望一般人們能閱讀我的答辯書。因為我作為和平長官時候，所有文章，多係他人代筆。而答辯書，則確為本人所親寫。』言畢，梁檢察官即稱：現在本人係奉命前來執行，並非……，語未畢，褚逆民誼即高稱：『好極！』。檢察官又問其對家屬有無遺言。褚逆乃稱：『家屬常常來看我，有話早已說完了，所以今日並無遺言。唯我死以

褚民誼的最後攝影：（右）步出禮字監；（左）邁向臨時法堂（「申報」1946, 8, 24）。

後，希望能移送入醫院解剖，這是我的志願。因我自幼好拳術，身體則甚良好，解剖後，可以檢查有無其他疾病。而且內臟及骨骼，均可作為醫藥標本。因為這樣，還可以省去一口棺材。人生在世，本該作些有利於人類之事。我在歐洲時，即常常看到有這一類事情。』言至此，稍待片刻，始又稱：『我的屍體，最好送（蘇州）天賜莊博習醫院，因為本人和該醫院過去得了關係』云云。檢察官最後又訊有無其他遺言。褚逆沉思良久，乃微言稱：『判決書裁定我的家產，除家屬必須生活費外，全部沒收。實則我的家產可憐得很，即全部給予家屬，亦不敷家屬生活所需也。』」

此外，「申報」上對褚民誼在法堂上的表現，亦有如下記述：褚逆踏進臨時法堂，「未向庭上行禮，傲然立公案前。」當梁檢察官問其有無遺囑時，「始答『沒有遺言』，繼而稱：『我生死俱極坦然，生固無所慚愧，死則須有價值。希望能將我遺體送天賜莊博習醫院解剖。因我外表雖極壯健，而內部實有病症，願供醫學家研究，俾製成標本，作我死後貢獻。』復謂：『我十七歲時曾在博習醫院學習一年，故極有關係，當能收我遺體，不致拒絕。』「梁檢察官續訊家屬地址，答稱：『雖時常有人來接見，然不知現居何處，南京本有住宅，惟早已遷移。』再訊『有無遺言？』褚逆略作沉思，少頃而答：『對家屬沒有遺囑，惟我有一妻二女三子，希望政府能為我教育子女。至於所判沒收財產一節，實則我的財產極可憐，政府既有酌留家屬生活費的規定，希望可以留得寬裕一點，以免我妻晚年還要奔走衣食。』梁檢官諭以『你子女教育，政府自必負責，你還有什麼話要說嗎？』褚逆搖首示意，梁檢察官即諭令退庭，

命法警將褚逆押赴刑場。行經監舍時，囚犯均探首外窺，褚逆頻頻舉手招呼曰：『我先去了！』迨鑾擁進刑場，褚逆甫步至左前側圍場旁，執行警即乘其不備，自後發槍，一彈命中腦殼，自鼻梁右側射出，褚逆應聲撲倒，詎尚未著地，即縱身仰臥，頭東北、腳西南，雙手握拳曲舉兩肩膀，眼微張，血流滿面[25]，經吳地檢處派檢驗吏蒞場檢驗，梁檢察官始返院復命。」對於精通太極拳之道的褚民誼，倒地前倏然縱身轉臉朝天的驚人之舉，坊間各種佳話傳說不脛而走。「這是你父親無愧於上天的臨終表達」，褚妻陳舜貞向孩子們道出的，難道不正是他向世人的明確宣示嗎！前頁上圖是該「申報」上刊登的二幅褚民誼臨終前的最後攝影。

關於褚氏之身後事，據上述二報報導，褚妻陳舜貞已於22日晚車抵蘇，23日晨閱悉報載，即携長女孟嫄和長子叔炎，暨在蘇州之親戚，趕到第三監獄，時已九時一刻。家屬見狀悲痛欲絕，經在蘇州的親屬與仁濟局蘇州殯儀分館接洽，派出夫役四人將遺體移至該館候殮。褚妻及子女親屬等趕到，將遺體洗滌，更換衣服，並於項頸另加佛珠一串。此外，還有基督教牧師致送十字花架一座，置於遺體前，並為之禱告。因須待居滬之戚屬趕來奔喪，訂於次日進行大殮。

關於褚氏執行後監內的情況，「蘇報」上亦有點滴報導稱，「褚逆珍藏三串佛珠，腕下懸一挂，禮字號監二號室內窗沿壁釘兩挂。同情褚逆死狀者，不乏其人在。」至於褚氏監中遺物，「即由陳逆璧君前往一一撿點。計捆包袱大小十件，內有金剛經一冊、太極拳圖一冊、洋裝法文書一冊，以待家屬具領。」等云。

入殮後褚民誼的棺柩先暫存蘇州，在張靜波等親友的大力協助和安排下，用火車載運到上海，於1946年10月安葬在「虹橋公墓」內。墓壙佔編號M197和M198兩個穴位，如下圖所示，墓碑造型為一石刻花圈，中書「先考慶生公之墓」七個大字。褚公之名原「慶生」，為明志更之為「民誼」字「重行」，以終其生。應生死輪回之數曰：

> 平等自由民正誼，大同博愛重實行；
> 捨身求仁濟眾生，無怨無悔終得仁；
> 虹橋飛渡達淨土，般若涅槃慶永生。

---

[25] 「蘇報」載，該時為上午八時三十分。

上海虹橋公墓內褚民誼之墓,褚妻陳舜貞守立其旁(1949)。

後記

褚民誼一生注重教育，臨終時他惓惓挂念的是在其身後如何使子女得以教育成才。他與陳舜貞於1924年12月31日共結姻緣後，膝下共有二女三男：長女褚孟嫄和次女褚仲嬀出生在廣州，三個兒子褚叔炎、褚季燊和褚幼義先後出生在上海。右圖是闔家於1941年2月27日春節，在南京西康路21號宅門前的合影。

1941年2月27日春節褚民誼全家合影 [1.48]。

褚妻陳舜貞純樸、善良，婚後主要操持家務，從不參與政事。1946年褚民誼去世，她在家庭財產被查沒，僅剩少量私人財物和部分親友的支持下，獨自挑起了扶養五個子女的重擔。她秉承其夫的意願，在當時十分艱難的條件下，努力堅守如下二個目標：一是盡一切可能使子女們受到高等教育；另一是要求子女們努力學好本領，立足社會，決不從政。為此她默默地承受著一切政治、經濟和精神上的巨大打擊和壓力，例如：曾於丈夫去世後，在南京被無辜羈押數月，兒女們被迫分散寄居親友家中；脫險後定居上海初期，為避免騷擾不得已隱姓埋名年餘之久，如此等等。然而她卻從不向後代們訴說和表白那些過往政治上的恩恩怨怨和內心的苦楚，以免使他們受到政治紛爭的干擾。其實，父母的上述期盼，早已植根在孩子們心中，並能自覺地按此要求而自強不息。

父親去世那年，大女兒孟嫄已在金陵大學農科就學，一年後二女仲嬀考入上海震旦女子文理學院，三個男孩則仍在中小學學習。那時母親要為眾多子女籌措學費和生活費，日感逼蹙。入學後不久的仲嬀，學業出眾，學校擬以獎學金送她到美國上學。但她考慮到當時家庭的困境，母弱弟幼，姐姐又在南京行將畢業，便主動放棄留學機會，休學謀職補貼家用，擬待姐姐畢業後再繼續學業。

由於蔣介石國民政府腐敗失政，1949年敗走臺灣。褚家原來的親友們大多

在此時舉家前往香港和國外定居。留下還是帶著孩子們離開，陳舜貞面臨著嚴峻抉擇的關口。通過調查表明香港並非樂園，在那裡不但生活難以為繼，更談不上實現給兒女們以良好教育的目標；而且令她最難以割捨的是丈夫褚民誼的安葬之所，因此毅然決斷留在了上海。

是年，孟嫄畢業於南京金陵大學農學院，分配到山東搞果樹研究，後調至南京農學院從事教學和科研工作，積極推廣種植梅樹、發展梅子產業，曾獲年度建設南京市功臣稱號，曾主編「中國果樹誌・梅卷」，並獲國務院特殊津貼。在航空公司任職的仲媯，1949年隨機到香港後，公司解體無法返回，遂赴臺灣投親，在臺北師範學院繼續學業。1953年以品學特優之成績畢業後，她即修書輾轉稟告身在大陸的母親，興奮地聲稱終於實現了父母的宿願。此後她主要在學院教授中文和英文，並積極參與國際婦女界的活動。三個兒子先後均就讀於上海南洋模範中學，分別考入上海交通大學、清華大學和北京鋼鐵學院，於1950年代畢業分配到各地工作。叔炎長期從事和主持多種大型現代化船舶輪機方面的設計和建造工作，曾獲國家科學技術進步二等獎及數種省、部級獎勵。季燊先後在學校和工廠工作，任教期間相繼開設八門機械製造方面的專業課程，均獲好評。幼義畢業留校從事材料科學的教學和科研工作，曾獲多項省、部級科技進步獎，後期任職學會，著力推動和組織國際學術交流活動。

子女們先後離開上海工作和求學後，母親陳舜貞一人留居上海。1955年「肅反運動」中，家庭再次遭受查沒，她將僅存的少量首飾主動全部上交，政府除發給她維持生活的費用外，還給以獎勵，並表示孩子們上大學所需費用，政府照章予以供給並可申請必要補助。1958年「大躍進」期間，她被清理出上海，由大女婿和女兒接到南京家中侍養。那時兒女們業已全部按照所期盼的目標受到高等教育自強自立，第三代也開始後繼有人，母親十分欣慰。然而，由於長期心力交瘁，罹患肺結核有年，不幸於1963年1月16日溘然離世，她向諸兒女留下遺言「你們兄弟姐妹要團結互助」。兒女們銘記先輩的教誨和厚愛，將先妣陳舜貞的骨灰葬入上海虹橋公墓先考慶生公的墓內，合葬安息。

在先後步入暮年之後，眾兒女們（仲媯時已去世）在「以人為本」思想的啟示下，從2005年開始著手，以是否有益於人民作為判別標準，重新審視褚民誼在當年的所作所為，從而拉開了與國內外有關人士合作，編寫本書「重行傳－褚民誼生平紀實」的序幕。

褚民誼書法概覽

褚民誼自幼在慈父褚杏田的「習字養心」諄諄教誨下，積數十年之不懈努力，終創別具一格有「顏容柳骨」之譽的楷書書法，廣受人們喜愛，在本書前述各章中分別已有表述。他在「陽明與禪」[1.44]書跋之始寫道：「予少趨庭，嘗聞先君之教曰：『習字可以養心，柳書以心正筆正為規，尤示人以養心之道。』遵而習之，積久彌樂，迄今數十年，恆用是以求心之養。每當窗明几淨，展卷臨摹之際，輒覺心神恬適，恍恍乎若侍先父而接誠懇。雖然嗜予書者多，而予之書實未嘗進也。」寥寥數語生動地勾勒出他習字的養心感悟。他在「家訓彙疏考」[1.46]的註疏中，對自己的習字歷程概述道：「民誼書法，先臨率更，後習誠懸，並從楊哲臣先生學書規，對於摹臨柳帖之法，獲益匪淺。楊氏有手臨柳帖全部墨蹟，裝成兩冊，至今猶存篋衍殊可貴也。方家柳帖，攜之蹟至日本，後攜至巴黎。本擬遵從父訓，每日寫一小時，祇以學業既甚繁忙，國事尤為栗六，因之寫時甚少，力不從心。直至民十三返國，民十四長廣東大學，始得每晨習臨玄祕塔一二頁，日以為常。北伐軍興，業又中輟。近自七七事變以後，為璧君姐寫楊明與禪一通，總計四萬餘字，一年有半，始克完成，平均計之，每日須寫一二百字也。去年（民國二十八年）因慶祝岳母陳太

1939年褚民誼為「鬻書救難」在上海家中潛心書寫對聯 [1.48]。

夫人七秩大壽，又以紀念先慈五十週年、先繼慈三十九週年之喪，並應日本友人犬養健先生之屬，共寫佛經四卷。字雖未必有進，而靜心養氣之益，髣髴有得於中，於以知先父訓誨之言，無一非經驗體會所得也。」

高齊賢續此，進一步對褚民誼（尊稱為師）的書法特點加註如下：「吾師學柳，堅勁似之，圓潤過焉，綿裡裹針，譬之適得之人謂，顏容而柳骨。實則吾師未嘗寫平原，初擬率更，率更瘦勁，且視誠懸為過。圓潤之致，是出自然，福澤使之，非人力也。師之為人，信念堅、持念久，其書柳也，始而習之，終亦不變；雖嘗一度寫河南[26]，未幾即復歸於柳，一筆不苟，秀潤欲流。平生見柳字即保存之，家藏有宋拓玄祕塔一部，值三千金，『藝術叛徒』劉海粟所贈也。」這裡道出了褚民誼與畫家劉海粟之間一段鮮為人知的佳話。

劉海粟（1896-1994），江蘇常州人，是中國現代傑出的畫家和美術教育家。他早年創辦上海美術專科學校，任校長。他所採取的男女同校、人體模特寫生等，為當時驚世駭俗之舉，被持舊世俗觀念者視之為「藝術叛徒」。褚民誼提倡美術和美育，留法歸國後，曾任該校董事。七七事變後，劉氏亦曾留住上海租界區內，期間兩人過從甚密，成就了這樣一段故實。高齊賢對此寫道：「先是海粟見師寫柳字，即攜此帖（宋拓玄祕塔帖）請題跋。師即書於卷尾曰：『予幼承庭訓，書學誠懸，初以楊哲承先生臨本為依，後始親及碑版，臨摹晨夕，終此無更，而數十年來從而模仿者，玄祕塔也。愛之既深，求之益力，所閱拓本，以百十數；且兩遊秦會，訪問原碑，流覽摩挲，不忍釋手，會心千古，寄意遙深，但初未以其漫漶磨滅為志滿也。及觀此本，字跡溫潤，剝食無多，紙墨雙佳，拓工週細，華源真氣，充沛行間，照眼琳琅，嘆為觀止。有宋墨拓，傳世既稀，如此佳本，尤稱絕世。海粟先生，畫名昭海內，兩洲稱巨匠，一代識宗師，詎知其三代傳家，有茲瓌寶，柳書劉畫，難併美俱，予故喜而為之跋也。」海粟得題跋後，復不時來師許，看師作字，相對恆甚久。忽一日持帖至，謂師曰：觀君作字，悟柳書子所以為佳。此帖在我無所用，以之相贈，帖得主矣。師因其三世傳守，為值甚高，焉能便受。海粟曰：吾已加跋，不能止也。因展帖視之。果見海粟寫於前跋之下曰：『予以藝事與重行先生交，所志既同，相期自厚。第公昔旅外，予以校事留滬淞；及予赴歐，公又勞國於海內，各以事累，良會為難。故相交雖久，把晤無多，春樹暮雲，時勞

---

[26] 率更－歐陽洵；誠懸－柳公權；平原－顏真卿；河南－褚遂良。

夢穀。八一三後，國土淪夷，繭足春江，以畫自遣。適公亦在滬，因得晨夕過從，抵掌傾談，會心彌水。而每當晤言之際，觀公作字時多，圓勁之神，秀潔之氣，如鋼隱絮，出入二原，先生從事之勤，尤令予有所深感。因念家藏宋拓玄祕塔碑三世矣，脫以贈先生，或為觀摩之一助，寶劍烈士，紅粉佳人，用既適人，物亦得主，公必不負此碑，此碑亦當引公為知己，予尤釋然於彼此之得其所也。因誌顛末，資紀念焉。』師見海粟意甚誠，遂受之，並以南通張家舊贈明畫一幅，轉贈海粟。復題於海粟之跋之後曰：『予前題此帖，以為環寶。今海粟先生以予之所習者相類也，乃舉以贈之為予有。予當之，愧且喜。愧虞其無所進，喜樂其有所師。卻恐負之，再拜受之。自茲以往，當體海粟見贈之意，肆吾力以盡吾天，並當寶海粟之寶如海粟之自寶其寶也。特書此以誌吾意；更以南通張敬禮先生見贈其封翁退庵先生所藏石頭陀畫一幀，轉贈海粟可以留紀念，海粟當不卻我也。』」中國自古素有書畫不分家之說，這段佳話，道出了兩位藝術家之間心心相印、相互愛慕的情愫。

中國書法藝術淵遠流長，是中華燦爛文化中的一個重要組成部分，褚民誼對此十分仰慕，為維護和收藏其精品大作不遺餘力。至今在臺北之國家圖書館內，保存有褚民誼於民國二十二年（1933年）手書題銘、精加裝幀的如下六個編號的珍貴拓本法帖：

淳化閣法帖十卷，明萬曆年間（1573-1620年）：第1冊歷代帝王法帖，第2-4冊歷代名臣法帖，第5冊諸家古法帖，第6-10冊法帖（MA002305402）；

大唐太宗文皇帝製三藏聖教序，褚遂良書（唐），唐龍朔3年（663年）（MA000026777）；

千字文，釋懷素書（唐），明成化6年（1470年）（MA000237072）；

智永千字文，釋智永書（唐），宋大觀3年（1109年）（MA000237025）；

草書心經，王羲之書（晉），（刻立者不詳）（MA000236896）（示例於後頁上圖）；

有唐撫州南城縣麻姑山仙壇記，顏真卿書（唐），清咸豐庚申（1860年）（MA002312522）。

1933年褚民誼裝幀珍藏的王羲之書「草書心經」。

　　褚民誼不但愛帖寶帖、養心習帖，更以其精湛的書法貢獻於世。已如前列各章所述，他經常為有關期刊雜誌書銘題字，以促廣益。他樂於為親歷之事件題寫碑銘，以誌永久。他作字的無私奉獻精神，廣為人讚，尤以1939年初在上海法租界內「鬻書救難」著稱。上海難民救濟協會在「申報」（1939，1，7-9）上刊登的啟事上稱「褚民誼先生書法宗顏柳，出入晉唐，書名之盛掩其政治，平日籠鵝挾縑而求者，接踵於門。比居海上不廢翰墨，以徇本會之請，願書聯五百，以貽當世愛慕其墨寶者。所收潤資，悉以捐助本會救濟難民，並指定以一部分撥允教育難窟之用。本會復以潤值請，先生笑曰，既以為振卹流離計，吾何忍懸高值以炫世，每聯具國幣五金足矣，此尤見先生風格之過人。嘗聞釋氏之救世度人設種種法，今先生此舉，亦此物此志也。」（詳見第四章第一節）許多愛褚字者將所得之書聯珍藏至今，屢現於坊間網絡和賣場之中。

　　褚民誼歷年來的書法作品繁多，可分為碑文、書經、題字三類，示例於後，以窺一斑。

　　石刻碑文，銘記史實，傳世書法，歷代沿襲。褚民誼所題之碑刻頗豐，惜政局變幻，多遭毀壞。幸改革開放以來，遵重歷史之風漸興，部分碑刻被搶救復原；有些石碑雖已無蹤，但有當年拓片，遺存於世。作者至今發現存世之碑刻或遺留之拓片，計得如下十項：

　　「重修工部祠堂記」，褚民誼書石，西安杜工部祠，1932年，碑失，墨拓法帖照相影印本（「臺國圖」MA000241073）（詳見第三章第六節）；

「重建攝山太虛亭記」，褚民誼撰並書，南京棲霞山，1935年仲秋，碑失，墨拓片（「臺國史館」001016133001003m-5m；復旦大學圖書館）（詳見第四章第二節）；

「重建攝山太虛亭捐款人姓名及捐款數目」，褚民誼書，上碑之背面墨拓片；

「碧雲洞碑記」，褚民誼記並書，貴州盤縣碧雲洞摩崖石刻，1937年季冬月（詳見第三章第六節）；

「中央黨部還都紀念」，褚民誼書，南京，1940年3月，碑失，墨拓片（「臺國圖」，MA002234778）（詳見第四章第三節）；

「重修雞鳴寺記」，褚民誼撰並書，南京雞鳴寺，1940年4月，碑之一面（詳見第四章第二節）；

「寂然上人碑」，褚民誼敬書，南京棲霞寺，1940年重陽（詳見第四章第二節）（示例於後頁上圖）；

「修建楊仁山居士紀念塔紀念堂記」，褚民誼撰並書，南京金陵刻經處，1943年3月（詳見第四章第四節）；

「擴建觀音殿碑記」，褚民誼撰並書，南京毗盧寺，1943年9月（詳見第四章第三節）；

「迎奉東來大士紀念碑誌」，褚民誼敬書，上碑之背面。

如前所述，褚民誼經常應邀或為了慶賀和紀念親人題寫書文或佛經，常以此作為每日的習作，日積月累，深悟其要，作品完成後大多贈送有關當事人珍藏。其中，為紀念先妣吳太夫人逝世五十週年誌寫的「金剛般若波羅蜜經、般若波羅蜜多心經合冊」[1.39]以及為紀念先繼妣蔣太夫人逝世三十九週年誌寫的「佛說阿彌陀經」[1.40]兩部，分別完成於1939年7月30日（農曆己卯年六月十四日）和11月13日（農曆己卯年十月初三），於1940年以線裝精製影印帖出版面世，分別示例於後頁下圖和後次頁之上圖。前者，版面尺寸31×19釐米（21.6×14.3釐米），全書61頁，含書寫經文共計100面；後者，版面尺寸29.5×19釐米（21.6×14.3釐米），全書21頁，含書寫經文共計33面。

至於褚民誼的題詞則難以計數，除已在報刊雜誌上公開發表者外，大多為私人收藏。後次頁之下圖是1942年褚民誼為祝賀朱執信之女陳昌祖之妻朱始33歲生日的題辭（21×27釐米）。

1940年褚民誼敬書之「寂然上人碑」拓片片段。

1939年7月30日褚民誼誌寫完成的「金剛般若波羅蜜經、般若波羅蜜多心經合冊」，於1940年影印帖出版 [1.39]。

1939年11月13日褚民誼誌寫完成的「佛說阿彌陀經」，於1940年影印帖出版[1.40]。

1942年褚民誼為祝賀朱執信之女陳昌祖之妻朱始33歲生日題辭（21×27釐米）。

參考文獻

1.著作

1.1 Perfectionnements dans les ceris-volants, Brevet D'invention, N° 403.860, République Française, Office National de la Propriété Industrielle, M. Min-Yee TSU résidant en France（Seine）（法文）（改良型風箏，法國國家工業產權局，專利第403.860號，褚民誼，居住在法國，塞納），1909，11，6。

1.2 Le volant chinois, Tch'ou Min-yi et Louis Laloy, Bulletin de L'Association Amicale France-Chinoise, Vol.2, No.4, Paris（中國毽子，褚民誼、路易斯・拉鹿阿，「中法友好協會簡報」二卷四期，巴黎），1910，10。

1.3 創辦法國里昂中國大學啟（緣起 理由 簡章），褚民誼擬稿（中文）；PROGRAMME de l'Université Chinoise, A LYON, Projet préparé par Mr. TSU（法文），法國里昂，1920。

1.4 兔陰期變論，褚民誼著（中文）；Le rythme vaginal chez la Lapine et ses relations avec le cycle astrien de l'ovaire, Tsu Min-Yee（Zong Yung）（法文），（法國）斯特拉斯堡大學醫學院博士論文，1924。

1.5 國立中山大學醫科學院之革新計劃意見，褚民誼、溫泰華，「國立中山大學討論號」，1926，6。

1.6 改定中央黨部組織標準案（國民黨二屆四中全會提案），褚民誼，1928，2（申報，1928，2，4）。

1.7 La Chine Nouvelle, Dr. M. Y. Tsu Zong Yung, Comité Interuniversitaire Sino-Belge（法文）（新中國，褚重行（民誼），中比大學聯合委員會），1928，7。

1.8 太極拳圖，褚民誼編著，「康健指南」，上海九福公司，1929。

1.9 普及革命，褚民誼著，（上海）革命週報社，1929，6。

1.10 褚民誼最近言論集，（上海）大東書局，1929，8。

1.11 厲行本黨教育政策（國民黨三屆三中全會提案），朱家驊、褚民誼，1930，3（「申報」1930，3，7-8）。

1.12 Aux Lecturs du Triple Démisme, Dr. M. Y. Tsu, Liége（法文）（告讀三民主

義者，褚民誼，比利時列日），1930。

1.13 中國國際合作協會概況，（褚民誼編寫），1931年初。

1.14 La réorganization sanitaire et le problème medico-pharmaceutique d'hier et d'aujourd'hui en Chine, Dr. Tsu Min Yee, Comité Interuniversitaire Sino-Belge, Document Publié par le, Nº 4（法文）（中國醫藥問題和衛生建設的過去和現在，褚民誼，「中比大學聯合委員會報告書」第4期），1931，6。

1.15 太極操，褚民誼編，（上海）大東書局，1931，8；1932，11（再版）；1934，5（三版）。

1.16 視察新疆報告，褚民誼述，1931。

1.17 萬國紅十字會章約彙編，褚民誼編譯，中國紅十字會，1932，1。

1.18 褚杏田先生訃告，褚民誼叩，1932，1。

1.19 中華民國參加比利時國際博覽會特刊，（褚民誼主編），國民政府參加比國博覽會代表處，（上海）大東書局，1932，9。

1.20 歐遊追憶錄，褚民誼著，（上海）中國旅行社，1932，10。

1.21 歐遊追憶錄（第二集），褚民誼著，「旅行雜誌」（第7卷，第3、4、6、7、10期連載），（上海）中國旅行社，1933，3-10。

1.22 毽子運動，褚民誼著，（上海）大東書局，1933，3。

1.23 利用電影促成三民主義之實現及輔助各種事業之進行，褚民誼著，中國教育電影協會，1933，4。

1.24 太極操之說明及口令，褚民誼著，（上海）大東書局，1933，11（再版）。

1.25 中法國立工學院院刊，褚民誼主編，中法國立工學院出版委員會，1934，12。

1.26 什麼是救國之道，褚民誼，「國難文選」，蔣冰心編輯，軍事新聞社，1934，12。

1.27 中法國立工學院之過去與將來，褚民誼，「科學」（Vol.19，No.7），1935，7。

1.28 新疆事件與開發西北，褚民誼，「中國農村建設計畫」，黑山、徐正學編纂，國民印務局，1935秋；1936，6（再版）。

1.29 國術源流考，褚民誼著，（南京）正中書局，1936，5；（臺北）逸文武術文化有限公司，2008，10翻版。

1.30 太極操特刊，褚民誼主編，顧舜華編，（上海）中法大藥房、中西大藥

房，1936，6。

1.31 Das Chinesische T'ai-Chi-Turnen (Kreisförmiges Turnen), XI. Olympiade, Berlin 1936, Dr. Tsu Min-Yee, Ostasiatischer Lloyd, Shanghai（China）（德文）（中國太極操－圓形體操，1936年柏林第11屆奧運會，褚民誼著，上海東方勞埃德出版社），1936。

1.32 Die Chinesische Körpererziehung-Idee und Gestalt, XI. Olympiade, Berlin 1936, Dr. Tsu Min-Yee, Ostasiatischer Lloyd, Shanghai（China）（德文）（中國體育－想像力和創造力，1936年柏林第11屆奧運會，褚民誼著，上海東方勞埃德出版社），1936。

1.33 褚民誼先生武術言論集，姜俠文編，國術統一月刊社叢書，國術統一月刊社，1936，9。

1.34 Dr. Chu Ming-yi Describes Many Trips to Belgium, The China Press Belgian Supplement（英文）（褚民誼博士談屢次訪問比利時，大陸報比利時增刊），1936，11，15。

1.35 京滇週覽經過（中央紀念週報告），褚民誼，1937，5，31（「申報」1937，6，1-2；「中外文化」月刊一卷四號，1937，6）。

1.36 中國戲劇史，褚民誼主編，徐慕雲著，（上海）世界書局，1938，12。

1.37 生產建設協會生產教育叢書第一輯（一.化妝品製造，二.日用品製造，三.教育用品製造，四.食用品製造，五.家用藥品製造），褚民誼、戴策主編，汪向榮編著，生產建設協會，（上海）世界書局，1939，2（初版），1940，8（再版），1942-48（三至五版）。

1.38 花甲同慶，褚民誼著，上海中法國立工學院，1939，6。

1.39 金剛般若波羅密經、般若波羅密多心經合冊（書寫影印帖），褚民誼（1939年7月30日書畢），1940年出版。

1.40 佛說阿彌陀經（書寫影印帖），褚民誼（1939年11月13日書畢）；1940年出版。

1.41 褚民誼先生最近言論集，戴策編，（上海）建社出版部，1939，11（初版）；1940，1（再版）；1940，2（三版）。

1.42 Il Canto e il Teatro di Quinsan, Tsu Ming-Yee, Il Marco Polo, Vol.2, No.3, Sciangai （意大利文）（崑曲與崑劇，褚民誼，「馬可波羅」Vol.2，No.3，上海），1939，11-12。

1.43 崑曲集淨（上、下冊），褚民誼編著，中日文化協會出版組，1942，6。

1.44 元音試譯，褚民誼編，許文祥譯，中日文化協會出版組，1942，6。

1.45 陽明與禪，（日）里見常次郎著，汪兆銘譯，褚民誼纂輯，中日文化協會
出版組，1942，10。

1.46 重纂褚氏家訓彙疏考－褚杏田先生家訓，褚民誼彙疏，高齊賢考證，達天
重纂，「中日文化月刊」第三卷第5-12期（1943，5-12）至第四卷第1期
（1944，3）連載。

1.47 褚民誼自述（自白書）及答辯書，「審訊汪偽漢奸筆錄」，南京市檔案館
編，江蘇古籍出版社，1992，7。

1.48 褚民誼特藏（相冊15本），美國華盛頓國會圖書館。

2.雜誌

2.1 東方雜誌，東方雜誌社，上海商務印書館，1904-1948。

2.2 新世紀週刊，（巴黎）新世紀社，1907-1910；重印巴黎新世紀，上海世
界出版協社，1947。

2.3 世界畫報，姚蕙總編輯，（巴黎）世界社，第一期，1907秋；第二期，
1908春。

2.4 科學，中國科學社，1915-1949。

2.5 旅歐雜誌，汪精衛等編輯（1917年2月起褚民誼代行），（法國）都爾旅
歐雜誌社，中華印字局，1916-1919。

2.6 北京大學日刊，北京大學，1917-1932；人民出版社影印，1981。

2.7 圖畫週刊（1924年改名「圖畫時報」，1927年改為一週二刊），戈公振等
主編，上海時報社，1920-1935。

2.8 國立廣東大學週刊，國立廣東大學秘書處出版部，1925-1926。

2.9 良友畫報，良友圖書有限公司，1926-1945。

2.10 旅行雜誌，趙君豪主編，上海中國旅行社，1927-1937。

2.11 Annales Franco-Chinoises（法文）（里昂中法大學季刊），1927-。

2.12 東南醫刊，東南醫刊社，1929-1933。

2.13 The North-China Herald, Weekly Edition of The North-China Daily News（英
文）（華北導報，華北日報之週刊），1928-1940。

2.14 醫藥評論，褚民誼主編（半月刊，1932年8月起宋國賓主編改為月刊），

醫藥評論社，1929-1937。

2.15 衛生公報，國民政府衛生部，1929-1930。

2.16 文華藝術月刊，上海好友藝術社出版，上海文華美術圖書印刷有限公司發行，1929-1935。

2.17 中華圖畫雜誌，胡伯翔等主編，上海中華雜誌社，1930-1945。

2.18 體育周報，體育周報社，1932-1933。

2.19 康健雜誌，褚民誼編輯總主任，康健雜誌社，1933-1939。

2.20 科學畫報（半月刊），中國科學社主辦，中國科學圖書儀器公司發行，1933-1939。

2.21 科學的中國（半月刊），中國科學化運動協會，1933-1938。

2.22 勤奮體育月報，勤奮體育月報社，上海勤奮書局，1933-1939。

2.23 醫藥導報，褚民誼等主編，醫藥導報社，1933-1937。

2.24 社會醫藥報（半月刊，1934年10月第2卷第1期起改為月刊，刊名「社會醫藥」），褚民誼主編，社會醫藥報館，1934-1937。

2.25 國術統一月刊，姜俠魂主編，國術統一月刊社，1934-1936。

2.26 新生週刊，杜重遠主編，新生週刊社，1934-1935。

2.27 公餘半月刊（自1936年2月第2卷第1期起改為「公餘月刊」），褚民誼社長，沈仲坤等編，首都公餘聯歡社，1935-1937。

2.28 戲世界月刊，梁梓華主編，劉慕耘、王紹枋編輯，上海戲世界出版社，1935-1936。

2.29 新藥月報，褚民誼社長，周夢白、沈濟川主編，全國新藥業同業公會聯合會新藥月報社，1936-1937。

2.30 中外文化月刊，中外文化協會編譯委員會，1937，2-6。

2.31 Il Marco Polo, Rassegna Italiana per L'estremo Oriente, Sciangai（意大利文）（馬可波羅，意大利遠東評論，上海），1939-1943。

2.32 大陸畫刊，本間立野編，（日本）大陸新報東京支社，1941-1943。

2.33 中日文化，高齊賢主編，中日文化協會，1941-1944。

2.34 中華留日同學會會刊，中華留日同學會，1941-1943。

3.主要參考資料

3.1　近世界六十名人，（巴黎）世界社，1908。

3.2 旅歐教育運動，旅歐雜誌社編，1916秋；臺北中央研究院近代史研究所，1996，5（重印）。

3.3 Exposition Chinoise d'Art Ancient et Moderene（中國美術展覽會，法文目錄，中國在法國的霍普斯會和美術工學社舉辦，法國斯特拉斯堡萊茵宮，1924，5-7）。

3.4 近代中國留學史，舒新城著，上海中華書局，1926；上海書店、中華書局按1933年版影印，1989，10。

3.5 討段增刊（國立廣東大學週刊），國立廣東大學秘書處出版部印行，1926，3。

3.6 國立廣東大學規程集，國立廣東大學秘書處出版部印行，1926，4。

3.7 國立廣東大學概覽，國立廣東大學秘書處出版部印行，1926，5。

3.8 五卅紀念，國立廣東大學秘書處出版部編刊出版，1926，5。

3.9 中山大學討論號，國立廣東大學秘書處出版部印行，1926，6。

3.10 國立廣大平校校刊，國立廣東大學秘書處出版部印行，1926，7。

3.11 國立廣東大學演講錄第一集，國立廣東大學秘書處出版部印行，1926，8。

3.12 太極拳淺說，徐致一著，太極拳研究社，1927，9；1931，4；（收入）太極拳選編，吳圖南編選，北京市中國書店，1984，3。

3.13 禁煙宣傳彙刊，中國國民黨中央執行委員會宣傳部印，1928，11。

3.14 中國國民黨年鑑，中國國民黨中央執行委員會黨史史料編纂委員會編印，1929。

3.15 西湖博覽會籌備特刊，1929。

3.16 社會科學與歷史方法，法國Seignobos著，張宗文譯，上海大東書局，1930，2。

3.17 Catalogue de la Section Chinoise, Exposition International de Liége（法文）（比國獨立百週年紀念博覽會中國陳列館總目錄），1930。

3.18 Chine Artistique, Pavillon de la République chinoise à l'Exposition international de Liége（中國美術，比利時列日國際博覽會中國館）（法文目錄），1930。

3.19 Le Triple Démisme de Suen Wen, Traduit, Annoté et Apprécié, Pascal M. D'Elia S. J., Seconde édition revue et corrigée, Bureau Sinologique de Zi-Ka-Wei, Imprimerie de T'Ou-Se-We, Shanghai（法文）（中山孫文三民主義，翻譯、註釋和評

論，帕斯卡爾·德埃利亞 S. J. 編譯，第二版修正，上海徐家匯漢學研究室），1930。

3.20 科學化的國術太極拳，吳圖南著，1931，10（初版）；1933，9（二版）；1934，4（三版）；1935，1（四版）；（複印本名）國術太極拳，山西科學技術出版社，2001。

3.21 西湖博覽會總報告書，浙江省西湖博覽會編，1931。

3.22 西湖博覽會紀念冊，浙江省西湖博覽會編，1931。

3.23 現代教育評論集，範祥善編，世界書局，1931，9（三版）。

3.24 西北的剖面，楊鍾健著，（北京）地質圖書館，1932，10；甘肅人民出版社，2003，8（重版）。

3.25 新疆概觀，吳紹璘著，（南京）仁聲印刷局，1933。

3.26 現代本草生藥學（上編），趙燏黃、徐伯鋆編著，中華民國藥學會出版，1934，4。

3.27 第五屆全國運動大會總報告，第五屆全國運動大會籌備委員會編，（上海）中華書局，1934，9。

3.28 國難文選，蔣冰心編輯，軍事新聞社，1934，12（二版）。

3.29 行政院新疆建設計劃大綱草案，行政院新疆建設計劃委員會擬，1934，12。

3.30 公餘聯歡社社務報告，公餘聯歡社，1935，1。

3.31 吳鑒泉氏的太極拳，陳振民、馬岳樑編著，康健雜誌社，1935，5；山西科學技術出版社，2008，1（重版）。

3.32 太極拳講義，吳公藻著，上海鑑泉太極拳研究社，1935，6；上海書店，1985，10（影印版）。

3.33 國術概論，吳圖南著，上海商務印書館，1936；北京市中國書店，1984，3（複印）。

3.34 中央陸軍軍官學校史稿，林森主編，1936。

3.35 第六屆全國運動大會報告，第六屆全國運動大會籌備委員會，（上海）大東書局，1937，1。

3.36 公餘聯歡社三周年特刊，公餘聯歡社，1937，1。

3.37 京滇公路週覽會報告書，萬琮著，1937，9。

3.38 出席第十一屆世界運動會中華代表團報告，中華全國體育協進會，（上海）華豐印刷所，1937，11。

3.39 和運論文選，1940。

3.40 中日文化協會特刊（開幕典禮、周年紀念、兩周年紀念），中日文化協會，1940、1941、1942。

3.41 行政院文物保管委員會年刊，行政院文物保管委員會，1941、1942、1943-44。

3.42 奉迎東來觀音紀念冊，奉迎東來觀音大士聖像籌備委員會，1941，4。

3.43 東亞佛教大會紀要，中支宗教大同聯盟、中日文化協會、日華佛教聯盟主辦，1941。

3.44 弘法大師紀念特刊，中日文化協會編，1941，11。

3.45 中華留日同學會概況，中華留日同學會，1941，12。

3.46 接管津粵英租界行政權實錄（附接收上海特區法院經過），（南京國民黨）宣傳部編印，1942。

3.47 中日文化協會第一次全國代表大會特刊，中日文化協會武漢分會編，1942，5。

3.48 唐玄奘法師骨塔發掘奉移經過專冊，玄奘法師頂骨奉安籌備處，1943，3。

3.49 頌聖集－大唐三藏玄奘法師紀念冊，重建三藏法師頂骨塔委員會、中日文化協會、南京日本佛教會編，木村印刷所印，1944，10。

3.50 國立中央大學復校第二屆畢業紀念特刊，國立中央大學秘書處編印，1945，6。

3.51 中山文選，陳劭先輯，文化供應社印行，1948，9。

3.52 棲霞山志，朱潔軒編著，（香港）鹿野苑，1962。

3.53 吳稚暉先生全集，羅家倫、黃季睦主編，中國國民黨中央委員會黨史史料編纂委員會，1963，3。

3.54 中華民國國民政府公報（1925，7，1-1948，5，19），中華民國國民政府文官處，（臺北）成文出版有限公司，1972，9（臺一版）。

3.55 Memoirs of a Citizen of Early XX Century China，Chan Cheon-Choo（英文）（中國20世紀初葉一個公民的自傳，陳昌祖著），1978年初版；1992年再版。

3.56 中山陵檔案史料選編，南京市檔案館、中山陵園管理處，江蘇古籍出版社，1986，9。

3.57 上海近代西藥行業史，上海市醫藥公司、上海市工商行政管理局、上海社

会科學院經濟研究所編著，上海社會科學院出版社，1988，9。

3.58 南京國民政府外交部公報，附錄：汪偽國民政府外交公報（1940，6，11-1942，12，26），中國第二歷史檔案館編，江蘇古籍出版社，1990，4。

3.59 天津租界檔案選編，天津檔案館、南開大學分校檔案系，天津人民出版社，1992，4。

3.60 審訊汪偽漢奸筆錄，南京市檔案館編，江蘇古籍出版社，1992，7。

3.61 汪精衛與汪偽政府，萬仁元主編，臺灣商務印書局，1994，7。

3.62 蔣介石與國民政府，萬仁元主編，香港商務印書局，1994，8。

3.63 中山大學史稿，黃義祥編著，中山大學出版社，1999，10。

3.64 中國國民黨中央執行委員會常務委員會會議錄（1926，4-1948，12），中國第二歷史檔案館編，廣西師範大學出版社，2000，4。

3.65 Marketing Medicine and Advertising Dreams in China, 1900-1950, Sherman Cochrane in Becoming Chinese: Passages to Modernity and Beyond, Wen-hsin Yeh, ed. Berkeley, University of California Press（英文）（中國1900-1950年代的藥品營銷及推廣夢，（美）高家龍著，「做中國人：現代化及其後的途徑」，葉文心主編，美國伯克利加州大學出版社，2000。

3.66 鑒泉太極拳社紀念冊，上海鑒泉太極拳社編，2000，5。

3.67 思齊閣紀事，賀寶善著，（香港）凌天出版社，2000，6；思齊閣憶舊，賀寶善著，三聯書店，2005，10。

3.68 巍巍中山－中山大學校史圖集，陳汝築、易漢文主編，中山大學出版社，2004，9。

3.69 中山大學編年史（1924-2004），易漢文主編，中山大學出版社，2005，9。

3.70 中山大學校史（1924-2004），吳定宇主編，陳偉華、易漢文副主編，中山大學出版社，2006，5。

3.71 名校執信，張振餘著，中國文史出版社，2006，6。

3.72 風雨旋歌復興園－從德文醫學堂到國立高機，本書編寫組編著，上海理工大學，2006，10。

3.73 張靜江、張石銘家族，張南琛、宋路霞著，重慶出版社，2006，12。

3.74 清宮萬國博覽會檔案，中國第一歷史檔案館編，（江蘇揚州）廣陵書社，2007，12。

3.75 官立高等教育機關における留學生教育の成立と展開:第三高等學校を事例

として（日文）（國立高等教育機構留學生教育的建立和發展：以第三高
等學校為例），嚴平著，京都大學大學文書館研究紀要，2009，2，27。

3.76 南京棲霞山貞石錄－南京棲霞古寺摩崖石刻，隆相、徐業海編，鳳凰出版
社，2009，12。

3.77 棟梁氣貫大世界－上海理工大學工程教育百年，上海理工大學校史研究室
著，上海交通大學出版社，2011，10。

3.78 汪政權的開場與收場（一至六冊），朱子家（金雄白）著，1957-1971年
間在香港「春秋」雜誌上發表後陸續彙編出版；同名書（上、中、下三
冊），由臺灣「風雲時代」社於2014年3月出版。

3.79 汪精衛與現代中國（系列叢書共六分冊），何孟恆編輯，臺灣時報社，
2019，7。

史地傳記類　PC0863　讀歷史119

重行傳
——褚民誼生平紀實

主　　編 / 褚幼義
責任編輯 / 杜國維、陳彥儒
圖文排版 / 楊家齊
封面設計 / 劉肇昇

發 行 人 / 宋政坤
法律顧問 / 毛國樑　律師
出版發行 / 秀威資訊科技股份有限公司
　　　　　114台北市內湖區瑞光路76巷65號1樓
　　　　　電話：+886-2-2796-3638　傳真：+886-2-2796-1377
　　　　　http://www.showwe.com.tw
劃撥帳號 / 19563868　戶名：秀威資訊科技股份有限公司
　　　　　讀者服務信箱：service@showwe.com.tw
展售門市 / 國家書店（松江門市）
　　　　　104台北市中山區松江路209號1樓
　　　　　電話：+886-2-2518-0207　傳真：+886-2-2518-0778
網路訂購 / 秀威網路書店：https://store.showwe.tw
　　　　　國家網路書店：https://www.govbooks.com.tw

2021年1月　BOD一版
定價：510元
版權所有　翻印必究
本書如有缺頁、破損或裝訂錯誤，請寄回更換

國家圖書館出版品預行編目

重行傳：褚民誼生平紀實 / 褚幼義主編. -- 一版. -- 臺北
市：秀威資訊科技股份有限公司, 2021.1
　　面；　公分. -- (史地傳記類；PC0863)(讀歷史；
119)
　BOD版
　ISBN 978-986-326-875-8(平裝)

　1. 褚民誼　2. 傳記

782.882　　　　　　　　　　　　　　　109018135

讀 者 回 函 卡

感謝您購買本書，為提升服務品質，請填妥以下資料，將讀者回函卡直接寄
回或傳真本公司，收到您的寶貴意見後，我們會收藏記錄及檢討，謝謝！
如您需要了解本公司最新出版書目、購書優惠或企劃活動，歡迎您上網查詢
或下載相關資料：http:// www.showwe.com.tw

您購買的書名：_____

出生日期：_____年_____月_____日

學歷：□高中 (含) 以下　　□大專　　□研究所 (含) 以上

職業：□製造業　□金融業　□資訊業　□軍警　□傳播業　□自由業
　　　□服務業　□公務員　□教職　　□學生　□家管　□其它_____

購書地點：□網路書店　□實體書店　□書展　□郵購　□贈閱　□其他

您從何得知本書的消息？

　□網路書店　□實體書店　□網路搜尋　□電子報　□書訊　□雜誌
　□傳播媒體　□親友推薦　□網站推薦　□部落格　□其他_____

您對本書的評價：（請填代號　1.非常滿意　2.滿意　3.尚可　4.再改進）

　封面設計____　版面編排____　內容____　文／譯筆____　價格____

讀完書後您覺得：

　□很有收穫　□有收穫　□收穫不多　□沒收穫

對我們的建議：_____

_____

_____

_____

11466
台北市內湖區瑞光路 76 巷 65 號 1 樓

秀威資訊科技股份有限公司 　　收

BOD 數位出版事業部

....

（請沿線對折寄回，謝謝！）

姓　　名：＿＿＿＿＿＿＿＿　年齡：＿＿＿＿　性別：□女　□男

郵遞區號：□□□□□

地　　址：＿＿＿＿＿＿＿＿＿＿＿＿＿＿＿＿＿＿＿

聯絡電話：(日) ＿＿＿＿＿＿＿＿＿＿　(夜) ＿＿＿＿＿＿＿＿＿

E - m a i l：＿＿＿＿＿＿＿＿＿＿＿＿＿＿＿＿＿